| 台州小微金融改革系列丛书 |

Small And Micro Enterprises Financial Service Reform
In Taizhou

小微企业金融服务改革 在台州

台州市小微金改领导小组办公室
浙江（台州）小微金融研究院　◎编

浙江工商大学出版社 | 杭州
ZHEJIANG GONGSHANG UNIVERSITY PRESS

图书在版编目(CIP)数据

小微企业金融服务改革在台州 / 台州市小微金改领导
小组办公室，浙江(台州)小微金融研究院编. — 杭州：
浙江工商大学出版社，2021.11
（台州小微金融改革系列丛书）
ISBN 978-7-5178-4710-6

Ⅰ. ①小… Ⅱ. ①台… ②浙… Ⅲ. ①中小企业－金
融－商业服务－研究－台州 Ⅳ. ①F279.275.53

中国版本图书馆 CIP 数据核字(2021)第 214606 号

小微企业金融服务改革在台州
XIAOWEI QIYE JINRONG FUWU GAIGE ZAI TAIZHOU
台州市小微金改领导小组办公室
浙江(台州)小微金融研究院　编

责任编辑	郑　建	
责任校对	何小玲	
封面设计	浙信文化	
责任印制	包建辉	
出版发行	浙江工商大学出版社	

（杭州市教工路 198 号　邮政编码 310012）
（E-mail:zjgsupress@163.com）
（网址:http://www.zjgsupress.com）
电话:0571－88904980,88831806(传真)

排　　版	杭州朝曦图文设计有限公司
印　　刷	浙江全能工艺美术印刷有限公司
开　　本	710mm×1000mm　1/16
印　　张	29.5
字　　数	465 千
版 印 次	2021 年 11 月第 1 版　2021 年 11 月第 1 次印刷
书　　号	ISBN 978-7-5178-4710-6
定　　价	79.00 元

台州小微金融改革系列丛书
丛书编委会

主　　任：林先华　崔凤军

副 主 任：马厉财　胡新民　喻晓岚　俞　威　李钧敏

成　　员：杨耿彪　鲍大慧　钱　平　陈小军

　　　　　王　钧　江建法　金时江　段文奇

本书编写人员：

陈　箅　郑　凌　柯孔林　吕凯波　王伟文　孟凡武

金官铭　叶珍英　李传振　田　玲

序　言

2021年4月受中国人民银行研究局委托，中国普惠金融研究院对台州小微企业金融服务改革创新试验区的成果进行项目评估。在这一过程中，我们研究人员得以比较全面详细了解和分析台州金改的前世今生，为台州金改所取得的成果而感到振奋。由于在这之前我们的研究团队刚刚完成对国内其他几个地区的金融改革试验区的调研工作，因此有了比较性的分析。我本人作为项目评估专家论证组组长，在总结会议上提出建议，将浙江台州小微企业金融服务改革创新试验区升格为国家级小微金融改革示范区。

2015年12月2日，国务院常务会议决定设立"浙江省台州市小微企业金融服务改革创新试验区"。5年来，台州市坚持以服务实体经济、深化金融改革、防控金融风险为改革创新的出发点和落脚点，以金融稳保经济稳、以金融活促经济活，省市县联动、政银企协同，出台一系列基础性、关键性、首创性改革措施，有效缓解小微企业融资难、融资贵问题，逐步探索出一套较为成功、可复制、可推广的小微金融服务"台州模式"。

台州坚持以金融生态建设为基石，完善以金融基础设施为支撑的全社会信用体系；以有效发挥市场竞争机制为驱动，构建多层次组织机构和多元化融资渠道为双轮的金融服务网络；以"小微金融"服务"小微企业"为核心，实现小微金融服务和产品创新与政府担保增信并举的活力迸发，通过扎实推进"一基金、两平台、四机制"等一系列改革措施，形成了"金融生态良好、市场竞争充分、两小互动有效、金融创新活跃"的台州小微金融服务体系。

试验区取得显著成效，初步创造了有中国特色、可持续、可复制的"政府有为、竞争有度、信用有价、联动有效"的小微普惠金融"四有"经验。 这些经验不仅对我国其他地区具有推广和示范意义，在国际上也处于领先水平。 台州市试验区的成功，对于我国探索解决小微企业融资难、融资贵问题和银行业机构对中小微企业金融服务能力提升方面，具有重要的示范和推广意义。 因此，台州市政府正在为设立"小微企业金融服务改革创新示范区"而努力。 可以预见，通过优化目标，深化改革，补齐短板，转型升级，创新理论，超越金融，台州将建设成小微金融助力共同富裕先行城市的典范。

台州小微企业金融服务改革试验区的经验，不仅在我国具有示范意义，在全球特别是"一带一路"沿线发展中国家也有借鉴意义。 为了有效地传播台州经验，台州市政府系统整理了"政府有为、竞争有度、信用有价、联动有效"的具体实施方法，从改革起源，地方银行发展创新、典型案例剖析、标准方法、文件政策等方面，全方位总结台州在小微企业金融服务方面的改革经验和做法。 这些成果包含了许多既有理论创新意义又接地气的实践内容，也一定程度上体现了小微金融服务"台州模式"的应用价值。 在此，我向关心小微金融发展的各级政府官员、金融机构从业者和研究人士推荐此书。

中国人民大学中国普惠金融研究院院长

贝多广

2021 年 10 月 10 日

前　言

改革开放 40 多年来，中国已经成为"世界第二大经济体"。 在此过程中，小微企业功不可没，中国经济的快速发展依赖于千千万万中小企业的成长。 据商务部研究院信用研究所联合天眼查发布《中国市场主体发展活力研究报告（2011—2020）》，在各类市场主体中，小微市场主体和民营企业整体活跃度较高，个体工商户和有限责任公司涨幅最高。 从市场主体注册资金规模分布情况看，2011—2020 年，注册资金规模在 0－100 万元的新注册主体数量占到全部新注册主体数量的 95.78％。 若将 4436.29 万户个体工商户视作微型企业纳入统计，则小微企业在工商登记注册的市场主体中所占比重达到94.15％。 全国的小微企业和个体工商户对中国 GDP 的贡献率早已超过60％，并提供了 75％以上的就业机会，创造了一半以上的出口收入和财政税收。 以浙江省为例，小微企业提供了全省一半以上的就业岗位，有 1100 多万人在小微企业中工作，创造了全省全部工业总产值的 56.3％。 尽管如此，小微企业的处境却是内外交困，不容乐观。 近年来，由于我国经济增速放缓、结构调整和国际经济下行，小微企业的发展受到很大影响。 小微企业在发展过程中仍旧面临大企业的挤出效应，尤其是宏观经济环境不景气的背景下，各种社会资源向大中型企业倾斜更加明显。 社会资源分配向已发展壮大的企业集聚，进一步挤压小微企业的生存空间。

这些年，我国的小微金融虽然已有所发展，但仍不够。 实际上，理想的小微金融是要让小微企业以及城乡的弱势群体都能够得到金融的支持，比较大型的 12 家全国股份商业银行和城市商业银行、农村商业银行的小微贷款余额占全国银行业贷款余额的22%，现在应该是更多资源服务于一切有真实金融需求的民众；但是融资难、融资贵。加上还有其他的成本、生产资料成本上升等。总而言之，小微企业的发展遇到了很多瓶颈。从普惠金融的角度来说，金融机构对市场潜力挖的还不够深。长期以来，我国中小企业获取的贷款额在全国银行贷款份额中徘徊在10%左右，中小企业融资发展步履维艰。不论何种行业、生命周期、区位环境、产业价值链延伸阶段、资产规模等，中小企业融资难问题普遍存在，仅仅是融资难的程度各异，即不同中小企业的"造血功能"存在差异。究其本源，中小企业融资难的问题可归纳为"谁在难""难在哪"和"为何难"三大问题。

第一问："谁在难"？"谁在难"总结起来就是中小企业存在"3-3-3"的结构性融资问题：头部1/3中小企业不差钱，此类企业不仅"从不向银行借款"，反而依仗丰富的企业资金进行民间借贷，以此获得"短平快"收益；中间1/3企业勉强得到融资，在融资期限上偏重短期，长期借款占比很少；末尾1/3企业融资比较困难，陷于"想融资，融不到资"的尴尬境地，此类企业通常因资产轻、无抵押物、无担保、未来现金流不稳定等原因，难以从现有银行信贷体制下"举债发展"。与此同时，由于商业模式不稳定、不具创新性，市场占有率低、市场渠道狭窄，产品更新慢、易被模仿、尚处于研发期，技术、管理人员流动性大等一系列企业自身发展原因，阻碍了企业通过直接融资渠道获得发展资金。

第二问："难在哪"？为何现阶段中小企业融资难问题表现得尤为突出？造成中小企业融资难的直接原因是什么？一是内外部经济环境变动导致中小企业实体经营受挫，融资需求扩大。后金融危机下的国际经济发展低迷、国内经济逐步过渡到中高速发展阶段，大量中小企业生产和销售环境恶化；此外，原料和人力成本上升，进一步收窄企业利润空间。二是贷款增信不足与担保成本过高对贷款利率上扬推波助澜。处于末端的1/3中小企业，普遍存在资产负债率较高、资产规模较小、无形资产占比较大等问题，但信贷资金获取过程中需要信用增级，为顺利在低信用低级别获得紧缺的信贷资金，中小企业不得不付出2-3个点的成本，求助担保公司，这对陷于融资困境的中小企业而言无疑是雪上加霜。三是现有银行信贷评估体系极大地限制了中小企业融资空间。 由于缺乏成熟完善的评估体系，目前多数银行以"是否与小贷公司有业务往来"来评估企业信用资质。 往往因中小企业与小贷企业有融资关系，被银行视为企业资金状况不佳，从而被银行挡在融资对象考察范围之外。 四是资金市场中的"转贷"与"抽贷"[①]现象普遍存在，对中小企业造成致命打击。 政府和各行业协会、组织试图通过设立"转贷"资金，帮助中小企业渡过阶段性资金短缺时期。 实际上，转贷资金存在较大风险，即需要转贷资金为中小企业提供还款资金后，必须要求银行贷出新的资金用于偿还转贷资金，否则转贷资金方就成为中小企业的债权人，导致转贷资金无法继续运行。 五是中小企业经营不规范的先天性缺陷，导致银行对其融资持谨慎态度。 处于末端的1/3企业，绝大多数企业财务制度不完善，员工流动性较大，甚至有的企业不具备清晰的财务报表。 强烈的信息不对称导致有的银行贷款意愿降低；同时，由于经营的不完善以及商业模式不稳定，更没有 VC、PE 中长期权益资本的青睐。

第三问："为何难"？ 中小企业融资困境向来是世界性难题，但为何中国中小企业融资难问题尤其突出？ 背后的深层次原因是什么？ 亦是本项目的第三问：中国中小企业融资"为何难"？ 从中国金融制度演进历史来看，长期金融抑制环境下导致的金融发展与创新受影响，而实体经济发展在不停地细分市场与细分行业、在不间断的产业转型与升级过程中创造出旺盛的金融制度需求。 一方面，是金融制度抑制；另一方面，是旺盛的金融制度需求，最终导致有效金融制度供给与需求不匹配。 具体表现为银行业结构与中小企业融资需求不匹配、资本市场结构与中小企业融资需求不匹配、金融功能结构与中小企业融资需求不匹配、金融业态结构与中小企业融资需求不匹配。 简言之，中小企业融资难的根本原因在于金融制度创新不足。

党的十九届五中全会对科学把握市场与政府关系这一重大的理论和实践命题进行了深刻总结，指出应当充分发挥市场在资源配置中的决定性作用，更好地发挥政府作用，推动有效市场和有为政府更好地结合。 台州市在推动

---

① 抽贷是指银行贷款给企业，在还未到协议规定的还款期限期间，银行认为企业经营出现问题了，要提前收回贷款的行为。

小微企业金融改革创新过程中，以"有为政府＋有效市场"为主要特征，坚持问题导向，逐项发力，针对性解决，取得了良好效果，赢得了小微金融"全国看浙江、浙江看台州"的美誉。 一方面，台州市在"有为政府"建设层面，提出了"一平台，一基金，两试点，一拓展"举措。 创设金融服务信用信息共享平台，有效破解了信息不对称问题；设立小微企业信用保证基金，解决了担保和增信难问题；与此同时，率先试点取消企业银行账户开户许可，缓解了小微企业服务效率低问题；通过开展商标专用权质押融资试点，克服小微企业抵押物不足的困难。 另一方面，台州市在"有效市场"方面，提出了"两坚持一优化，两良性不干预"的方案。 坚持小微定位，一心一意服务小微；坚持降低门槛，服务"两有两无"客户；优化风控模式，实现商业可持续发展。 与此同时，银企良性互动，建立和合共赢的亲密关系；银行良性竞争，小微金融服务能力得以不断加强；政府不干预，发挥民营银行体制机制优势。

台州市小微金融发展主要呈现三个特点：第一，台州地区是民营经济的发祥地，民营经济发达，而小微企业作为民营企业的主体，是民营经济的根本。 因此将台州地区作为小微金改的试验区拥有独特的优势，台州以民营经济为主战场，以小微企业金融服务改革和供给侧结构性改革为主线，推动小微金改，从而提高民营经济质量效益、优化产业结构、转变发展方式和转换增长动力，推动降低相关主体融资成本，助力台州高质量发展，再创民营经济新辉煌。

第二，台州作为全国小微金融企业金融服务的典范。 3家本地民营城市商业银行，台州银行、浙江泰隆商业银行、浙江民泰银行始终坚持打造成为"小微企业成长的伙伴"，专注于以小微企业、个体户、家庭作坊以及农户等为主要服务对象的小额金融服务，在全国树立了"简单、方便、快捷"的优质金融服务品牌。

第三，小微金融已经成为台州的支柱产业。 截至2020年末，台州市市场主体累计69.52万家，其中企业21.89万家，个体工商户46.58万家，农民专业合作社为1.05万家。 台州小法人金融机构众多，形成了多元化、多层次、差异化的小微金融服务格局。 台州市作为国家级"小微金改"试验区，以发展小微金融为契机，积极打出"台州模式"供全国各地加以借鉴。

本书围绕台州市小微企业金融服务改革5年来的工作成效，系统梳理金融机构、政府的服务创新举措、典型案例、政策保障措施等。本书有助于把台州的小微企业金融服务改革经验与全世界、全国开展知识共享，向全球传播小微金融"台州模式"。首先，根植于台州独特的小微企业环境，介绍台州小微企业金融服务改革创新起源。其次，通过分析台州3家本土城商行和农信系统5年来推出的举措，从商业银行角度分析对于小微企业营商环境的改善。对小微企业金融服务改革创新典型案例进行分析，展现台州市在小微企业金融服务改革进程中所取得的成效。最后，介绍台州小微企业金融服务标准化进程与推进小微企业金融服务改革的制度保障。文末，向读者展示台州小微企业金融服务改革的进阶之路。

本书共有六篇内容，计十八章，具体安排如下。

第一篇介绍台州小微企业金融服务改革创新起源，共分为三章。第一章介绍台州小微企业金融的发展历程，首先分析了台州小微金融起步的基础，然后分阶段展现台州小微金融的发展历程。第二章回顾小微企业金融服务改革试验区的5年创建历程。为了深化小微企业金融服务体制机制改革，加快推进小微企业金融服务创新，小微企业金融服务改革创新试验区总体方案与实施方案得以出台。第三章介绍台州小微企业金融服务改革方案。

第二篇从地方城商行和农信系统的服务创新出发，旨在展现5年来台州3家城商行自身的成长历程，以及在推动小微企业金融服务改革过程中取得的成绩，共分为四章。第四章旨在介绍台州银行的小微金融服务，展现了台州银行自1988年建行之始，在小微企业金融服务过程中所做出的努力和成绩，得到了各级政府的高度肯定。第五章讲述了浙江泰隆商业银行的发展历程，分别概括成生存阶段、发展阶段与未来阶段，独特且符合国情的商业模式，使泰隆银行在小微企业金融服务市场上赢得了一片蓝海，实现企业可持续发展与社会责任的相互交融、和谐共进。第六章讲述了浙江民泰商业银行积极探索小微企业金融服务的新思路、新途径和新举措，将小微企业金融服务做专、做深、做精、做透，努力成长为一家长三角地区领先的小微企业金融服务特色银行。第七章介绍台州农信系统的小微金融服务情况。

第三篇列举台州小微企业金融服务改革创新的典型案例。该篇从金融服务信用信息共享平台的建设、小微企业信用保证基金的设立、商标专用权质押融资的开设、小微金融指数的推出等四个方面，展现台州小微企业金融服务改革所做出的努力，有助于为小微企业营造一种较好的成长环境，并且有助于充分发挥小微企业未来的成长潜力，本篇共包含四章。 第八章介绍2014年设立的金融服务信用信息共享平台。 该平台旨在为小微企业提供更优质的金融服务，破解其"融资难、融资贵"的问题。 平台目前已经发展到了第三期，系统通过近几年不断的修改和完善，各功能点均已满足用户要求。 在未来，平台还将进一步拓展功能，更好地服务台州"小微金改"。 具体包括加强部门数据整合，在对接市大数据中心的基础上，对接市公共信用平台等功能。 第九章介绍台州信保基金案例。 2014年台州市政府积极推动建设信用担保体系，主导成立了台州信保基金，台州政府为企业提供增信服务的准公共产品的服务代表了官方对企业的一种帮助与举措。 台州信保基金自成立以来，在多方面实行风险分担机制。 政府带领引导，积极推动金融机构参与，充分发挥普惠金融对实体经济发展的保障作用。 第十章介绍商标专用权质押融资案例。 通过动产质押登记平台的有效运作，资产评估中介服务更加规范，动产流转和处置效率进一步提高，形成一整套小微企业动产质押融资工作机制，从而总结提炼出一批可复制、可推广的经验和成果。 第十一章介绍小微金融指数。 采用台州市34万家小微企业全样本数据，采用大数据理念、全样本分析，按照上述构建框架，研究编制小微金融指数。 并且展现了2020年小微金融指数的运行情况，最后对比疫情前后的小微金融指数，直观地反映出小微企业在面对急性突发事件时所面临的考验；同时小微金融总指数在2020年2－3月出现了连续下滑，这是2017年以来最严重的一次。 直到4月份随着复工的推进，小微企业总指数开始逐步上升，进入平稳恢复的阶段。

　　第四篇为小微企业金融服务标准化。 标准化服务规范的出台，为小微企业金融服务提供了有章可循的规范保障，本篇共分为三章。 第十二章介绍小微企业信用保证基金运行规范，规定了小微企业信用保证基金的设立与管理、基金的运作、基金的风险控制、基金的收益及补充、产品创新。 本标准适用于台州市小微企业金融服务管理部门开展小微金融信用保证基金业务的管理。 第十三章为小微金融指数规范，规定了小微金融指数的定义、功能、生成原则、指数构成、数据获取、指数编制、指数发布等内容。本标准适用于台州市小微金融指数数据采集、指数编制及发布。第十四章为浙江泰隆商业银行小微金融服务标准。该项标准分别制定了"一个战略，七个体系"，分析小微企业机制灵活、资金需求急、行业分布广、"人小志大"的特点，通过布局经营体系、管理体系、风控体系等，为小微企业提供立体、综合、多元化的金融服务。

第五篇内容是台州小微企业金融服务改革制度保障，详细介绍了2016—2020年5年来台州市政府支持小微企业金融改革的政策。为营造一个好的营商环境，台州市政府、金融监管机构等各部门出台了多项文件，以保障小微企业持续健康发展。本篇包含两章，第十五章为政府支持小微企业金融改革的政策汇编，第十六章为金融系统支持小微企业金融改革的政策汇编。

第六篇为台州小微企业金融服务改革的成效与进阶之路，从试验区到示范区的转化打造了一种良好的"台州模式"，为下一步的政策制定提供了建议，并为后续其他地区借鉴台州成功经验提供参考，为今后开展创新、创业和产业结构优化等影响效应的内在机制研究提供基础。第十七章为关于台州市小微企业金融服务改革创新试验区5年来工作的总结报告。第十八章为从试验区迈向示范区，针对台州市小微企业金融服务改革的宏观效果及微观影响，总结了几点经验，得到了几点理论启示，为巩固落实台州小微金改的成果，提出了进一步深化改革的建议。经过对过去5年改革工作的回顾，对小微企业金融服务改革的宏观效果及微观影响的分析，提炼出台州金改七个方面的经验，总结出在改善小微金融服务、形成金融与产业的良性互动时必须要处理好的"四对关系"。

本书的创新之处可以概括为三个方面。

第一，研究视角准确独特：以5年来台州的小微金改作为样本。台州的小微金融建设在全国较为领先，台州拥有专注服务小微企业的民营城市商业银行，金融服务特色优势明显。台州市作为全国小微企业金融服务改革创新示范区，为全国小微企业金融服务改革提供了独一无二的经验启示，提供了可供借鉴的"台州模式"，值得向全国推广。

第二，创新性的研究方法："点、线、面"多维度相结合。本书对小微金改的研究立足于台州本地，深入挖掘台州地区小微金融发展的数据、典型案例、标准规范等，运用"点、线、面"相结合的研究方法。"点"是指台州本地3家民营城市商业银行，在合理管控风险的同时，不断优化小微企业信贷服务；"线"是指通过设置相应的指标体系，例如小微金融指数，及时获悉小微企业发展运营状况以及小微企业偿债能力和整体信用情况；"面"是指从台州政府、行业、金融机构等层面，全面把握台州小微金改的发展状况，并从中获取经验启示。

第三，研究结论新颖：从主要经验到理论启示的总结。基于对台州市小微金融发展的探索，本书深入分析了台州小微金融改革成果的深层次原因，并且指出在推进小微金改的过程中，需要处理好的"四对关系"，其中最重要的便是"有为政府"与"有效市场"的结合，只有充分协调政府与市场的作用，才能建立良好的小微金融服务生态体系。本书最后提出了深化改革创新的建议，通过多方面协调发展方可推动经济、金融、社会的可持续"高质量发展"，助力"乡村振兴"以及浙江省"共同富裕示范区"的建设。

目录
Contents

第一篇
改革的源起

　　金融界有这么一句话:小微金融"全国看浙江,浙江看台州"。2015 年,台州市成为国家小微企业金融服务改革创新试验区。其背后原因是什么? 本篇通过梳理台州市小微金融的发展历程,回顾波澜壮阔的历史场景和画面,分析台州市小微金改的理论逻辑、历史逻辑与实践逻辑。另外,本篇还展示了台州市小微企业金融服务改革创新试验区总体方案和实施方案。

第一章 台州小微金融的发展历程

2015 年 12 月 2 日,国务院常务会议决定建设浙江省台州市小微企业金融服务改革创新试验区。 这是台州 2012 年列入浙江省小微金融改革创新示范区之后的又一里程碑,自此台州正式成为国家级小微金融改革试验区。 从 1988 年开始出现城市信用社,到成为全国唯一拥有 3 家城市商业银行的一个地级市,台州的小微金融发展走出了一条从金融弱区到金融强区的发展之路,其间进行的许多探索,应该会成为金融史中可圈可点的内容。 本章我们将对台州小微金融成长发展的历程进行总结归纳。

一、台州小微金融起步的基础分析

与浙江另一个小微金融发展的明星地区——温州市相比,台州的小微金融在名气上要稍逊一筹;但是从能提供的可借鉴的小微金融发展经验来看,温、台发展各具特色,台州不输温州,而且台州进行的探索更有操作的借鉴价值,如建立的信息服务共享平台、小微企业保证基金、抵押物品的创新等,都有其推广价值;台州 3 家民营性质的城市商业银行所做的信贷探索,典型意义更为明显。

(一)深厚的金融文化发展史积淀

台州地处我国东南沿海,海岸线漫长,有多处优良港湾,早就是我国对外交往的重要地区，自然也是发达的商品集散地。 该地经商传统悠久，一直有"无街不市，无巷不贩，无户不商"的说法。 台州以"三湾三港"为基本框架，即台州湾的海门港、三门湾的健跳港、乐清湾的大麦屿港，有港口 20 余处。 其中的海门港已有千余年的发展史，南宋时期就有日本商船出入，19 世纪其即成为中国东南沿海重要的海上贸易口岸。

到了近代，台州地区凭借优越的地理位置和悠久的经商传统，台州工商业发展达到一个高潮。 这从当时存在的多家商会就可以看出，据民国黄岩县志记载，仅仅路桥区的同业公会就有 50 多个，涉及南北货、百货水果、糖烟酒等多个行业。

工商业发达，必然带来资金融通业的兴起。 当时"典当""钱庄""聚会"是三种主要的信用机构。 民国时期，台州有典当行数十家，其中规模较大的有黄岩城关的太生当、路桥的大亨当等。 之后钱庄也陆续兴起，成为为工商业提供信贷服务的重要机构。 1933 年，仅路桥就有钱庄 7 家。

1949—1978 年，台州是海防前线，直接获得的国家投资数量很少。 据统计，在此期间，台州累计投资不超过 5 亿元。 商业不兴，金融的发展自然也无从谈起。

改革开放之后，随着台州民营经济的迅速崛起，大批中小企业如雨后春笋般出现，特别是一批特色市场的建立，以小微金融为标志的金融业发展开始起步。

(二)小微企业爆发式发展

台州小微金融的兴起，根源在于台州中小企业、特别是民营中小企业的发展。 计划经济时代投资少，产业基础薄弱，改革开放带来了前所未有的机遇。 台州人民充分抢抓政策转变带来的机会，蕴藏已久的经商传统被激发出来，一批规模小但活力十足的企业应运而生。

1. 中小微企业的标准

何为中小微企业？ 目前从国际上来看，并没有统一的标准。 不同国家（地区）之间存在较大差距，基本分类有 3 种依据：一是以从业人员人数为标准；二是既可以从业人员数量，又可以企业资本金或营业额为标准；三是同时考虑从业人员人数和营业额为标准，但不同行业标准又存在差异。

中华人民共和国成立以来，我国对企业规模的界定标准进行过多次重大调整。20 世纪 50 年代初，根据企业从业人数界定企业规模，职工在 3000 人以下的为中小型企业。2003 年，原国家经贸委、计委、财政部、国家统计局联合发布了《中小企业标准暂行规定》。标准依据企业职工人数、销售额、资产总额，并根据不同行业特点，且适用于各类所有制和各种组织形式界定企业标准，之后又进行了多次调整。目前最新版本为 2017 年标准，如表 1-1 所示。

表 1-1　我国大中小微型企业划分标准 (2017)

行业名称	指标名称	计量单位	大型	中型	小型	微型
农、林、牧、渔业	营业收入(Y)	万元	Y≥20 000	500≤Y<20 000	50≤Y<500	Y<50
工业*	从业人员(X)	人	X≥1 000	300≤X<1 000	20≤X<300	X<20
	营业收入(Y)	万元	Y≥40 000	2000≤Y<40 000	300≤Y<2 000	Y<300
建筑业	营业收入(Y)	万元	Y≥80 000	6000≤Y<80 000	300≤Y<6 000	Y<300
	资产总额(Z)	万元	Z≥80 000	5000≤Z<80 000	300≤Z<5 000	Z<300
批发业	从业人员(X)	人	X≥200	20≤X<200	5≤X<20	X<5
	营业收入(Y)	万元	Y≥40 000	5000≤Y<40 000	1000≤Y<5 000	Y<1 000
零售业	从业人员(X)	人	X≥300	50≤X<300	10≤X<50	X<10
	营业收入(Y)	万元	Y≥20 000	500≤Y<20 000	100≤Y<500	Y<100
交通运输业*	从业人员(X)	人	X≥1 000	300≤X<1 000	20≤X<300	X<20
	营业收入(Y)	万元	Y≥30 000	3000≤Y<30 000	200≤Y<3 000	Y<200
仓储业*	从业人员(X)	人	X≥200	100≤X<200	20≤X<100	X<20
	营业收入(Y)	万元	Y≥30 000	1000≤Y<30 000	100≤Y<1 000	Y<100
邮政业	从业人员(X)	人	X≥1000	300≤X<1000	20≤X<300	X<20
	营业收入(Y)	万元	Y≥30 000	2000≤Y<30 000	100≤Y<2 000	Y<100
住宿业	从业人员(X)	人	X≥300	100≤X<300	10≤X<100	X<10
	营业收入(Y)	万元	Y≥10 000	2000≤Y<10 000	100≤Y<2 000	Y<100

续　表

行业名称	指标名称	计量单位	大型	中型	小型	微型
餐饮业	从业人员(X)	人	X≥300	100≤X<300	10≤X<100	X<10
	营业收入(Y)	万元	Y≥10 000	2000≤Y<10 000	100≤Y<2 000	Y<100
信息传输业*	从业人员(X)	人	X≥2 000	100≤X<2 000	10≤X<100	X<10
	营业收入(Y)	万元	Y≥100 000	1000≤Y<100 000	100≤Y<1 000	Y<100
软件和信息技术服务业	从业人员(X)	人	X≥300	100≤X<300	10≤X<100	X<10
	营业收入(Y)	万元	Y≥10 000	1000≤Y<10 000	50≤Y<1 000	Y<50
房地产开发经营	营业收入(Y)	万元	Y≥200 000	1 000≤Y<200 000	100≤Y<1 000	Y<100
	资产总额(Z)	万元	Z≥10 000	5000≤Z<10 000	2000≤Z<5 000	Z<2000
物业管理	从业人员(X)	人	X≥1 000	300≤X<1 000	100≤X<300	X<100
	营业收入(Y)	万元	Y≥5 000	1000≤Y<5 000	500≤Y<1 000	Y<500
租赁和商务服务业	从业人员(X)	人	X≥300	100≤X<300	10≤X<100	X<10
	资产总额(Z)	万元	Z≥120 000	8 000≤Z<120 000	100≤Z<8 000	Z<100
其他未列明行业*	从业人员(X)	人	X≥300	100≤X<300	10≤X<100	X<10

资料来源:国家统计局(2018)。

2.台州中小微企业快速成长为地区发展的主体

改革开放后,台州中小企业迅速崛起,成为区域经济发展的中坚力量,尤其是私营个体企业出现爆炸式增长,如表1-2所示,使得台州与温州一起发展为中国民营经济发展的代表和标志。 2013—2019年私营企业数量在不断增加,同时增速也在提高。

表1-2　2013—2019年各类企业数

单位:家

项目	2013年	2014年	2015年	2016年	2017年	2018年	2019年
总计	3 733	3 804	3 672	3 618	3 760	3 972	4 309
国有企业	15	13	13	14	13	4	4

项目	2013 年	2014 年	2015 年	2016 年	2017 年	2018 年	2019 年
集体企业	4	4	4	4	3	3	3
股份合作企业	102	100	122	132	123	117	112
联营企业	1	0	0	1	1	1	1
有限责任公司	1 127	1 239	1 130	1 063	1 012	953	371
股份有限公司	72	82	78	92	149	201	178
私营企业	2 038	2 117	2 124	2 134	2 303	2 556	3 500
其他企业	2	1	0	0	3	4	4
港、澳、台商投资企业	136	118	90	87	77	68	67
外商投资企业	146	130	111	88	75	69	73

资料来源:台州统计年鉴(2020)。

私营个体企业的发展对资金提出了巨大需求,但是传统的正规金融机构无力满足这一需求,无法提供稳定的资金来源。 当这些新生企业发展面临资金缺口时,他们一方面向亲朋好友借钱,另一方面通过民间融资通道来获取所需资金,要支付的利率比正规金融机构高出许多。 尽管如此,因为产品销售问题不大,他们愿意付出几倍于正规金融机构的利率来获得资金支持,巨大的资金需求催生了以信用社和民间借贷等为主要形式的小微信贷机构迅速发展。

民营企业既是资金的需求方,其成长发展后又是小微金融机构资金的供给方。 台州地区早期发展中,小微银行、民营企业和民间借贷者之间形成了"互为支持"的关系。 短期资金需求无法满足时,以担保公司、典当行等为代表的民间金融组织可以解暂时所需;企业发展壮大后,又为民营金融机构的发展提供支持。 所以,在正规金融运行之外,民间金融就有了成长的土壤。

(三)专业市场兴起

改革开放后,随着乡镇企业和私营企业的兴起,传统计划经济体制下的商品流通体制无法满足这些新兴企业对原材料与产品流通的需要,原有的流通渠道和流通方式已经跟不上步伐。在传统体系外，单个农民跑供销的方式，面临着信息不对称、交易成本高且具盲目性的问题。这种背景下，专业市场应运而生，尤其是台州市路桥区，在20世纪90年代后期发展成为全国重要的商品集散中心，具体如表1-3所示。

表1-3 1995—1999年路桥主要专业市场情况

单位:亿元

市场名称	1995 年	1996 年	1997 年	1998 年	1999 年
中国日用品商城	97.40	107.64	89.83	85.60	102.42
路桥小商品批发市场	56.10	62.71	47.95	46.20	48.20
浙江东南副食品批发市场	14.00	15.19	12.50	12.52	11.98
路桥竹木市场	2.80	2.31	1.24	0.97	—
路桥家具市场	0.15	0.16	1.21	1.87	1.99
路桥话月巷菜市场	2.40	2.20	1.30	0.76	1.03
台州市卷烟交易市场	0.20	23.37	1.10	4.97	—
路桥旧钢材交易市场	3.20	3.92	1.03	1.20	1.61
路桥化工塑料市场	0.07	0.08	3.80	2.20	2.14
路桥旧机动车交易市场	—	—	1.03	0.86	1.61
路桥所有专业市场合计	—	238.00	181.40	172.46	192.30

资料来源:1995—1999年《路桥统计年鉴》转引史晋川等(2003)。

台州商品市场交易额的情况如表1-4所示。从1990—2000年的情况看，台州地区的商品市场成交额从28.7亿元增长到474.9亿元。专业市场兴起后，对资金融通和相应金融服务的需求大幅增加，而传统的国有银行分支行无力提供应有的金融服务。如从营业时间上，传统大银行上午8点多开门营业，下午3：30－4：00就关门了，但市场中经商的个体户生意收工晚，收入的款项没法存放，只能使用保险柜保管。这样不仅导致资金利用效率低下，而且由此引发了资金安全问题，更不用说，为其经营规模扩大提供所需的资金支持了。

表 1-4　1990—2019 年台州商品市场交易额情况

年份	市场个数（家）			市场成交额（亿元）
	合计	消费品市场	生产资料市场	
1990	837	—	—	28.70
1991	822	—	—	32.80
1992	810	—	—	46.80
1993	851	—	—	71.70
1994	854	—	—	181.60
1995	859	740	119	352.10
1996	858	729	129	420.40
1997	843	687	156	396.50
1998	841	684	157	396.20
1999	811	687	124	439.80
2000	585	477	108	474.90
2001	569	464	105	541.50
2002	585	481	104	542.90
2003	538	440	98	577.40
2004	542	443	99	634.96
2005	530	435	95	671.76
2006	523	430	93	727.50
2007	538	444	94	798.79
2008	537	446	91	844.48
2009	571	478	93	905.77
2010	487	404	83	1 019.87
2011	496	410	86	1 136.65
2012	508	426	82	1 295.21
2013	527	443	84	1 435.20
2014	532	446	86	1 512.84
2015	533	449	84	1 615.00

年份	市场个数（家）			市场成交额（亿元）
	合计	消费品市场	生产资料市场	
2016	521	451	70	1 307.62
2017	492	424	68	1 392.20
2018	465	399	66	1 414.27
2019	440	377	63	1 386.00

资料来源：台州统计年鉴（2020）。

　　小微企业主的这种工作特征，迫切需要与之对应的金融服务，民营金融机构应运而生。国家政策也在适应当时的经济发展需要，颁布了一些相关规定，1986 年 1 月《中华人民共和国银行管理暂行条例》明确了城市信用社的地位；6 月，颁布《城市信用合作社管理暂行规定》；8 月，颁布《城市信用合作社管理规定》，对城市信用社的性质、服务范围和设立条件等做了规定。1988 年，中国人民银行在台州地区批准成立了 18 家金融服务社和城市信用社。1988 年 5 月，温岭城市信用社成立。同年 6 月 6 日，陈小军等人合伙创办"黄岩路桥银座金融服务社"，这是改革开放以来国内首家民营金融机构，成立之初仅 10 万元资本金、6 名员工、2 间门面。

　　这些信用社从诞生之时，就表现出灵活的经营特色。如，最早成立的黄岩路桥银座金融服务社，主动调整服务时间，推出"夜市银行"，早上 7 点前开门，晚上 8：00 甚至 9：00 才关门，每天营业 13 小时，极大地方便了商户办理业务。早上能取钱去做生意，晚上收工也能及时把钱存进银行，而无须把钱带回家自我保管。针对当时民营企业和小微企业无法通过正规金融机构筹集到资金的现实，这些民营金融机构定位于"选择大银行不愿意做或不擅长的领域开展错位竞争"，民营企业、个体工商户、"三农"成为台州银行的目标客户。这些小微金融机构在提供资金融通方面也针对当时商户的资金需求进行了多项创新，比如，商户凭两张身份证就能贷到 2 万－3 万元，极大地破解了个体户的融资难题。

（四）良好的民间金融基础

台州小微金融的迅速崛起，得益于良好的民间金融土壤。 传统的正规金融无力满足私营、个体企业迅速发展对金融服务的需求。 因此，深藏于我国东南沿海地区，具有长久历史的以"会"冠名的各种各样民间金融组织，在改革开放后的宽松政策环境下开始生长，以应当时所需。

"会"是一种自发的民间集资组织，有着不同的名称，如聚会、呈会、成会，这是一种具有悠久历史的民间互助性质的信用组织。 一般是由发起人（被称为"会主或会头"）邀请亲友若干人（俗称为"会脚"），约定时间按期举行。 每次收集一定数量的会金，会员轮流每次一人使用。 "会主"优先收取第一次会金，此后按次序轮流交"会员"使用。 根据获得会金顺序的不同，分别称为"轮会""摇会""标会"等，"聚会"活动在城乡一直存在。 改革开放后，由于民企对资金需求旺盛，"聚会"这种民间信用在台州又重新活跃起来。

由于"会"都为自发的，非常盲目，风险大。 万一发生"倒会"，不仅冲击当地的经济金融运行秩序，而且危害社会稳定。 事实证明，这种民间金融组织是无力承担起当时经济社会发展需要的金融服务的重担。

但不可否认，"会"的产生、壮大以及倒掉，对于从计划经济体制下走过来的公众起到了思想解放和冲击的作用，也为后来小微金融的发展打下了良好的群众基础。 "会"的发展壮大也说明，民间存在着旺盛的"金融冲动"和资金借贷行为，这一切都发生在当时的正规银行体系之外，这些传统银行根本无力承担这种服务，需要有新机制导入来规范利用这股力量。

二、信用社主导时期（1988—2002）

我国的城市信用社是在改革开放后出现的，是我国金融机构体系的组成部分。 城市信用社应该称为城市信用合作社，本质上是群众性的合作制金融组织。 建立城市信用社的初衷，目的是解决"开户难、结算难、存款难、贷款难"的问题，尤其是为城镇街道企业、城乡集体企业、个体工商户和居民个人提供金融服务。 1986 年以前，全国城市信用社的数量约为 1300 家，总资产约为 30 亿元。 1986 年 1 月，国务院下发《中华人民共和国银行管理暂行条例》，明确了城市信用社的地位。 同年 6 月，中国人民银行下发《城市信用合作社管理暂行规定》，对城市信用社的性质、服务范围、设立条件等都做了规定。

自 20 世纪 80 年代中期开始，城市信用社的设立速度加快，主要在地级以上大中城市设立，部分地方在县（市）也设立。 为加强管理，1988 年 8 月，中国人民银行颁布《城市信用合作社管理规定》，提高了城市信用社的设立要求，注册资本由 10 万元提高到 50 万元。 到 1989 年末，城市信用社的数量达到 3330 家，总资产为 284 亿元。

（一）城市信用社的设立

民营经济的快速发展，对资金需求热度不减，造成的民间借贷利率持续保持在高位。 为了平抑民间借贷利率，根据政策，1988 年中国人民银行在台州区域范围内批准设立了 18 家金融服务社、城市信用社，其中包括后来成为台州小微金融发展代表的 3 家城市商业银行中的 2 家。 这些城市商业银行的成长历程就是台州小微金融发展的一个缩影。

1988 年是台州小微金融机构重要的历史时点，也可以称为台州小微金融正规化"元年"。 该年，2 家城市商业银行的前身经批准分别成立，即台州银行的前身"黄岩路桥银座金融服务社"、浙江民泰商业银行的前身温岭城市信用社。

从行政归属上看，路桥只是台州市黄岩县下属的镇，不符合当时设立城市信用合作社必须设立在城区的规定。 所以，1988 年经批准只是设立了"浙江黄岩路桥银座金融服务社"。 成立之初，资本金 10 万元，全部为民间资本，最后经过多次更名与增资扩股。 1992 年更名为黄岩市路桥城市信用社，1998 年更名为台州市银座城市信用社。 至 2002 年改制时，银座城市信用社股本扩展到 1.2 亿元，所有股东仍然来自民间，各项存款余额 29.2 亿元，各项贷款余额 17.9 亿元，年创利 5000 多万元，不良贷款率从建社至当时始终低于 1%。

温岭城市信用社始建于 1988 年，成立时总股本为 51 万元，其中温岭城关镇为大股东，出资 11 万元。 开始阶段发展并不顺利，1995 年当地人民银行对政府出资进行了清理，城关镇政府的股份全部退出。

(二)清理整顿带来的机会

城市信用社的快速发展也带来了不少问题。 如：机构分布不均；规模过小，抗风险能力薄弱；行政隶属分散；部分城市信用社存在规章制度不健全、人员整体素质较低、管理体制不明和多头管理等问题。 1989 年 12 月，中国人民银行总行下达了《关于进一步清理整顿城市信用合作社的通知》，整顿城市信用社的资本金和业务范围，理顺隶属关系，纠正党政干部在城市信用社兼职的错误。 1992 年清理整顿工作结束，我国经济也进入新一轮高速扩张周期，各地对设立城市信用社的需求非常强烈。

在这种背景下，绝大多数县（市）都建立了城市信用社。 到 1995 年末，全国共有城市信用社 5279 家，存、贷款余额分别为 3357 亿元和 1929 亿元，分别占全国金融机构的 7% 和 4%。 1992 年开始，台州成为浙江组建城市信用社联合社试点的两个地区之一（另一个是杭州）。

1993 年开始，中国人民银行大力清理整顿金融秩序，停止审批新建城市信用社。 1995 年，出于进一步深化金融体制改革和完善金融体系的需要，特别是为城市中小企业的发展提供金融服务，国务院发布《关于组建城市合作银行的通知》，国务院决定在撤并城市信用社的基础上，在 35 个大中城市分期分批组建由城市企业、居民和地方财政入股的具有"股份制"性质的城市合作银行。 1995 年 6 月，第一家城市合作银行——深圳城市合作银行开业。后来，重组范围扩大到其他地区。

整顿期间，台州对辖区内城市信用社也采用多种方式进行调整，给经营优良的城市信用社带来了难得的发展机会。 台州市银座城市信用社，因为经营业绩良好，不仅得以保留，而且联合几家经营较差的城市信用社成立了台州市城市商业银行；对部分城市信用社，如天台、三门城市信用社则合并至当地的农信机构；对有特殊情况的城市信用社，如泰隆城市信用社、温岭城市信用社，暂时保留，成为当时浙江保留的 4 家城市信用社中的 2 家。

台州市泰隆城市信用社（浙江泰隆商业银行前身），1993 年成立。 1992年中央对城市信用社清理整顿工作结束后，政策开始松动，当时正好也是南方谈话后，经济再次起飞，全国城市信用社又开始纷纷成立，泰隆城市信用社正是在这种背景下成立的。

温岭城市信用社，因为当时涉及走私案件，不良资产未处置，没有进行合并。但该社通过完善治理机制，改善经营，消除不良资产，不仅解决了历史遗留问题，而且形成一套服务小微企业的经营模式，完成了自我救赎。

还有一个插曲，在2001年台州因为偶发因素发生过对城市信用社的挤兑事件。在政府强力介入与支持下，也基于这些信用社良好的资产质量，顺利度过危机。此次事件后，台州地区的信用社发展进入了新阶段，加快了信用社之间的整合步伐。

三、从信用社到城市商业银行的蜕变(2002—2006)

在名为"城市信用社"的发展阶段，这些机构主要为了争取生存权。一方面，政策上如何对城市信用社的性质进行重新认识，尤其是以民营资本占绝对控制权的小金融机构；另一方面，市场能否接受这类机构，能否通过自己的经营在竞争中生存下来。经过几年的打拼，一批城市信用社开始逐渐向商业银行转制，台州的3家城市信用社从2002—2006年相继改制为城市商业银行。

最初设计的城市合作银行组建方案，是想采取某些国家农村合作金融组织体系的模式，由信用社投资入股成为真正意义上的合作银行。实际上，在合作银行组建之前，中国的许多城市信用合作社已经是股份制的金融组织了，将这些信用社按合作制的要求重新规范是不可能的，因而1995年9月发布的《国务院关于组建城市商业银行的通知》中，将城市合作银行的性质确定为股份制。

在成立之初，这些银行的名称是"××市城市合作银行"，后又改为"××市城市合作商业银行"。1998年3月，鉴于已有的"城市合作银行"并不具备"合作"性质，中国人民银行发文要求其改名为"××市商业银行"。城市商业银行的名称至此正式诞生。

台州3家城市信用社，正是在这场生存竞争中脱颖而出，通过整合其他同行社，凭借自己独特的经营和高超的管理逐步发展成为国内小微金融的代表行、标杆行。

（一）台州市银座城市信用社

台州市银座城市信用社最早改制，一方面源于自身优秀的品质，此为根本与基础；另一方面，也是该机构对当时机遇的把握，通过合并区域内其他有问题的城市信用社来实现跨区域发展。

经过几年的经营，银座城市信用社表现优秀，尤其是风险控制方面，不仅极大优于国内其他同类金融组织，而且显著优于当时国内大部分商业银行，集中表现在，当其他金融机构受困于不良贷款难以解决时，银座城市信用社的不良贷款率自创立以来一直低于1%。

当时台州金融机构出现了危机，台州地区多家城市信用社经营存在较多问题，有些还很严重，金融风险较大，如港口信用社，不良贷款率一度高达90%。2001年城市信用社发生挤兑事件后，如何平稳处理好遗留问题，各信用社也在找出路，利用民间资本而不是靠政府力量实为一条各方都受益的出路。

经过一段时间的实际工作，2002年3月22日，以台州市银座城市信用社为基础，联合台州市龙翔、海门、大丰、永宁、兴业、港口城市信用社和台州市城市信用合作社联合社等8家城市信用社，共同发起组建的台州市商业银行股份有限公司开业。虽是8家共同发起，但其中的基础是银座城市信用社良好的发展平台。通过合并，银座城市信用社优质的发展基础和特色鲜明经营理念得以保留下来，为后续发展提供了最为核心的要素。合并之初，短期带来了较大的负面影响，新成立的商业银行各项存款为35亿元，各项贷款为30亿元，由于承接了各组建社3.51亿元的巨额不良资产，不良贷款率攀升至13.1%。然而，由于合并了多个地区的信用社，跨区域经营的空间被打开，原囿于当地发展的城市信用社，现在获得了难得的跨区域经营机会，正所谓"海阔凭鱼跃，天高任鸟飞"，只用了短短4年时间，至2006年，台州市商业银行的不良贷款率就已控制在1%以下。

2010年9月9日，台州市商业银行更名为台州银行，注册资本增加到18亿元，并引进了招商银行、平安集团2家战略合作伙伴，进入了更大的空间和平台。

(二)泰隆城市信用社

泰隆从 1993 年成立之初就面临不利的局面，因为与银座城市信用社同处台州路桥，一城两社，显然与一城一社的政策规定有违，合二为一的趋势较为明显。 但是，泰隆城市信用社从建社之初就树立了明确清晰的经营理念，后续经营中规范有序，表现出了良好的发展势头。 经过几年的发展，该社已经具有了一定的规模，经营业绩优异。 如果强行将两社合并，难免会出现"分则两立，合着两伤"的结果。 从市场容量看，台州地区民营经济发达，又有发达的专业市场，资金往来规模大，市场足以承载 2 家城信社的生长。 经中国人民银行上海分行批准，泰隆城市信用社暂时得以保留，要求在一定时间内寻找好战略投资者，改进治理体系。 这样的处理，也就有了后来的浙江泰隆商业银行。

2002 年之后，泰隆城市信用社的经营获得快速发展。 2006 年 8 月 15 日，台州市泰隆城市信用社成功改建成浙江泰隆商业银行。

(三)浙江温岭城市信用社

因为涉及走私，在前一轮城市信用社改制中不良资产无法处理，无法与其他信用社合并而暂时得以保留的温岭城市信用社，则意外获得了发展机会，经过努力化解风险，妥善解决遗留问题，改善公司治理机制，形成了一套较为成熟的服务小微企业的经营模式，并于 2005 年更名为民泰城市信用社股份有限公司，2006 年 8 月 18 日转制为城市商业银行。

四、改制为商业银行后的特色发展

随着城市信用社转制为商业银行，在中国经济发展进入新的发展阶段的大背景下，台州银行等 3 家具有代表性的城市商业银行也获得了难得的发展机会。

2001 年底，中国签署加入世界贸易组织协定。 金融市场开放是加入世贸组织承诺之一，我国原有的各类银行（包括城市商业银行在内）在过渡期后，将直接面对世界各国银行进入的挑战和竞争。 先天不足的城市商业银行面临非常大的生存压力,特别是在化解风险和补充资本等方面。

(一)政府及时颁布政策进行指导

为进一步加强城市商业银行的监管工作,促进城市商业银行加快改革和发展的步伐,2004 年 11 月,中国银监会发布了《城市商业银行监管与发展纲要》(以下简称《纲要》)。 该《纲要》共分九个部分:一是认真研究城市商业银行发展与监管中面临的新情况,为城市商业银行可持续发展创造良好条件;二是按"防险、管理、改革、发展"的方针和实事求是、开拓创新的原则,做好城市商业银行监管工作;三是完善监管体系,明确职责分工,科学使用监管资源,实现向风险监管、持续监管的根本转变;四是以"分级管理、突出重点、缩小差距、科学发展"为原则,建立风险识别机制,继续推进分类监管政策,促进城市商业银行的总体发展和区域联合;五是以公司治理为重点,进一步完善城市商业银行的治理机制;六是强化内部控制,建立持续发展和风险防范的制度保障;七是加强对城市商业银行资本金的监管,建立及时有效的资本金补充机制;八是推行贷款质量五级分类,按照审慎监管原则促进城市商业银行资产质量的全面改善;九是规范信息披露,加强对城市商业银行的社会监督。

《纲要》明确了城市商业银行经营管理和改革发展过程中的一些重点和难点问题,并提出了新的要求:以公司治理为重点,进一步完善城市商业银行的治理机制,强化内部控制,建立持续发展和风险防范的制度保障。

建立良好的公司治理结构,转换经营机制,是城市商业银行改革与发展的核心和关键。 城市商业银行抓住了有利时机,根据《股份制商业银行公司治理指引》和《股份制商业银行独立董事和外部监事制度指引》的要求,积极吸收和借鉴国内外商业银行公司治理的成功经验,从 2004 年起用 3 年时间分步骤完成了城市商业银行公司治理建设,建立起股东大会、董事会、监事会和高级管理层"三会一层"协调统一、合理制衡的管理体制和科学有效的决策、执行、监督、激励和约束机制,全面提升城市商业银行公司治理质量。

从全国发展来看,城市商业银行为应对挑战,做了如下一些自我"增强体质"的工作。

（1）改善资本结构，引进战略投资者。 为了完善治理结构、提升管理水平，完善风险约束机制，增强核心资本，各地城商行开始引进战略投资者。

（2）IPO 走向资本市场。 一些具备条件的城市商业银行，谋划在资本市场的 IPO，以进一步壮大资本实力。 如 2007 年 7 月 19 日，南京银行与宁波银行成功上市。

（3）合并重组及更名。 城市商业银行在发展过程中，突破"城市"的区域性限制，成了许多经营能力突出的城市银行的迫切要求，重组突破成为一种切实可行的途径。 2005 年 12 月 28 日，徽商银行成为经批准的全国首家由省内城市商业银行和城市信用社联合重组成立的区域性股份制商业银行，多家城市商业银行经监管部门同意，去掉了"城市商业"的字眼。

（4）跨区域经营。 2006 年 4 月 26 日，上海银行宁波分行正式开业，成为城市商业银行首家跨省市设立的异地分行，城市商业银行大发展进入新阶段。

(二)3 家银行适时进行了扩张提升

随着《城市商业银行监管与发展纲要》的颁布实施，台州 3 家城市商业银行也迎来了发展的转机，尤其是最核心的公司治理机制、跨区域发展等，政策明确后，也就是英雄大显身手之时。

1.台州银行

台州银行成立后，也与全国其他城市商业银行一样，进行了增资扩股、引入战略投资者的行动。 成立时，政府只参股了 5%，其他所有股东出资来自民间资本，台州商业银行成为全国首家政府不控股的城市商业银行。 之后该行又进行了两次增资扩股，资本金扩展为人民币 18 亿元。 2010 年 9 月 9日，台州商业银行更名为台州银行，引入招商银行和平安集团 2 家战略合作伙伴（占总股本的 19.86%）。

台州银座城市信用社因从吸收合并 7 家城市信用社改组而成，成立之初已经可以在台州市区域内跨城市经营。 随着参与组建外省村镇银行，台州银行开始了跨省际区域发展。 截至 2020 年 12 月，该行（含主发起设立的村镇银行）拥有员工 10 600 余人，设有舟山、温州、杭州、宁波、金华、湖州、衢州、绍兴、嘉兴、丽水 10 家分行，主发起设立了浙江三门银座村镇银行、深圳福田银座村镇银行、北京顺义银座村镇银行、江西赣州银座村镇银行、重庆渝北银座村镇银行、重庆黔江银座村镇银行、浙江景宁银座村镇银行等 7 家"银座"系列村镇银行。

近几年，台州银行的发展一直保持着良性、快速的特点，资产规模、资产质量以及经营效益取得了显著进步。 2020 年，获中国《银行家》杂志评选的"资产规模 2000 亿－3000 亿元城市商业银行竞争力评价第一名"。 2017年，台州银行被评为最佳普惠金融城商行、最佳品牌城市商业银行，获得"全国文明单位"荣誉称号。 2016 年，台州银行被浙江省人民政府列为省服务业重点企业、服务名牌。 2019 年，台州银行获得第二届浙江金融风云榜"民营经济金融服务大奖"；获 2019 年度浙江省融资畅通工程服务创新奖。 国际权威财经媒体英国《银行家》杂志公布的 2020 "全球银行 1000 强"排名中，台州银行名列全球银行第 390 位。

2.泰隆商业银行

泰隆商业银行从成立之初始终坚持民营，全部股本来自民营企业和个人。 在改制为浙江泰隆商业银行之前，共经历了 2 次增资扩股；在改制之后，又实施了 3 次增资扩股，所有股东出资来自民间资本。 截至 2020 年末，法人股东 21 户，占股份总额的 98.67%；自然人股东 3 户，占 1.33%。

2006 年改制为城市商业银行后，泰隆商业银行 2007 年获得跨区域经营发展的资格。 2020 年末，已经在浙江省开设台州支行、丽水支行、杭州支行、宁波支行、金华支行、衢州支行、嘉兴支行、湖州分行、绍兴分行、温州分行和舟山分行等 11 家分行，并在省外的上海、苏州开设分行，并发起设立浙江庆元、湖北大冶、福建政和、福建福清、福建长乐、福建龙海、广东四会、广东英德、河南汝南、河南叶县、陕西旬阳、陕西眉县、陕西泾阳等 13 家村镇银行，具体如表 1-5 所示。

表 1-5　泰隆商业银行参股的 13 家村镇银行

子公司	持股比例(%)	出资额(千万元)
浙江庆元泰隆村镇银行股份有限公司	53.20	6 384
湖北大冶泰隆村镇银行有限责任公司	80.50	8 050
福建政和泰隆村镇银行有限责任公司	70.00	7 000
福建福清泰隆村镇银行有限责任公司	61.00	3 050
福建长乐泰隆村镇银行有限责任公司	61.00	3 050
福建龙海泰隆村镇银行股份有限公司	52.00	2 600
广东四会泰隆村镇银行有限责任公司	71.50	2 145
广东英德泰隆村镇银行有限责任公司	64.00	1 920
河南汝南泰隆村镇银行股份有限公司	70.00	3 500
河南叶县泰隆村镇银行股份有限公司	90.60	4 530
陕西旬阳泰隆村镇银行股份有限公司	69.20	6 920
陕西眉县泰隆村镇银行股份有限公司	70.90	3 545
陕西泾阳泰隆村镇银行股份有限公司	67.40	3 370

资料来源:泰隆银行 2020 年年报。

截至 2020 年末,泰隆商业银行资产总额为 2517.89 亿元,其中:各项贷款总额 1583.21 亿元,负债总额 2314.25 亿元,其中各项存款 1737.39 亿元,不良贷款率 0.98%。

3. 浙江民泰商业银行

民泰商业银行的股本经历了政府主导—民营—政府参股的过程。温岭城市信用成立时的总股本为 51 万元,其中出资最多的是温岭城关镇政府,11 万元,也是实际控制人,派人出任董事长,发展缓慢。1995 年,在城市银行清理中,温岭城关镇政府的股份退出;此后,在民营机制下发展顺畅。2005 年通过股份制改造,更名为浙江民泰信用社股份有限公司。为了增加公众的信任度,增加了 5% 的国有股份,后面政府占股再增加 3.23%。

2006 年改制为城市商业银行后,2008 年获得跨区域经营发展的资格。2020 年末,在浙江省内已经开设台州分行、舟山分行、杭州分行、宁波分行、义乌分行、嘉兴分行、绍兴分行、温州分行、衢州分行、丽水分行和湖州分行等 11 家分行，并在上海、成都开设分行。主发起设立江苏邗江民泰、福建漳平民泰、浙江龙泉民泰、浙江桐乡民泰、重庆九龙坡民泰、广州白云民泰、重庆彭水民泰、江苏金湖民泰、江苏惠山民泰等 10 家民泰村镇银行，包括以占股 30％参股西藏堆龙民泰泰村镇银行，具体如表 1-6 所示。

表 1-6 浙江民泰商业银行参股的 10 家村镇银行

子公司	持股比例(％)	出资额(千万元)
江苏邗江民泰村镇银行股份有限公司	51.00	6 334.20
福建漳平民泰村镇银行股份有限公司	67.00	4 7570.00
浙江龙泉民泰村镇银行股份有限公司	51.00	2 933.00
浙江桐乡民泰村镇银行股份有限公司	49.90	9 980.00
重庆九龙坡民泰村镇银行股份有限公司	71.83	8 620.00
广州白云民泰村镇银行股份有限公司	51.00	12 750.00
重庆彭水民泰村镇银行股份有限公司	90.00	4 500.00
江苏金湖民泰村镇银行股份有限公司	65.00	5 200.00
江苏惠山民泰村镇银行股份有限公司	56.00	5 600.00
西藏堆龙民泰村镇银行股份有限公司	30.00	1 500.00

资料来源：泰隆银行 2020 年年报。

到 2020 年末，资产总额 1710.04 亿元，其中各项贷款 1066.47 亿元，同比增长 23.61％，负债总额 1590.39 亿元，其中各项存款 1147.76 亿元，不良贷款率 1.55％。

第二章 台州小微企业金融服务改革试验区创建历程

台州小微企业金融服务改革试验区的创建工作，从 2012 年的浙江省试验区起步，一直到 2015 年国务院常务会议批复建设国家级试验区，历经 3 年多时间。 记录主要创建历程与改革过程中的重大事件，对后期总结台州小微企业金融服务改革创新经验，有着重要意义。

2012 年 8 月，台州市政府正式向省政府上报申请台州创建小微企业金融服务改革创新试验区。

2012 年 12 月，浙江省人民政府批复同意台州创建"浙江省小微企业金融服务改革创新试验区"，如图 2-1 所示。

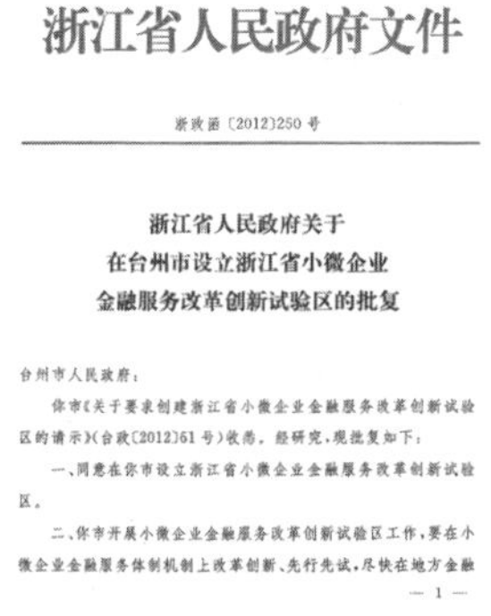

浙江省人民政府文件

浙政函〔2012〕250 号

浙江省人民政府关于
在台州市设立浙江省小微企业
金融服务改革创新试验区的批复

台州市人民政府：

　　你市《关于要求创建浙江省小微企业金融服务改革创新试验区的请示》（台政〔2012〕61号）收悉。经研究，现批复如下：

　　一、同意在你市设立浙江省小微企业金融服务改革创新试验区。

　　二、你市开展小微企业金融服务改革创新试验区工作，要在小微企业金融服务体制机制上改革创新、先行先试，尽快在地方金融

— 1 —

图 2-1　关于在台州市设立浙江省小微企业金融服务改革创新试验区的批复文件

2013 年 10 月，浙江省人民政府印发《浙江省小微企业金融服务改革创新试验区实施方案》，并向国务院呈报台州市创建全国小微企业金融服务改革创新试验区的请示和总体方案。 相关文件如图 2-2 所示。

图 2-2　关于印发《浙江省小微企业金融服务改革创新试验区实施方案》的通知文件

2013 年 11 月 29 日，朱从玖副省长、时任张兵市长为台州市小微企业信用保证基金运行中心揭牌。 仪式现场如图 2-3 所示。

图 2-3　小微企业信用保证基金运行中心揭牌仪式

2014 年 7 月 29 日，台州市金融服务信用信息共享平台正式启动。 启动仪式如图 2-4 所示。

图 2-4　金融服务信用信息共享平台启动仪式

2014 年 11 月，台州市小微企业信用保证基金运行中心举行开业仪式，进一步破解小微企业"融资难、担保难"问题。　仪式现场如图 2-5 所示。

图 2-5　台州市小微企业信用保证基金运行中心开业仪式

2015 年 5 月，中国人民银行联合国家多部委以央行〔2015〕152 号文向国务院呈报了台州创建小微金改试验区的请示。

2015 年 11 月，台州发布了小微金融指数（台州样本），成为"全国首个官方小微金融指数"，如图 2-6 所示。

图 2-6　小微金融指数发布（台州样本）

2015 年 12 月 2 日，国务院常务会议决定建设浙江省台州市小微企业金融服务改革创新试验区。 明确要求台州通过发展专营化金融机构和互联网金融服务新模式、支持小微企业在境内外直接融资、完善信用体系等举措，探索缓解小微企业融资难问题。 这是台州获得的首个国家战略举措，也是浙江省第五个国家战略举措，如图 2-7 所示。

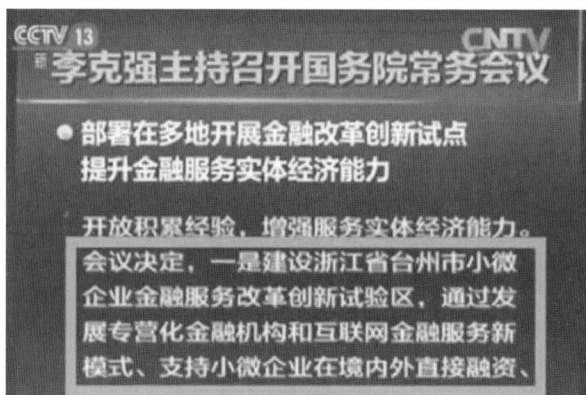

图 2-7　国务院常务会议关于建设台州市小微企业金融服务改革创新试验区的决定

2015 年 12 月 11 日，中国人民银行等七部委发布了《浙江省台州市小微企业金融服务改革创新试验区总体方案》，如图 2-8 所示。 明确了试验区建设的八大主要任务。

·支持小微企业提质升级；

· 完善多层次金融组织体系；

· 创新小微企业金融产品和服务方式；

· 拓宽小微企业融资渠道；

· 健全小微企业融资担保和保险机制；

· 推进地方社会信用体系建设；

· 加强小微企业金融服务交流合作；

· 完善金融监管和风险防范机制。

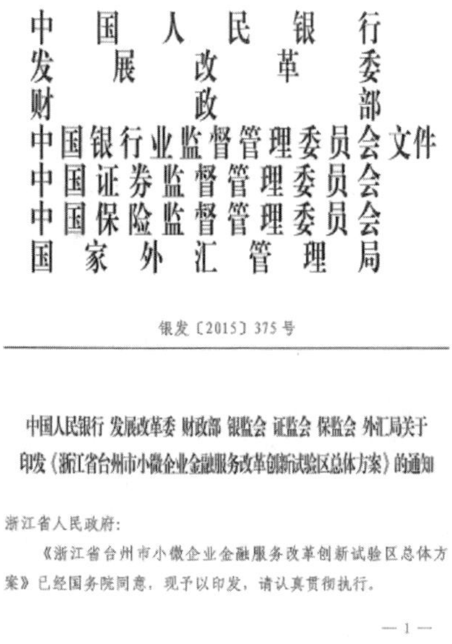

中 国 人 民 银 行
发 展 改 革 委
财 政 部
中 国 银 行 业 监 督 管 理 委 员 会 文 件
中 国 证 券 监 督 管 理 委 员 会
中 国 保 险 监 督 管 理 委 员 会
国 家 外 汇 管 理 局

银发〔2015〕375 号

中国人民银行 发展改革委 财政部 银监会 证监会 保监会 外汇局关于
印发《浙江省台州市小微企业金融服务改革创新试验区总体方案》的通知

浙江省人民政府：

《浙江省台州市小微企业金融服务改革创新试验区总体方
案》已经国务院同意，现予以印发，请认真贯彻执行。

— 1 —

图 2-8 关于印发《浙江省台州市小微企业金融服务改革创新试验区总体方案》的通知文件

2019 年 6 月 25 日，银保监会在台州召开"不忘初心、牢记使命"全国小微企业金融服务经验现场交流会，将台州小微金融服务经验向全国 300 多家银行机构复制推广，交流会现场如图 2-9 所示。

图 2-9 小微企业金融服务经验现场交流会

2019 年 8 月 27 日"不忘初心、牢记使命"政策性转贷款助力小微金融"台州模式"推广会,推动政策性银行与小法人银行机构优势互补,打通政策性资金支持小微企业的渠道,进一步降低小微企业融资成本。 推广会现场如图 2-10 所示。

图 2-10 政策性转贷款助力小微金融"台州模式"推广会

台州市从 2019 年起连续 3 年被财政部评定为财政支持深化民营和小微企业金融服务综合改革试点城市,获此项专项资金合计 9000 万元。 相关文件如图 2-11 所示。

图 2-11　关于下达 2019 年度普惠金融发展专项资金预算的通知

2021 年 5 月 20 日，台州学院与上海财经大学金融学院签订合作框架协议，成立台州小微金融学院，探索小微金融专业人才培养道路。 签订仪式现场如图 2-12 所示。

图 2-12　台州小微金融学院成立仪式

2021 年 6 月 9—11 日，中国人民银行率评估组到台州开展小微金改终期评估。 台州 5 年来的小微金改工作，受到评估组高度肯定。 评估会议现场如图 2-13 所示。

图 2-13　小微金改终期评估会议

3

第三章　台州小微企业金融服务改革方案

第一节　浙江省台州市小微企业金融服务
改革创新试验区总体方案

一、总体要求

(一)指导思想

以邓小平理论、"三个代表"重要思想、科学发展观为指导，全面贯彻落实党的十八大和十八届三中、四中、五中全会精神，紧紧围绕金融服务实体经济，以完善小微企业金融服务体系为主线，通过局部地区先行试点，加快推进小微企业金融服务模式创新，充分发挥民间资本支持小微企业发展的积极作用，建立健全小微企业融资保障机制，拓展小微企业金融服务广度和深度，为小微企业可持续发展和实体经济转型升级提供有力的支撑。

(二)基本原则

需求导向，科学规划。按照金融运行规律和实体经济发展现实需求，科学规划，统筹安排，精心拟定小微企业金融服务改革创新方案，先易后难，分阶段有序推进。

先行先试，重点突破。 积极化解小微企业金融服务的体制机制障碍，破解小微企业融资难、融资贵问题，探索建立高效、便捷、可持续、可复制的小微企业金融服务模式；在重点领域和关键环节先行试点改革创新举措，重点突破，由点及面。

政府引导，市场运作。 发挥政府对提升小微企业金融服务水平的引导作用，加强担保和信用体系建设，完善风险补偿、创新激励等措施。 发挥市场在资源配置中的决定性作用，坚持市场导向，完善经营机制，提升服务能力和效率。

突出特点，探索经验。 立足台州比较优势，探索小微企业金融服务有效途径。 通过模式创新、人才培训、机构延伸，辐射、带动、引领并惠及其他地区，为小微企业金融服务创新积累经验。

(三)主要目标

通过 3－5 年的努力，小微企业融资覆盖率显著提高，降低融资成本，扩大融资规模，提升金融服务质量，优化金融生态环境，积极打造融资便捷、服务高效、创新活跃、惠及民生的小微企业金融服务体系，及时总结评估、适时复制推广，为全国小微企业金融服务改革创新探索新途径、积累新经验。

二、主要任务

(一)支持小微企业提质升级

完善创业辅导培育机制，推动形成大众创业、万众创新新局面。 培育企业家精神，发挥资本推动作用，提高创业创新效率。 加大人力资本投入，提高劳动者素质，促进小微企业工艺技术、产品质量和品牌升级。 鼓励小微企业优化公司治理，规范经营行为，提高运营效率、创新能力和盈利能力。 加强电子商务基础建设，为小微企业经营创新搭建高效便利的服务平台，提高市场竞争力。

（二）完善多层次金融组织体系

整合重构现有金融机构同城网点，加快设立依托社区、商圈、产业集群的社区银行、专营支行，实行专营化、差异化、个性化服务。鼓励和引导商业银行加大对辖内分支机构的小微企业专项信贷支持。支持城市商业银行延伸服务网点，下沉服务重点，落实新设县域分支机构信贷投放承诺制度，创建小微企业金融服务专营机构。大力支持台州市民营城市商业银行做专、做精、做强。在加强监管的前提下，允许具备条件的民间资本依法发起设立中小型银行等金融机构。积极创造条件引进外资银行。加快推进农村合作金融机构股份制改革，支持优质民营企业参与增资扩股。扩大村镇银行、贷款公司、农村资金互助社和小额贷款公司的覆盖面。引导小额贷款公司规范发展，鼓励优质小额贷款公司拓宽资金渠道。建立健全小微企业金融服务评价机制。

（三）创新小微企业金融产品和服务方式

加快研发适合小微企业需求的新型金融产品，扩大特色产品的运用和再创新。进一步完善小微企业金融产品查询平台和中小企业公共服务平台建设。推动设立金融超市、金融便利店等。改进微贷技术，探索建立小微企业审贷评分模型与机制。完善网络信贷业务模式，积极探索传统微贷技术和现代信息技术的深度融合，加强银行与电商合作，利用大数据和互联网技术做好小微企业金融服务。探索形式多样的还款方式。大力推广网上支付和手机支付等业务模式。推动金融集成电路（IC）卡在公共服务领域的广泛应用，鼓励移动金融在电子商务领域的创新应用。支持网络支付业务创新和领域拓展，探索互联网金融服务小微企业的新模式和新途径。支持地方法人金融机构，加快外汇业务创新，开展或合作开展人民币与外汇衍生品业务等试点，开展出口保单质押融资。

（四）拓宽小微企业融资渠道

支持符合条件的各类成长型、科技型、创新型小微企业在境内外资本市场直接融资。 支持符合条件的小微企业发行短期融资券、中期票据、中小企业集合票据、区域集优票据、公司债券等，鼓励通过资产证券化方式融资。探索跨境融资模式创新。 促进私募股权投资基金、创业投资企业发展，加快资产兼并重组，推动新兴产业发展和经济转型升级。 充分利用浙江省内现有的股权、产权交易场所，推进未上市小微企业改制、综合产权转让和融资。探索设立民间资本与小微企业对接的民间融资服务中心。

(五)健全小微企业融资担保和保险机制

进一步完善和发挥台州小微企业信用保证基金功能。 积极发展政府支持的融资性担保机构，完善担保贷款风险分担和补偿机制，加大对小微企业融资性担保支持力度。 探索建立商业性和政策性相结合的保险体系，推动银行、保险共同探索小微贷款保险机制，深化银、保、企合作。 扩大小额贷款保证保险、信用保险覆盖面，创新适合小微企业的组合保险产品，发挥保单对贷款的增信作用。 探索建立小微企业发行公司债券利息或担保费用补贴制度。 建立政府性金融业发展基金，完善风险补偿机制，为风险分担、补偿提供保障。

(六)推进地方社会信用体系建设

建立守信激励、失信惩戒机制，着力打造信用高地。 推进地方政府部门信息公开与共享，以小微企业信用信息共享平台为载体，以小微企业、农民专业合作社、农户等小微经营主体为对象，归集、整合各部门掌握的信用信息，进一步优化小微企业信用信息共享平台功能，深化平台信息服务、信用评价等服务应用，建立共享、辅导、评价、增信、培育、服务机制，推广信用村（社区）、信用乡镇（街道）等区域信用创建，深化小微企业信用体系试验区建设。

(七)加强小微企业金融服务交流合作

完善海峡两岸小微企业金融服务交流机制，加强两岸金融人才交流和培养。 积极争取台湾地区金融教育、培训机构落户台州，借鉴吸收台湾地区金融业服务小微企业的先进经营管理经验和理念。 引进台资金融机构，探索设立合资证券公司、基金公司和证券投资咨询研究机构。

（八）完善金融监管和风险防范机制

建立健全监督考核机制，鼓励和引导金融机构有效提升对小微企业的支持力度和服务质量。 建立地方金融风险防控机制，完善地方金融监管协调机制和金融突发事件应急预案。 强化和落实地方人民政府处置地方金融风险和维护地方金融稳定的责任，守住不发生系统性、区域性金融风险底线。 加强企业资金链、担保链风险的动态监测，建立金融风险预警机制。 编制小微金融指数，发挥小微金融指数的风向标作用。 规范民间融资行为，依法严厉打击逃废金融债务、非法集资等金融违法行为。

三、保障措施

（一）加强组织协调

成立试验区工作领导小组，统筹规划，加强领导，精心组织，研究制定小微企业金融服务改革创新实施方案。 在国务院相关部门的指导下，通过上下联动、部门协作，形成省、市、县（市、区）统一协调、分头推进的工作机制。

（二）加强政策支持

在国家金融政策框架下，支持符合条件的城市商业银行积极推进同业存单、信贷资产证券化、小微企业金融债等业务；开通绿色通道，优化考核标准、审批流程，提高合格审慎评估、备案与发行频率。 支持对小微企业金融服务成效突出的银行业金融机构实行存款准备金率、合意贷款、业务准入、业务创新、支小再贷款、再贴现等政策倾斜。 改革试点试验过程中遇到的其他重大政策突破事项，根据"一事一报"原则，按程序报批后实施。

（三）加强考核督查

建立目标责任体系，明确职责分工，将创新试点工作纳入年度考核，完善考核奖惩机制，确保小微企业金融服务改革创新工作扎实推进、取得成效。

（四）加强人才保障

创新高端金融人才引进激励机制。建立小微金融研究院。支持城市商业银行和其他金融机构办好特色培训学院，加大职业培训投入，深化与高等院校合作，积极培养小微企业金融服务方面的专业人才。

第二节　浙江省台州市小微企业金融服务改革创新试验区实施方案

一、总体要求

（一）指导思想

坚持创新、协调、绿色、开放、共享的发展理念，紧紧围绕金融服务实体经济，以完善小微企业金融服务体系为主线，加快推进小微企业金融服务模式创新，建立健全小微企业融资保障机制，充分发挥民间资本支持小微企业发展的积极作用，拓展小微企业金融服务的广度和深度，支持推动大众创业、万众创新，为小微企业可持续发展和实体经济转型升级提供有力的支撑。

（二）实施原则

1.需求导向,分步实施

按照金融运行规律和实体经济发展现实需求，精心分解细化小微企业金融服务改革创新总体方案，强化工作任务的项目化，明确时间表和路线图，先易后难，分阶段有序推进，确保各项主要任务的落地。

2.强化创新,注重实效

更加注重小微企业金融服务体制机制创新，探索建立高效、便捷、可持续、可复制的小微企业金融服务新模式，着力破解小微企业融资难、融资贵问题。

3.政府引导，市场运作

发挥市场在资源配置中的决定性作用，坚持市场导向，完善经营机制，加快小微企业金融服务模式的创新探索；发挥政府在提升小微企业金融服务水平中的引导作用，加强担保和信用体系建设，完善风险补偿、创新激励等措施。

4.上下联动，合力推进

积极做好向国家相关部委和金融机构的汇报沟通工作，强化和台州市及县（市、区）的工作对接，形成协同推进工作机制，及时协调解决创新试验中的困难和问题；鼓励引导金融机构向上争取支持，合力推进试验区建设。

（三）发展目标

通过3—5年的努力，着力推进小微企业提质升级，激发小微企业创新活力，提高创业创新效率，促进小微企业健康发展；丰富完善金融业态，提升金融服务质量，防范区域金融风险，优化金融生态环境，积极打造融资便捷、服务高效、创新活跃、惠及民生的小微企业金融服务体系；大力发展普惠金融，拓宽融资渠道，降低融资成本，扩大融资规模，信保基金增信担保占小微企业贷款比例达15％—20％，显著提高小微企业融资覆盖率，有效缓解小微企业融资难、融资贵问题，强化金融服务实体经济能力，努力把台州打造成为全国小微企业金融服务改革创新示范区，为全国小微企业金融服务改革创新探索新途径、积累新经验。

二、主要任务

（一）支持小微企业提质升级

1.促进小微企业规范化治理和素质提升

学习借鉴发达国家和地区小微企业培育的经验和做法，建立公益性质的市、县两级小微企业培育辅导机构，形成培育辅导机制，推动小微企业规范治理结构和财务管理制度；加强知识培训和再教育，提升小微企业经营者和劳动者素质。

2.搭建知识产权交易服务平台

提供商标专用权、专利权、版权、各类科技成果等交易服务，为小微企业提供知识产权网络交易场所，方便小微企业开展权利质押融资。

3.深入推进"小微企业三年成长计划"

加大技术改造力度，促进小微企业在工艺技术、产品质量和品牌等方面升级；支持企业开展境内外并购重组，着力培养"小巨人"企业；加强电子商务基础建设，为小微企业经营创新搭建高效便利的服务平台；鼓励小微企业利用"互联网＋"，不断提高运营效率，不断强化创新能力和盈利能力。

4.搭建小微企业创业创新服务平台

因地制宜发展科技孵化园区、众创空间、创业园（基地）和台州湾循环经济产业集聚区小微企业产业园，加快各县（市、区）的小微企业产业园建设，推进小微企业集聚发展、绿色发展和创新发展。

(二)完善多层次金融组织体系

1.大力支持台州3家城市商业银行成长为全国领先的小微企业金融服务专营机构

支持开展主动性负债，充分利用各类货币政策工具，完善资本补充机制；支持鼓励有条件的城市商业银行上市融资，开展并购重组；支持创新发展，创造条件设立基金管理公司，为小微企业提供综合性金融服务；支持利用"互联网＋"，不断改进微贷技术，努力做专、做精、做强，跻身全国小微企业金融服务机构"领头羊"行列。

2.大力发展专营化金融机构

积极推动现有金融机构同城网点的整合重构，鼓励银行业金融机构继续下沉服务重心，依托社区、商圈、产业集群大力发展社区支行、小微专营支行和科技支行等各类特色支行；鼓励引导商业银行制定小微企业专项信贷计划，改进对小微企业的信贷管理及审批机制，提供专营化、差异化、个性化、特色化服务，确保每年小微企业贷款保持合理增长。

3.丰富小微金融服务组织体系

积极支持符合条件的民营企业依法发起设立民营银行；创造条件吸引外资银行（台资银行）入驻；加快推进农村合作金融机构股份制改革，支持优质民营企业和战略投资者参与增资扩股；支持村镇银行拓展业务范围和服务创新，扩大服务覆盖面；积极引导小额贷款公司稳健发展，鼓励优质小额贷款公司拓宽融资渠道；推进村镇银行和小额贷款公司接入征信系统，加强风险防范能力；稳妥有序地推进民间融资服务机构发展，为民间资本和小微企业搭建持续有效的对接平台。

4.有序发展新金融业态

在风险可控的前提下，规范发展互联网金融；丰富各类金融业态，积极引进或设立信托公司、证券公司、保险公司、融资租赁公司、金融租赁公司、消费金融公司、贷款公司、资产管理公司；积极探索设立与境外合资的证券公司、基金公司和证券投资咨询机构等。

（三）创新小微企业金融产品和服务方式

1.探索银行通过互联网服务小微企业的新模式

积极促进传统微贷技术和现代信息技术的深度融合，加速改造微贷技术；利用大数据、云计算技术，探索建立小微企业审贷评分模型与机制；鼓励支持银行与电商合作，利用大数据和互联网技术做好小微企业金融服务；探索小微企业金融服务标准体系建设。

2.进一步拓展小微企业融资质押范围

深化商标专用权质押登记全国试点，加强质押商标使用权的动态监测，鼓励支持金融机构扩大质押品范围，提高质押覆盖面；支持小微企业开展专利权等无形资产的质押贷款；深化开展股权、排污权、海域使用权、农民住房财产权、林权等抵（质）押贷款，推进农村承包土地经营权抵押贷款试点。

3.深化金融产品和还款方式创新

鼓励金融机构研发适合小微企业融资需求的新型金融产品，扩大特色产品的运用和再创新，提升小微企业申贷获得率；积极支持发展供应链金融；推动银行与其他金融机构合作，开展投贷保、未来收益权质押等专业化、特色化金融产品的创新；鼓励支持金融机构探索开展形式多样的还款方式创新，推广年审制、循环接力贷等，逐步实现小微企业贷款的无缝续贷。

4.探索开展支付模式创新

大力推广网上支付和手机支付等业务。支持金融机构与互联网企业的跨界合作；加快移动支付平台的整合，推动金融 IC 卡在社会保障、公共交通、居民健康等公共服务领域的广泛应用；鼓励移动金融在小微企业电子商务领域的创新应用；推动移动互联网在提高客户体验性、满足小微企业"短小频急"信贷需求和其他综合性需求，以及在提高银行内部管理效率等方面的应用。

5.加强小微企业金融服务渠道建设

进一步完善小微企业金融产品查询平台和小微企业金融服务平台建设，推动智慧信贷工厂、金融超市、金融便利店等创新性服务方式的落地，不断提升小微企业融资便利性。

6.支持地方法人金融机构探索境外业务创新

根据资本项目可兑换进程和银行需求，适时争取在宏观审慎框架下，对 3 家城市商业银行短期外债实施比例自律管理；积极支持符合条件的地方法人金融机构开展人民币外汇衍生品业务等试点；鼓励金融机构与出口信用保险机构合作，开展出口保单质押融资等业务。

(四)拓宽小微企业融资渠道

1.大力推进小微企业股权债权融资

支持符合条件的创业型、创新型、科技型、成长型企业对接多层次资本市场，支持优质企业在境内外资本市场上市、融资；支持符合条件的小微企业在新三板、浙江股权交易中心等场外市场挂牌、融资；进一步鼓励支持小微企业利用公司债券、小微企业债券等各类债务融资工具，以及通过资产证券化等方式融资，提高小微企业直接融资比例；在有效防范风险的前提下，积极争取开展股权众筹融资试点，尝试引入和搭建互联网私募股权融资平台；积极争取开展投贷联动试点。

2.探索小微企业跨境融资模式创新

探索开展跨境人民币融资模式创新，适时推进小微企业开展跨境人民币贷款，积极推动内保外贷、外保内贷等业务发展；支持融资租赁公司探索开展跨境融资业务，合理扩大中长期外债指标规模。

3.培育和引进各类投资基金

推动私募股权投资基金、创业投资基金发展，充分发挥各级政府引导基金的作用，大力培育和引进各类私募股权投资基金和管理机构，促进本土各类股权投资基金健康发展。

4.充分发挥地方产权交易平台的作用

利用现有产权交易平台，积极对接浙江区域性股权、产权交易场所，加快小微企业股改步伐，促进企业产权、股权、债权合理流动，推动区域股权、债务融资业务发展。

(五)健全小微企业融资担保和保险机制

1.做大做强信保基金

进一步完善和发挥台州小微企业信用保证基金功能，采取差异化的监管政策和适度灵活的利率调控方式，增进金融机构参与的内生动力；增加省级出资和银行捐资份额，做大信保基金规模，加速信保授信业务发展，创新业务模式，完善内部运行机制，不断提高信保增信覆盖面；建立科学高效的信保业务评价体系和长效的资金补充机制，实现可持续发展。

2.探索建立商业性和政策性相结合的保险体系

推动银行、保险机构共同探索小微企业贷款保险机制，深化银保企合作；推动保险机构与省级政府性担保机构和台州小微企业信用保证基金开展深层业务合作，探求建立小额贷款保证保险多层次风险分担机制；以市、县共同设立补偿资金的方式，建立超赔风险准备金制度，实行风险补偿，对小额贷款保证保险业务进行经费补贴和业绩奖励；发挥保单对贷款的增信作用，积极开发适合小微企业需求的个性化、特色化的信用保证保险产品。

3. 建立健全政策性融资担保体系

进一步发展壮大政府性担保机构，发挥担保和再担保的增信、分险以及稳定器作用；继续发挥好融资性担保的作用。积极创新政府性担保服务模式，对接省级政策性融资担保基金，构建省、市、县三级风险分担运营机制和融资担保服务网络；建立完善融资担保风险补偿机制。探索建立小微企业发行公司债券利息或担保费用补贴制度；落实相关税收支持政策，健全担保增信体系，增强行业抗风险能力。

（六）推进地方社会信用体系建设

1. 大力推进金融服务信用信息共享平台的应用

进一步优化提升金融服务信用信息共享平台功能，完善数据共享、采集模式，继续整合各类社会信用信息，进一步完善平台的信用评价、预警分析等功能，方便银行查询，提升信息利用效率，扩大应用覆盖面和使用对象；建立全面、顺畅、高效的信用信息共享平台框架体系与运行机制。

2. 积极开展信用建设活动

深化全国小微企业信用体系试验区建设，进一步完善共享、辅导、评价、增信、培育、服务机制；深化推广信用村（社区）、信用乡镇（街道）等区域信用建设，发挥信用建设成果在小微信贷中的运用。

3. 探索构建地方信用管理体系

围绕征信、守信和用信，研究建立地方信用信息管理制度，加强对信息安全与消费者权益保护、授权管理、异议处理等方面的管理；强化守信激励、失信惩戒，建立失信黑名单制度，积极构建地方信用奖惩机制，逐步在行政管理、公共服务、社会生活等领域实现全方位的信用信息应用，提高失信违约成本，着力打造台州信用高地。

（七）加强小微企业金融服务交流合作

1.完善海峡两岸小微企业金融服务交流机制

推动海峡两岸金融交流，定期举办海峡两岸小微金融发展交流活动，深化信保基金、信用信息共享、高校、银企、银银之间的交流，拓展交流合作空间，不断提升小微企业金融服务水平；深化台州路桥海峡两岸小微金融合作创新实验区的建设。

2.探索开展与台湾地区金融业的深度合作

推动两岸金融业在机构设立、业务合作、人才培养等方面加强合作，积极引进台湾地区金融机构，探索通过商业票据等形式吸引台湾地区金融资本进入台州；积极引进中高级金融管理人才，争取台湾地区金融教育、培训机构以及小微企业金融服务辅导等中介机构落户台州，促进海峡两岸经济融合。

3.加强与境内外金融机构的合作交流

丰富合作交流内容，适时将海峡两岸金融交流合作模式扩大至港澳和海外地区；加强区域金融合作，融入长三角，学习借鉴先进地区的经验和做法，积极开展与国内知名的小微金融服务企业合作交流。

（八）完善金融监管和风险防范机制

1.加强地方金融监管

制订出台地方金融监管工作实施意见，加强地方金融监管力量，推动地方金融监管创新。助推地方金融产业健康发展；加强金融机构支持地方经济发展的考核激励；建立健全小微企业金融服务评价机制，鼓励引导金融机构有效提升对小微企业的支持力度和服务质量。

2.切实落实地方金融风险防范和维稳责任

强化和落实地方政府处置地方金融风险和维护地方金融稳定的责任，建立完善地方金融监管协调机制和金融突发事件应急预案；发挥小微金融指数监测预警和风向标作用，加强对企业资金链、担保链风险的动态监测；进一步完善"两链"风险处置协调机制，发挥好政府应急转贷资金的作用，强化金融机构社会责任意识，帮助困难企业渡过难关；加大司法保障力度，净化金融生态环境。

3.加强金融法律法规宣传

增强民众金融风险防范意识，规范民间融资行为，依法打击非法集资、非法交易、非法证券和恶意逃废金融债务等金融违法行为，维护地方金融稳定。

三、保障措施

(一)加强组织领导

成立浙江省台州市小微企业金融服务改革创新试验区工作领导小组和台州市级工作推进领导小组，统筹规划，加强领导，精心组织，研究制订小微企业金融服务改革创新具体实施方案。市级工作推进领导小组下设办公室，办公室设在台州市金融办，负责试验区建设的日常工作，同时承担联络协调职能，加强与国务院有关部委、金融机构和省级部门的联络沟通，形成国家部委、省、市、县四级统一协调、分头推进的工作机制。

(二)建立政策支撑体系

支持地方法人金融机构积极推进同业存单、大额存单、信贷资产证券化、小微企业专项金融债、二级资本债等一揽子业务的开展。支持对小微企业金融服务成效突出的银行业金融机构实行差别化存款准备金率、宏观审慎评估、业务准入、业务创新、支小再贷款、再贴现、常备借贷便利以及不良贷款核销等政策倾斜，积极争取信贷资产再贷款试点；对通过信保基金和小额贷款保证保险增信后发放的贷款，实行差异化的监管激励政策。争取监管措施的倾斜支持，积极探索监管部门差异化的监管评级政策；积极争取银行业金融机构上级行或总行的政策支持，如单独建立人力资源、信贷投放、不良容忍度、成本控制、绩效奖励等考核办法，提升小微企业金融服务能力。推动小微企业税收优惠政策的全面落地，全面落实小微金融机构财税优惠政策，提高小微金融服务能力。设立政府性金融业发展专项资金，台州市级财政在金融业税收收入市得增收部分中每年提取一定比例，同时多渠道争取上级的政策倾斜支持，专门用于地方金融业发展中的风险补偿、小微企业融资政策性补贴，为风险分担、补偿等提供保障；发挥财政资金引导作用，支持各类特色支行的发展；有条件的县（市、区）也应建立地方金融发展专项资金。制订和完善地方深化小微金融服务改革创新一揽子政策，落实"一事一报"事项，争取国家部委政策倾斜支持，形成上下联动、覆盖广泛的政策支撑体系。

（三）加强人才保障

建立健全人才引进培养工作机制，拓宽人才引进视野，落实人才引进激励政策，让人才引得进、留得住；采取上挂下派、相互交流等多种形式，推动金融部门干部队伍的交流和培养；深化小微金融研究院建设，加强小微金融服务的理论研究和小微金改的实践总结，打造小微金融人才培养基地；支持城市商业银行和其他金融机构办好特色培训学院，加大职业培训投入，提高小微金融服务队伍的素质。

（四）加强考核督查

建立省和市两级小微企业金融服务改革创新试验区考核机制，将推动台州小微企业金融服务改革创新工作纳入省级相关部门和金融机构工作考核范畴；将推进试验区各项工作任务的落实作为台州市级部门和县（市、区）年度工作目标责任制考核内容之一，形成部门协同、上下联动的工作格局，确保小微企业金融服务改革创新工作扎实推进、取得成效。

四、实施步骤

（一）启动实施阶段（2016 年）

台州市级工作推进领导小组及办公室要加大工作推进力度，制订出台具体实施方案并明确年度主要工作任务，落实责任单位，组织启动相关改革创新项目实施工作。

（二）加快推进阶段（2017—2018 年）

根据浙江省台州市小微企业金融服务改革创新试验区实施方案确定的内容，全面落实改革创新主要任务，力争在各个领域均有所突破，重点关键领域取得明显成效。

（三）总结提高阶段（2019—2020 年）

浙江省台州市小微企业金融服务改革创新试验区实施方案确定的主要任务全面完成；认真全面梳理，开展评估总结，形成在全省乃至全国的推广经验，并针对存在的薄弱环节和领域，完善相关工作措施，确保取得预期成效。

第三节　浙江省台州市小微企业金融服务改革
创新试验区标准化试点实施方案

一、总体要求

以习近平新时代中国特色社会主义思想为指导，紧紧围绕小微企业金融服务改革创新试验区建设，探索小微企业金融服务标准化模式，以标准形式固化小微企业金融服务典型有效做法，强化标准实施与应用，为建立全国领先、独具特色的小微企业金融服务"台州模式"和推进"台州模式"走出去提供强有力的技术支撑和基础保障。

二、工作目标

经过标准化试点建设，基本建成小微企业金融服务标准体系，涵盖小微金融的产品服务、运营管理、信息技术和行业管理等方面。在金融服务信用信息共享平台、小微企业信用保证基金、小微企业信贷管理等领域，研制一批行业急用先行标准，争取形成 1 项行业标准、5 项市级及以上地方标准。创建金融机构标准化示范，强化标准实施与应用，探索形成与小微企业金融服务发展相适应的标准实施模式。通过标准化手段，促进小微企业金融服务"台州模式"健康发展，推进"台州模式"走出去。

三、工作原则

(一)统一组织，整体谋划

加强组织领导，发挥好浙江省台州市小微企业金融服务改革创新试验区标准化试点工作领导小组（以下简称"标准化试点领导小组"）和办公室的作用，统一开展试点的各项主要任务。

(二)注重实效，强化应用

固化小微企业金融服务的经验和成果，统一为标准，形成可复制、可推广的台州小微企业金融服务标准化模式。引入第三方标准实施评价机制，加强标准的实施与应用。

(三)典型示范、全面推进

选取典型金融机构为小微企业金融服务标准化示范，探索形成符合企业发展需求的机制建设、体系构建、标准制定、标准实施与监督的标准化模式，边示范、边总结、边推广，全面推进标准化试点工作。

四、主要任务

(一)编制小微企业金融服务标准体系

结合国内外相关标准的研究及需求分析，初步确定拟采用国内外标准清单以及需要制修订标准清单；再通过对所需标准进行科学筛选、分类和组合，形成一个层次清晰、结构合理、相对完整的标准体系。

(二)研制一批行业急用的先行标准

基于台州在金融服务信用信息共享平台、小微企业信用保证基金等领域的有效做法，以及小微企业金融服务专营机构、地方法人金融机构服务小微企业在技术、产品和服务等方面的创新成果和经验做法，提出拟制定标准；按照各级标准研制程序和GB/T 1.1《标准化工作导则第 1 部分：标准的结构和编写》的编制要求，完成标准制定。 拟研究制定标准主要包括：《小微企业金融服务信用信息服务规范》《小微企业金融服务信用信息采集数据元规范》《小微企业信用保证基金业务规范》《小微金融指数规范》《小微企业金融服务专营机构规范》《小微企业信贷服务信息管理规范》《个人经营性信贷服务规范》《小微企业信贷服务规范》《小微企业信贷服务债务人管理规范》。

（三）探索标准实施与监督模式

通过培训与宣传，强化标准实施力度。 在标准体系策划、标准编制、标准实施等阶段，有计划、有步骤举办小微企业金融服务标准化基础知识、关键标准宣传贯彻培训班，帮助全市金融机构把握关键标准内涵，促进标准的实施落地。 充分利用新闻媒介，通过宣传栏、宣传册以及现代化信息技术等手段，加强标准化试点建设宣传报道，增强全员小微企业金融服务业务及技术特点，构建标准体系框架，并根据体系框架开展标准化意识。 通过自查和第三方评价机制，进行标准实施监督，以评促建。 推进关键标准在全市金融机构实施落地，各金融机构对照标准逐条自查，对未达标部分进行改进。 引入第三方评价机制，制定标准实施评价细则，对标准符合性和实施效果进行评价和反馈，总结形成标准实施示范并进行推广，强化标准实施落地。

（四）创建小微企业金融服务金融机构标准化示范

选取 2 家金融机构作为示范创建单位，分析标准化现状，制定标准化工作规划，健全标准化推进工作机制；参照小微企业金融服务标准体系，结合自身业务技术特点，建立符合自身发展需求的标准体系，制定急需、关键标准；开展标准的宣传贯彻实施和监督检查；总结形成一套与小微企业金融服务紧密融合、良性互动的标准化工作模式。

五、实施步骤

(一)宣传启动阶段(2018 年 3—4 月)

(1)组建标准化试点建设工作机构,明确专(兼)职工作人员及其职责、权限,召开标准化试点领导小组会议,全面启动试点建设工作。

(2)全员动员,做好宣传工作;统一思想,增强全体人员的标准化意识;开展标准化业务培训,深化全体人员对标准化的理解,牢固树立标准化管理和服务理念。

(3)确定专业研究机构和咨询机构,助力标准化试点建设工作。

(二)体系建设阶段(2018 年 4—8 月)

(1)开展标准体系编制和标准制定提升培训。

(2)建立健全小微企业金融服务标准体系框架。

(3)对小微企业金融服务项目和环节进行梳理,提出小微企业金融服务标准体系明细表,并编制标准体系研究报告。

(4)起草小微企业金融服务相关标准,组织论证,征集意见,修改完善。

(5)按照结构合理、层次清楚、配套完善、简便适用的原则,处理好标准化与特色化的关系,基本建成满足小微企业金融服务发展需求,规范小微金融产品服务、工作流程及行业管理,建成具有自主知识产权的统一、先进、实用的小微企业金融服务标准体系并审定发布。

(6)标准化试点领导小组办公室组织有关专家进行综合评审。

(三)组织实施阶段(2018 年 9 月—2019 年 6 月)

(1)采取多种形式,对发布的小微企业金融服务标准体系进行宣传贯彻和培训,使相关单位工作人员掌握相关标准,具备一定的标准化知识。

(2)全面实施小微企业金融服务标准体系,加强标准实施管理,运用标准规范服务,依靠服务完善标准;结合工作实践,针对体系中存在的问题进行调整，完善标准体系。

（3）开展标准实施情况的检查、指导和督导，开通内、外部监督渠道，及时发现问题，及时修改调整，并建立持续改进制度。

（4）开展第三方评价，以第三方的外部视角协助找出存在的问题和不足、优势和劣势。

（5）选取示范创建单位，开展小微企业金融服务金融机构标准化示范创建。

（四）总结验收阶段（2019 年 7—11 月）

（1）对标准化试点工作进行全面总结，提炼成功经验和做法，查找和分析问题与不足，提出改进措施。

（2）由标准化试点领导小组办公室组织对标准实施情况进行逐一检查初验。初验达标后，提请国家标准委正式验收。

（3）创建台州小微企业金融服务标准品牌，以标准化、规范化管理为手段，改善小微企业金融服务环境，促进小微企业金融服务创新，争创本行业服务品牌，并在小微企业金融服务领域推广应用。

六、保障机制

（一）提高认识，加强领导

开展标准化试点工作是推进浙江省台州市小微企业金融服务改革创新试验区建设、规范小微金融行业管理、固化小微企业金融服务经验和成果的重要工作，要发挥好标准化试点领导小组及办公室牵头组织和协调作用。标准化试点领导小组成员单位要确定责任领导、责任处室和联络人，做到主要领导负总责、分管领导亲自抓、具体工作责任到人，确保各项工作落到实处，推动标准化试点工作有效开展。

（二）明确目标，注重协调

各有关单位要结合本单位小微企业金融服务工作的性质和特点，明确工作目标和工作重点,本着符合实际、方便简捷、科学严谨、易于操作的原则,按时完成各项标准的制定、实施工作,确保小微企业金融服务标准体系全覆盖并有效运行。 标准化试点领导小组办公室要加强与国家、省级标准化管理机构的联系,定期汇报工作进度;加强对各相关部门的统一协调,定期通报工作进展情况;加强与先进省、市地区的沟通交流,总结并汲取好的工作经验。

(三)广泛宣传,深入动员

广泛利用电视、电台、报纸、网站、简报等多种形式和渠道,加强对标准化试点工作的宣传,及时总结推广成功经验和典型案例,形成全社会共同支持参与的良好氛围。

(四)技术支持,经费保障

加强与标准化技术机构的沟通联系,强化对标准化试点工作的智力和技术支持。 加大相关经费的投入力度,将标准化试点工作经费纳入财政预算,在调研、宣传、标准编制、跟踪指导等方面给予政策和经费支持,确保工作有序推进。

第二篇
地方银行的服务创新

　　商业银行是小微金融发展的先锋军和骨干力量,台州银行、浙江泰隆商业银行、浙江民泰银行等 3 家本地民营城市商业银行始终坚持打造成为"小微企业成长的伙伴",专注于以小微企业、个体户、家庭作坊以及农户等为主要服务对象的小额金融服务,在全国树立了"简单、方便、快捷"的优质金融服务品牌。本篇共有四章内容,分别介绍台州银行、浙江泰隆商业银行、浙江民泰银行等 3 家城商行和台州农信系统的成长历程,以及在推动小微企业金融服务改革过程中取得的成绩。

4

第四章　台州银行的小微金融服务

台州银行股份有限公司始建于 1988 年 6 月 6 日，由浙江黄岩路桥银座金融服务社发展而来。 2002 年 3 月，以市场化方式发起成立了全国首家政府参股不控股的城市商业银行"台州市商业银行"，2010 年 9 月更名为台州银行，该行注册资本 18 亿元。

台州银行始终坚持小微企业金融服务的市场定位，坚持"以市场为导向、以客户为中心"的经营理念，以"简单、方便、快捷"的服务、简单实用的个性化产品、高效的服务流程，赢得了客户和市场的认同，业务也连年保持稳健、快速增长。 截至 2020 年末，该行（含主发起设立的村镇银行）资产总额为 2757.11 亿元，各项存款余额为 2075.10 亿元，各项贷款余额为 1690.56 亿元。

一、台州银行创建初期(1988—1998 年)

(一)初创阶段，"扫楼"打动客户

1. 孕育与起源

20 世纪 80 年代，台州民营经济风起云涌，孕育并催生了与之相应、为之服务的地方金融组织。 台州是中国股份合作制的发源地之一，民营经济在国民经济中占主体地位，台州本地将近 60% 的工业经济总量是由占比 90% 以上

的中小企业创造的，中小企业在台州经济发展中起着举足轻重的作用。

路桥自古就是商贾云集的集镇，重商传统深厚，"无户不商，无街不市"。 20 世纪 80 年代中期，当地已有专业商品市场数十个，民营企业和个体工商户数万家，市场已经辐射全国，民间资金需求旺盛。 随着中小企业的发展，资金短缺成为困扰其前进的瓶颈；同时这些小企业自身也存在某些缺陷，如财务不健全、不连续，致使大型金融机构出台的小企业信贷扶持政策在实际操作中出现了隔阂甚至脱节，最为突出的矛盾就是投入的不经济和信息的不对称。

当时正式的金融机构只有工行、农行（农村信用社仍隶属于农行），对于个体户来说，由于规模小、无资信等级，极少能得到正规金融机构的贷款。自宋元以来，江浙就有经营钱庄的传统，这样的条件下，民间借贷再次兴起，地下钱庄活跃。 根据黄岩县人行的统计，当时银行借贷和民间借贷的比例是1：1，民间利息已达到月息两分五（相当于年利率 30％）。

1988 年初，《浙江日报》刊发了一篇温州农民合股创办信用社的报道。这无异于平地响起了一声春雷，银行从来都是由国家创办的，很多人觉得新鲜。 陈小军当时是一家信用社的信贷员，看到报道后，他萌生了一个大胆的想法：温州苍南能办的，黄岩路桥也能办。

就在别人睁大眼睛盯着机遇的时候，陈小军已争取到上级有关部门的支持。 1988 年 5 月 18 日，中国人民银行台州地区分行正式下达批复，同意设立股份制的浙江黄岩路桥银座金融服务社。 1988 年 6 月 6 日，在一阵阵"噼噼啪啪"的鞭炮声中，台州银行的前身——浙江黄岩路桥银座金融服务社挂牌成立，地址在台州市黄岩县路桥镇老马路 74 号，建社时只有 6 名员工、30 平方米的营业场所和 10 万元资本金。 银座是日本东京的金融中心，取"银座"的名字寄托着对未来的美好期望。

开业当天，吸收存款 56 440 元，发放贷款 2 笔。 就这样，"银座"开始起步了。 台州各级政府和监管部门的开明，使得"银座"从一开始就具备了按市场化运作的机制优势，可以按照自己的思路实现心中的愿景。

2.精准定位,站稳脚跟

基于最朴素的"鸡蛋不能放在一个篮子里"的风险分担原理，"银座"资金有限，又要分散，那就只能做额小面广的个体户。

当时的银行、信用社基本上不对个体户发放贷款。只有它们不愿做或不擅长的领域，才是"银座"生存和发展的空间。从创立开始，"银座"就抓准小客户，从身边做起，从市场里每个摊位做起，挨家挨户跑业务，最终提炼为"额小、面广、期短、高效"的信贷原则。额小、面广，能真正分散资金；期短，可以与客户保持较高的接触频度，可以在客户一个经营周期内完成贷款的一次循环，从而有利于防范风险；高效，才能符合客户的需求，让客户感到方便，才能吸引住客户。从那时起，"银座"就坚定了一个信念——要专心做小企业、个体户业务。

在当时十分看重所有制性质的大背景下，对于个体户来说，银行门难进、脸难看。服务社组织开展了礼仪服务"三部曲"活动，在当地同行中第一次对每一位客户喊出了"您好"。在当时的金融环境下，这种客户礼遇还显得十分"豪华"，许多客户就是冲着这一份尊重第一次走进了"银座"。

国有银行下午 4 点钟就关门了，市场商户收摊后，只能把钱带回家去。服务社早上 7 点开门，晚上 8 点甚至 9 点才关门，全年无休，商户晚上打烊后还可以来存款，第二天一早就取走。这一贴近客户的做法，深得客户好评。此外，服务社还建立了流动收款点，上门收款。1989 年，推出"夜市银行"，让客户随时都可以到"银座"办理业务，这也是浙江金融界最早推出的"夜市"服务和"全天候"服务。

银座以灵活的机制迅速为自己争得了一席之地。1988 年末，银座存款额为 176 万元，利润 1.42 万元；建社第二年，利润达到 10 万元。

"银座"拿出 6 万余元购置计算机设备，对存贷业务实行计算机管理，减少了客户业务办理时间，在当地首家实现了临柜业务电子化，提高了服务效率，声誉日隆。从 1988—1991 年，存款额和利润分别从 176.19 万元和 1.42 万元上升到 1705.36 万元和 25.29 万元。这一阶段，银座积累了一定的金融从业经验，管理机制逐步形成，在社会上拥有了较高的知名度，在同行中站稳了脚跟，为今后的快速发展打下了扎实的基础。

(二)壮大实力阶段,创新业务吸引客户

1992 年 3 月 31 日,经中国人民银行浙江省黄岩市支行批准,"黄岩路桥银座金融服务社"更名为"黄岩市路桥城市信用合作社",这一时期是打基础阶段。 1993 年 8 月 8 日,"银座"搬迁至台州市路桥新大街 86 号。 1996 年 1 月 24 日,经中国人民银行台州市分行批准,其更名为"台州市路桥城市信用合作社",当年 6 月 6 日,搬迁至路桥南官大道 92 号。

1.完善经营机制

这一时期,"银座"牢牢抓住邓小平同志南方谈话后的有利时机,深化各项内部改革,进一步完善经营机制。 服务社创办初期,曾成功创造了"家庭化"管理模式,为业内外人士广为称道;服务社发展为信用社,企业规模日益扩大,这一管理模式已日益显现出权力过分集中、中层干部积极性难以发挥等弊端,企业管理改革迫在眉睫。

在广泛了解国内外商业银行先进管理经验的基础上,"银座"管理层南下深圳、海南取经;外赴国际著名商业银行——美国花旗银行、日本东海银行加利福尼亚分行考察。 1992 年改革工资分配制度,实行等级工资与奖金相结合的九级行员制,有效地突破了建社初期的"家庭化"管理模式。

全社形成了以总经理为核心,总经理助理、部门(分社)主任、主任助理、领班直至各个岗位的垂直多层管理网络,并形成了三大管理体系:一是决策体系,总经理为决策人,董事会为最高决策机构,总经理的重大决策经董事会同意后,在全社实施;二是实施体系,总经理下设 9 个中层管理部门,按机构性质,分解并赋予他们自主权,在具体操作上,不干预他们的权力;三是监督体系,赋予办公室以行政监督权力,监督各部门各项工作的实施,同时专门成立稽查部,赋予最高权力,由总经理直接负责、操作,对全社各部门工作进行动态考核和督查。 三大体系的建立,理顺了社内各部门相互间的关系,推进了该社劳动用工、劳动分配、社会保障等各项改革举措的实施。

在此基础上,"银座"推出了一系列与商业银行相适应的管理制度。 例如,中层干部现场办公制度和碰头会制度:每周一,各部门主任不在办公室,

而是深入到各分社、储蓄所，到基层了解情况、帮助基层解决困难问题；周一晚 7 点半，向总经理汇报情况。 信贷事后监督制度：对于每一笔 3 万元以下的贷款，5 天以内便会有人将贷款户的经营情况、商业信誉、还贷能力了解得一清二楚；若有不良贷款，5 天内便能发现。 行政督办制度：每一部门或网点人员（包括社领导），如没有及时完成社里交办的任务，便会有人送上催办单；若有违规违章，又会马上收到处罚决定。

1993 年，"银座"首推"存贷挂钩、利率优惠"的办法，建立一条银企间长期相互依赖、相互支持的纽带，强调下户调查、眼见为实，以自创的自编报表分析客户的资产整体状况。 对不同渠道获得的经营数据和软信息进行交叉检验，以最大程度地接近客户真实的经营状况和资产状况。 通过对客户账户基数的构成和数量进行分析，从而判断客户的经营现金流情况。

2. 与客户交朋友

"银座"经常向员工们灌输这样一种经营理念：客户是水，我们是鱼，有水才有鱼。 在我们面前，客户永远是我们的上帝，我们要用企业良好的形象来取信客户，与客户建立鱼水般的关系。 在路桥金融界，最早推出保管箱业务与 ATM 机 24 小时服务；最早在各分社、储蓄所实行计算机业务处理，实现电脑联网、通存通兑；最早制定员工行为、服务、用语等文明规范。 在当地最早开展电话预约上门服务，设立流动服务组，提供上门收送款服务。 星期天、节假日照常办理华东"三省一市"汇票，极大地方便了客户。

"银座"在每一个营业网点，放置用精致铜牌做成的"客户投诉指南"，上面有投诉内容、投诉电话。 同时向客户承诺：你的每一次投诉，都将得到保密；第二天，你都将得到投诉的处理结果。

1995 年 6 月 6 日，恰逢"银座"成立 7 周年，"银座"召开了"7 周年企业发展反省会"。 会前，在省内五六家报纸刊登《诚求良策，一议千金》的广告，以每条 500－5000 元的酬金，诚求发展良策；会上，又邀请当地 100 多位社会各界人士，征集批评建议。 7 周年社庆，共征集到来自省内外 300 余条意见建议。

3. 强调风险意识

"银座"一直向员工强调风险意识。 "银座"与员工约法三章——"不得接受客户宴请及进娱乐场所；不得向客户借钱借物借车；不得进不良场所，交不良朋友"。 "吃苦、求实、开拓"，是"银座"为自己定下的企业精神；"忠于职守、严守信用、廉洁奉公、竭诚服务、顾全大局"，是"银座"为自己定下的从业宗旨。

信用社重视对企业市场份额的拓展，更重视信贷资产质量的提高，力求把金融风险降到零。 陈小军说："安全性强的资产未必都能产生高收益，但不安全的资产肯定不会带来任何收益。"在信用社，视信贷资产质量为命根子已成为企业文化的核心和灵魂。 在信用社，不管是谁，如果因自己的过失而造成信贷资产的损失，就会抬不起头来。 因而，信用社有过一网点主任保持全年无逾期贷款而获总社 6000 元特别奖金的记录；也有过总经理未能如期收回所发放的贷款而在员工大会上做检讨，并被降一级工资的记载。

信用社严格坚持对逾期贷款、呆滞贷款的高标准界定，坚持将逾期贷款界定为逾期不能归还的贷款，而不以 6 个月为界；呆滞贷款界定为那些生产已经停止、企业濒临破产、建设项目已停建或由于贷款人或法定代表人长期逃避在外、债务无着落、经营发生重大失误、发生重大经济纠纷、违法犯罪等严重影响借款人或保证人的偿付和担保能力，导致回收难度很大但尚未确定为无法回收的贷款，而不以时间的长短为界。 这种高标准的界定方法，使得信用社始终把金融风险抵御在警戒线以外，成为奠定企业整个信贷资产质量结构的基石。 信用社还在全体员工中构筑了一条金融风险防范的心理防线。金融风险有着许多不可控制的因素，金融企业中每一个部门、每一个员工都有可能因为自己工作的不慎，而给企业带来金融风险。 因而每一个部门、每一个员工都应该是风险的防范者。 信用社总结出 14 项不良贷款征兆，供全体员工学习对照，致使信用社的许多金融隐患被消灭在萌芽状态。 信用社还推出了许多新的信贷管理办法和措施。 细化"贷前、贷中、贷后"贷款操作"三查"制度。 平时，信贷人员定期走市场、访企业，深入调查，对每一家贷款户的企业概况、生产经营状况、经营风险状况以及贷款人的思想品德状况等都了如指掌，进行动态跟踪。 在此基础上，建立档案；每一笔贷款发生后，信用社又都会有人定期上门调查贷款人的生产经营及资金使用等情况；对调查中发现资信不良的贷款户，又建立了"不宜贷款户档案"。 资信良好的贷款户，在信用社贷款如在家里取钱一样方便。 "三查"制度大大提高了企业贷款发放的准确性以及资金安全性。 建立信贷包干责任制，信用社下放给信贷员一定的信贷审批权限，但谁发放谁就要对这笔贷款的安全负责。 社里实施了两条办法：一是奖金与"贷款逾期率"挂钩的办法，对该办法实施总社考核网点、网点信贷员二级考核；二是实施奖金暂扣办法，信贷人员发放的贷款逾期未收回的，按性质及其原因、责任，暂扣责任人的奖金，直至收回该笔贷款才发还被扣奖金。 信用社还经常对信贷工作进行突击专项检查，对执行制度不严格或人情贷款等违规现象，发现1起严肃查处1起，绝不心慈手软。 在1997年8月的一次突击检查中，就有16名中层干部分别受到社里的口头警告、工资降级、奖金扣发等处理。

加强"清逾"工作力度。 "清逾"是确保信贷资产质量提高的最后一道防线，信用社把"清逾"工作摆在了至高无上的位置。 社里为"清逾"人员配备一流的装备，每一个"清逾"人员都有着"不达目的誓不罢休"的精神，社决策层领导还经常与"清逾"人员一起参加"清逾"工作。 有一家企业在信用社贷款100万元，因经营不善，法定代表人欲逃避。 社里获悉此人的行踪后，连续15天盯住"黏""缠"，最后在法院的帮助下，此笔贷款债务在月末那天凌晨3时得到落实。

4.科技立行

面对激烈的市场竞争，"银座"形成了这样的认识：金融竞争第一步是服务竞争；第二步是人才管理竞争；第三步是高科技竞争。 要占领金融市场竞争制高点，使企业永远立于不败之地，必须加速企业科技化进程，利用科技提高服务手段与管理水平，不断开拓新业务。

"银座"决定加大对企业科技装备的投入。 1994年初，全社电脑联网，实现对公存款通存通兑；同年4月，又开发出电话银行查询系统。 1994年下半年，引进意大利自动取款机，开发了"银座卡"业务，凡持有银座卡的客户，即可凭卡在约定的任意一家城市信用社，享受存款、取款、结算等服务，还可在通汇地区的特约商号消费，为建立城市信用社系统的结算高速公路做了超前探索。

1995 年初，路桥城市信用社引进并完善了一套出纳柜员系统，实现了临柜业务全面电子化。 一是开发出全面事后监督系统，利用电脑对前一天所有会计、出纳、信贷结算业务进行逐笔复核，以查漏补缺，防范风险。 做到了管理者足不出户，全社各营业网点营业情况尽收眼底。 二是开发了资产负债比例管理软件，下到基础数据收集、整理，上到决策，贷款投向、投量实施控制，都有相应程序，实现了对信贷资产质量全面科学的管理，促进了信贷资产质量的提高。 三是开发了人事档案管理系统，建立起社内电脑"人才库"，全社职工的基本情况一目了然。

1994 年，信用社成为华东三省一市汇票的代签点；同年，又参加了省联行清算中心联行往来。 1995 年，进一步扩大与全国部分城市信用社的约定异地通汇业务。 到 1996 年，信用社已在全国 50 多个地区，成功建立了通汇网络；在全国多个省市建立了"银座卡"通用结算网络。

1995 年，信用社的存贷规模及经济效益已跃居浙江省首位，并跻身全国同行 15 强行列。 存款余额 5.1669 亿元，贷款余额达 3.27 亿元，存、贷款规模已分别占到路桥金融总量的 27％和 25.3％。 路桥在该社开户的个体工商户达 5 万余家，占路桥个体工商户总数的 6 成以上。 同时，信用社也不忘反哺民生，积极为当地的经济建设出财出力。 1994 年底路桥新区正为造价 1.5 亿元的台州市大环线路桥段资金问题发愁，信用社主动请缨，及时注入资金，保证工程圆满完成。 台州市委、市政府，路桥区委、区政府领导一致评价：路桥经济的发展，市场的繁荣，黄岩市路桥城市信用社功不可没。

有利的外在发展环境加上严格的内部科学管理使"银座"接连跨了几个台阶，存款余额从 1992 年底的 4051.96 万元一跃而至 1997 年的 10.3 亿元，突破 10 亿元大关。 1997 年末，贷款余额 5.85 亿元，资产充足率 11.27％，其中核心资本充足率达到 10.71％，资产流动性比例达 72.24％，不良贷款为 0.46％，资产规模、经济效益均居浙江省城市信用社系统首位，在路桥区所有金融机构中（包括四大国有商业银行）业务量比重达 30％。

二、台州银行的改制探索（1998—2002 年）

（一）兼并港口城市信用社

1998 年，椒江区港口城市信用社陷入严重的经营危机，不良贷款率高达 90％以上，不良贷款损失高达 4500 万元，出现支付危机。 台州市政府和监管部门都认为不宜简单地以破产处理，希望"银座"接手。 台州市路桥城市信用社意识到这是"历史性机遇"，在此之前，浙江没有一家城市信用社能够跨区经营，兼并如果实现，将给政府和当地居民留下良好印象。 但"银座"当时年利润只有 1000 万元，要接手港口信用社，无疑有着巨大的风险。 在政府的指导下，通过市场化运作成功兼并了严重资不抵债的椒江区港口城市信用社，此时的"银座"成为浙江省第一家实现跨区域经营的城市信用社。 1998 年 11 月，经中国人民银行台州市中心支行批准，更名为"台州市银座城市信用合作社"，并于同年成立椒江区洪家储蓄所，首次实现了从路桥区到椒江区的跨区经营。 这一行动更是被经济学家称为"市场主导型兼并化解区域性金融风险的有益尝试"。 此次兼并，"银座"在前期调查摸底和清产核资的基础上，针对港口城市信用社经营中存在的诸多问题，进行了非常严肃、细致、深入的研究，制订了吸收和化解港口城市信用社原先的信用风险的详细工作方案，在防范原有风险向"银座"扩散的前提下，力争以最小的成本与最快的速度向港口城市信用社派出优秀的管理人员，将"银座"的管理理念和企业文化植入港口城市信用社，帮助其建立起规范先进的经营制度。 兼并是自主进行的，自始至终未受到行政性强制干预。 兼并中，台州市政府、中国人民银行浙江省分行和中国人民银行台州市中心支行一直密切关注事件的进展，多次莅临现场指导，对银座城市信用社因消化兼并带来的近 6000 万元不良资产、更名为"台州市银座城市信用社"以及准许其跨行政区划扩大经营地域范围做了大量的支持工作。

这一时期，"银座"成功导入了 ISO 9002 国际质量管理与保证体系并顺利获得认证，在管理组织结构上形成了决策、实施、监督、反馈四大体系，为向全面品质经营（TQM）之路的迈进打下了基础。

(二)组建台州市商业银行

事实证明，这次兼并的价值不仅仅在于打破了地域限制，更重要的是它为"银座"赢得了发言的机会。

当时外部环境发生着显著变化。从 1995 年开始，国家对城市信用社进行清理整顿，合并组建城市商业银行。1997 年，台州也被列为第三批组建城市商业银行的城市之一，成立台州市商业银行被提到了台州市委、市政府的议事日程上。

此时，台州各家城市信用社的发展状况参差不齐，有个别社已陷入了严重的经营危机。为化解日益严峻的地方金融风险，实现萦绕在全体"银座"人心里的宏伟蓝图，"银座"当仁不让地承担起了发起组建城市商业银行的重任。把"银座"优秀的企业文化和经营机制传承下去，是未来的台州市商业银行健康发展的前提。而要实现传承，明晰产权是关键，以市场化的路径组建是保障。但在当时的金融环境下，由政府控股地方商业银行几乎是唯一的模式，能否按市场化的运作模式，完成从城市信用社到商业银行的跨越，社会各界出现了不同的声音。

在一片热议声中，时任中国人民银行上海分行行长吴晓灵到台州调研。陈小军建言："十几年来，群众相信我们，接受我们，说明我们对他们确实有帮助，我们的服务确实适合他们的需求。这样好的城市信用社，这样好的经营机制，应该有一个存续发展的空间。"经过了这一次交流，情况出现了转机，金融体制改革的深化给了"银座"一次难得的发展机遇，以市场化方式组建城市商业银行第一次成为决策者的共识。

2001 年 2 月 5 日，中国人民银行上海分行复函同意在台州市银座、港口、海门、龙翔、大丰、兴业、永宁、台州等 8 家城市信用社的基础上组建台州市商业银行。3 月 23 日，台州市商业银行组建工作领导小组成立，台州市副市长毛平伟担任筹建领导小组组长，中国人民银行台州市中心支行行长吉明、台州市政府副秘书长陈保顺为副组长。

经过一年时间的紧张筹备，台州市银座城市信用社以市场化的方式，吸纳了台州其他 7 家城市信用社，共同发起组建台州市商业银行。2002 年 3 月

22 日，台州市商业银行正式挂牌成立。 当天，举行了台州市商业银行开业庆典仪式，到会祝贺的有中国人民银行上海分行副行长陈永富，台州市委、市政府以及市、县级各单位领导等共 400 多人，全国人大常委会副委员长蒋正华发来贺电祝贺。

台州市商业银行成立时的注册资本为 3 亿元，政府参股仅为 5%，这是中国金融史上第一家政府不控股的城市商业银行，也是第一家按市场规则成立的城市商业银行。

（三）应对挤兑风波

在台州市商业银行成立前夕，一场突如其来的风暴将"银座"推到了一个生死存亡的关口，而"银座"也以万众一心的坚持，向社会证明了企业卓越的实力与价值。

2001 年 9 月 14 日，由于受到社会上一则传言的影响，一场挤兑风暴席卷而来。 当天下午 3 时，台州路桥一家金融机构出现了客户集中挤兑提存款的现象，事态迅速扩大。 晚上 8 时，"银座"所在的银座大道储蓄所首先被挤兑风暴波及，大门无法在正常营业终了时关闭。 在政府的帮助下，直到晚上 9 时半，银座大道储蓄所的大门才被强行关闭。 9 月 15 日上午 7：20 分，"银座"各网点开始正常营业，汹涌的人潮如期而至。 无论是"银座"员工还是客户，几乎所有人都以"惊心动魄"一词来形容当时的感受。

"银座"的全体员工全力投入这场战斗，他们用不同的方式挽留客户：有人用自己家的房产作抵押，给客户担保；有人动员全家一起到网点做客户思想工作；有人不顾怀有身孕，坚持工作，结果累倒在岗位上。 在台州各级党委、政府和监管部门的大力支持下，在社会各界共同努力下，这场风暴终于在同年 9 月 15 日下午开始有所缓解，到同年 9 月 16 日上午基本平息。

"银座"25 亿元存款在一天内流失近 13 亿元。 一个月后，存款恢复到27 亿元，不但挤掉的存款回来了，而且还超过了挤兑前的水平。 到了年末，仅仅过了 3 个月，各项存款上升到 29.17 亿元，较上一年度增长了 19.36%。存款的快速增长体现了"银座"与客户之间的"鱼水"情，这一业绩被业内人士和金融专家惊呼为奇迹。 2001 年底，信用社存款余额达 29.1702 亿元，年末贷款余额达 17.8093 亿元。

三、台州银行跨区域发展前期(2002—2008 年)

与其他城市商业银行相比,台州市商业银行具有以下特色:产权明晰,民营资本控股而非地方政府控股,地方政府不干预银行事务;"建一保一",即以台州银座城市信用社为核心组建台州市商业银行,同时保留台州泰隆城市信用社(现发展为浙江泰隆商业银行股份有限公司);遵循风险不转嫁的原则,在组建台州市商业银行时,对其中 7 家社经清产核资及股权评估认定的 1.78 亿元无效资产,由当地政府出面牵头成立的资产管理公司予以彻底剥离;组建方式以市场化手段自下而上自愿重组而非政府主导自上而下的行政命令方式重组;实行"一级法人、统一管理、分级经营、目标考核、奖惩配套"的管理体系;突破市区营业网点限制,在临海、温岭地区均设置了网点。商业银行成功组建后,因其产权制度、交易费用及服务网点等优势,更大范围地为当地小微企业等弱势群体提供了卓有成效的金融服务。

(一)化解风险

台州市商业银行刚组建时,各项存款 35 亿元,各项贷款 30 亿元,由于承接了各组建社 3.51 亿元的巨额不良资产,不良贷款率攀升至 13.1%,但在当年底就回落到 5% 以下,至 2006 年又重新控制在 1% 以下。

背负着化解金融风险、服务地方经济的重任,台州市商业银行的决策者采取了"锁住风险,整合机构和人力资源,统一企业文化、制度和业务流程"三大措施,稳步推进,进行了一系列艰苦、努力的调整。统一新 VI 形象,实现了计算机网络的全行覆盖,完成了 7 家组建社的改造,完成了从多个法人到一级法人的转变,按照银座的经营理念建立组织架构和经营秩序。

在台州市委、市政府和监管部门的大力支持下,台州市商业银行承受住了来自各方面的巨大压力,仅仅用了短短的 9 个月时间,迅速完成了对其他 7 家组建社的改造。当年年底,各项存款余额从开业初的 35 亿元增长到 62.4 亿元;没有运用任何财政资源,清收不良贷款 1.5 亿元,贷款不良率从开业初的 13.1% 下降到 4.8%,实现利润 2500 多万元。这在全国城市商业银行组建过程中，转型成本最低、转型速度最快、转型路径最短、转型效果最好。

（二）提出"向下走"战略

走什么样的发展之路，如同"银座"刚成立时所面对的一样，台州市商业银行的决策者也遇到了同样的问题。2003 年 5 月，在由各支行行长、处室主管联合参加的业务发展经验交流会上，依然选择与秉承服务小微企业的市场定位，并提出打造"我们可以信赖的中小企业伙伴银行"的市场战略。2005 年，更加明确提出了"向下走"的小客户发展战略，以培育初创阶段的小微企业等弱势群体为己任。在台州市商业银行，户均贷款余额均在 50 万元以下，99％以上贷款户额度都在 500 万元以下。远远低于其他商业银行单笔平均数额，真正成为小微企业的伙伴银行。

（三）摸索适合国情的小额贷款经验与可复制技术

联合国将 2005 年确定为"小额贷款年"，旨在让贫困或相对贫困人口得到创业机会和增加就业机会，这和党中央提出的建设"和谐"社会要求不谋而合。与此同时，中国银行业监督管理委员会在 2005 年颁布了《银行开展小企业贷款业务指导意见》，开始着力倡导小企业贷款；世界银行开始向中国推荐欧洲复兴银行的微贷款模式，找到了国家开发银行作为合作平台，国家开发银行开始在国内寻找合作行。台州市商行银行独特的组织结构和长期为小微企业服务中所取得的骄人业绩，引起国家开发银行的关注，而以软信息处理为基础的信贷技术体系更是得到了世界银行专家的高度评价。2005 年 11 月 23 日，台州市商业银行和国家开发银行签订《微小企业贷款项目合作协议》，成为全国首批微小贷款项目合作银行。此举标志着国家开发银行与城市商业银行合作的"国家开发银行中国微贷款项目"正式启动。项目合作的目标是"为大多数在过去无法获得银行贷款的微型和小型企业创造获得银行融资的机会"。国家开发银行开展微贷项目得到了世界银行、德国复兴信贷银行的技术援助与资金支持，同时项目聘请了国际项目执行顾问 IPC 公司提供微贷技术。

2006 年，台州市商业银行与世界银行、中国国家开发银行合作，经由

IPC 公司引进欧洲先进的小额信贷技术，并成功进行了本土化改造，推出了以小微企业、个体工商户、家庭作坊及农户为主要服务对象的特色贷款产品——"小本贷款"，中文寓意为"支持做小本生意的贷款"，贷款额度当初设计为 2000－30 万元，几乎不设客户贷款门槛。 "小本®"也成为中国首个小微企业信贷服务的专用注册商标。 其设计理念是"为过去大多数无法从银行获取贷款的小微企业、农户创造平等获得银行贷款的机会"。 与传统信贷产品相比，"小本贷款"服务更注重"三个强化"：一是强化对第一还款来源的关注。 首要注重借款人通过自身生产经营活动取得的收入，弱化了对担保的要求。 在信贷服务时，将客户经营活动的现金流作为调查主要内容，确保客户的收益能够完全覆盖成本，实现信贷投放与风险管理的平衡。 二是强化对客户劳动意愿的关注。 台州市商业银行并不排斥无资产、无担保，甚至以往经营状况不佳的客户，更关注客户的当前状况与劳动意愿。 三是强化对客户持续经营能力的关注。 台州市商业银行讲究对客户的长期培育，面对出现的短期风险并不反应过激，并提供额外的行业信息和经营建议等，帮扶客户及时转型。

台州市商业银行以此项技术为核心，形成了标准化、可复制、商业化、可持续的小额信贷商业模式，为过去无法从正规金融机构得到贷款的弱势群体创造了平等获取银行贷款的机会，从而加快发展步伐，并以其示范作用，带动更多的人加入劳动致富的行列，探索出一套适合中国国情的金融帮扶低收入群众可持续发展的技术，取得了可观的社会效益和经济效益，被专家们誉为在国际小额信贷扶贫领域确立了"中国小本模式"。 在台州，正因为有了该行产生的"鲶鱼效应"，带动其他银行，使当地小微企业能享受到更好的金融服务。

四、台州银行跨区域发展后期(2008 年至今)

(一)引进战略合作伙伴，跨区域发展

2008 年 9 月 3 日，台州市商业银行与中国平安和招商银行签订了入股协议，正式确立了紧密的合作伙伴关系。 两家金融巨头的投资入股，有助于进一步发挥台商行的资源优势，能够为中小企业提供更多的金融服务和产品，提升核心竞争力，助推台商行的长远发展计划。

2010 年 2 月 9 日，首家异地分行舟山分行隆重开业，标志着台州市商业银行开始走出台州，走上了跨区域发展之路。 2010 年 3 月 22 日，由台州市商业银行作为发起人设立的浙江三门银座村镇银行开业。 2010 年 4 月 19 日，异地第二家分行——温州分行盛大开业。 台州市商业银行顺利实现了"走出去"的战略发展目标，带来了崭新的历史发展机遇。

台州市商业银行始终以"支农支小"为经营宗旨，将"台州模式"复制到全国各地的过程中，紧紧围绕当地经济特色，采取差异化经营策略，不与大银行争夺大客户，专注服务小微客户，将网点不断向乡镇及农村区域延伸，打造老百姓家门口的金融服务"便利店"，走出了一条与众不同的经营之路。

（二）二次创业，走差异化、特色化发展道路

2010 年 9 月 9 日，台州市商业银行更名为台州银行股份有限公司（以下简称"台州银行"），注册资本从 3 亿元增加到 18 亿元。 同年，台州银行董事会通过了《台州银行企业使命》："通过让小企业得到一流的金融服务，以改进中国的金融市场"，向社会宣示了将小微企业金融服务作为长期发展战略。 台州银行努力在全国树立一流的金融服务标杆，打造绿色的、受人尊敬的、可以信赖的精品银行，使小企业因为台州银行而发展得更好。

为全面提升全行的管理水平，打造管理一流的小微企业金融服务银行，2012 年 2 月，台州银行正式启动了与全球最大的战略咨询公司麦肯锡公司合作的"台州银行战略规划项目"，将小微企业市场定位上升到战略高度，明确"与客户做朋友"的"社区银行"商业发展模式，推动全行性的变革转型，实施文化、获客、风控、人才、管控"五大转型"，吹响了"二次创业"的号角，进一步厘清了战略发展方向和路径。 以国际视野全面提升经营管理能力，谋定而后动，变革发展，实现显著、持久的经营业绩改善，打造优秀组织机构，为台州银行未来发展打下坚实基础。

截至 2020 年 12 月末，台州银行（含主发起设立的村镇银行）共有各类分支机构 417 家。 在实现跨区域经营后，台州银行依然坚守小微企业服务的市

场定位和"简单、方便、快捷"的服务理念,异地机构都较好地树立了特色鲜明的服务品牌,得到社会各界好评,也给当地小微企业金融服务领域带来了全新感受。 截至 2020 年 12 月末,台州银行有余额贷款户 37.16 万户,户均贷款额度 44.87 万元,其中 500 万元以下的贷款户数占 99.44%,金额占比约81.29%;100 万元以下的贷款户数占比 92.61%,金额占比 47.7%。 这一系列数据是台州银行坚持服务小微企业市场定位的最好证明。

(三)创新小微企业金融服务新模式

1.严谨的企业文化

台州银行以严谨的风格来管理企业,形成了严谨高效的企业文化,"良好的风险文化"和"高效执行力"是两大根本理念,也是台州银行综合竞争力的精髓。

台州银行着力营造"廉洁、诚实、高效"的信贷文化,"信贷资产质量是台州银行的生命线"的风险理念已深深浸润到每位员工的骨子里。 台州银行以"又缠又绕、永不放弃"的催贷精神,在社会上树立了欠台州银行钱不能不还的信用观念。

建立了信贷人员行为规范、管理规范,信贷人员的爱好、社会交往、家庭情况、性格特征等都会进入管理人员视线。 台州银行形成了自觉维护信贷资产质量安全的氛围,"终身追责"的不良贷款责任追究机制,使得台州银行一旦出现不良贷款,不但责任人会产生一种对企业强烈的负罪感,周边同事无形中的指责和批评所形成的氛围和压力,也会对其产生强烈的警示作用。 由此,台州银行每一个员工在心灵深处都建立起强烈的风险意识,最终转化为防范风险的自觉行动,并成为工作习惯。 这种习惯的建立,是台州银行风险控制的根本所在,是台州银行多年来所积累的无形而巨大的财富。

高效执行力是台州银行多年来倾心打造形成的核心竞争力之一。 台州银行建立了严密的制度体系,对制度实行分级、分层管理,通过制度的导向作用、规制作用、问责作用,界定各条线、各管理层级的权力、职责边界,明确了全行干部员工必须遵守的行为规范和标准,理顺了内部管理的运作机制,使管理意图贯彻得更加到位，全行上下形成一个有机、高效的整体，全面提升管理水平和大力强化管控能力，为企业发展提供了保障。台州银行的工作信条是"我们需要的是工作结果，而不是听滔滔不绝地解释没有完工的理由"。以结果为导向的理念促使台州银行每一个员工时刻关注工作的最终目标，努力把职责工作发挥到极致。

2. 系统的产品开发、营销体系

台州银行以客户的需求作为创新的基础和目标，坚持提供给客户"简单、方便、快捷、有系统"的产品和服务，为客户量身定做金融产品，凸显台州银行的特色。

台州银行建立了一支占全行员工 40% 的营销人员队伍，以"人海战术"适应小企业"小、散、频、急"的贷款需求。营销人员不一定具有高学历，但必须具有良好的亲和力，能与客户打成一片。他们每天奔波于大街小巷，和工厂、市场勤于联系，善于当好客户参谋，像组织存款一样营销贷款。台州银行的产品设计理念就是简单、实用。因为台州银行的客户主体是小微企业，大部分客户对于金融产品的需求仅限于满足其经营活动的资金往来需要，并不需要很复杂的附加功能，只需要容易理解的、实用的产品。如台州银行的手机银行、网上银行、电话银行等电子银行产品，功能简单、直接，强调操作的便利性，受到客户欢迎。台州银行的"自助贷款"，把传统的贷款业务与电子银行嫁接，客户办理完贷款手续后，可以通过电子银行渠道随时自主确定贷款数额并提取贷款，不需要每一次提取贷款都到银行办理。两个传统产品的简单相加，给了客户全天候办理贷款的便利，台州银行的自助贷款也以新颖性和实用性，获得了"中国金融营销奖——金融十佳产品奖"。

台州银行针对不同"小微"人群的特色需求，不断创新贴合小微企业需求的金融产品。在产品设计、流程优化、还款方式制定等方面不断创新变革。针对从事批发、零售、进出口等商贸业务的小微客户，创新推出"商赢·易贷"产品，以商圈或市场为单位批量办理，精简办理手续和审批流程，提高了小微企业贷款的可获得性和便利性。

针对小微客户的中长期资金需求，开发"畅易贷"产品，满足小微企业扩能增产、转型升级的信贷需求，通过延长贷款期限进一步减轻小微企业的转贷成本和还款压力。 对于有临时性、短周期性融资需求的小微企业，台州银行推出"快易贷"产品，采取信用、保证、抵押、质押等担保方式，可随借随还，服务高效、利率更优惠，受到了小微企业的欢迎。

在行业集聚程度较高的农村，台州银行推出"村聚易贷·兴农卡"。 该卡是专为"三农"群体量身定制的具有融资功能的借记卡，采用集体授信的方式，在农村地区"整村授信，力求全覆盖到户"，切实解决小微企业、农户担保难题，村民足不出户就能解决资金需求。

3. 专业、可复制的信贷技术

台州银行在长期小微金融服务中，总结出"不看报表看原始，不看抵押看技能、不看公司治理看家庭治理"的"三看三不看"风险识别技术，和以"下户调查、眼见为实、自编报表、交叉检验"为核心的"十六字"信贷调查技术。 具体而言，"三看三不看"就是查看小微企业散落的流水账、发票、进货单等最原始、最真实的经营信息，解决小微企业财务报表不规范问题。 以小微企业主的经营能力、劳动技能和还款意愿作为贷款发放依据，摒弃抵质押担保依赖。 根据小微企业家族式经营的特点，着重调查小微企业主家庭是否和睦、有无不良嗜好等能折射出企业主管理能力和品德的侧面信息，作为贷款发放依据。

台州银行强调与客户当面接触，将小微企业的财务信息通过自编财务报表简单直观地表现出来，依靠客户经理"脚勤"来多方位获取客户软信息，并根据客户经营规模，采取不同的方式对各种信息进行交叉检验。 通过深入细致的工作，清晰了解客户情况，确定贷与不贷和贷多贷少。

台州银行的信贷技术和考核政策使信贷人员不仅"敢放"，而且"能放"给小微企业贷款，能够适应小微企业缺少资产、财务数据不健全的特点，以不需要提供资产抵押，只需要提供 1—2 名保证人提供信誉担保的保证贷款为台州银行的主打信贷产品，信用和保证类贷款占比达 80%，抵（质）押贷款只占 20%，充分满足小微企业需求。

4. 自我培养合适的员工队伍

小微企业往往办公室与车间、仓库融为一体，老板与员工一起劳作。 这就要求服务他们的银行员工不仅业务知识要全面、扎实，还要放得下西装革履的姿态，脚勤、吃得了苦，乐于服务小微企业客户，贴心、聊得来，善于服务小微企业客户。反过来，这也决定了台州银行很难从外部引进大量合适的人才，绝大部分员工都需要立足自身的培养。

在员工招聘上，台州银行推行脸谱化、本土化、周边化。台州银行在机构布局发展过程中，合理做好人员规划，制定出适合服务小微企业客户群体的员工脸谱特征；以产业链、社区、商圈为依托开展有效招聘，就地取材，全行机构 99% 以上的员工为台州银行自行培养。

2011 年 4 月，台州银行正式设立了具有社会办学资格的"台州银行银座金融培训学院"，学院占地 1.3 万平方米，是台州银行培养小微金融专业人才的"黄浦军校"。通过引进国际先进的培训理念，分条线开发培训课程，建立了高密度、高效率、标准化的培训体系，并设计出科学合理的上岗资格认证机制。在 3 个月内将一名初出校门的大学生培养成为合格的临柜人员，6 个月内有能力发放 10 万元以下的微贷款，9 个月内有能力发放 10 万—30 万元的小贷款，为业务发展提供了强有力的人力资源保障。

2013 年，学院组织开展了麦肯锡领导力火炬接力项目，从总行高管到中层干部，从中层干部再到基层干部自上而下开展了麦肯锡"重心平衡"领导力培训。要求参训人员制订领导力个人发展计划，并在项目的领导自我、领导他人、领导业务和领导组织等四个阶段结束后积极转化学习成果，开展领导力教练辅导并跟踪计划落实情况和效果，督促参训的各级主管积极转化学习成果，将所学、所思、所悟落实到具体工作中。同时，还要求已完成领导力培训项目的各级主管担任下一批次或下级的领导力教练，完成领导力项目的接力。

台州银行以"公平、公正、透明"为价值理念，奉行"决避近亲，机会平等""让合适的人做正确的事"的用人原则，坚持效率优先、兼顾公平的分配机制，形成了以"公开、平等、竞争、择优"为导向的用人机制，以胜任能力为导向的人才评价机制，大胆提拔人才，提供实现自己价值的舞台，使优秀人才脱颖而出。

5. "简单、方便、快捷"的服务品牌

台州银行坚持"以市场为导向、以客户为中心"的经营理念,坚持以客户的服务感受为评价工作的标准,针对小企业的需求来建立服务体系,整合后台管理,简化流程、简化产品功能,打造了适合小、微企业"简单、方便、快捷"的金融服务品牌,使营业机构成为小企业家门口的金融服务"便利店"。

简单:即产品、服务简单实用,客户一看就懂,一用就会。 贷款门槛低,只要有劳动意愿和劳动能力,就能获得 2000 元起、金额不等的贷款。

方便:让客户随时能办理业务,随时能找到服务人员。 营业时间一直保持着早上 7 点半开门,晚上 7 点关门,365 天全年无休。 每一位客户都会指定客户经理,客户随时都能找到,随时都能响应。

快捷:一切为客户着想,对客户需求快速响应。 每项业务都有限时服务规定,做到让客户立等可取的效率。 目前,台州银行服务客户数 400 余万人。

台州银行贴近客户设立营业机构,采取了"信贷审批关口前移、严密后台监控、强化问责"的信贷管理原则,将信贷审批权最大限度下放到营业机构。该行 84% 的信贷业务在一线营业机构完成审批,99% 的贷款在分行层级审批结束,保持了贷款审批高效率。

(四)感恩社会,打造受人尊敬的绿色银行

台州银行为大多数在过去无法从银行获得金融服务的小企业和微型企业创造平等的机会,改善了当地的金融发展与竞争环境。

从 2012 年 3 月 20 日开始,台州银行率先自发提出减费让利政策,通过减免或者降低包括网上银行和手机银行跨行汇款手续费、柜面跨行转账手续费、本行卡他行 ATM 机取款、承兑汇票签发手续费等 40 多项减费让利措施,切实降低企业财务负担,支持实体经济发展。 截至 2020 年末,台州银行累计为小微企业、"三农"客户节省了各类手续费 26.31 亿元。

台州银行深入开展"金融服务进村居"活动,选择群众关注的热点问题,制作通俗易懂的宣传海报和漫画,开展公益宣传活动,让广大村民不出家门

就能享受到贴身服务。 该行探索建立长效机制，初步建立起了广覆盖的农村金融服务网络。 该行椒江洪家支行被确定为国家级金融服务站，并在团中央组织召开的全国送金融知识下乡宣传服务站创建经验交流会上，作为全国 8 家典型代表之一介绍了经验。

台州银行积极引进联合国环境规划署（UNEP）气候融资创新贷款项目（CFIF），推出"绿色节能贷款"，将原来只适用于大中型企业的技术改造移植到小微企业领域，以优惠利率鼓励、推动小微企业转变经济增长方式，并以其示范效应带动更多的小微企业加入绿色节能行列，促进节能降耗和产业结构升级，提高发展质量和效益，增强发展后劲。 截至 2020 年 12 月末，台州银行绿色节能贷款累计发放 1800 户，累计金额 12.82 亿元，预计累计可减少二氧化碳排放 20.15 万吨，节约用电 22 154 万度。

（五）"互联网＋"，探索移动金融服务

随着金融科技的发展，台州银行在传统小微金融经验中融入新的科技技术，构建新的"线上线下融合化、数字化、智能化"的小微金融服务平台体系，创新建设"一站、一分行、一平台、一中心"模式，提升小微金融服务效率和风控能力。

1.打造"一站式"服务，即客户服务移动工作站

2015 年，台州银行推出"普惠金融客户服务移动工作站"，5000 多名客户经理人手一台 PAD，上门服务、移动办贷，"线上线下融合"使每笔信贷业务办理最快缩减到 1－2 小时，通过电子签约实现贷款资金 3 分钟入账。 建立前端批量获客、中台集中作业的"半信贷工厂"模式，提高审批准确度和效率。 建立网上分行、微信分行，客户在手机上在线申请贷款或信用卡，最短仅需 1 分钟。 自主研发并创新推出手机银行 App"台行移动营业厅"，其中的"视频柜员"功能，为客户带来面对面视频办理业务、"您需要、我都在"的服务新体验。 截至 2020 年末，台州银行已全面推广"移动工作站"，成功全流程办理现场开卡、网银签约、自助卡和小本贷款等业务 1186.99 万笔，累计移动办贷 32.64 万笔、超 1000 亿元。 台州银行互联网渠道贷款业务授信金

额超 117.8 亿元。

2. 建设"一分行",即线上分行

台州银行为顺应新技术的发展和小微客户业态和"三农"客户需求的变化,除推进物理网点的转型,建立新型的网点,使网点更加社区化、贴近客户,同时建立了功能丰富的线上分行,包括网上分行（PC 端、手机端）、微信分行等。 通过线上线下融合,台州银行的服务更加简单、更加方便、更加快捷。 线上分行突破时间和空间、地域的限制,为客户提供全天候 24 小时掌上服务,使客户无须到网点申请贷款,只需在手机上申请,银行就可以立即响应,上门提供包括调查、签约、放款等一系列服务。 客户通过在线申请贷款或信用卡,最短仅需 1 分钟,也可在线查询贷款进度,让小微客户、农民朋友足不出户就能取得贷款成为现实。

3. 搭建"一平台",即大数据平台

台州银行在普惠金融服务领域积累了大量业务经验,在深化防控风险传统技能的基础上,自主开发了小微企业信用风险内部评级系统。 通过大数据分析建立风险模型来量化风险,精准判断。 预筛选、信审和贷后行为等 3 张评分卡将原有的"三看三不看"特色信贷技术模块化、标准化,进一步提升客户风险识别、监测、计量、控制能力,全流程自动把控风险,做到以客户为本,服务、风控两手抓。

台州银行积极对接台州金融服务信用信息共享平台,强化客户风险识别、监测、计量、控制能力。 该行把台州金融服务信用信息共享平台嵌入信贷流程的各个环节,并为所有信贷人员配置了调阅权限,要求在贷前、贷中、贷后全面使用这个平台,有效破解小微企业信息不对称难题,使得获得企业的信息更快、更全面、更精准,风险更可控。

4. 建设"一中心",即后台作业支持中心

2015 年 5 月,台州银行在总行设立了后台中心。 该行借鉴"信贷工厂"集中标准化作业的理念,建立了前端批量获客、中后台集中作业的"半信贷工厂"模式。 通过前、中、后台切片分工协作、监控作业、大数据授信模型评级,大大提高了审批准确度和审批效率,减少客户的等候时间和上门次数,客

户最短 90 分钟便可拿到急需的资金，满意度明显提高。 "半信贷工厂"模式提高业务效率的同时，进一步节省了人力成本，推动了小微金融服务向信息化、批量化、集约化迈进提高一线营销和授信作业效率。

五、台州银行的未来展望

30 多年来，台州银行始终坚持"小微金融服务"的定位，在中国小微金融服务领域开创了一片天地。 未来，台州银行将坚守"小微金融服务专家"的发展定位继续前行，努力实现小微金融服务升级跨越，成为全国小微金融服务的领先银行，服务于更多、更广的小微企业，为振兴实体经济尽更大的责任。

5

第五章 浙江泰隆商业银行的小微金融服务

　　浙江泰隆商业银行股份有限公司是一家致力于小微企业金融服务的商业银行，成立于 1993 年，目前拥有 7000 多名员工、近 300 家分支机构，服务范围涵盖浙江、上海、苏州等长三角区域。 泰隆银行自成立之日起，一直坚持以服务小微企业为己任，2014 年 11 月 21 日，国务院总理李克强考察泰隆银行时，对泰隆银行长期致力于小微企业金融服务给予高度评价。 李克强总理说："小微企业是就业的主力军，我们要发展泰隆这样的银行，才能为中小企业、小微企业提供真正的支持和服务。"

　　多年来，泰隆银行在实践中探索小微企业信贷服务和风险控制技术，总结出一套以"三品、三表、三三制"为特色的小微企业金融服务模式，实现了小微企业融资"事前低成本获取信息、事中低成本监控管理、事后低成本违约惩罚"的三个低成本，为小微企业融资难这一国际性的"麦克米伦缺口"提供了中国式解答。 泰隆银行多年来专心、专业、专注服务小企业的做法，得到了各级政府、监管部门和社会各界的认同。 泰隆银行知名度、美誉度和社会影响力得到很大提升，仅 2016 年包括中央电视台、新华社、《经济日报》等中央级在内的媒体聚焦泰隆银行服务小微金融的报道达 4000 多篇次，"小微金融找泰隆银行""泰隆银行服务小微""泰隆银行服务好"等品牌印象深入人心。 泰隆银行生产经营屡创佳绩，硕果累累。

一、泰隆银行的生存阶段（1993—2006 年）

1993—2006 年，泰隆银行将"求生存、谋发展"放在首位，把目标客户群体锁定在众多有着强烈金融需求而得不到满足的小微客户身上。 不论是面对困难还是诱惑，泰隆银行始终没有怀疑和动摇过最初的市场定位。 泰隆银行的坚持，成就了自身特色的发展模式，培养了一支有理想有文化的团队，保持了平均每年 30％—40％的增长。 在为小微客户服务的过程中，义利兼顾，获得了属于自己的生存和发展空间。

（一）夹缝生存——泰隆城市信用社的诞生（1993—1995 年）

1.改革中应运而生

1992 年 1 月，中国绝大多数地方还是寒冷的隆冬，一列载着伟人邓小平的火车开出北京，向温暖的南方大地驶去，掀起了中国改革开放的新高潮。 政策的春潮滚滚涌动，在金融领域，全国各地城市信用社的需求量剧增。 在中国股份制经济的发祥地——浙江台州，市场经济体制改革解放了社会肌体中的创造力和实践力，催生了民营经济的繁荣，也激发了台州人开放创新、敢为人先的胆识和魄力。 28 岁的王钧（现泰隆银行党委书记、董事长），被改革开放的春风激荡着，他毅然放弃了国有企业的铁饭碗，投身到变革的洪流中。

1993 年 6 月 28 日，在浙江民营经济最发达的温台地区，浙江省第三大小商品市场集散地——路桥，一家名不见经传的小型股份制金融企业——黄岩市泰隆城市信用社在路桥卖芝桥路 38 号成立，注册资本金 100 万元，办公场所是在一幢还搭着脚手架的小楼里，仅 60 平方米的房子。 刚开创的信用社有 7 个员工，他们分别是王钧、金轩宇、陈丽君、何学其、叶嫦霞、陈薇、张志芬，其中，王钧担任经理。

在两串喜气洋洋的鞭炮下，泰隆城市信用社就这样诞生了。 创业初期的泰隆城市信用社设施简陋。 开业当天，营业厅门口还搭着脚手架；没有运钞车，运钞时便临时找辆黄包车来；没有食堂，泰隆城市信用社的员工就去对面的路桥镇政府食堂搭伙吃饭；柜员们没办法出去吃饭，同事就骑车托着竹编的簸筐来回送饭。 在昂扬的创业热情面前，所有的困难都不值一提。 越是艰苦的创业期，越是需要"主心骨"。 1994 年 3 月，成立仅 8 个月的泰隆城市信用社主动跟当地组织部门联系，成立了党支部，共有 3 名党员。

2.探索中发展壮大

从无到有的过程中，泰隆摸着石头过河，探索着行业发展规律，不断调研学习，向同行请教，结合自身定位与发展情况，不断成长，与时俱进，最终摸索出自己的商业模式，在行业内占据了一席之地。

（1）找准定位，寻找自身商业模式

新生的泰隆，一无过硬的背景，二无品牌知名度。 怎样避开与大银行的正面竞争，获取生存空间？ 王钧和他年轻的团队将目光投向了那些被挡在大银行金融服务门槛外的小微企业、个体工商户、家庭小作坊。 小商小贩起早摸黑，天还没亮就开始忙活，为了更好地服务小微客户，泰隆城市信用社从成立之初就开始延长信用社的营业时间，早上 7 点就开门营业，服务时间一直到晚上 7 点，客户有特殊情况时还可以延长营业时间，当时被戏称为"夜市"。 开门早一些、关门晚一些，与小微客户的作息时间十分合拍，被客户称为"贴心银行"。 "客户忙的时候搭把手帮帮忙；客户抽不开身，泰隆人就骑着自行车主动上门服务；其他银行人员调动频繁，一两年换个人，泰隆银行的人就一直待在那，所有摊主都认识，大家成了朋友。 靠智慧和辛苦去拼，走得勤一些，讲得多一些，这就是泰隆人成功的法宝。"泰隆银行市场总监金轩宇这样说道。

为了方便小微企业主，泰隆信用社不仅延长营业时间，还把网点设在建材市场、农贸市场以及各类综合市场附近；乡村、市场、车间都成了泰隆客户经理的流动办公室，他们在那里办业务、放贷款。 泰隆以准确的市场定位、贴心的特色服务，在激烈的市场竞争中站稳了脚跟。

（2）博采众长，在学习中与时俱进

刚成立的泰隆，犹如一个初生婴儿，对整个行业充满未知，同时也具有一个新生儿对新世界的好奇与探索精神。 泰隆在 7 个年轻人的带领下，见贤思齐，向同行不断请教学习，取长补短，逐渐在行业内站稳了脚跟，取得了一定成绩。

1993 年 5 月，王钧带柜员去路桥农行展开了为期一个月的柜面业务学习。 随后，又去黄岩市永宁城市信用社进行了为期半个月的学习。 这几次的学习培训，为泰隆今后柜面业务的开展，打下了第一个坚实的基础。

（3）王钧经理亲自到柜台前迎接第一批客户

刚成立时的泰隆城市信用社的柜面采用的是收付记账法，按照收付实现制的原则进行现金收付，直到 1993 年底才改用更为科学的借贷记账法。 当时泰隆还没有自己的凭证，只能借用农行的凭证。

1994 年 4 月，泰隆城市信用社储蓄业务率先实现了电脑单机记账。 同年，泰隆城市信用社推出了"存贷积数"做法，以客户的现金流为主要参考依据，突破依赖抵押的传统信贷模式，以保证担保方式为主，满足更多小企业的融资需求。 1995 年 1 月，泰隆城市信用社在全社设立和推广信贷员制度，建立了泰隆独具特色的专职信贷员队伍，负责信贷调查等业务，这一行动大大提高了业务办理效率。 1993—1996 年，短短 3 年时间，泰隆取得的成绩有目共睹。 1993 年 12 月 31 日全社各项存款达 3000 万元，各项贷款 1998 万元。 1994 年 6 月 30 日泰隆城市信用社存款突破 1 亿元。 1995 年 4 月泰隆城市信用社变更注册资本为 500 万元。 1995 年 8 月 9 日，因为台州市撤地建市，黄岩市泰隆城市信用社更名为台州市泰隆城市信用社。

（二）清理整顿——发展才是硬道理（1996—2006 年）

1. 城市信用社的整顿

城市商业银行的前身是兴起于 20 世纪 80 年代中期的城市信用社。 城市信用社成立的初衷是为当地集体企业提供金融服务。 第一家城市信用社成立于 1979 年。 自 20 世纪 80 年代中期开始，城市信用社设立的速度加快，当时主要设立在地级市以上大中城市，但有一些地方在县（市）也设立了城市信用社。 随着城市信用社在全国范围内大规模建立，伴随着迅速膨胀的还有管理和业务的混乱。 大批城市信用社不甘于仅为居民和中小企业提供"存、贷、汇"三项基本业务，而将资金违规投向房地产和股票市场。 体制缺陷、缺乏有效监管以及内部人员道德风险使城市信用社发展一度较为混乱，系统性金融风险迅速累积。 随着 20 世纪 90 年代中期房地产和股市泡沫的破灭，部分地区的城市信用社出现了严重的支付危机，挤兑事件时有发生。 至 1996 年末，全国 4630 家城市信用社存款余额为 3044.27 亿元，贷款余额为 1963.71 亿元，全行业净亏损 7.31 亿元。 因此对城市信用社的整顿已势在必行。

对城市信用社的整顿始于 1996 年。 在摸清家底的基础上，1997 年中国人民银行出台《城市信用合作社管理办法》，旨在加强对城市信用社的清理整顿。 一部分城市信用社经改造后向股份制商业银行转化，一部分按照合作制方向组建了城市信用联社，一部分存贷款比例超过 80%、呆滞和呆账贷款超过贷款余额 30%、资不抵债或不能支付到期债务、负责人有违规行为的高风险城市信用社则被"关停并转"。

亚洲金融危机的爆发使管理层对地方性金融机构的金融风险更加重视，整顿力度进一步加大。 1998 年，21 家严重资不抵债、不能到期偿付债务的城市信用社被实施关闭，其中海南 5 家、广西 13 家、青海 1 家、广东 2 家。1999 年，发生区域持续支付危机的广东 150 家、湖南益阳 7 家、湖北鄂州 2 家城市信用社被停业整顿。

1998 年，国务院颁布《金融机构撤销条例》，为金融机构退出市场制定了详细的处理办法。 1999 年，中国人民银行出台《城市信用合作社清产核资工作指导意见》，对城市信用社进行全国性清产核资和分类排队，将城市信用社分为四类：净资产在 100 万元以上、能够盈利的城市信用社；净资产在 100 万元以上、亏损的城市信用社；净资产不足 100 万元、亏损的城市信用社；已经资不抵债的城市信用社。 在清产核资、摸清风险底数的基础上，中国人民银行于 2000 年 10 月明确提出来以保留、改制、合作重组、收购、组建、撤销城市商业银行等方式，对城市信用社进行了分类处置。 经过 4 年的整顿，部分城市信用社得以保留，部分城市信用社由此退出市场。

2.埋头修炼内功

从无到有，泰隆一路前行，快速成长中也伴随着坎坷。 刚刚起步的泰隆同样遭到了清理整顿的波及，面临着生存危机。 从 1997—2006 年近 10 年间，泰隆没有增设一个网点，甚至一度陷入被他行收购的艰难处境。在生死存亡的十字路口，倔强的泰隆人并没有为之退缩，而是选择了咬牙坚持、阔步前行。如何在仅 3 年发展的薄弱根基上强健身躯、发展壮大，这是当时的泰隆急需解决的问题。深思熟虑的王钧做出了"以时间换空间"的战略决策——留得青山在，不怕没柴烧。在关键时期，党组织又一次站了出来。32 名党员与员工一起埋头苦干，以能力证明自己的实力。当时，国有银行纷纷从县域及农村市场退出，泰隆却坚持"发展才是硬道理"，大力扩展小微企业贷款业务，坚持服务小微不动摇。

在坚持定位的基础上，积极扩展业务也是泰隆突破困境的又一举措。1996 年 6 月 1 日，泰隆城市信用社开办票据业务，为客户提供新的结算和信贷工具的同时，也丰富了资金交易的品种。1999 年 12 月 18 日，泰隆城市信用社正式开通全国银行汇票结算业务。2000 年 1 月 1 日，泰隆城市信用社与中国建设银行台州市支行正式签订了建行为泰隆代理异地资金清算协议书，并作为一个清算点参与异地资金汇划及其资金清算，查询查复业务，这在全国城信系统尚属首家。2000 年 6 月 20 日泰隆理财卡举行首发仪式，泰隆理财卡具有存取现金、转账结算、购物消费、代收代付、电话银行等功能。2000 年 11 月 7 日泰隆城市信用社和中国银河证券公司台州分公司正式开通银证转账业务，这是浙江省首家城信社与全国性综合类证券公司实行的首次资源共享。

2001 年 9 月 10 日，泰隆城市信用社开通电子联行"天地对接"系统。所谓电子联行"天地对接"，是指在中国人民银行电子联行的基础上，将电子联行与中国人民银行当地行、信用社以及设在我国境内外资金金融机构的账务处理相连接，实现全国各家银行之间业务处理自动化的网络系统。实现结算户支付信息实时处理和资金的实时清算。泰隆城市信用社作为一家合法的金融机构，系台州市第一批开通"天地对接"业务的 3 家单位之一。

2003 年 3 月 31 日，泰隆城市信用社经中国人民银行上海分行批准，允许开办泰隆借记卡。同年 7 月 15 日，泰隆城市信用社经中国人民银行上海分行批准加入全国银行间同业拆借市场。同年 8 月 11 日，泰隆城市信用社正式成为中国票据网成员。通过该网络平台，泰隆城市信用社可进行报价、登记、交易、信息查询，促进票据业务的开展。 同年 9 月 27 日，中国保险监督管理委员会批准泰隆城市信用社为保险兼业代理单位。 具体代理险种包括家庭财产保险、健康保险、企业财产保险、人寿保险、意外伤害保险、与贷款标的物相关的财产保险。 同年 11 月 7 日，泰隆城市信用社可以自行签发银行承兑汇票。

2004 年 1 月 15 日，泰隆城市信用社办理了第一笔自主收单的 POS 业务。 1 月 31 日泰隆借记卡开通香港业务，成为首批加入中国银联境外业务的金融机构。 泰隆借记卡在国内联网通用的基础上，开启境外使用，拓宽了借记卡使用渠道，也为之后泰隆卡走出国门、走向世界奠定了基础。 10 月 18 日泰隆城市信用社开通省内城市商业银行之间的柜面通业务，实现柜面通存通兑，适时地解决了业务发展中的渠道问题。 2004 年泰隆城市信用社提炼出"现金流测评"调查技术，通过客户在银行账户的现金流判断其经营情况，这是小企业信贷最核心的调查技术。

2005 年 3 月 29 日为进一步深化银行承兑汇票贴现功能，泰隆城市信用社决定从 4 月份起开办银行承兑汇票买方付息贴现业务，这是继泰隆城市信用社票据贴现业务发展速度领先金融同业的基础上，又一推动该项业务发展的新举措。 9 月 8 日泰隆城市信用社和兴业银行杭州分行签署银银平台联网合作协议，开全国范围金融系统个人业务相互代理之先河。 泰隆城市信用社和兴业银行强强联手共建平台，可实现个人柜面通、对公异地汇兑，共同开发理财产品销售、联名卡等业务。 此外，泰隆城市信用社提炼出"笔笔清"的优秀做法，即"余贷未清，新贷不放"，这是泰隆城市信用社首创的小企业信贷技术，可以让银行在与客户的交易中进退自如，排除了因尚有余贷而受制于客户的情况，确保始终掌控业务办理的主动权。

3.泰隆模式初成

面临危机，泰隆不畏坎坷，坚持市场定位，加大扶持力度，不断创新优化服务。 比如推出流动服务车等，经过 3 年的深耕，泰隆在路桥当地已经有了一定的知名度与美誉度。 1996 年 5 月 12 日上午 8 时，在一阵阵噼哩啪啦的鞭炮声中，台州市泰隆城市信用社总经理王钧铲下了"泰隆大厦"奠基仪式的第一锹土。 泰隆大厦的兴建，是泰隆建社 3 年来规模实力迅速发展的一个里程碑，也是泰隆进一步跨入浙江城信社先进行列的标志。 泰隆大厦位于 104 国道与商业街交叉处，占地 6 亩，建筑楼高 17 层，总高度 71 米，建筑面积 20000 平方米，投资总额 5000 万元。 1998 年，泰隆大厦拔地而起，成为当地最高的地标性建筑。

1997 年，台州市路桥街道内环线被命名为泰隆街。 同年，成立 4 年的泰隆存款达到 5 亿元，发展速度居浙江第一，资金实力位居全省城信系统前列，存款跻身全省 4 强。 1998 年《经济日报》头版头条报道了泰隆的金融理念。泰隆在浙江省城信系统创造了连续 5 年发展速度保持第一的记录。 1999 年泰隆全社各项存款首次超过 10 亿元。 2000 年泰隆城市信用社被杭州资信评估公司授予 1999 年度 AAA 级信用等级，是全省同业首家被评为该等级的金融单位，并于 2011 年获得了路桥区"先进基层党组织"等荣誉称号。

注册资本也随之发生了变更，从 1995 年的 500 万元增加到了 2006 年 3 月的 24 000 万元。 泰隆的规模也在 1 个营业部的基础上，扩展为 9 个网点，包括商品市场储蓄所、良一代办所、石曲储蓄所、解放路储蓄所、峰江储蓄所、剧院储蓄所、上蔡储蓄所、食品市场储蓄所、人民路储蓄所。

2002 年，由于"泰隆模式"对解决小微企业融资难题的价值，凭借自身过硬的实力和自强不息的精神，泰隆在大整顿中被保留了下来。 而此时，全国 5000 多家城市信用社，整顿后仅剩 400 余家。

二、泰隆银行的发展阶段(2006—2020 年)

2006 年，泰隆服务小微企业的市场定位和经营成果得到了监管部门的认可，正式获准改建为城市商业银行，从此开始了泰隆的二次创业。 2007 年，跨区域发展伊始，泰隆就提出了"四个检验"：检验商业模式的可复制性、检验管控系统的有效性、检验泰隆团队的远程作业水平、检验泰隆文化的传承能力；"四个标准"：政府满意、监管放心、同业认可、客户信赖。 通过辩证地认识"变与不变"的统一，在坚持小微企业金融服务市场地位的前提下，泰隆因地制宜、与时俱进地复制、落地、创新泰隆模式，成功迈出台州，布局长三角，资本、机构、规模均增长了 10 倍。

(一)成功改制——泰隆的二次创业

小微企业金融服务的春天终于来了。 2005 年，各级政府、中国人民银行和银监部门下发了一系列支持和鼓励小微企业贷款业务发展的重要文件，泰隆银行迎来了发展的大好时机。 2006 年 8 月 15 日，这是一个值得所有泰隆人铭记的日子，历经风雨洗礼的泰隆城市信用社，经中国银监会批准，正式改制为浙江泰隆商业银行。 同日，浙江泰隆商业银行党委成立。

1.跨区域发展——进军长三角

泰隆人满怀豪情，吹响了二次创业的号角，迈开了跨区域经营的步伐。泰隆银行进一步降低机构重心，泰隆银行以支持小微企业和实体经济为着力点，突出"支农、支小"，向下延伸服务触角，将有限的信贷资源重点向金融服务薄弱地区、县域和乡镇倾斜。 从 1993 年信用社起步，到 2006 年改制为城市商业银行，从扎根台州到进军长三角，一路走来，泰隆人同舟共济，锐意进取，走出了一条义利兼顾的可持续发展之路，泰隆银行版图已颇具规模。

（1）省内机构全覆盖

2007 年 1 月，第一家走出台州市三区（椒江区、黄岩区、路桥区）的支行——台州三门支行开业。 同时，泰隆党委确立了"支行开到哪里，党组织就建到哪里"的方针，三门支行党支部同步设立。 这之后，泰隆的步子越迈越大，越迈越远。 一个个泰隆发展史上的"第一"接踵而至。

2007 年的金秋，泰隆银行的第一家分行——丽水分行开业。 泰隆开始走出台州，迈向更广阔的市场。 2008 年 12 月 19 日，丽水分行青田支行开业，总、分、支三级组织管理体系初步形成。 2008 年 8 月 3 日，泰隆银行杭州分行开业，泰隆银行入驻杭州。 2008 年 12 月 31 日，第三家分行宁波分行开业。 2009 年 12 月，金华分行盛大开业。 2010 年 12 月 23 日，衢州分行成立。 2013 年 2 月，嘉兴分行成立。 2013 年 7 月，湖州分行成立。 2014 年 4 月，绍兴分行成立。 2015 年 5 月，温州分行成立。 随着 2016 年 3 月舟山分行开业，泰隆实现浙江省内机构全覆盖；同年 12 月 12 日，台州管理总部更名为泰隆银行台州分行，并正式对外营业。 截至 2016 年末，浙江省内有 11 家

分行，208 家支行。 2017 年 12 月 5 日，福建政和泰隆村镇银行开业。 2018
年 3 月 26 日，福建福清泰隆村镇银行开业。 同年 3 月 28 日，福建长乐泰隆
村镇银行开业。 5 月 21 日，广东四会泰隆村镇银行开业。 5 月 23 日，广东
英德泰隆村镇银行开业。 2019 年 8 月 27 日，河南汝南泰隆村镇银行开业。
同年 8 月 28 日，河南叶县泰隆村镇银行开业。 10 月 15 日，陕西旬阳泰隆村
镇银行开业。 10 月 16 日，陕西眉县泰隆村镇银行盛大开业。 10 月 17 日，
陕西泾阳泰隆村镇银行开业。

（2）跨省布局长三角

2010 年 2 月，泰隆第一次走出浙江，迈进国际金融大都市上海，设立了
上海分行，标志着专注小微金融服务的泰隆银行走出了浙江，从地方性银行
向区域性银行迈出了坚实的一步。 同年，为进一步健全党组织架构，经上级
批准，泰隆在各分行设立了分行党委。 2011 年 3 月 23 日，浙江泰隆商业银
行苏州分行开业。 苏州分行的开业，标志着浙江泰隆商业银行长三角布局的
基本形成。

银监会的一系列政策中，进一步明确了村镇银行"立足县域、服务三农、
服务社区"的经营定位，给村镇银行的发展指明了方向。 泰隆积极响应号
召，投身到村镇银行的建设事业中来，践行"服务小微、服务大众"的企业使
命，进一步落实泰隆"服务小微、服务三农、践行普惠金融、实现商业可持
续"的发展思路，积极发挥泰隆入选银监会城商行"领头羊计划"的示范作
用。 为此，泰隆于 2011 年 1 月 7 日发起设立庆元泰隆村镇银行。 2011 年 12
月 27 日，由浙江泰隆商业银行发起、劲牌投资有限公司、大冶正旺矿业有限
公司共同出资的湖北大冶泰隆村镇银行正式成立。

2016 年，泰隆独立核算、持牌经营的资金营运中心获得开业批复，并于
2017 年 2 月正式在上海开业。 作为泰隆第一家专营机构，资金营运中心的成
立为泰隆在专注小微业务的基础上打造有泰隆特色的金融市场业务开辟了新
的起点，提供了更广阔的新平台，肩负起了崭新的历史使命。 未来，资金营
运中心将继续秉持泰隆的市场定位，继续深耕市场，深化小企业金融服务模
式，做专、做精、做出特色，为打造"百年泰隆、民族品牌"的愿景助力
腾飞。

2017年，泰隆银行计划在广东省和福建省申请发起设立6家村镇银行，是泰隆经过与拟设地监管部门和政府机构的充分沟通和实地调研后，基于国家大力发展普惠金融的政策契机，符合泰隆发展思路中"沉下去、走出去"的战略方向，加快"支农、支小、普惠金融"步伐，尝试在迫切需要金融服务覆盖的县域地区复制泰隆商业模式和经营理念，着力打造更多专业服务"支农、支小"的村镇银行。泰隆发起设立的村镇银行，将牢固立足当地，坚持服务"三农"，服务小微企业，满足农村资金需求，积极支持农业龙头企业，支持当地优势农业的产业化发展。

2020年12月，长三角征信链正式投入使用，长三角征信链是中国人民银行利用区块链、大数据技术在实现区域内征信机构数据共享互通方面做出的积极探索。目前已联通南京、上海、杭州、合肥、苏州、常州、宿迁、台州在内的江、浙、沪、皖8个城市11个节点。浙江泰隆商业银行积极利用台州市金融服务信用信息共享平台节点。截至2021年3月底，泰隆银行已通过长三角征信链应用平台发起征信查询737笔，成功查询异地企业信用报告659笔。应用长三角征信链，助力台州商人异地创业致富。

(二)坚持定位,不断满足小微企业金融需求

服务小微企业，是泰隆自成立之初就选定的一条道路，也是泰隆党委经过反复讨论、反复验证确定的泰隆立行之本。不与大银行正面竞争，主动采取错位竞争策略。泰隆银行把小微企业贷款业务提升到理性认识的战略高度，小企业、大市场、小客户、大文章、小贷款、大道义。

小微企业是中国经济最渺小的细胞，却也是最坚韧的力量；小微企业是中国经济中不引人注目的草根，却也是最广大、最不应被忽视的群体。小微企业融资难，这是一个国际性难题，被称为"麦克米伦缺口"。多年来，泰隆银行在实践中探索小企业信贷服务和风险控制技术，总结出一套以"三品、三表、三三制"为特色的小企业金融服务模式，实现了小企业融资"事前低成本获取信息、事中低成本监控管理、事后低成本违约惩罚"的三个低成本，为小企业融资难这一国际性的"麦克米伦缺口"提供了中国式的解答。泰隆银行归纳了小企业融资的五大难题，通过解决这些难题体现泰隆的个性化服务。

1.难题一：客户信息不对称

小微企业规模小、没有值钱的抵押物，是银行不愿意贷款的主要原因。银行审核贷款时，最常用的办法就是查看企业财务报表，但小微企业财务不健全，报表不真实，所以银行很难通过财务报表去了解一个企业的实际经营情况。因为这些原因，有多少资金缺乏的小微企业想扩大规模、加快发展，却被银行拒之门外。

而泰隆银行作为小微企业的成长伙伴，通过多年的实践总结出一套快速破解小微企业信息不对称的方法，遵循"到户调查"和"眼见为实"原则，通过"面对面"沟通和"背靠背"了解，多渠道、多方面了解客户的经营能力、家庭财产及道德品质等全方位信息，全面观察客户的"三品"，查看客户的"三表"。董事长王钧说："小微企业它的抵质押物不足，相对规范的财务报表也没有，泰隆银行基本上是去评价人的，看他的信用状况、经营能力、社会口碑和有没有不良嗜好。"

"三品"是看企业主的人品、产品、抵押品。人品，解决"信不信得过"的问题；产品，解决"卖不卖得出"的问题；抵押品，解决"靠不靠得住"的问题。读"三表"是客户经理一进门就看水表、电表，如果是外贸企业，还要看海关报表。水电的用量直接反映了生产的状况，海关报表也不可能轻易更改，"三表"比财务报表更加真实可靠，往往能更加真实地反映一个小企业的实际生产经营情况。泰隆银行的这一做法被前银监会主席刘明康概括为"三品三表"法。"三品三表"交叉验证，将数字化的"硬"信息和社会化"软"信息有机结合，使泰隆能够做到真实了解客户，有效完成贷款调查，控制风险。

2.难题二：小微企业贷款担保难

针对这一难题，泰隆的解决之道是推行灵活独特的贷款担保方式。它推翻了传统对于抵押贷款的依赖，以保证担保为主，信用担保、道义担保为辅。泰隆银行信用保证类贷款占比大于90％，而抵押类贷款占比小于5％。泰隆通过多年对小微领域的精耕细作，提出小微企业中，担保贷款比抵押贷款风险更小的理论。泰隆认为，担保人能承担一部分贷后管理工作，在贷款出现问题时，能够协助银行快速处理，甚至提前提示风险。 小微企业贷款数额较小，当债务人偿债困难时，通过贷款人与担保人的谈判协调，一般都能实现代偿贷款。

此外，泰隆还推行道义担保，注重担保人与借款人的情感约束，弱化对担保人资产实力的要求。 泰隆非常精准地利用了中国社会的人情关系，将中国传统文化融入担保中，设立"道义担保贷款"。 由于借款人或借款人的法定代表人具有亲情、友情、爱情、恩情等道义关系的第三人来提供保证，如：子女贷款，由父母担保，父母贷款由子女担保等。 通过道义担保人对借款人情感上的约束和影响，加强借款人的还款意愿，降低信贷风险，也提高了小微贷款覆盖面和申贷获得率。

3. 难题三：小企业资金需求"短、频、快"

不同于大企业，由于受发展规模的限制、业务特性以及季节的影响，小微企业资金需求往往具有临时性，且金额较小，需求很急，频率很高，因此小微企业信贷时效性要求比较高。 泰隆突破了传统信贷理念与体系的束缚，摒弃了信贷准入的"门第观念"，提炼出了"三三制"服务理念。

具体说来，"三三制"即对老客户办理业务，经办人员要保证三小时（半个工作日）内完成；新客户办理业务，自申请提出之时起保证三天内完成贷与不贷的答复，对同意发放的贷款必须三天内完成。 这种做法极大地提高了服务效率，提升了客服体验。

4. 难题四：小企业信贷需求多样化

泰隆以小微企业市场为中心，始终坚持小微定位，积极推进普惠金融，大力推动业务发展，以"两民"（市民、农民）为主要服务对象，贯彻"最重要的是让您满意"的服务理念，以社区化、村民化为抓手，主动搭建平台，根据客户的个性化需求，对目标客户进行分层，通过构建"一行一策"的灵活营销体系，针对客户需求进行产品创新，提高个性化服务能力。

客户可以根据自身从事行业性质及自身还款能力，选择适合自己的贷款类型，对号寻贷。 第一，考虑自身情况贷款。 有的小企业规模较小，固定资产较少，有效抵押物不足，但是可以提供有效担保方式及担保人，可以选择不需要提供抵押物的银行进行"无抵押"贷款。有的小企业由于贷款担保较难，可以选择使用"多人担保""辅助担保"和信用担保等担保方式的银行进行贷款。对于具有一定固定资产及有效抵押物的小企业，向银行申请抵押担保也是较为可行的一种方式。第二，根据银行不同的贷款产品选择贷款。在选择银行贷款产品时，小企业主不妨针对各类贷款产品不同的贷款要求、贷款期限、还款方式、利率浮动等情况，多了解、多分析，选择对己有利的贷款产品。另外，泰隆也为小企业主量身打造了一些贷款产品。例如，为满足小微企业金融服务需求，拓宽小微企业的融资渠道，泰隆在贷款业务、银行卡业务、理财业务等方面积极探索，不断创新，推出了"融 e 贷""整贷零还""电商贷"等小企业贷款特色产品。

针对小企业从事行业性质不同，对于贷款期限、贷款方式等贷款需求都不尽相同的情况，泰隆银行将坚持差异化设置产品，为小企业"量体裁衣"，推出不同期限、不同额度的多种金融产品，积极探索商标质押贷款等新兴融资渠道，盘活小微企业"沉睡的资本"，致力于为小微客户提供更加便捷、高效、优质的服务。与此同时，大力支持"三农"产业。面临着资金需求大、融资难、城乡差距大、普惠难的问题，泰隆以金融改革为支撑，让农民手中资产活起来，为他们提供实实在在的资金保障，为农民量身定制各类贷款，如为菇农服务的"菇农贷"，为茶农及经营者提供的"茶叶贷"，为农民建房及消费推出的"乐民贷"等。泰隆不但产品创新，还服务上门，受到了当地农民的欢迎。

5.难题五:贷款定价难

在利率定价方面，泰隆银行因自身业务特点，贷款发放金额小，客户极分散，且小微客户的风险评估存在较多难以量化的信息。因此泰隆制定了科学、灵活的贷款定价机制，将利率水平细化设置为 60 多个档次，实现"一户一价""一笔一价""一期一价"，并适时根据具体情况进行调整，努力实现利率浮动范围内的市场化。

(三)转型升级——提升小微金融服务

1.升级三化,探索业务新模式

在专注于小微企业服务过程中,针对小微企业的贷款短板,泰隆创新总结出"三品三表"的贷款调查技术。"三品三表"仅是信息收集手段,如何将定性信息量化是完成贷款调查的重要步骤,也是改变人海战术、提高效率的重要手段。

泰隆以新一代信用风险管理系统为依托,利用大数据平台、移动互联等技术手段,获取的客户真实信息,结合零售、非零售评级系统,将风险管控嵌入贷前审核,通过计算机准确、快捷地计量客户的风险等级。利用这些技术手段,将传统的"三品三表"向"三化"转型升级,进一步推进模型化、便利化、社区化建设。

(1)模型化,提高审批效率

以零售内评系统建设为重点,推进模型化。开展零售评分卡和应用策略项目,完成普惠类、个人经营性和消费性、小微企业主、信用卡等零售业务新一代评分卡建立,并将其应用在客户准入、审批决策、贷款管理等各个环节,实现零售客户风险准确计量,提高信贷决策效率。

(2)便利化,增加客户黏度

小微企业信贷时效性要求比较高。2009年3月泰隆银行提炼出"三三制"服务理念。各级审批人员对当天提交需审批的贷款除需提交贷审委审议的外,实行审批半天承诺制。对每天上午提交的贷款在下午上班前必须完成审批,对下午提交的贷款必须在当天全部审批完成。而现在,动动手指,三分钟就可以在网上银行、手机银行完成信贷业务。

"三三制"是泰隆银行信贷文化的特色之一,极大地提高了小企业信贷审批效率,提升了客户满意度。贷款提速,服务提升,让贷款像存款一样便利。但是泰隆没有止步,2016年11月,针对普通贷款开发移动信贷审批App,方便信用审核人员随时随地、7×24小时及时审核客户贷款,利用资料审核流程的专业标准、风险识别快速准确、审批流程便捷及时,极大地缩短了业务办理流程和时长，提升客户体验。

（3）社区化，推动业务新模式

2010年开始，到2020年，泰隆银行不断深化社区化经营模式，进一步沉下去，以社区化"三匹配（机构、人员、社区）""业务相对全覆盖""社区化经营评级""社区巡查""社区银行模式探索"为抓手，推进社区化的"广度、深度、黏度"建设。

"广度"建设上，2016年初制订辖内业务相对全覆盖3年规划并持续推进，进一步下沉机构和人员，社区化经营实现"量"的突破。截至2020年末，全行子社区保有量13 528个，辖内乡镇街道总覆盖率升至92%。"深度"建设上，完善批量化作业模式，优化营销、风控流程，发挥系统协同管理作用，启动社区化经营评级，社区布局合理性、社区挂靠质量、客户经理管理效率均得到提升。截至2020年末，泰隆全行社区客户数及农村社区客户数实现突破式增长，社区客户数同比增长10.70%，农村社区客户数较年初增长19.86%，泰隆全行社区化经营评级合格率升至97.55%，AAA级支行占比达到11.01%。同时，探索社区银行模式，打造泰隆共享生态圈，提升客户体验、增加客户黏性，打造让公众耳熟能详的"泰隆社区"品牌。

社区化经营是战略也是战术，它最大的现实意义是能以较低成本有效解决信息不对称问题。一方面，社区化经营要求客户经理深入社区、扎根社区，摸清客户的利益关系网和情感关系网，对社区客户的信息了如指掌，不但能够解决"营销信息"问题，又能够解决"风险信息"整合和利用的问题，有助于解决信息不对称，有效控制风险。另一方面，通过社区范围界定，避免"天女散花"式的广撒网和"游兵散勇"式的广布点，能够降低客户营销和服务成本，社区中的客户具有某些共性，只要成功地营销了社区中的某些重要客户，接下来就可以以同样的方式去营销社区中的其他客户，产生边际效应，从而降低营销成本，通过有限的物理区域内做深、做透，也帮助泰隆银行实现了相对批量化获得客户。同时，社区化还可以有效地提升服务效率，提升客户体验，提升品牌效应。截至2020年末，泰隆共有小微企业专营支行173家，社区支行27家。

2. 普惠金融,聚焦"两民"客户群

根据国务院颁发的《推进普惠金融发展规划（2016—2020年）》中对普惠金融的定义,普惠金融是指立足机会平等要求和商业可持续发展原则,以可负担的成本为有金融服务需求的社会各阶层和群体提供适当、有效的金融服务,小微企业、农民、城镇低收入人群、贫苦人群和残疾人、老年人等特殊群体是当前我国普惠金融重点服务对象。

在此时机下,泰隆银行提出了深化小微定位,践行普惠金融的理念,并将普惠金融发展规划中普惠金融定义与其多年的社区化经营和批量化实践相结合,提炼出顺应泰隆发展、符合小微客户市场定位的"两民"客户内涵;同时,以"惠及家人、相伴一生"作为服务宗旨,以社区化经营和相对批量化作为服务方式,以家庭金融和人生金融作为服务创新,以大服务体系作为服务升级,以配套建设作为服务保障,构筑泰隆普惠"两民"体系。

（1）充分研究"两民"内涵

泰隆的"两民"客户是指具备"两有一无"（有劳动能力、有劳动意愿、无不良嗜好）特性的农民和市民。泰隆普惠将"两民"作为主要服务客户群,结合自身市场定位和发展模式,从风险视角和收益视角对泰隆"两民"客户特征进行总结和提炼,准确把握"两民"客户的风险特征和收益特征,有利于提高客户开发效率和质量。

从风险视角看,"两民"具有以下四个特性。

文化性:"两民"客户具有文化性。俗话说"一方水土养一方人",不同地域的人也形成了差异化的性格特征,泰隆银行在服务"两民"时,充分注重这些文化符号,利用好优点,规避好缺点。

周期性:"两民"客户具有周期性。俗话说"三十年河东、三十年河西",泰隆在服务"两民"时,注重以长周期看问题,将客户生命周期的金融服务需求特征和客户创业消费的资金需求周期相结合,以前瞻性的眼光进行客户风险把控。不过于功利,力求"锦上慎添花""雪中能送炭"。

稳定性:"两民"客户以血缘关系、地缘关系和业缘关系构建社会关系网络,保证了"两民"客户社会关系的稳定性。俗话说"叶落归根",中国人普遍具备较浓的乡土情结，因此泰隆在服务"两民"时，注重其在工作、生活中的稳定性。

简单性："两民"客户资产负债和经济活动等都相对比较简单，国家在农村精准扶贫时经常采用"四看法"，即"一看房、二看粮、三看劳力强不强、四看家中有无读书郎"，从一个侧面反映"两民"的简单性。

从收益视角看，"两民"也具有四个特性。

规模性：以中国庞大的人口基数为基础，能够发挥"两民"业务的规模效应，扩大"两民"客户的市场空间。

成长性：随着我国逐渐进入中等发达国家序列，以及城镇化的不断深入，"两民"客户的金融服务需求也在不断提升，需求的多样化和精细化促进了"两民"市场的不断发展。

关联性："两民"客户纵向的人生金融需求和横向的家庭金融需求，将客户当前业务与潜在业务、存量客户与潜在客户之间进行关联，构建业务与客户交叉发展的关联网络。

紧缺性："两民"客户中农户、个体和私营经济逐步活跃、生产和消费需求逐步上升，当前的金融服务体系无法满足客户的金融需求，以"两民"客户需求带动服务的普及和创新，满足市场需求的同时，夯实泰隆"两民"客户定位。

（2）建立"两民"服务体系

泰隆普惠以资源共享、机会平等和客户可持续作为服务的出发点，以"惠及家人、相伴一生"为服务宗旨，让"两民"客户以可负担的成本享受泰隆提供的便捷服务、专属服务和增值服务。

硬件、软件、流程、标准等智能化升级，提高了泰隆服务效率，为"两民"提供方便、快捷的服务，提高获得感，提升客户体验。

目前，比较有特色的便捷服务有：一是延时服务，"早开门、晚关门、全天候"的柜面营业模式；二是限时服务，在信贷业务"三三制"的基础上，通过"定向"产品研发、流程再造，缩短信贷业务办理时间；三是一站式服务，借力电子化和"互联网＋"，打造结算、消费、融资、理财、移动支付等一体化金融服务平台；四是立体式服务，实现电话银行、网上银行、手机银行、自助银行、Pad 银行和微信银行的基本全覆盖；五是延伸服务，借助直销银行和金融服务站"走出去、沉下去"，进一步拓宽客户面。

通过家庭金融综合解决方案和人生金融综合解决方案，为"两民"客户及其家人的差异化服务需求提供有针对性的专属服务，提高客户认同感。

目前，比较有特色的专属服务有：一是专属理财，根据"两民"客户理财资金额度小、风险偏好低、流动性要求高、收益率要求高等特点，泰隆专门开发适合普惠客群的理财产品，比如小鱼钱包、泰隆财富宝、钱潮理财、泰融理财等，在满足安全性和流动性的前提下，尽量提高收益率；二是专属信贷，根据"两民"客户收入低、资产少、担保难等特点，泰隆开发了信融通、义融通等信贷担保方式，同时根据其在不同生命周期差异化的资金需求，提供消费贷款和创业贷款。

此外，还有增值服务，旨在以社区银行建设为载体，探索农村和城市两种模式，搭建大服务体系，跨界合作，形成泰隆共享生态圈，为"两民"提供教育培训、创业指导、健康养生、家政服务、文化休闲、优惠生活等增值服务，提高客户黏性。

目前，比较有特色的增值服务有：一是医疗服务，与多元化医疗合作，为客户提供名医、名院预约医疗服务，并视情况提供信贷支持；二是出行服务，与深圳航空合作，为泰隆客户提供折扣机票与机场贵宾服务；三是保险服务，与保险公司合作，为客户提供优惠的寿险、财产险等保险服务，深受客户喜爱。在为"两民"客户提供优质服务的同时，泰隆也致力于打造"免费银行"，深入推广"裸费裸利"，减免 70 余项服务费用，针对涉农、民生等领域主动降低贷款利率，降低客户成本。

3. 党建＋金融,党建引领金融服务

自成立以来，服务了上百万家小微客户，在小微企业金融服务领域，泰隆银行所打造的"泰隆模式"广为人知。在这背后，是一支不可忽视的重要力量——从 1994 年成立党支部时仅有 3 名党员，到成为"全国先进基层党组织"，拥有占员工总数近三分之一的 3100 多名党员，泰隆银行的红色队伍越来越壮大。

"党建是企业核心竞争力的组成部分，更是打造百年泰隆的重要基石。"泰隆银行党委书记、董事长王钧这样定义党建之于泰隆的意义。泰隆银行始终坚持强化党建引领作用，在省市银保监部门的引领下，泰隆将党建融入经营管理的方方面面。

一是认真落实党中央、省委、市委及各级监管部门党建工作要求，并将其与全行经营管理深度融合，全面强化党建引领力。把党的"政治引领和政治核心作用"写入公司章程，董事长兼党委书记，行长兼党委副书记，专设专职党委副书记，专门抓党建工作，党委成员与董事会、高管层成员"双向进入、交叉任职、一岗多职"。同时，完善党委工作制度，确保党委与董事会在"把方向、管大局、定战略"的统一性。

二是贯彻落实"三同"党建要求。按照"三同原则"，确保党组织与机构"同建立"、与网点"同覆盖"、与企业"同发展"。网点开到哪里，支部就建设到哪里；业务做到哪里，党建工作就覆盖到哪里；党员群众在哪里，党的活动就发展到哪里，实现党组织与经营管理全面融合。

三是创新"党建＋金融"普惠模式。探索出"三融三创"党建工作法，推出"党建＋金融"普惠新模式，打造红色信贷员队伍，建立红色信贷基地，推广红色信贷产品，推进金融助力乡村振兴和精准扶贫。

四是持续落地"党建＋公司治理"负面清单，探索非公企业党委履职模式，更好地发挥党组织"谋大局、议大事、把方向"的作用。

五是推动党风党纪与行风行纪相融合，推动清廉金融建设，助力打造一支有纪律、懂规矩、能战斗的小微金融队伍。

2019年，泰隆"党建＋金融"等经验入选中央组织部编选的《贯彻落实习近平新时代中国特色社会主义思想、在改革发展稳定中攻坚克难案例》丛书，是经济类典型案例中被入选的3家企业之一。2020年，以红色信贷员为原型拍摄的红色微电影《坞根的海风》，荣获中宣部第三届社会主义核心价值观微视频大赛一等奖。截至2021年6月，泰隆银行"先锋贷"等"先锋系列"党群贷款产品余额达140多亿元。

4."互联网＋"，探索移动金融服务

在"互联网＋"时代，泰隆积极推动"金融＋互联网"业务，在IT的支

持下，加大力度推进"金融＋互联网"建设，提升电子化服务水平，优化升级传统电子银行渠道，降低使用门槛，提升客户体验；加强与第三方支付平台合作，增加业务应用场景，提高客户黏性。

（1）电子银行渠道多样化

在"互联网＋"的背景下，移动端已成为人们普遍接受的方式。据《2016年中国电子银行调查报告》显示，网上银行、手机银行、微信银行、电话银行用户使用比例分别为46％，42％，28％和23％。在移动金融发展蔚然成风的大背景下，泰隆银行与时俱进，积极拓展电子银行支付渠道，以发展集网上银行、手机银行、电话银行、微信银行等为一体的电子银行渠道体系。

一是成立客服中心，开通服务热线。泰隆客服中心于2005年6月设立浙江省内客服专线96575，并于2009年4月开通全国服务热线4008896575。电话银行为客户提供账户查询、投诉受理、转账汇款、理财购买、代理缴费、贷款放款及归还等一揽子金融服务，并推出医疗预约、积分兑换等增值服务。客服中心始终秉承"最终要的是让您满意"的服务理念，面向全行客户及行内员工提供7×24小时电话银行服务。2014年7月，泰隆银行升级新一代客户服务系统，推出在线文本服务，完善交易功能建设，创新主动营销和外呼功能的建设，打造集服务、交易、营销为一体的远程金融服务平台，实现从语音交互到文本服务的转变，全面提升服务品质。

二是开通网上银行，集合个人、企业网银功能。2008年11月27日，泰隆开通了网上银行。该系统包括个人网银、企业网银，同时支持多法人（村行）个人银行支持查询服务、账户管理、付款业务、收款业务、储蓄理财产品、贷款功能、银证业务、信用卡业务、电子支付管理、自助缴费等，把账户管理、转账汇款等传统业务电子化的同时，兼顾电子化储蓄理财、网上贷款、银证转账、电子商务等中间业务，为客户提供一站式、全天候的电子金融服务。企业网银支持查询服务、账户管理、付款业务、小额收款、企业贷款、金管家理财、电子对账，新增国际业务、批量转账等业务功能，整合、重构了原有的业务流程，优化模块形式，提升服务体验，为接轨互联网、提升开放式服务奠定基础。庆元、大冶村行也同步推出网上银行，村行网银与母行网银实现了页面风格、业务流程、后台管理等的全面统一，为村行业务发展提供了有力的系统支撑。 网银在前台设计上融入了互联网元素，为用户提供全新操作体验；后台接入统一平台，实现了业务的规范化、标准化与统一化，进一步达到系统稳定性的目标。 随着互联网金融的蓬勃发展，泰隆业务拓展、客户增多，为提升客户体验，提高安全性、便利性，泰隆于 2015 年 7 月与 2016 年 6 月分别对个人网银与企业网银系统进行了优化升级。 新版网上银行增加国际业务、批量转账等业务功能，整合、重构原有的业务流程，优化模块形式，提升服务体验，为接轨互联网、提升开放式服务奠定基础。 发展优化网银业务，有助于泰隆金融系统进入升级过程，缓解业务处理压力，改进服务水平，有效提升泰隆核心竞争力。

三是开通手机银行，拓宽业务办理渠道。 泰隆银行的手机银行于 2010 年 11 月 2 日正式运行，手机银行包括金融服务、手机银行服务、增值业务，具有可操作性、可维护性和可扩展性。 主要功能分为银行业务交易、移动生活服务及"我的最爱"三大版块。 ①银行业务交易服务，主要为客户提供查询服务、账户管理、转账汇款、跨行收款、电子现金、理财产品、个人贷款、储蓄业务、代缴费、信用卡、银证转账、用户设置等功能。 ②移动生活服务，主要为客户提供移动增值服务，包括手机充值、机票、电影票和彩票购买、游戏点卡、景点门票、网点查询、手机商城、二维码扫描、理财计算器等功能服务。 ③"我的最爱"，客户可以通过该版块添加喜欢或者常用的功能模块，再通过"我的最爱"直接链接到需要操作的界面，为客户省去多余操作步骤。 手机银行是网上银行的延伸，也是继电话银行、网上银行之后又一种方便银行用户的金融业务服务方式。 随着泰隆银行的迅速发展，客户量逐步增加，客户群体的分布范围也越来越广。 "手机银行"建设项目旨在拓展泰隆业务办理渠道，在帮助用户获得便利、减少排队麻烦、随时随地办理泰隆业务的同时，还可以延长泰隆服务时间，扩大泰隆服务范围，等同于无形地增加了泰隆经营业务网点，真正实现 24 小时全天候"Anytime、Anywhere、Anyway（无论何时、无论何地、无论如何）"银行业务的办理，成为银行业更加便利、更具竞争性的服务方式，将最终促进泰隆业务的发展。

四是开通微信银行，与时俱进新体验。 "泰隆银行"服务号于 2014 年 4 月 18 日正式开通上线，意味着泰隆银行正式开通微信银行，为客户提供动账提醒、账户查询、信用卡账单推送、还款通知、理财购买、业务咨询、无卡取款等功能服务。 同时，也为客户提供了贷款在线申请、优惠信息线上查询等特色服务。 微信银行以手机端微信 App 为入口，为客户提供查询、提醒、咨询和交易等功能，并在发展中根据客户的需求不断改进和完善，实现了营销、交易、服务为一体的移动金融，为客户提供周到细致的掌上金融服务，带来全新的体验。

（2）推出直销银行 App，发展移动金融业务

泰隆于 2016 年 6 月推出直销银行独立移动应用 App——小鱼 Bank。 通过 App 为客户提供存、贷、汇等银行服务。 此外，还推出积分兑换、幸运抽奖等增值服务。 App 分为四大版块："首页""理财""发现"和"我的"。 主要服务客群是两民（市民和农民）和小微企业客户（小微企业主和个体经营者）。 主要业务包含以下四项。

一是注册及开户。 "小鱼 Bank"App，基于人行账户管理新规，实现 Ⅱ 类账户的网上远程开户，利用电子账户拓展互联网用户。 目前，小鱼 Bank 支持向全国 140 多家银行持卡人提供服务，用户只要持有一张正常使用的 Ⅰ 类借记卡账户，即可在小鱼 Bank 中注册开通 Ⅱ 类账户，享受小鱼 Bank 提供的金融服务。

二是存款及负债类产品。 存款及负债类产品主要包括智能存款、节节高等。 智能存款（泰隆一本通）和节节高等储蓄类存款产品，具有活期便利和定期收益的特点，有较好的利息收益。

三是线上贷款申请。 线上贷款申请主要提供微时贷等贷款服务，微时贷个人消费贷款是指向符合条件的消费者发放用于住房装修、旅游、结婚、进修学习、购车和其他各类符合国家相关法律、规章等规定的以消费为目的的贷款产品，客户可在线申请，然后泰隆客户经理线下跟进审批、放款，线上线下结合，提升客户体验与服务效率，逐步提高信贷业务自动化水平。 目前，泰隆正在加快普惠金融八大类信贷产品的互联网化。

四是充值提现。 通过与第三方支付平台合作，小鱼 Bank 绑卡银行支持全国 140 多家银行，客户在 App 中操作充值和提现功能，平台将资金从绑定银行卡转入电子账户或者从电子账户转出至绑定银行卡。 小鱼 Bank 限制资

金只能在绑定银行卡和电子账户中进行互转，明确同卡进出规则，保障客户资金安全。

（3）探索新型金融服务模式

以大合作为契机，依托互联网，泰隆开始探索科技金融、直销银行、社区银行等新型金融服务模式。一是专设科技企业发展部推进科技金融，"融投联动、以融为主"，探索高新科技企业业务市场、拓展业务渠道与平台合作（与浙江省股权交易中心合作，在湖州推出"挂牌通"、期权贷等产品；联合长兴政府对符合条件的公司客户进行贴息让利，发挥泰隆灵活、便捷、高效的业务优势）；二是专设直销银行部，以浙商为突破口，探索直销银行模式，突破物理网点的限制；三是探索信贷产品互联网化，与科技公司合作搭建网上申请平台，丰富获客渠道（与蓝喜公司合作搭建了消费贷款网上申请平台）；四是探索科技型智慧网点建设。

（4）Pad 金融移动服务站

为了解决乡镇、农村金融服务"最后一公里"问题，积极应对互联网金融，2016 年 8 月，泰隆银行开发了"Pad 移动金融服务站"。依靠泰隆小微信贷技术和移动互联网，不仅不需要客户多次往返于银行，而且也从根本上释放了银行工作人员的劳动力，便捷高效，节省大量时间和成本。Pad 金融移动服务站是泰隆银行以 Pad 智能终端为基础，将移动互联网技术同小微金融业务相结合而打造的全流程移动信贷服务平台，以"一体两翼"的方式助推普惠金融。一体就是以小微客户这一服务对象为主体，两翼则是通过社区化和网络化的手段去打造新的小微金融。Pad 金融移动服务站涵盖了信贷工厂、移动开户等 12 项功能，其中移动开户和信贷工厂为平台核心功能，支持移动营销、移动知识库、移动工作台、泰隆动态、通讯录等功能展示和使用。

（5）深耕互联网支付合作

2016 年 3 月，泰隆推出新型移动支付产品"泰隆宝"。泰隆宝整合线上、线下支付功能，致力于为客户提供具备泰隆特色的"高效、快捷、方便"的支付服务。同时，进一步丰富支付场景，与腾讯、支付宝、百度、苏宁等第三方支付平台达成业务合作，拓展还款、收单、新型支付等业务。

截至 2020 年末，在电子渠道的支撑下，全行电子化服务水平达

96.55%，同比增长 1.01 个百分点。 移动金融发展迅猛，手机银行客户数达 207.39 万户，交易笔数超过 2062.34 万笔，交易额达 9689.13 亿元，分别较上年同期上涨 43.43%，10.82% 和 31.70%；截至 2020 年末，小鱼 Bank 累计客户数 25.87 万户，累计成交额 50.32 亿元，较 2016 年末新增客户数 23.04 万户，成交额达 31.26 亿元。 因行内渠道整合，小鱼 Bank 已于 2020 年初停止运营。 泰惠收业务商户数 15.4 万户，年交易量达近 700 亿元。 与泰融理财平台战略合作，探索汽车金融、产业金融和互联网融资，平台全年累计成交量达 27 亿元。

5.走出去,试水金融大合作

泰隆实行积极"走出去"战略，寻求人才、技术、业务模式等方面的优势互补，并依托互联网，探索新型金融服务模式。

探索更广范围、更多模式合作渠道。 一是战略合作，如与珠海农商行等的合作；二是渠道合作，优化批量获客模式，如与平安快付、中安金控、政府公众大数据平台、惠众征信、台州市金融服务信用信息中心等的合作，衢州分行与当地国税部门合作推出"税易贷"；三是同业合作，新增浦发银行等对泰隆授信逾 60 亿元；四是与大型企业合作，业务相对批量做，如与伟星集团、中国东方航空公司等的合作；五是探索国际合作，组织客户赴泰国参加 AEC ＋3 国际商务峰会，帮助客户发展跨国贸易伙伴，探索自身国际合作的可能性；六是跨界合作，探索保险兼业代理业务合作。

2016 年 4 月，依托小微信贷风控技术，泰隆与泰融理财进行战略合作打造互联网金融平台。 资金由浙江泰隆商业银行全程进行监管，并提供资产见证。 采用借款人共担风险机制，在融资端提取部分风险准备金存入银行托管账户。 以先进的管理理念，业内领先的风控技术和风险金保障计划，保障用户资金安全。

泰融理财旨在为广大投资者提供安全、稳健、便捷、低门槛的互联网金融投资方案，拓宽小微企业融资渠道，降低融资成本，为缓解小微企业融资难、融资贵等问题提供独特的互联网金融解决之道。 自 2016 年 4 月产品上线以来，一年累计交易额突破 50 亿元，获得了投资者和市场的普遍赞誉。 在市场逆势下，依旧保持高速、稳健的发展。

为适应市场发展，打造综合性的互联网金融服务平台，2017 年 6 月，泰融理财正式改名为泰融普惠，资产端专注于汽车金融、码头金融（互联网纯线上）、产业金融等，资金端推出智能顾投类产品，丰富投资类型。 通过互联网和大数据风控技术实现普惠金融、普惠大众的使命。 未来还将进一步扩充和细分产品，为小微客户提供一体化的互联网金融解决方案。

从小小台州出发，到丽水、杭州、宁波、金华、上海、衢州、苏州、嘉兴、湖州、绍兴、温州、舟山……如今的泰隆已发展为一家服务范围涵盖浙江、上海、江苏苏州等长三角区域、员工超过 10000 名、分支机构超过 400 家的股份制商业银行，机构布局一个个城市，为当地的小微企业带去了优质金融服务。

在各级政府及监管部门的支持指导下，泰隆机构不断发展，目前服务范围涵盖浙江、上海、江苏苏州等区域，随着村镇银行的设立，"两省一市"战略布局持续深化。

三、泰隆银行的发展成就

(一)稳步发展,获得社会认可

1.绩效良好,资产稳步增长

截至 2020 年末，泰隆银行资产总额 2517.41 亿元，同比增长 23.62%，负债总额 2314.52 亿元，同比增长 23.14%，所有者权益 202.89 亿元，同比增长 29.31%；各项贷款余额 1583.21 亿元，同比增长 21.42%，存款余额 1737.39 亿元，同比增长 27.50%。 泰隆密切关注宏观调控政策和经济形势对客户及全行各项业务的影响，采取积极有效的风险防控措施。 对客户及全行各项业务的影响，采取积极有效的风险防控措施。 截至 2020 年末，泰隆资本充足率 15.77%，不良贷款率 0.98%，资产质量总体平稳。

目前，泰隆共有 13 家分行、1 家专营机构、245 家支行，共 259 家分支机构，其中综合性支行 94 家，小微企业专营支行 94 家，社区支行 57 家。 仅

2020 年，泰隆累计发放小微企业贷款户数 22.20 万户、累计金额 2386.07 亿元。 500 万元以下贷款客户数为 56.08 万户，占比 99.81％；余额 1451.76 亿元，占比 91.70％；100 万元以下贷款客户数为 53.18 万户，占比 94.65％；余额 836.34 亿元，占比 52.83％。 贷款户均仅 28.18 万元。 涉农贷款余额为 836.70 亿元，占各项贷款余额比例为 52.85％；较上年末新增贷款余额 175.26 亿元，增幅为 26.50％。

就促进就业而言，按照每户小微企业用工 10 人计算，直接支持了近 220 万人就业，帮助失地农民、外来务工人员、下岗工人实现了劳动致富，得到各级党委政府、监管部门和社会各界的好评。

2.各界认可,载誉前行

独特而符合国情的商业模式，使泰隆银行在小微企业金融服务市场上赢得了一片蓝海，实现企业可持续发展与社会责任的相互交融、和谐共进。 泰隆银行先后 5 次被中国银监会评为"小微企业金融服务先进单位"，并被评为"全国文明单位""全国先进基层党组织"和"全国职工职业道德建设先进单位"。 根据英国《银行家》公布，在全球前 1000 名银行中，泰隆排名第 647 位，进入了中等城商行序列。 中诚信国际将泰隆银行的信用评级审定为 AA＋，监管机构评级为 2B。

泰隆 20 多年来始终坚持服务小微企业的做法，得到了各级政府、监管部门和社会各界的认同，也引起了新闻媒体的广泛关注。 2010 年 8 月，中宣部把泰隆银行作为转变经济发展方式，服务小企业的特色银行，组织新华社、人民日报社、中央人民广播电台、中央电视台、经济日报社、光明日报社等中央媒体集体采访泰隆银行；2010 年 9 月，新华通讯社携手泰隆银行成立小企业金融服务调研基地。

3.架构完善,公司治理趋于成熟

泰隆银行严格依照法律法规的规定，按照"独立运作、有效制衡、相互合作、协调运转"的原则设立了"三会一层"，制度体系逐步完善，治理架构日益健全，日常运行规范有效。 2019 年 4 月泰隆顺利完成董事会、监事会换届选举工作，产生了第五届董事会、监事会，并新聘高级管理层，进一步优化了

"三会一层"人员配置。截至 2020 年末，泰隆董事会由 9 名董事组成，包括执行董事 5 人、独立董事 3 人、股东董事 1 人。监事会由 5 名监事组成，包括职工监事 2 人、外部监事 2 人、股东监事 1 人。2020 年，泰隆银行共召开股东大会 1 次，董事会 6 次，监事会 4 次，董事会各专门委员会会议 39 次，各董事、监事均勤勉尽职。

(二)驱动泰隆稳步发展的泰隆文化

"文化兴行"是泰隆银行一贯坚持的理念，从建立之初，在多年的经营实践中，泰隆就凝结起为全体员工所认可的企业价值观、企业精神、服务理念、道德规范和行为方式，进一步明确了泰隆企业文化的内涵。泰隆深刻地感知到企业文化对企业的市场定位、服务理念、愿景目标等所起的关键性作用，从建行伊始，就致力于企业文化的建设，20 多年来，持续推进企业文化的建设和发展。泰隆的企业文化建设紧扣企业的核心价值观、经营目标和企业愿景，积极体现人文关怀、履行社会责任，成为泰隆持续发展的精神支柱和动力源泉。泰隆致力于"打造泰隆软实力，增强文化凝聚力，扩大品牌影响力，增强客户向心力，提高自身执行力"的企业文化"五个力"建设，努力营造良好的经营环境，优化企业的生态环境，让企业文化成为泰隆发展不可或缺的精神力量和道德规范，从而提高企业的核心竞争力，为打造"百年泰隆民族品牌"奠定坚实的基础。

1.建立泰隆文化体系

根据泰隆银行的发展历程、市场定位以及人才现状，泰隆银行建立了一套完整的企业文化体系。

核心价值观——德润其身，泰和共隆。《大学》曰："富润屋，德润身，心广体胖，故君子必诚其意。"以德修身，同德而聚，稳健和谐，共同成长，共创兴隆。"德润其身"是泰隆对自己、对员工、对客户的共同要求。泰隆要谨守银行的商业伦理和社会责任，做义利兼顾的事业；泰隆人要修身养德、以德自律，以规范指导言行和工作；泰隆与小微企业携手成长，将企业的发展与社会的发展需要紧密结合。"泰和共隆"要求以稳健、和谐的态度，秉持和合共赢的目标不断努力，实现与员工、股东、客户和社会的和谐共存与持续发展，创造兴隆的事业和美好的生活。

泰隆银行的使命——服务小微，服务大众。 泰隆以组织机制的灵活、高效和有特色的优势，有效整合现代信息技术、先进的内控技术和风控技术，创造便捷、专业的产品和服务，积极满足小微客户多层次需求，与小微携手成长、共赢未来，积极推行普惠金融，为社会经济发展提供源源不绝的强劲动力。

泰隆银行的企业精神——居安思危，与时俱进。 信息社会瞬息万变，身处改革大潮的泰隆银行，正是时刻警醒自身以及员工，拥有居安思危的精神，才能勇立潮头，不断前行。 对于企业，要不断创新，紧跟时代的步伐甚至走别人没走过的路，勇于探索，敢于试错。 对于员工，要求具备危机意识和竞争意识，拒绝旱涝保收，拒绝原地踏步，只有与时俱进的人才才能为个人和企业创造价值。

泰隆银行的愿景——百年泰隆，民族品牌。 泰隆坚持差异化的市场定位、独特而符合国情的商业模式、充满人文关怀的企业文化、极富战斗力的员工队伍，力图在小微企业金融服务领域做专、做精、做透，努力成为民族的、有特色的金融品牌。

泰隆银行的社会责任——义利兼顾，服务社会。 泰隆人秉承"德润其身，泰和共隆"的核心价值观，在实现自身发展的同时，时刻不忘回报这片赋予她生机和活力的土地。 自成立之日起，泰隆就以支持小微企业发展为己任，不断参与社会公益事业，关注、扶持弱势群体，承担起应有的社会责任。泰隆银行还设立了浙江省金融行业第一家慈善基金会——浙江泰隆慈善基金会，专属从事捐资助学、扶贫扶困，争做一个懂感恩、知回报、有责任的企业公民。

泰隆银行的座右铭——做大事更要做小事。 做事一贯坚持"诚实、踏实、务实"的"三实"作风，把小事做扎实、做透彻、做出实效。 以做好每一件小事为基础，步步为营，大事也就做好了。 "三实"作风源自泰隆对自己的高标准、严要求。 泰隆人坚持探求金融本质之道，诚实守信，踏实做事，求真务实。

2.完善泰隆文化内核

鉴于泰隆的定位和愿景，泰隆银行希望在内打造一支适合泰隆商业模式、具备强烈"三誉三感"（信誉、荣誉、名誉，认同感、责任感、使命感）的队伍。 以契约精神和人本关怀为车之两轮、鸟之两翼，建设泰隆银行专属企业文化，对外打造服务小微企业"专业有温度"的银行品牌，驱动泰隆稳步向前。

（1）坚持定位：服务小微和服务大众

泰隆自成立之初起，就致力于小微企业的金融服务。 泰隆银行95％以上的贷款都是用于小企业融资。 泰隆坚持定位不动摇，且多年来不断下沉服务，下沉机构，将机构设置到城乡接合部，设置到市场里，打造社区银行，打通金融服务"最后一公里"，真正送金融服务上门。 "更亲、更近"是泰隆银行的服务宗旨，这要求员工牢记企业的市场定位，清晰企业的服务对象，双脚迈出去，服务送上门，坚定不移地贯彻落实泰隆的市场定位，践行普惠金融。 作为企业文化的一部分，泰隆银行通过实时强调、氛围营造、机构设置、考核要求等各方面进行强化。

（2）队伍建设：契约精神和人本关怀

泰隆银行以契约精神和人本关怀为车之两轮，打造一支能吃苦、有韧劲的员工队伍。 契约精神的核心是以市场为导向，以优胜劣汰为筛选原则，企业与员工双方之间建立责任、效率、共赢的关系。 契约精神体现了员工与泰隆双方基于自由、平等、守信的精神，而形成的利益共同体。 员工的成长与付出成就了泰隆的事业，泰隆的事业也成就了员工的发展和幸福。 人本关怀是在管理中尊重员工、信任员工，让员工在企业中感受被尊重被关爱，从而激发对企业的向心力、凝聚力和忠诚度。

一是建立一套包含法定和泰隆特色相结合的福利体系。 法定福利是指通过国家法律保障实施的一系列福利项目。 泰隆特色福利是指在为员工提供各项法定福利的基础上，逐步建立集爱工作、爱生活、爱家人于一体的福利保障体系，包括"幸福生活""亲情无限""节日畅享"等三大系列。 如亲情无限中的亲情A＋B：子女在泰隆上班，父母一方每月可以领到泰隆发放的500

元工资，深受员工和员工家属的欢迎。

二是建立一套分层分类培训、唯才唯德选人的队伍建设体系。 坚持 90% 以上的人才自己培养，建设一支适合泰隆商业模式、特别能吃苦、特别能战斗的人才队伍，适应泰隆管理和业务发展的需要，并成为泰隆持续成长的动力源泉。 在人才管理上，企业重视人才、爱护人才、合理开发人才、使用人才、留住人才、提升人才，泰隆银行奉行的理念：①唯德唯才不唯资，泰隆大胆起用有德有才的年轻人，不唯资历论英雄；②责任大于能力，责任心体现职业素养，有极强的责任感和奉献精神是促使人把工作做好的最重要因素，勤能补拙，天道酬勤；③能上能下、能进能出，泰隆在内部引入能上能下、能进能出的活性竞争机制，管理者没有"铁饭碗"，胜任岗位的继续留用，不能胜任的退出岗位再行安排；④有作为才能有地位，泰隆以实干论英雄，对人才的评价以绩效为重要考量，让真正对泰隆事业做出实质性贡献的人才在泰隆受到应有的尊重、回报和地位；⑤有多大能力就有多大舞台，泰隆以业绩证明能力，以实力体现价值，赋予员工不断成长的能力和公平、充足的职业发展机会，体现员工的价值。 泰隆银行于 2010 年 6 月创办了自己的企业大学——泰隆学院。 泰隆学院被定义为泰隆的"黄埔军校"，致力于培育服务小企业的金融专业人才，为全行提供规模化、体系化、专业化、特色化的培训。 学院已开展新员工项目 36 期，培养新员工 8000 余人，搭建起针对各层级管理者及全行各条线员工的分层分类培训体系，自主研发课程 500 余门（含各条线、各层级的面授课程及电子课程），组建了一支近 350 人的内训师队伍。 采用完善的全行培训体系，实现员工成长成才、企业文化传承和商业模式复制。

三是党工团妇联动，营造人本关怀的文化氛围。 泰隆银行设立了党委、工会、团委、妇联等组织，常态化开展如红色大讲堂、泰隆吉尼斯技能大比武、歌王争霸赛、厨艺大比拼、企业文化月等各种活动，文化活动或总分行联动，或党工团妇间联动，营造氛围、形成声势、打出品牌。 为丰富员工业余生活，增加凝聚力与向心力，泰隆银行还设立近 40 个员工俱乐部。 含"摄行泰隆"摄影俱乐部、"骑行"俱乐部、"花花世界"插花社团、"瑜"你有约瑜伽俱乐部、"爱心社""读书社""健身达人"俱乐部等，不定期举办各类活动；营造平等、互助、关爱的内部文化，创造简单、温馨、和睦的人际关系，营造坦诚、民主、直率、开放的沟通氛围。

3.培育优秀员工队伍

在企业文化力的驱动下，泰隆银行凝聚力、向心力、战斗力得到显著加强，员工以我是泰隆人为傲，以为企业创造价值为荣。 泰隆银行知名度、美誉度和社会影响力得到很大提升，包括中央电视台、新华社、经济日报等中央级在内的媒体聚焦泰隆银行服务小微金融进行了广泛的报道。 "小微金融找泰隆银行""泰隆银行服务小微""泰隆银行服务好"等品牌印象深入人心。生产经营屡创佳绩，硕果累累。

心有多大，舞台就有多大。 针对员工平均年龄仅 28 岁的现状，泰隆银行强化培训体系建设，围绕"培养小微和普惠金融子弟兵"，激发向上正能量，进一步丰富培训资源，优化分层分类培训体系，积极创新培训载体，让学习和成长无处不在。 人才是泰隆持续发展的保障，为满足泰隆业务发展需要，梯队人才的建设仍是泰隆队伍建设的关键。 构建管理序列通道和专业序列通道构成的具有立体化的双通道职业发展体系，是扩宽员工职业发展通道，激励、保留优秀人才的有效途径。 在泰隆，超过四分之三的管理者是"80 后"，一大批充满激情的年轻人正带领泰隆不断前行。

(三)社会责任——义利兼顾,回馈社会

泰隆银行秉承"德润其身，泰和共隆"的核心价值观，在实现自身发展的同时，时刻不忘回报这片赋予她生机和活力的土地。 自成立之日起，泰隆银行就以支持小微企业发展为己任，不断参与社会公益事业，关注、扶持弱势群体，承担起应有的社会责任。

1.社会服务,回馈公众

作为一家富有社会责任感的企业，泰隆银行积极贯彻党中央、国务院的政策方针，以"义利兼顾、服务社会"为社会责任目标，服务实体经济、服务小微企业。 一是服务社区百姓生活。 作为一个服务型企业，泰隆不但为群众带来有温度的金融服务，同时也在融入群众的生活。 春节送"福"、"3·15"诚信宣传、"七一"关怀老兵、端午包粽子比赛、中秋技能大赛、邻居节

生活技能大比拼、重阳节关爱老人等贯穿全年的各种活动走进群众，在生活中服务群众。 二是普及公众金融教育。 为普及公众金融知识，泰隆采用"请进来""走出去"的模式举办多场金融知识普及活动。 例如，始丰支行举办的"春雨行动·金融顾问"聘任活动，通过聘任的金融顾向广大村民提供金融咨询等服务；余新支行联合余新镇中心小学开展"小小银行家"课程，开发"货币的历史""火眼金睛识假币"等课程，将实用的金融知识带入课堂，在互动中为公众普及金融知识，加强公众金融风险防范意识。

2.全员参与，人人有责

作为一家有担当有责任的企业，在实现自身发展的同时，以上有述泰隆就不断参与社会公益事业。 泰隆是浙江省金融系统中第一个成立慈善基金会的企业。 浙江泰隆慈善基金会成立于 2011 年 4 月，由泰隆和员工们出资设立，专属从事捐资助学、扶贫扶困，争做一个懂感恩、知回报、有责任的企业公民。 自成立以来，基金会从服务小微、绿色信贷、支持创业、捐资助学、大爱无疆、反哺社会和全员公益等方面全方位展现了泰隆的慈善事业。 2016 年，基金会携泰隆银行顺利建成了 3 家"爱心图书室"，开展了"美丽乡村教师帮扶行动"项目，为温岭特殊教育学校儿童圆梦海洋馆，实施精准扶贫项目。 特别值得一提的是，泰隆有超过百支"党员志愿者服务队"，每一个泰隆人都是泰隆慈善基金会的一员，每个新员工入行都会领取一张泰隆"微公益"清单，每个员工都可以根据菜单参加 1 项以上的公益活动，真正实现全员公益。 例如，"爱心书屋""爱心合唱团""带一份幸福回家"等，参与人数覆盖全行 7000 余名员工，真正实现全员公益。 泰隆公益，人人参与，人人有责。 2016 年泰隆银行公益慈善投入总额达到 1052.53 万元。

3.绿色信贷，循环经济

泰隆高度重视绿色信贷思想意识的传递及具体落实，践行社会责任，推进绿色金融，有针对性地设计和推出"泰隆三宝"定制型金融产品，将信贷投放与国家产业政策密切结合，继续加大绿色信贷投放力度，积极响应国家环保政策及产业政策。 为确保绿色信贷理念的有效落实，泰隆持续推进相关政策制度建设。 泰隆在《浙江泰隆商业银行 2016 年授信政策》中，对该方面做出重点阐述及规定，提出行业差异化授信政策。

一是支持节能减排。 泰隆银行要求信贷人员加大对节能减排行业客户的授信倾斜及利率优惠，鼓励企业引进先进设备和技术，进一步提升节能减排效率。 要求信贷人员严格控制冶金、化工、制革、造纸及拆解等领域的信贷投放，坚决淘汰落后产能和过剩产能；加强贷前实地调查，要深入了解贷款企业经营模式、生产流程、能耗情况、排污状况、治污效果等情况，结合国家相关产业及环保政策指标做好企业节能与环保的科学、合理评估。

二是支持循环经济。 泰隆引导企业合理配置信贷资金，积极配合循环经济的发展。 加大对传统优势产业改造提升需求的支持力度，配给较大额度的信贷资金为企业引进高新技术，促进产业向高端化和生态化的升级；加大对电子信息、生物医药、新能源、新材料等战略性新兴产业的信贷倾斜；重点支持当地政府龙头企业的发展与再提升。

三是发展绿色经济。 泰隆支持农村发展，机构下沉、服务下沉农村市场，积极推进农村生态文明建设，加大对农村生态产业的支持力度，如循环农业、现代农业、绿色食品、有机食品等，为其提供适额、低价的信贷资金；加大新兴农村服务业的支持力度，如配给信贷资金引导"农家乐"休闲旅游业向生态旅游业的转型升级；加大对农村消费品生态化的支持，如为农户提供小额消费性贷款，供其购买低耗、环保、清洁的电子产品及厨卫产品等。

四、泰隆银行的未来阶段(2021—　　)

(一)愿景和目标

1. 公司愿景

坚守小微企业市场定位，聚焦小微、"两民"客群，持续提高金融服务的覆盖面、可得性和满意度，努力成为中国小微金融标准建设的重要参与者和"人人平等"普惠金融愿景的积极实践者，争取成为知小微企业、做小微金融服务的"两个专家"，不断提升员工、客户"两个人"的获得感、幸福感和安全感，打造"百年泰隆、民族品牌"。

2.指导思想

围绕"坚持定位、夯实基础、全面提升核心竞争力"的工作主题，把"八大体系"作为第一要务，把"好银行"作为第一目标，把"成就员工、成就客户"作为第一追求，把"内涵式、高质量"作为第一品质，争取各项指标稳中有升，各项监管要求全面落实，打造"小而精、小而美"的精品银行，永远做一家"负责任、有担当、有温度"的良心银行。

3.发展目标

坚持"以稳为先、稳中求进"的工作总基调，坚定走质量型发展道路，摒弃规模和速度情结，不求大、不求快、求专、求精、求特、求好，建好全国小微金融"标杆银行"，争做城商行序列的领先银行。

(二)未来5年重点发展方向

未来5年，泰隆银行确定了数字化转型、社区化升级、客户旅程管理、小微金融标准建设等四个重点子战略，不断提升金融服务质效。

1.数字化转型

未来5年，必须坚持以数字化转型为动力，落实好《小微金融数字化创新和转型规划》，促进业务与科技深度融合，推动产品、营销、风控、定价的全面数字化。坚持数字化转型的方向"细分深耕型"，即坚持通过社区化经营深耕服务小微市场，通过数字化手段对社区经营模式进行升级，通过"跑数"为"跑街（村）"赋能，把深入"田间地头"获取的信息数字化、线上化，为普惠小微客群提供定制化、差异化的金融服务。

2.社区化升级

社区化是定位客户的来源，是泰隆的商业模式。以"智慧社区"建设为抓手，推动社区化提质增效，把社区打造成稳固的泰隆"根据地"和"生态服务圈"，高水平做好社区规划、高质量打造"智慧社区"、高要求强化社区管理。

3.客户旅程管理

随着互联网时代市场主体、客群分布和客户行为模式的深刻变化，提供基于客户旅程的全生命周期的金融方案和综合服务，成为加强客户关系管理的重中之重。做好基于客户关系的全流程管理、基于客户需求的业务创新、基于客户场景的生态圈建设。

4. 小微金融服务标准建设

小微金融服务标准，来自泰隆具体实践，是泰隆实践的理论升华，是全体泰隆人的智慧结晶，是泰隆的企业标准。要以小微标准为总纲，反哺实践、指导实践，加强全员的专业能力、经营能力和管理能力。落地小微金融服务标准，修复完善、推广输出小微标准，推进"标准、模式、模型"三位一体。

（三）发展战略

1. "沉下去"战略

进一步下沉细分市场，巩固"小"、突出"微"，深化普惠和小微定位的内涵，将业务做精做专。重点服务"两有一无"的居民和农民，以社区支行为支点，支援地方经济建设，将普惠业务打造成为泰隆新增的口碑业务。

2. "走出去"战略

泰隆银行于 2015 年提出"走出去"战略，2016 年开始逐步推进。泰隆尝试搭建与大中型银行、小型银行、互联网金融等潜在合作方的全面合作体系，呈现多层次、交叉共享的特征。借助"走出去"，与外部分享自身的模式、产品和技术，促使该行建立自身小微金融服务标准，也期望通过为其他各地市场的小微和普惠业务提供量身定制的解决方案，通过在不同地区验证而不断更新升级泰隆本体的商业模式。

3. "大合作"战略

未来的社会生态模式必然是跨界竞合的。泰隆聚焦研究小微和普惠金融模式，同时通过"大合作"战略，建立促进交叉销售和良性机制，满足客户多元化的金融需求，为定制化、专业化服务打好基础。对内，做好牌照管理，明确牌照的应用和申领方案；对外，形成生态圈经济，加强金融同业合作，对接非金融行业的金融需求。合作体系较为成熟时，借此推进各项业务协同发展。

4."大服务"战略

富裕起来的农民和市民已经积累了一定财富，进入了新的金融需求期，已由单一存贷款向综合资产配置和综合金融需求转变，迫切要求泰隆将传统普惠服务升级到更为现代化的数字普惠服务和更为综合化的一揽子金融服务。 泰隆将积极推进银行金融服务供给侧改革，强化"以客户为中心"的服务理念、着力丰富产品种类、拓宽服务渠道、创新服务模式、提升银行服务实体经济的效能。

6

第六章　浙江民泰商业银行的小微金融服务

一、民泰银行的成长：从城市信用社时期到城商行创建

（一）崛起阡陌，应运而生

20 世纪 80 年代中期以来，为城市私营、个体经济提供金融服务的城市信用社得到了迅速发展。统计数据显示，到 1994 年底，全国城市信用社达到 5200 家，资产总额 3172 亿元，各项存款 2354 亿元，各项贷款 1324 亿元，在相当程度上缓解了城市集体企业、私营企业、个体工商户"开户难、结算难、借贷难"的矛盾，有力地促进了"两小经济"企业的发展和地方经济的繁荣，成为支持地方经济发展的重要力量。但是，由于当时信用合作制度的理论基础和相关法律依据并不太清晰，大多数城市信用社的组织体系、管理制度和运行机制背离了信用合作制原则，成为面向全社会的小型商业银行。由于规模小、资金成本高、股权结构不合理、内控体制不健全等原因，其抗风险能力较弱的矛盾逐渐显现。

基于这一背景，从 1993 年开始，根据《中共中央关于经济体制改革的决定》中关于"要充分发挥城市的中心作用，逐步形成以城市特别是大中城市为依托的，不同规模、开放式、网络型的经济区"的要求，在国务院的直接领导下，中国人民银行积极筹划组建城市商业银行的试点方案。在城市信用合作

社的基础上组建城市商业银行就成为扩大治理整顿成果、加强金融监管、防范金融风险、完善我国商业银行体系和促进城市经济发展的现实选择。

根据国务院对城市商业银行组建工作的部署，1995年2月13日，中国人民银行成立了城市商业银行领导小组，统一组织和协调城市商业银行的组建工作。

城市商业银行的组建原则：在组建城市商业银行的城市，凡不符合中国人民银行新发布的《城市信用合作社管理办法》规定的城市信用合作社，原则上都应加入城市商业银行；城市商业银行实行全行统一核算的财务管理制度；对加入城市商业银行的城市信用合作社，要在清产核资、清理财政信用的基础上进行股权评估，然后统一向城市商业银行入股；城市信用社原有的公共积累不得私分或转移。 由于城市商业银行是由企业、居民和地方财政投资入股组成的股份制商业银行，在体制上，它必须严格按照《公司法》《商业银行法》的规定进行组建和经营，并依法接受中国人民银行的监督和管理。 在业务范围上，城市商业银行与其他商业银行没有本质区别，唯一不同的是城市商业银行具有为城市中小企业提供金融服务的特点，更贴近城市居民。

正是在这一大背景下，1988年5月10日，浙江民泰商业银行的前身温岭市城市信用社组建开业。 开业之初只有1个网点、5名员工，注册资本50万元，总资产298万元。 2002年，经中国人民银行批准，成为浙江省保留的4家城市信用社之一。 2005年，按照监管部门的要求和相关法规进行了股份制改革，并经银监会批准，更名为浙江银泰城市信用社股份有限公司，建立了股东大会、董事会、监事会和高级管理层，实行董事会领导下的总经理（行长）负责制。 同年，还进行了增资扩股，资本金总额达2亿元。 经整体改造后，城市信用社形成了较为合理的股本结构。 2006年8月，经银监会批准，浙江银泰城市信用社正式转制为城市商业银行，迎来了一个全新的发展机遇。 为适应资产规模扩大的要求，提高抗风险能力，实现持续、稳健、快速发展，在董事会领导下，同年进行了增资扩股，注册资本从2亿元增至6亿元；2009年再一次增资扩股，注册资本从6亿元增至10亿元；2010年引进了中信产业投资基金管理有限公司旗下管理的绵阳科技城产业投资基金作为战略投资者，股份占比8.99％，全行注册资本达12.35亿元。

1988—2020 年，从城市信用社向城市商业银行的转变，从一家仅有 15 万元资产的县级信用社，拼搏成长为资产总额达 1710.04 亿元，存款余额 1147.76 亿元，贷款余额 1066.47 亿元的城市商业银行。

（二）艰难起步，探索前进

民泰银行的前身温岭市城市信用社成立于个私经济比较发达的浙江温岭市，创建之初仅有 1 个网点、5 名员工，注册资本 50 万元。经过一段时间的发展，设置了 1 个营业部和 7 个分社共 8 个营业网点，但因为经营管理方面存在的问题，业务发展较为缓慢，1994 年末，各项存款余额仅为 1.06 亿元。1995 年，江建法同志接任信用社主要负责人，带领干部员工对信用社发展思路和模式进行了积极有效的探索与实践，取得了较为明显的发展成效。一方面，各项业务增长迅速，至 2005 年末，各项存款达 35.83 亿元，各项贷款达 23.42 亿元，年均增幅分别为 142.44％和 141.86％；另一方面，经营特色日益凸显，坚持服务中小尤其是微小企业的市场定位，坚持以保证担保为主的灵活担保方式，坚持真心诚意的热情服务与简捷高效的业务流程。

受政策环境的影响，温岭市城市信用社的发展也遇到了较为突出的困境：一是结算渠道少，且不够畅通；二是机构网点少，服务延伸力不足；三是规范账户管理，对拓展存款业务有一定的制约；四是国家对城信社政策调整力度加大，随时面临拆并重组的可能；五是国家对财政、事业性单位开户严格限制，业务发展空间受到挤压。幸运的是，鉴于温岭市城市信用社特色较为突出、质地较为优良，2002 年，中国人民银行批准保留温岭市城市信用社，这为其后期的发展奠定了基础。

温岭市城市信用社突出的特点是：（1）创业艰辛，发展道路不平坦，在风雨中飘摇，在狭缝中成长；（2）勇于探索实践，经营特色、发展模式基本形成；（3）处于股份合作制阶段，公司治理不够完善。

（三）披荆斩棘，艰苦创业

1988 年，温岭市城市信用社下设 1 个营业部；1993 年，新设人民东路储蓄所；1995 年，新设西门储蓄所和城东储蓄所；同年 11 月，西门储蓄所迁址人民路，更名为太平洋储蓄所；1996 年，新设泽国、石粘、横峰储蓄所，设办公室、计划信贷部、会计财务部、安全保卫科等部门，并相继成立党支部、工会、团委、妇委会。 2000 年，设科技信息部；2001 年，迁址新大厦营业，太平洋储蓄所迁址太平南路，并更名为太平路储蓄所；2003 年，设人力资源部、信用卡业务部、资产风险部等部门，城东储蓄所迁址大溪，更名为大溪储蓄所；人民路储蓄所迁址松门，更名为松门储蓄所。 2004 年，太平路、泽国、石粘、横峰、箬横、松门、大溪等 7 家储蓄所升格为城市信用社分社。

二、民泰银行的蜕变：从股份改制到跨区域发展

(一)初步改制，奠定基础

为抢抓政策发展机遇，温岭市城市信用社积极酝酿旨在完善公司治理的体制改革。 2005 年 12 月，按照中央精神和相关法律进行了股份制改造，建立股份有限公司，并经银监会批准更名为浙江银泰城市信用社股份有限公司。 这次股改主要完成了几个方面的工作：一是依法清理资产，解决历史遗留问题。 以 2004 年 12 月 31 日为基准日，对全社资产负债进行了全面的清查核实与评估，2005 年末进行了增资扩股，资本金总额达 2 亿元。 二是优化股权结构，引进温岭市财政局持有 5% 的股份，增加了国有股权；依法成立职工持股会，鼓励员工通过职工持股会向城市信用社股份有限公司投资 4000 万元，占总股本的 20%，并通过该机构对公司经营管理决策产生影响。 三是建立"三会一层"，构建现代企业制度。 按照《公司法》等法律法规的要求，建立了股东大会、董事会、监事会和高级管理层，明确了"三会一层"职权范围与议事规则，实现了董事长与主任分设，建立了董事会与高级管理层联席会议制度。

通过股份制改造，银泰城市信用社理顺了产权关系，解决了历史遗留问题，扩充资本金规模，提高资产质量，明晰责权利，完善公司治理，初步建立了现代企业制度，为今后的发展打下了坚实的基础。

(二)抓住机遇,完美蜕变

2006 年 8 月,经银监会批准,浙江银泰城市信用社正式改制为城市商业银行,并更名为浙江民泰商业银行股份有限公司。 太平路、泽国、石粘、横峰、箬横、松门、大溪等 7 家分社改建为支行,其中太平路储蓄所更名为太平支行。 从此,民泰银行迎来了一个崭新的发展时期。 基于银行作为一家公共企业,与人民的生活、经济社会发展休戚相关,以及对其所应承担的社会责任的认识,最后撷取"民泰国安"中"民泰"二字为行号。 "民安国泰"依次赋予"民丰物阜""泰来运顺""国盛行兴""安康乐业"的意义。 自此新的银行命名为"浙江民泰商业银行"。 8 月 18 日,浙江民泰商业银行正式开业。 至此,民泰银行从最初的小规模城市信用社发展成为初具规模的股份制商业银行,成功跻身商业银行之列,实现了发展过程中质的飞跃。 2007 年民泰银行完成了增资扩股这一具有战略意义的工作,为城市商业银行的长足发展打下了坚实基础。

董事会和高管层为民泰银行制定了负重拼搏、抢抓机遇、实现跨越式发展的战略。 经过之后 5 年的发展,基本建成了现代商业银行雏形。

1.完善公司治理

建立资本管理制度,增资扩股至 12.35 亿元,确保资本充足率达标,同时引进战略投资者中信产业基金,优化股权结构;完善独立董事、外部监事制度,聘请知名专家分别担任独立董事和外部监事,并规范开展工作;完善董事会专门委员会,并规范运行;建立和完善信息公开披露制度,每年在《上海金融报》刊登公司年报,公开真实披露公司信息,主动接受社会监督。

2.坚持市场定位

始终坚持"服务于中小企业,服务于地方经济,服务于城乡居民"的市场定位,特别是把服务小企业作为自己的立身之本,深刻认识到"小与大"的关系,即"小企业有大市场、小贷款有大作用、小银行有大作为",积极倡导"草根银行"理念,立足于小企业市场,以打造"小企业之家"为目标,始终坚持走专业化经营道路。

3.创新服务产品

以"服务小微和'三农'的市场定位,简捷高效的业务流程,灵活多样的担保方式"三大特色开发市场和设计产品,除商业银行传统业务外,民泰银行还开发了一些特色业务,如"百合理财通存款""商惠通""农惠通""随贷通""创汇通""电商贷""宜居贷""农保贷""应收账款质押""股权质押""商标权质押""林权抵押""农村土地承包经营权抵押""农民住房财产权抵押"等一系列特色产品,以满足小微企业和"三农"客户的需求。 建设网上银行、国际业务、银行卡三大体系,为有效实现本外币一体化经营、实体银行与虚拟银行并营奠定了基础。

4.提升管理能力

一是持续完善内控管理。 按照《商业银行内部控制指引》的要求,建立完善管理制度,改善优化管理流程,提升内控管理能力。 二是持续完善风险管理。 在风险管理战略、管理流程、管理措施等方面建立了一套较为完善的风险管理体系。 三是积极贯彻执行贷款新规,制定了"三个办法一个指引"相应的管理办法,同时对借款格式合同标准文本进行了修改和完善,从规章制度层面确保全行贷款实行新规;在全行各分支机构设立"放款中心",确保对已获批准的授信业务在实行发放过程中符合新规的要求;对原有信贷管理系统进行完善,对贷款发放与支付过程进行改造,加强了放款管理的控制。 四是引入了罗盘管理模式,建立了一套面向未来发展,支持民泰银行战略发展的民泰罗盘管理体系,在服务管理和薪酬管理等方面取得了明显进步。

5.加强科技支撑

经过十余年的发展,民泰银行历经了三代核心系统,两次机房扩建,并建成可靠的异地灾备中心;逐步建设了同业合作平台、银行卡、网银、外币、基金等业务系统,信贷、财务等管理系统,后督、审计等风控系统;基础设施完备,业务覆盖全面,管理理念先进,风险防范严格。

(三)搭建制度,完善治理

1. 搭建公司治理组织架构

经过股份制改革,民泰银行严格按照《公司法》《商业银行法》《股份制商业银行公司治理指引》等法律、法规和规章的要求和规定,建立了以股东大会、董事会、监事会、高级管理层为主体的银行公司治理结构,并在民泰银行《公司章程》等制度中明确了"三会一层"的职责边界,实现了公司所有权、重大事项决策权和日常经营管理权的分离,形成了权责分明、监督有效、相互制衡的运行机制。其中,股东大会是民泰银行的权力机构;董事会是民泰银行的决策机构,对股东大会负责,执行股东大会决议;监事会是民泰银行的监督机构,负责监督董事会、高级管理层履行职责情况;高级管理层则严格按照董事会的授权主持全行的经营管理工作。

民泰银行董事会下设了审计委员会、风险管理委员会、关联交易控制委员会、提名委员会和薪酬委员会以及发展战略委员会,各专门委员会职责明确、各司其责,较好地发挥了董事会下设工作机构的职能作用;同时,根据实际工作需要,民泰银行设立了董事会办公室,负责股东大会、董事会及各专门委员会会议的筹备、信息披露等其他日常工作,并新聘董事会秘书1名,全面主持董办工作。民泰银行监事会目前下设监督管理委员会,主要负责监督董事、高管层及总行各职能部门履职情况,委员会下设办公室,负责委员会会议组织等其他日常工作;监事会设立监事会办公室,负责监事会的日常工作。

为构建良好的权力制衡机制和监督机制,民泰银行适时建立了独立董事制度和外部监事制度,并聘请了符合监管要求的专家、学者担任民泰银行的独立董事和外部监事,各位专家勤勉尽职,能积极、独立地发表意见,较好地推进了民泰银行公司治理工作的规范运行。

民泰银行严格按照《公司法》和《民泰银行公司章程》等相关规定选聘符合条件的董事、监事和高级管理人员。董事及高管人员均按照监管要求在获得任职资格核准后正式上任,监事也均达到了监管部门所要求的任职条件。

近年来，民泰银行高度重视公司治理的规划和推进工作，公司治理建设均纳入每一年度的工作计划中，并由专人负责落实。2009年，民泰银行审议通过了未来五年（2009—2013年）发展规划，明确提出要进一步完善"三会一层"的权力制衡机制，不断提高决策的科学性、执行的效率性和监督的有效性，打造现代化的商业银行公司治理体系，之后又启动了新一轮的五年规划。通过这些工作，民泰银行公司治理建设工作取得了较好成果，先后修订了《公司章程》、各项议事规则、关联交易管理、信息披露等10余项规章制度，补充完善了独立董事制度、外部监事制度，规范了董事、监事和高管人员的履职评价机制，并聘请高素质的金融专家和具有丰富金融从业经验的管理者担任民泰银行独立董事、外部监事或高管人员，优化了民泰银行董事会、监事会以及高级管理层的人员结构。

2.建立公司治理运行机制

（1）决策机制

根据相关要求，民泰银行股东大会、董事会及下设各专门委员会、监事会均制订了详细的议事规则，对各自职权、会议召集、表决程序、会议决议、会议记录、关联回避、授权规则等事项做了详尽规定；高级管理层也制定了相应的工作细则，明确规定了职责权限、决策程序、协调与沟通、报告等相关方面内容。同时，由于民泰银行规模相对较小，为保证议事规则、决策程序的效率性和可操作性，民泰银行积极探索并创建了由董事长、经营层共同组成的联席会议制度，共同商议民泰银行发展过程中的重大事项，在一定程度上提高了决策运作效率，保证了信息传递的及时性和内部沟通的充分性。

（2）执行机制

民泰银行《董事会议事规则》《高级管理层工作细则》分别对董事执行股东大会决议、高管人员执行董事会决议等事项做了明确规定。同时，为确保股东大会和董事会的决策得到有效执行，民泰银行通过加强监事会的监督检查、董事会的再监督以及不断提升董事和高管人员的专业素养等多种方式，引导各董事和高管人员提高执行指导能力，并督促其认真落实好各项决议。

（3）监督机制

监事会作为民泰银行的监督机构，依法履行监督董事会和高级管理层尽职情况，切实发挥了监督职能作用。在董事会的监督方面，既对各位董事的履职情况进行年度评价，也通过列席董事会的每次会议，监督董事议事过程；对于高管层的监督，一方面通过深入基层调研，侧面了解高管尽职情况；另一方面，通过约见高管谈话，分析高管的年度述职报告和经审计的年度财务报告，对高管层的年度履职情况进行综合评价。

董事会通过邀请高级管理层列席董事会会议的办法，动态了解各高管的履职情况，并制定了《关于对经营层及外派人员的再监督制度》，进一步明确了董事会对经营层及外派人员的再监督职能，要求经营层及外派人员定期或不定期地向董事会报告工作情况，董事会各专门委员会也适时展开对高管层履职情况的调查与监督，并在每个会计年度结束后对其实施后评价。

总行对分支机构主要采取"一级法人、分级经营、分类授权、分别核算"的管理体制。为了有效监督分支机构运行情况，总行修订了《异地分支机构管理暂行办法》，并制定了《分支机构设置管理办法》，明确了总行相关职能部门在人员管理、考核激励、内部审计、风险管控、合规管控、授权管理、科技信息管理等七方面的监督检查权限；同时，总行还对新设机构实施后评价，进一步督促新设机构明确市场定位，强化内控管理，有效防范各类风险。

（4）激励机制

民泰银行积极建立并完善了以绩效考核体系为主的激励和约束机制。一是通过修订董事会和监事会议事规则，明确对董事和监事的评价考核程序；二是制定《高级管理人员年薪制管理办法（试行）》，充分发挥董事会提名与薪酬委员会的考核作用，结合监事会的评价，形成对高级管理层人员的双重绩效评价体系；三是经营管理层建立和改进了对分支机构的绩效管理办法，实行经营业绩和风险管控并重的双向考核方式，并在统一的大框架下实行"一行一策"，即根据各分支机构的实际，对具体指标实施差异化管理，寻求不同区域的商业运作模式；四是进一步完善了以目标责任制为核心的部门考核制度，对部门年度工作计划进行分解立项，并与分管行长绩效挂钩；五是坚持与宏观经济形势、银行发展战略紧密联系，兼顾效益与风险，合理确定并适时调整经营目标。

3.提高公司治理运转效率

第一，落实监管要求情况。 根据监管部门的相关规定和自身发展需要，民泰银行先后制定和修订了《公司章程》、各项议事规则、独立董事制度、关联交易控制制度和信息披露制度等十余项规章制度，公司治理制度相对完善。 与此同时，民泰银行还大力推广制度执行力文化，倡导按规章制度办事，特别是在引进罗盘管理后，制度威信力进一步得到巩固，全行各层级基本做到各负其责、各司其职，未发生越位和缺位现象，并始终保持融洽的工作氛围。 特别是近年来，民泰银行严格按照监管部门的要求和相关法律法规，不断完善"三会一层"的公司治理结构。 对于监管部门 2007 年度监管意见书提出的明确"三会一层"职责分工、制定并实施科学的中长期发展规划、修订《章程》等意见，2008 年度监管意见书提出的充分发挥公司治理各主体的职能作用、适时调整发展战略和发展规划等意见，以及 2009 年关于民泰银行董事履职情况现场检查意见所提出的强化董事履职能力、完善关联交易管理制度、规范董事会及各专门委员会日常运作等意见，民泰银行采取积极措施，逐项落实，在规范机制运行、修订规章制度、建立再监督体系和补充人员等方面下大气力，及时完成了相关整改工作；对于 2009 年度监管部门监管意见书提出的不断提高管理精细化程度、合理制定短期和中长期发展规划等意见，民泰银行通过强化、细化各项考核和监督机制、加大对宏观环境和自身发展的研究力度等措施，进一步促进公司治理的规范运行。 民泰银行董事会还提出，要认真贯彻落实"制衡有效、民主决策、科学激励、程序清晰、善待客户、服务社会"的六大要求，进一步完善"三会一层"组织架构及议事规则，不断加强董事、监事及高管人员的履职能力。

第二，股东履行责任义务及股权结构优化情况。 民泰银行在《公司章程》中明确规定了股东的权利和义务，各股东能够按照《公司章程》的有关规定，履行股东大会决议，承担相关责任和义务。 2006 年以来，民泰银行每年均按时召开股东大会，各股东参会积极，参会率均超过了 90%，对股东大会相关议案展开积极讨论和研究，并能主动维护民泰银行利益和信誉，支持民泰银行的合法经营。 同时，民泰银行还高度重视股权结构的优化问题，注重保护中小股东利益，并通过建立、完善资本管理制度和资本补充机制，适时补充资本，股权结构不断得到优化。 2007 年，民泰银行实施了自成立以来的第一次增资扩股，实收资本扩充至 6 亿元；2009 年则进一步增至 10 亿元；2011年，民泰银行又进行了增资扩股并积极落实引进战略投资者事宜，实收资本增至 12.35 亿元，在进一步优化股权结构的同时，增强民泰银行公司治理水平和加强风险抵御能力。

第三，董事会运行情况。 自 2007 年以来，民泰银行根据实际需要召开董事会会议，每年至少召开 4 次董事会例会，董事会召开程序合理、运作规范，符合相关法律法规的要求，讨论研究了中长期发展规划、风险管理政策、资本管理规划等多项内容，有效发挥了决策功能；同时，董事会及时将确定的战略和规划分解落实到高管人员，并与其绩效挂钩，督促经营管理朝着战略目标迈进。 而且，为进一步突出银行发展战略的重要地位，2009 年 11 月，民泰银行董事会新增了发展战略委员会，着重研究审议民泰银行经营目标、长期发展战略、业务及机构发展规划、重大投融资方案以及其他影响民泰银行发展的重大事项，并在董事会授权下监督、检查全行年度经营计划、投资方案等执行情况；2010 年 3 月，发展战略委员会审议通过了重新修订的五年发展规划和 2010 年机构发展规划；同时，将原有的风险管理和关联交易控制委员会分为风险管理委员会和关联交易控制委员会，由风险管理委员会负责研究审议民泰银行风险管理战略，目前已出台的《浙江民泰商业银行风险管理战略》提出了民泰银行风险管理工作的战略目标，并确立了民泰银行风险管理的战略思想和指导原则，有效地加强了民泰银行防范案件及风险的能力。

第四，监事会运行情况。 监事会严格按照民泰银行《公司章程》和《监事会议事规则》的规定，认真履行相关职责和义务，每年召开监事会例会不少于 4 次，会议召开严格按照相关法律法规的要求执行，程序合理、运作规范，并形成完备的会议记录和会议纪要。 在对董事和高级管理层的监督上，监事会始终在探索和优化适合民泰银行发展的监督模式，从最初的列席董事会会议、约见董事、高管谈话，逐步发展到通过研究、分析监管部门提出的监管意见和经审计的年度财务报告，结合董事、高管的年度述职、评议等方式，综合评价董事、高管的履职能力和履职情况，并提出改进意见建议，推动其综合能力的加强。 2008 年以来，监事会由监事长带队对民泰银行各分支机构进行了走访调研，通过调研分析，对民泰银行发展中存在的问题和经营风险及时向董事会和高管层提出了意见建议。 同时，为进一步完善监事会的监督职能，2009 年监事会第一届第十三次会议讨论并通过了成立监督管理委员会的议案，以不断强化监事会的监督职能作用。

第五，董事、监事尽职和履职评价体系建设情况。 近年来，民泰银行通过不定期聘请专家、学者讲座，安排各位董事、监事去其他商业银行观摩、考察或参加由监管部门组织的专业培训等方式，进一步提升了董事、监事的决策效率和专业素养，各董事、监事均能认真履行职责，积极投身于民泰银行发展事业，在民泰银行工作时间均达到了监管部门的要求且满足了民泰银行的实际需要，为民泰银行的发展壮大做出了应有的贡献。 在履职评价体系建设情况方面，民泰银行通过修订董事会、监事会各项议事规则以及《高级管理层工作细则》，制定了《高级管理人员年薪制管理办法（试行）》，进一步明确了董事、监事、高级管理层成员的尽职标准，以及相应的履职评价体系和问责机制，其中，对董事和监事的履职评价结果需报股东大会审议，董事会、监事会同时负有对高级管理层成员进行履职评价的职责。 此外，从独立董事和外部监事履行职责情况来看，民泰银行现有的 2 名独立董事和 1 名外部监事均是具有丰富管理经验和较高金融专业素养的专家、学者，自进入民泰银行入职以来，勤勉尽职，出席了每一次董、监事会例行会议，并利用自己的专业背景和从业经验，提出科学合理的意见建议，有效地指导了民泰银行的经营管理工作。

第六，信息披露及关联交易管理和控制情况。 民泰银行自成立以来，严格按照《商业银行信息披露暂行办法》和监管部门的要求积极进行整改，制定了《浙江民泰商业银行信息披露管理制度》，真实、准确、完整地编制年度报告，并于规定的时间在《金融时报》《上海金融报》以及民泰银行官方网站、营业网点予以公开披露，进一步增强了民泰银行信息的透明度。 民泰银行历来重视关联交易管理和控制制度建设。 一是根据《商业银行与内部人和股东关联交易管理办法》，制定了《浙江民泰商业银行与内部人和股东关联交易管理办法》和《浙江民泰商业银行与内部人和股东关联交易实施细则》，涵盖了关联方和关联交易的相关管理内容，对关联方的确定标准、上报备案、审批流程等都做出了明确规定；二是利用科技手段搭建新的信贷系统，对民泰银行关联交易进行精确辨别和审批，新的系统能根据关联交易的金额直接判断是否属于重大关联交易，进而采用不同的审批流程；三是充分发挥关联交易控制委员会的监督控制职能和参谋作用。通过上述措施，民泰银行的关联交易得到了有效控制和管理。

第七，社会责任的合理履行情况。民泰银行作为一家地方性的法人机构，积极响应国家号召，合理履行社会责任。一是发挥商业银行应有的作用，大力支持中小企业和地方经济发展，自 2006 年以来，民泰银行累计向中小企业发放贷款超过 6000 亿元，共支持 35 万多家客户，在地方经济的发展中发挥了有益的作用；二是大力支持新农村建设，大量新设支行位于农村、乡镇和城乡接合部，并发起设立 9 家村镇银行，力求在支持农村经济发展上做出更好成绩；三是积极投身社会福利事业，通过捐建希望小学、敬老院以及捐助奖学金、救灾款等多项措施，树立了良好的企业社会形象。

（四）引入"罗盘管理"，创建特色文化

2008 年 5 月 17 日上午，民泰银行与深圳航空公司在台州耀达国际酒店举行签约授牌仪式，正式导入深航独创的中国式管理模式——罗盘管理模式，并由深航总裁李昆授牌成立"罗盘管理研究合作基地"。罗盘管理是以中国传统罗盘原理为指导，综合运用中西方先进的管理理念，在深航企业发展实践中独创的中国式管理。民泰银行董事长江建法认为，学习深航先进管理经验，引进罗盘管理模式，是民泰银行着力解决实际问题、缩短差距，努力提高管理品质和水平所做出的一项重大战略抉择。

在罗盘管理体系的指导下，民泰银行企业文化进入了一个系统建设、自我更新与持续发展的阶段。罗盘企业文化子模式赋予民泰银行三大工具，即文化体系罗盘、组织罗盘和功能罗盘。其中，文化体系罗盘阐明企业文化体系的层次、分布和相互关系的问题；组织罗盘和功能罗盘明确实践企业文化的组织资源及功能职责，从企业实际操作层面解决企业文化建设和落地的问

题。 不仅如此，子模式还提供一整套企业文化践行的方案和细则，使得企业文化各项工作的开展更具有实用性与实践性。

民泰银行立足自身实际，总结促进企业文化建设的、独具特色的六大机制。

1."快鸟先飞"机制

首先，建立先进个人和集体评选制度，有意识地培养榜样；其次，要建立相应的激励制度，给予先进人物有激励作用的报酬，并借助各种传播媒介向企业内外广泛宣传先进人物和集体的优秀事迹。

2."贴标签"机制

对优秀者授予荣誉称号，以促成"比、学、赶、帮"局面。

3.团队竞赛机制

在企业文化实践中，建立以团队为对象的责任单位，明确团队的责任和目标，通过竞赛、演讲等方式进行考核，对考核结果授予荣誉，形成激励。

4.进步累进机制

以制度化的方式，对员工价值观念上的细微提升、日常行为上的点滴进步做记录。 在此基础上定期总结，通过落实奖励制度给予肯定和鼓励。

5.领导检讨机制

首先，通过制度化的方式，将领导定期总结工作与自我主动检讨工作落实到位；其次，要公开问题解决的结果，使领导的工作不断改进和提升。

6.社会责任机制

通过主动为利益相关者承担社会责任向社会表达感恩之心，使员工思想境界不断提升，行为逐渐发生改变，最终形成一个企业文化系统与其外部环境系统进行价值输入、输出的良性循环。

在塑造、强化凝聚力方面，民泰银行的重点举措是解除员工生活的后顾之忧、加强思想政治教育工作、加强各分支机构与总行的人员交流；在深化执行力方面，民泰银行的工作重点是强化制度建设，加强管理建设，落实责任到人；在打造品牌力方面，民泰银行认为，必须付出持续不断的服务努力，付出大力度的营销资源，竭力打造顾客口碑，让顾客成为民泰最有效的品牌传播者。

三、民泰银行的发展成就:实行跨区域发展

(一)志在千里之行,勇敢始于足下

在激烈的市场竞争中搞发展尤如"逆水行舟，不进则退"。完成商业银行改建只是百年梦想的第一步，民泰银行要发展，还需要机构的增加和区域市场的拓展，长期局限于台州很难保证民泰银行未来的发展。民泰银行开始将全部身心放在增加产品种类、拓展经营领域、提升管理水平上，并开始了新一轮的历史突破。

随着银监会允许城市商业银行跨地级市异地设立分支机构，各家城市商业银行纷纷抢抓历史机遇，迅速扩张经营版图，开启了浩浩荡荡的城商行跨区域经营的征程。民泰银行也抓住这个难得的机遇，推进机构建设，积极拓宽经营区域，稳步推进跨区域经营发展。2007年，浙江民泰商业银行在新设温岭温峤支行后，设立第一家跨县分支机构台州仙居支行，迈出了跨出温岭的实质性一步，从此开始了跨区域发展的新历程。2008年，开设舟山分行，这是民泰银行的第一家分行，也是第一个跨出台州的机构，从此开启了跨地级市设立分支机构的发展征程。同年10月，设立省会城市机构杭州分行。此外，还设立了椒江支行和玉环支行。2009年这一年新设分支机构6个，分别是成都分行、宁波分行、舟山普陀支行、杭州萧山支行、温岭城区支行、台州路桥支行，并投资设立了江苏邗江民泰村镇银行。2010年，设立了上海分行、杭州富阳支行、杭州临安支行、舟山岱山支行、成都武侯支行、成都成华支行、宁波泗门支行、台州黄岩支行、台州天台支行等9家分支机构；筹建义乌分行、舟山浦西支行；投资设立了福建漳平民泰村镇银行。

截至2020年末，民泰银行员工达到6315人，内设18个职能部门，设有总行营业部及台州、杭州、成都、宁波、上海、舟山、义乌、嘉兴、绍兴、温州、衢州、丽水、湖州等13家分行和189家支行（含筹），在浙江、江苏、重庆、广州、福建和西藏等地主发起设立了10家民泰村镇银行，下辖63家支

行。 异地设立分支机构极大地加强了服务能力,并实现了"民泰机制"在不同经济环境下的可复制性。

(二)明确市场定位,坚持价值银行

近年来,各级政府、监管部门在推动中小商业银行小微金融服务专业化方面做了大量引导工作,国务院关于建设台州市小微企业金融服务改革创新试验区的决定更是为民泰银行带来了战略性发展机遇。 民泰银行一直按照各级政府和监管部门关于服务小微企业的各项要求,将服务小微企业作为自己的立行之本,积极围绕服务小微企业开展金融创新,在小微企业金融服务上形成了独具特色的"1-2-3"服务模式,即 1 个市场定位:始终坚持服务小微企业的市场定位;2 项业务发展基础保障:高效规范的人员培养体系和灵活快速的产品创新机制;3 项服务特色:简捷高效的审批流程、广泛深入的营销模式、实用有效的风控技术。 通过对"1-2-3"服务模式的继承和创新,民泰银行逐渐走出了一条特色化、差异化的发展之路,以实际行动赢得"小企业之家"的美誉。

1.坚定不移的市场定位

民泰银行将小微企业专营银行作为发展战略,采取多项措施,深化小微金融服务。 一是专项信贷额度支持小微企业。 一直以来,民泰银行重视小微企业客户拓展,坚持小微企业信贷额度单列计划、单配资源,特殊情况下优先支持等原则,支持业务拓展。 二是坚持小微定位,严格落实小微贷款"不低于"要求,考核设立专项指标,单项不达标均扣分。 设定贷款户均、小微贷款占比、100 万元以下小额贷款占比等结构指标,引导鼓励机构重视小微客户的拓展。 三是绩效激励,建立小微企业特色产品推广专项奖励,差异化贷款管理奖计奖系数,提高分支机构、业务人员做小做微积极性。 建立小微业务尽职免责制度、业务发展抵扣风险责任金等政策,缓解业务人员"惧贷"心理。 民泰银行小微贷款(500 万元以下)余额占比 70%以上;小微贷款户数占全部贷款客户数比例 90%以上;全行贷款户均 34.6 万元。

2.高效规范的人员培养体系

切实解决客户经理"学用脱节"的问题,民泰银行有针对性地开展"三上

三下"培训模式,通过统一培训、机构观摩、统一学习、岗位见习、统一"回炉"、正常开展业务,强化客户经理理论与实践的融合,加强实战能力。 并根据民泰银行储蓄营销、微贷业务拓展实际情况,将客户经理分为储蓄客户经理,微贷客户经理和小微客户经理,实施分类管理,在此基础上实施"1-3-1"(开好1次晨会、拜访3个客户、做好1份工作日志)管理模式,建立规范统一的会议经营、活动量管理平台,使日常管理上水平,业务发展上台阶,进一步加强客户经理服务客户的能力,促进全行转型升级工作的持续开展。

3.灵活快速的产品创新机制

民泰银行成立了产品创新管理委员会,并在普惠金融总部下设产品研发科室,建立产品经理岗位序列,较好地构建了产品研发、营销和管理组织体系,为小微企业量身打造特色金融产品。 2018 年上半年,民泰银行构建普惠金融产品服务体系,促进小微金融发展。 一是多种还款方式创新产品支持小微企业发展。 民泰银行已陆续推出了循环贷款、年审贷款、提前发起存量周转、续贷和接力棒等 5 种还款方式创新类产品。 二是拓宽小微和"三农"客户融资渠道。 民泰银行陆续推出或修订了林权抵押贷款、股权质押贷款、理财产品质押贷款、应收账款质押贷款、信保基金合作贷款、注册商标专用权质押贷款、农村土地承包经营权抵押贷款、农民住房财产权抵押贷款等一系列权利抵(质)押贷款产品。 三是针对小微和"三农"客户,民泰银行结合各类还款方式和担保方式创新产品,大力推广小微特色贷款产品"商惠通""随贷通",创业创新专项贷款"创汇通""电商贷",以及农村批量授信业务"农惠通"等业务。

4.简洁高效的审批流程

民泰银行从营销、审查、审批全流程进行改革,在风险可控的前提下精简手续,特别是 100 万元以下的贷款,做到资料极简,严格落实"1-3-10"授信审批时限要求,即存量在 1 天内办妥,新增业务 3 天内完成,上报总行的贷款在 10 天内审批完成。 民泰银行建立完善客户名单库管理,高效甄别"好客户"与"坏客户",对于特殊政策管理的客户也能够及时有效地进行风险提示。 同时，民泰银行不断完善小微信贷技术，持续推进信贷技术模块化、标准化。 2014 年 12 月，民泰银行成功引入德储微贷技术，并于嘉兴成立微贷中心，微贷技术通过标准化的工作流程，在多维度、全方位掌握客户信息的基础上实现高效、准确的评估，进一步优化我行信贷调查和业务审批历程。

5.广泛深入的营销模式

民泰银行结合市场定位和自身特色，积极探索营销模式创新，着力实施以"五个一工程"为抓手的"进村入居做市场"营销模式，即紧紧围绕深耕市场的指导思想，"服务好一个乡镇，服务好一个社区（园区），服务好一个村居，服务好一个市场，服务好一个商会（协会）"，将目标市场做深做透。根据小微企业分布呈"园区化、专业化、集群化"的特征，围绕"圈、链、点"来铺展金融服务的有效覆盖面，"圈"即"商圈"，"链"即"供应链"，"点"即"一个区域"，着力开展批量化营销，制定批量营销手册，加强总结、宣导、引领和推广，指导分行转型升级，惠及更多的小微企业和三农客户，同时推动自身业务的有效发展。

6.实用有效的风控技术

一方面，民泰银行通过设定总行、总部、分行、支行四级架构，以逐级管理为原则，对相关风险管理人员实施三级委派，实行双线汇报工作机制，对管理范围内各类风险进行穿透化管理。 各级风险委派人员代表总、分行风险管理部门独立行使风险监督权利，并在职责范围内，分别向上一级风险管理部门和派驻机构分管领导定期进行工作汇报，同时也接受上一级风险管理部门的统一考评。 另一方面，推动"小微信用风险评分卡"项目建设，充分利用银行数据资源，包括征信、贷后、银行流水以及第三方征信，结合大数据分析和决策引擎等先进技术，实施针对小额信贷产品线的评分卡运用，量化客户的风险级别，减少人员干预，有效加强风控能力。

(三)服务实体经济,发展小微金融

自成立以来，民泰银行努力践行"与中小企业同发展，与地方经济共繁荣"的企业使命，以"服务实体经济"为宗旨，立足本土，在破解小微企业融资难题上做出了应有成绩。截至 2020 年底,已累计向小微企业发放贷款 91 万多笔、7000 多亿元,共扶持了 43 万多客户,间接创造了 70 多万个就业机会。自 2006 年成立以来,民泰银行累计贡献税收 67.86 亿元,为地方经济发展发挥了有益作用。

1. 持续优化信贷结构,全力支持供给侧改革

民泰银行紧紧围绕区域重点产业和市场需求,在有效防范信贷风险的基础上,发挥金融支持和促进产业结构调整的作用,积极支持地方经济转型升级。一是研究探索特色小镇对接工作,支持地方特色产业转型升级。针对省市级确定的温岭泵业智造小镇、黄岩智能模具小镇、临海时尚休闲用品小镇等,研究探索社区机构专项对接特色小镇的建设,特别是做好机构与产业协会的对接,加强产业的深入分析,在破解产业集群"低、小、散"的工作上提供必要支持,同时扩大理财、信用卡等金融产品的覆盖面,大力培育特色小镇的村居信用建设,确保最基本的金融服务能够真正实现进村入户。二是支持地方重点领域、重点项目。根据重点项目及企业名单,民泰银行按辖区划分,逐层落实到人,要求客户经理主动对接名单上的客户,了解企业经营情况,及时解决企业融资需求。三是加强资金投向监控。民泰银行切实加强贷后管理,从源头上控制信贷资金挪用风险,防止信贷资金被挪用于虚拟经济领域,确保信贷资金有效利用到实体经济领域。

2. 积极探索互联网金融,凸显轻骑兵特色

为贯彻落实小微金改工作部署,民泰银行于 2017 年初成立了互联网金融部(直销银行)。截至 2020 年 12 月末,注册客户数已达 466238 户,绑卡客户数 462302 户,网贷签约客户数 1198858 户。同时,民泰银行还完成了"智慧支付＋"政务服务建立工作,打通全省非税业务线上缴纳渠道,助力"最多跑一次";搭建"智慧支付＋"教育事业平台,实现 11 所学校的线上缴费功能及民泰惠生活的建立,进一步提升了用户体验,增加客户黏性。完成了对民泰积分汇与信用卡积分商城的整合,改版为民泰惠生活,增设商城 App 版和 h5 版本,将 PC 版积分商城延展为移动网上商城。同时,以此为接入点,将手机银行、直销银行、网上银行、微信银行四大渠道进行有效结合,进一步打通用户体系,以积分为切入点,开展全网营销,全面拓展客户群体。

3.不断下沉服务重心,深入推进普惠金融

民泰银行着力增加普惠金融服务和产品供给,不断改善对小微企业、"三农"等薄弱领域的金融服务水平。 一是不断下沉分支机构。 民泰银行不断提升乡镇、社区以及村居网点的金融服务覆盖范围,延伸金融服务触角,切实满足农村金融市场服务需求。 目前民泰银行设有小微支行73家、社区支行25家。 二是积极开展各类金融服务活动。 按照"做实一村、开发一村"的服务理念,形成公益活动到村、客户经理信息上墙等模式化服务,如开展"好男儿、当兵去,民泰伴你行""五一村尊老敬老公益"等活动,把金融服务带到乡村各个角落,把金融服务送到家。 三是重视新型科技产品在普惠金融中的作用。 开发方便快捷的移动终端,将现有个人开卡、签约等业务整合在移动平台上,将服务送到"三农"等客户群体门上。

4.持续强化服务能力,积极发展特色金融

一是发展电商金融。 民泰银行针对天猫、淘宝、一号店和京东等电商平台经营网点的商户推出了"电商贷"产品,实行"批量营销为主、单户营销为辅"的营销方式,重点寻找电商客户较为集中的区域或第三方服务公司,并积极尝试和第三方平台合作,充分利用电商大数据进行贷前信用评估和贷后风险监测,目前民泰银行已和大数据平台"云贷365"签订电商项目合作协议。二是发展科技金融。 民泰银行针对科技创业、文化创业等领域的创业者推出"创汇通"贷款产品,并积极在高新技术产业开发区、小企业创业基地等区域设立支行。 三是发展绿色金融。 民泰银行推出绿色节能贷款,主要用于支持工业领域的客户节能减排、提高能源利用率以及更新淘汰落后产能,对于符合"绿色节能贷"的准入客户,实行差别化的利率定价政策。

5.积极创新担保方式,有效缓解企业"融资难"问题

民泰银行不断创新贷款担保方式,扩大质押品范围,扩大质押覆盖面,帮助小微企业拓宽融资渠道。 在监管指引下,陆续推出股权、排污权、海域使用权、农民住房权抵(质)押贷款,后又推出注册商标专用权质押贷款业务。2017年度,民泰银行台州管理部获得台州市信保优秀推动银行一等奖。

6.切实降低融资成本,有效减轻企业"融资贵"问题

民泰银行进一步强化以客户为中心的经营观念,不断降低企业融资成本,规范企业经营行为,改进小微企业服务方式。 一方面,调整贷款利率定价指导意见,全行加权平均贷款利率有所下降,2020年末较2019年同期下降0.98个百分点。 另一方面,严格规范服务收费。 严格遵守"合规收费、以质定价、公开透明、减费让利"四项原则,合理进行服务收费。 全行免费服务项目共62项,包括客户经常使用的银行卡跨行异地取款手续费、网银转账手续费等费用一概免收。 对抵押物评估进行详细规定,大幅降低抵押评估费用,且客户办理房屋抵押贷款涉及的登记费、评估费和公证费由本行负责承担。

(四)致力于服务与产品创新,塑造品牌银行

面对激烈的竞争环境,民泰银行始终坚持"服务小企业,服务个体经营户,服务城乡居民"的市场定位,在稳步推进"走出去"策略的同时,立足台州地域特色,在跨区域发展历程中,积极探索信贷技术创新,不断提炼"发展观"与"方法论",推出了一系列小企业金融服务创新产品,每个金融产品都是民泰银行一张靓丽的品牌名片。

1.商惠通

"商惠通"是该行在"便民小额贷款"的基础上,以便民惠民、扶持当地小微企业客户发展为着眼点,专门为小微企业、小企业主、个体工商户等经营者量身定制的一款小额创新产品。 其特色体现在:(1)准入门槛较低,锁定微小企业市场,贷款金额控制在50万元以内;(2)受理方式便捷,可通过电话或上门受理;(3)采取批量营销,主要针对园区、小商品市场等行业集中度较高的区域;(4)从简收集资料,办理手续简便,首笔贷款一般在3个工作日内完成,周转贷款只需半天时间;(5)担保方式灵活,基本采用保证方式,解决微小企业客户抵押难问题。

同时,根据客户资信情况、资金需求状况等要素,配套年审贷款、续贷、提前发起存量周转、接力棒等还款方式创新业务,审批放贷效率高,拓宽了融

资渠道，有效解决了小微企业客户缺少抵押物的问题。

截至 2020 年末，"商惠通"贷款余额达 2.84 亿元，贷款户数 1095 户。曾先后获得中国银监会颁发的"全国银行业金融机构小企业金融服务特色产品"、浙江省银行业协会颁发的"浙江银行业服务小微企业十佳金融产品"、台州银监分局颁发的"台州银行业小微企业金融服务十佳创新产品"，以及温岭市人民政府颁发的"小微金融创新优秀产品"、温州市银行业协会颁发的"十佳小微金融产品"。

2. 随贷通

"随贷通"是该行 2013 年针对小微企业和个人客户推出的自助循环贷款，包括经营性贷款和消费性贷款。在授信额度和有效期内，客户可持本行借记卡在通过本行柜面、网银、手机银行等渠道发放与归还贷款，具有"一次授信、循环使用、随还随贷"的特点，给"三农"和小微企业客户带来了极大的融资便利，特别是对借贷效率和便捷程度要求较高的小微企业客户或农村、偏远山区的涉农客户。截至 2020 年末，该行"随贷通"贷款余额 75.27亿元，贷款户数 39661 户，其中台州地区贷款余额 40 亿元，贷款户数 23298户。曾获得中国银行业协会颁发的"中国银行业服务小微五十佳金融产品"、台州银监分局颁发的"台州银行业小微企业金融服务十佳普惠产品"、浙江银行业协会颁发的"浙江银行业服务小微十佳金融产品"。

3. 农惠通

为进一步支持"三农"客户，发展农村普惠金融，该行借助存贷合一特色借记卡"农惠通卡"，并在充分考虑农村实际、农业特点、农民需求的基础上推出的批量营销业务，主要面向的客户为居住地为农村或城镇行政村的居民、涉及农林牧渔业的广大农村客户群体，金融覆盖面广。该业务采用"整村接入、批量营销"的授信方式，以行政村、合作社为营销单位，在对目标村居前期充分调研、逐户走访的前提下，实行村居整体切入，对符合条件的目标村居直接开展"农惠通"小额批量授信，一次授信，循环使用，最长期限 3年，最高额度 30 万元。截至 2020 年末，该行"农惠通"贷款余额 30.65 亿元，贷款户数 21780 户；其中台州地区贷款余额 26.97 亿元，贷款户数 21780

户。 民泰银行曾先后获得台州银监分局授予的"台州银行业小微企业金融服务十佳普惠产品"、浙江银行业协会颁发的"浙江银行业第四届服务'三农'十佳金融产品"。

4. 企惠通

"企惠通"是该行在个人自助循环贷款"随贷通"的基础上,针对融资需求"短、小、频、急"的小微企业法人客户推出的企业流动资金循环贷款产品。 在授信额度和有效期内,客户可通过企业网银自助放款还款,并可进行借据的无还本续贷,利息用一天算一天,有"一次授信、循环使用、随借随还"的特点,可有效帮助小微企业客户降低转贷难度和融资成本。 与传统融资方式相比,可以减少贷款资金的占有时间,减少客户的贷款利息支出,为客户节约了转贷时间和成本,帮助小微企业解决"融资难、融资贵"问题。 截至2020年末,该行"企惠通"贷款余额32 084万元,贷款户数384户,其中台州地区贷款余额7965万元,贷款户数87户。

5. 创汇通

该行为支持大众创业、万众创新,于2015年针对高新技术产业、文化创意产业和电子商务领域,以及高校毕业生、城镇失业人员、农村转移劳动力、复员转业军人等自主创业人员推出了特色创业贷款产品"创汇通",鼓励分支机构结合各地创业贷款优惠政策,支持各地创业创新活动。 其中,舟山地区推出了高校毕业生专项创业贷款"创业通",台州地区推出青年专项创业贷款"青创贷",杭州、成都地区针对科技创业公司"轻资产、缺乏担保物"的特点开展"科创贷"业务。 截至2020年末,该行"创汇通"贷款余额1.55亿元,贷款户数730户。

6. 消费信贷产品

该行积极开拓消费金融信贷领域,陆续推出了"薪乐贷""宜居贷"和"农保贷"等个人消费贷款产品。 "薪乐贷"为该行针对工薪阶层发放的个人消费贷款,客户可选择信用担保、自助循环方式,一次授信、循环使用、随还随贷、方便快捷,特别适合距离该行网点较远或不方便到该行网点办理的客户。 截至2020年末,"薪乐贷"贷款余额6.51亿元,贷款户数4618户;

其中台州地区贷款余额 4.1 亿元，贷款户数 3091 户。 "宜居贷"是该行为支持新农村建设，面向"三农"客户推出的为城镇及农村居民购、建房及住房装修的专项性贷款，适合批量化营销。 截至 2020 年末，"宜居贷"贷款余额 2938 亿元，贷款户数 287 户；其中台州地区贷款余额 1728 万元，贷款户数 187 户。

7.亲情保

从担保方式出发，针对符合授信条件的个人客户推出由与借款人关系亲密、亲情浓厚的亲人和近亲属做亲情保证的准信用贷款业务"亲情保"，该业务侧重借款人的人品和还款意愿，弱化保证人的资产实力，强调保证人对借款人的情感影响力和道德约束力，帮助小微和"三农"客户解决担保难问题，降低融资成本。 截至 2020 年末，"亲情保"贷款余额 6.47 万元，贷款户数 1898 户。

综上，民泰银行的小企业信贷创新是破解小企业信贷信息不对称难题、提高小企业信贷可得性的核心环节。 一方面，民泰银行强调通过实地调研收集、加工财务信息；另一方面，也结合我国法制化建设相对滞后、个人征信系统尚未完善的现实，也注重客户各类软信息的搜集，以关系型借贷为主导建立以"客户经理制"为核心的经营方式，引入"存贷挂钩积数贷款"制度，从而实现软信息、硬信息、现金流之间的交叉印证，降低信息不对称程度，同时也降低了对小担保和抵押的要求。 尤为值得一提的是，由于 3 家民营城市商业银行同处一城，"短兵相交、近身肉搏"，市场竞争非常激烈。 如前所述，尽管金融结构对小企业信贷可得性的影响在理论研究上并不一致；但从实践来看，3 家银行之间的竞争有效地拓展了小企业的信贷渠道。 首先，三家城商行以及本地大中型银行的分支机构和农村信用社之间的激烈竞争促使他们眼睛不断向下以拓展市场份额和发展空间。 其次，该地区各银行之间的激烈竞争可以促进有利可图的信贷技术、制度创新迅速外溢，被其他银行所效仿，这种溢出效应提高了银行对小企业信贷的供给水平，也降低了小企业信贷成本，抑制了小企业信贷利率的上扬。 最后，该地区银行在竞争中有合作，构建信息共享的征信系统，从而降低了银行的信息甄别成本。 因此，在台州目前的银行规模结构和产权结构下,这种良性的市场竞争在小企业金融服务的发育、推广和深化方面发挥了重要作用。

民泰银行始终关注小企业融资与金融需求,为小企业发展提供畅通、快捷的绿色通道服务,与地方小企业建立了相融共生的伙伴关系,被冠以"小企业之家"美誉。

(五)倾力回报社会,培育爱心银行

民泰银行依法纳税,年年成为地方纳税大户;积极支持慈善事业,多次向慈善机构捐款;心系灾区,为汶川大地震灾区广元市捐建1所养老院;在中央财经大学建立奖学金,资助贫困学生读书,并与中央财经大学合作创建民泰金融研究所,专门开展小企业金融服务研究,与社会共享研究成果。

作为一家有着远大抱负的企业,民泰银行一路走来,一直怀抱感恩之心真情回馈社会。"将自身的发展与社会效益紧密结合在一起,将社会责任内化于自身的发展之中"是民泰银行践行社会责任的理念。自成立以来,民泰银行间接创造了70多万个就业机会,累计贡献税收67.86亿元,为地方经济发展发挥了有益作用;同时,积极投身社会公益事业,通过捐建希望小学、敬老院以及捐助奖学金、救灾款等多项措施,积极承担和履行社会责任,受到了社会各界的认可和肯定。

持续完善社会责任管理机制,把企业的可持续发展纳入银行的整体战略,融入企业的文化血脉。民泰银行将企业持续发展与履行社会责任、热心慈善公益深度融合,在减费让利、扶贫助困、投身慈善等方面全力打造民泰爱心品牌。用一次次的实际行动回馈社会,表达该行对社会各界的感恩之德,用一次次的实际行动回馈社会,表达该行对社会各界的感恩之德。2020年民泰全年在公益事业领域共投入428万元。

1.减费让利,普惠民生

一是加大优惠力度。该行一直对企业和个人实行最大程度的减免措施,人民币基本结算业务中除境外相关业务外,其余各项均实行了手续费免收政策。2020年,该行为客户节省了各类手续费共计4206.63万元,惠及117.73

万客户，真正做到让利于民。 积极实行"免费银行"政策，通过减免或降低相关业务手续费等，有效节省了小微企业的日常支出与运营成本。 该行客户网银、手机银行转账、汇款手续费、账户管理费、年费等几十项基本服务全部免费。 二是普及金融知识。 积极开展"金融知识进万家"活动，通过深入开展金融知识上街头、进社区、进校园活动，同时在门户网站、各营业大厅摆设X展架、LED跑马屏和液晶电视播放等多种渠道，实施全方位的金融知识宣传，常态化宣传金融普及知识。

2.奉献爱心,扶贫帮困

在实现自身发展的同时，民泰银行时刻不忘反哺社会，重视对社会的感恩和回报，扶贫帮困，奉献爱心，共建和谐家园。

3.投身慈善,共创美好

为进一步弘扬"奉献、慈善"的志愿服务理念，强调志愿者服务和个人价值的融合统一，该行成立志愿者队伍，开展多项主题志愿者活动，投身社会慈善工作。

(六)驱动民泰银行成长的企业文化

正如社会发展的历程就是人类文明进化的过程一样，民泰银行发展的历程就是民泰文化积淀的过程。 从民泰文化的发展变化，能够看到民泰银行发展的缩影。

企业是树，文化是根，"欲求木之长青，必固其根本"。 企业文化是企业在长期的生产经营活动中所形成的，并为全体员工所认同的价值观念、信仰追求、道德规范、行为准则、经营理念、管理风险和社会责任等一系列精神的总和。 企业文化以其丰富的内涵和强大的生命力在现代企业的发展中发挥着非常重要而持久的功能，包括凝聚功能、激励功能、约束功能、形象功能、协调功能、导向功能、教化功能、调整功能等。 企业文化吸收了很多历史、传统、社会意识形态等重要元素，同时也与组织内部发展的历史脉络息息相关。

随着企业规模的逐步扩大，逐步创建了具有民泰特色的企业文化。 在核心文化层面,以"做中国最有价值的特色精品银行"为愿景,践行"与中小企业同发展,与地方经济共繁荣"的企业使命,弘扬"重信、笃行、求新、贵和、致远"的企业精神。 在管理文化层面,倡导"公心"文化、"亲情"文化和"感恩"文化,以文化陶冶人,以文化激励人。

1.亲情文化阶段(1988—1994 年)

1988 年 5 月 10 日,民泰银行的前身——温岭城市信用合作社开业。 这是一家微型企业,仅有 5 名员工和不到 300 万元资产。 那段时期,整个温岭城市信用社一直处于镇政府和人民银行的双头管理下,管理效率较低,业务量徘徊不前。 城信社的员工完全凭着一股质朴的亲情,心往一处想、力往一处使,相互扶持度过了最初的那段艰难时光。 这个阶段业务发展十分困难,当时,这样一个微型的城市信用社对社会公众缺乏吸引力;但员工用自己的勤勉把温岭城信社维持下来,建立起如同亲人般的感情基础。 同时,市场的夹缝为温岭城信社服务中小企业提供了历史契机,这也为温岭城信社日后的生存提供了一个明确的方向。

2.责任文化阶段(1995—2003 年)

1995 年,温岭城信社迎来了新的领导班子。 新班子在业务上的创新能力以及多头管理的结束,使得温岭城信社迅速焕发生机,开始出现每年业绩都翻倍增长的可喜局面。 但在 2000 年 10 月,中国人民银行下发了整顿城市信用社的通知,温岭城信社面临严峻挑战。 几经努力,2002 年 10 月 31 日,中国人民银行总行办公厅终于下文,批准温岭城市信用社继续保留独立法人地位。

尽管在此期间温岭城信社在业务上有了很大进展,温岭全市 6000 多户民营、个体企业,有 3000 多户在城市信用社开户。 但温岭城信社领导认为,全行必须团结起来,为客户、为自己闯出一条新路。 本着这种强烈的社会责任感,温岭城信社在不明确的道路中坚定地坚持着。 正值此时,2003 年底,中国银监会出台《城市商业银行监管与发展纲要》,明确指出要对城市信用社进行整顿、优化、改制、停业或撤销清算等一系列攻坚战,使之充分发挥其管理层次少、效率高、贴近客户的优势,明确市场定位,服务地方中小企业、民营经济以及社区居民,形成相对固定的客户群体和经营特色,逐步发展成为产权关系清晰、治理结构完善、经营管理规范的股份制金融企业。 历史就这样把温岭城信社推到了十字路口。

经历了 8 年的风雨历程，温岭城信社班子成员已经意识到，在中国金融市场日益市场化，金融企业日益管理正规化、集团化，金融人才日益专业化的时代，单纯依靠过去的老经验很难应对未来市场和顾客的需要了，一定要通过创新为城信社寻找一条出路。 这个时期奠定了民泰银行企业文化很多重要内容的基础，例如民泰精神中的"重信、贵和、求新""战略准则""市场准则""团队法则"以及企业形象、员工形象、企业作风等。 另外，对于服务多年的客户、股东、共同战斗多年的城信社员工来说，在困惑的时局中不放弃，不抛弃，显示了城信社对温岭当地人民深深的责任感。 这种责任文化带领温岭城信社不断前行，适应历史发展要求，走上更高的阶段。

3. 创新文化阶段(2004—2005 年)

根据 2003 年银监局提出的思路，温岭城信社领导决心将城信社改制成为商业银行。 但温岭城信社面临混乱的股权结构以及薄弱的管理基础两大难题。 此时，温岭城信社领导果断地做出了大胆的决定，一是大力引进富有管理能力的金融人才；二是积极向省政府、省局申请，提出股份制改造的要求。

从 2004 年起，温岭城信社开始了艰难的改制历程。 首先，有步骤地从国有大型银行及其他金融机构引进更加专业的管理人才；其次，将旗下所有储蓄所升级为分社。 2004 年，浙江省银监局派员到温岭城信社进行全面检查。经过努力，温岭城信社通过了这次检查，并以此为契机形成了民泰银行的合规文化。 到 2005 年，温岭城信社的管理水平实现了巨大飞跃。 新的管理制度开始实行，股权改革也在顺利进行，公司治理的"三会一层"开始形成有效的工作机制并获得各级政府、监管部门领导的一致认可。 2005 年底，温岭城信社迎来了另一个历史性时刻的考验：成立股份制公司。

首先，温岭城信社完成了第一次增资扩股，有效化解资产风险，提升了资产质量。 然后，实行员工持股计划，将员工紧紧团结在城信社这个集体周围。 在改制申请过程中，温岭城信社不仅创造了一个股份制公司获批的最短时间记录——15 天，而且在短短一年中走过了其他公司需要更长时间才能走完的道路。 在那 15 个日日夜夜里,很多员工不分昼夜地加班,甚至住在办公室。 前往杭州送材料的人员每天清晨从温岭出发,赶在浙江省有关领导在办公室的时候把材料送到,由领导阅签,然后马上电话告知温岭的同事赶制新的文件,而后再回来取文件送签。 这 15 天的超高工作效率感动了浙江省主管金融工作的相关领导以及浙江银监局的领导同志。 这种感人的"疯子"精神最终获得了回报,温岭城信社在 2005 年 12 月 31 日终于得到确认,改制为股份制企业,发展成商业银行的梦想终于近在咫尺。

在这个阶段,"创新"成为民泰人脑海中的一个关键词。 一批实干型专业人才加入到了城信社团队,这为转制成功奠定了坚实的人才基础。 同时,新老团队成员紧密团结,凝聚成令人难以置信的执行力,这种执行力迸发出巨大的能量。 在改制的过程中,新、老人员倾力配合,没有分歧、没有怨言,也没有计较个人利益。 这个阶段是民泰银行整体文化形成的另一个决定性时期,很多文化特征的基本雏形已经确定。 例如,民泰银行的"使命、愿景",民泰精神中的"笃行""服务准则""组织法则""人才法则""业绩法则""学习法则"等都在这个时期得以确立和强化。

四、民泰银行的未来

展望未来,"转型升级谋发展,凝心聚力谱新篇"。 今天的民泰银行,正在积极探索现代城市商业银行发展的新模式,通过进一步壮大客户群体,优化客户结构,改善业务流程,完善产品结构和提升服务质量等工作措施,着力深化服务内涵,提高服务质量,培育服务特色,力争全面实现发展模式的专营化、业务管理的精细化、客户群体的微型化、营销方式的批量化和服务流程的便捷化,不断提升小微金融服务水平和自身核心竞争力,向打造精品银行实现"百年老店"目标坚实迈进。

2020 年是民泰银行成立 32 周年。 勇立潮头,扬帆起航。 站在百年征程的新起点,民泰银行将一如既往地秉承"与中小企业同发展,与地方经济共繁荣"的企业使命。 积极探索小微企业金融服务的新思路、新途径和新举措,将小微企业金融服务做专、做深、做精、做透,努力成为长三角地区领先的小微企业金融服务特色银行。

7

第七章　台州农信系统的小微金融服务

一、台州农信小微金融服务成效

台州是大陈岛垦荒精神起源地，是习近平总书记"一次登岛、两次回信"牵挂的地方；也是全国民营经济发祥地，是习近平总书记嘱托"再创民营经济发展的新辉煌"的地方。金融机构遍地开花，小微金融更是享誉全国。全市共有 30 多家金融机构，也是全国唯一拥有 3 家地方商业银行的地级市，同业竞争非常激烈，不到 2 平方千米就有 1 个网点。

台州市第一家农村信用社成立于 1953 年，在三门县邵家乡。68 年来，台州农信始终坚守"姓农、姓小、姓土"的核心定位，全面深耕以人为核心的全方位普惠金融，推进大零售转型和数字化转型战略，努力做业务最实、与民企最亲、与百姓最近的银行，朝着建设全国一流社区银行的美好愿景和争创民营经济高质量发展强市的金融标兵砥砺奋进，不断创新小微金融供给，全方位助力台州小微金改和民营经济高质量发展。"十三五"期间业务发展实现"飞跃性"提升，普惠金融取得"领先性"成效，在台州市金融机构中实现"五个第一"。

网点数量第一。台州农信下辖共椒江农商银行、黄岩农商银行、路桥农商银行、临海农商银行、温岭农商银行、玉环农商银行、天台农商银行、仙居农商银行、三门农商银行等 9 家法人农商银行，194 个支行，403 个物理网点，1291 家丰收驿站，5464 名员工，金融服务实现"无空白、全覆盖"，是全市网点最多、服务范围最广的金融机构。

资产规模第一。　截至 2020 年末，台州农信存贷规模达到 3900 亿元，连续多年保持全市第一。

市场占有率第一。　截至 2020 年末，台州农信存款余额 2276 亿元，市场占有 21％；贷款余额 1624 亿元，市场份额 17％，均为台州市同业第一。

贷款增量增幅第一。　截至 2020 年末，台州农信贷款年增 262 亿元，增幅 19％，增量增幅创历年同期新高，全市第一，占全市金融业新增的 20％，增速高于全市 4 个百分点。

税收贡献第一。　2020 年台州农信实现营业收入 135 亿元，实现利润 39 亿元，税收入库 13 亿元，9 家行连续多年获"台州民企纳税百强"。

在普惠金融服务过程中，台州农信的努力和成绩得到了各级政府的高度肯定。小微企业"信用评级＋银行贷款"金融服务模式得到中国人民银行行长易纲和时任浙江省省长郑栅洁的肯定；"社银联通""政银联通""小微续贷通""小微易贷"获副省长朱从玖等领导批示肯定；"家庭资产池"授信模式、"政银通"服务模式获台州市委书记李跃旗批示肯定。

辖内行社工作成效获得多方点赞、硕果累累，以"十三五"期间荣誉为例。

椒江农商银行荣获"2016 年度浙江农信系统文明规范服务示范单位"、"2014—2016 年全省内部审计先进集体""2018 年度'银团合作'优秀派出机构""重大政策落实情况跟踪审计表彰奖"等国家级、省级荣誉。

黄岩农商银行荣获 2015 年"浙江省工会示范职工书屋""浙江农信品牌文化示范单位""2014—2016 年全省内部审计先进集体"、2019 年度浙江省"民企最满意银行"、2019 年浙江省现金服务示范区、2020 年浙江省现金服务示范区等省级荣誉。

路桥农商银行荣获 2016 年"中国银行业最佳普惠金融机构奖""中国地方金融十佳成长性银行"、2017 年"农村合作金融机构支农支小服务示范单位"、2017 年中国银行业文明规范服务三星级营业网点、"全国最佳普惠银行""全国十佳支持美丽乡村银行"、第十届"全国农村金融十佳服务民营企业机构"、"十佳普惠金融农商银行"、2019 年"银行业文明规范服务五星级网点"、2020 年度浙江省 100 家"民企最满意银行"等国家级、省级荣誉。

临海农商银行 2016 年荣获第五届"浙江慈善奖"、2016 年"浙江银行业小微企业金融服务先进单位"、"第三次农村商业银行标杆银行"、"中国银行业文明规范服务五星级营业网点"、2018 年"银行业文明规范服务千佳单位"、"全国模范劳动关系和谐企业"、"全国文明单位"、"全国巾帼文明岗"等国家级、省级荣誉。

温岭农商银行荣获"中国银行业文明规范服务千佳示范单位"、"浙江省农信系统品牌示范单位"、2017 年"浙江省服务业百强企业"、"中国银行业文明规范服务千佳单位"、"中国银行业文明规范服务五星级营业网点"、2019 年度县级浙江省"民企最满意银行"、"浙江省巾帼文明岗"、"浙江省文明单位"等国家级、省级荣誉。

玉环农商银行荣获"浙江省内审协会优秀项目""浙江省文明单位"2019 年度县级浙江省"民企最满意银行""审计项目评比优秀奖"等省级荣誉。

天台农商银行荣获"浙江省文明单位""浙江农信普惠金融（2013—2015 年）先进单位"2019 年度县级浙江省"民企最满意银行""浙江省巾帼文明岗"等省级荣誉。

仙居农商银行荣获 2019 年度"浙江农信系统文明规范服务示范单位""全省内部审计先进工作者""第六届'浙江慈善奖'机构捐赠奖"2018 年度"浙江农信业务成长十佳银行"等省级荣誉。

三门农商银行荣获"2020 年模范职工之家""优秀金融债发行人奖""全国模范职工之家""2018 年度优秀发行机构奖"等国家级、省级荣誉。

二、台州农信发展历史

（一）创立与普设阶段（1953—1976 年）

1949 年中华人民共和国成立，标志着中国进入了新民主主义社会。中国大地从冰封已久的黑暗和颤栗中复苏，国内农业生产逐步恢复。

台州位于浙江省沿海地区，农业是台州地区的支柱产业。但部分农民因为身体病残或受到自然灾害如台风的影响，不得不靠借贷度日，高利贷之风乘机兴起。 那时候的沿海农民非常渴望合作互助，希望能有一种组织，将大家的资金和生产力进行互助互惠的合理安排和分配，使大家一起走上致富之路。

当时毛泽东主席一直关注着农村信用合作问题，他指出：目前我们在经济上组织群众的最重要形式，就是合作社。 1951 年，第一次全国农村金融工作会议顺利召开，确定了要在全国范围内试办信用社。 至此，中华人民共和国农村信用合作事业扬帆起航。 1951 年，在华北地区先成立了信用社。

1953 年 4 月，在三门县邵家乡，几个老农信人组建了当时台州地区第一家农村信用合作社。 此后，农信之火燎原台州大地。 同年 9 月，黄岩地区第一家农村信用合作社在镇东成立；11 月，临海市内第一家农村信用合作社在洋渡乡成立。 1954 年 2 月，玉环市内第一家农村信用合作社在徐都乡成立；3 月，天台县内第一家农村信用合作社在大同乡成立；同年 5 月，温岭市内第一家农村信用合作社在莞渭乡成立；7 月，椒江区内第一家农村信用合作社在葭沚成立；10 月，仙居县内第一家农村信用合作社在三桥成立。 这个被广大农民称为"糖霜缸"的农村合作金融组织的成立，标志着浙江沿海中部地区农民有了一家自己的银行。

初期，信用社的业务十分单一，只发放小额贷款和办理小额存款；但对于当时的台州农民来说，已经足够了。 特别是碰到生病或买肥料、农具，贷款帮助他们解决困难时，有的农民甚至激动得直流泪。 因为信用社是农民自己的银行，有了它，翻身农民不再受高利贷的盘剥。

当时，农民群众的生活非常艰苦。 信用社办公环境简陋，就一张桌子、一个板凳、一把算盘、几本账本而已。 那时的农信人背着挎包、携带账册、算盘、现金，跋山涉水、翻山越岭，走村进户、访贫问苦。 为了筹集资金，他们每天利用"三水"（早上一头露水、中午一身汗水、晚上一脚泥水）上门办业务，逢市赶集进驻粮食收购站、农副产品收购站、生猪收购站等单位收回贷款、动员储蓄。 在这样的环境中，老一辈农信人担当着扶困救灾的重任。条件虽然艰苦，环境虽然简陋，但是集腋成裘、聚沙成塔，老农信人依靠着集体的力量，让信合之花在台州大地上落地、生根、发芽。

正是因为有老一代农信人的艰苦创业、辛勤耕耘,才造就了农信社今日的辉煌。 他们身体力行地诠释了以"挎包精神"和"三水精神"为代表的浙江农信奋斗者精神。

从1956—1976年,农信社经受了三次"折腾":1956年1月,县人民银行分设农业银行支行,信用社归农业银行管辖;1957年11月,中国人民银行、农业银行两行合并,信用社又划并中国人民银行管理;1958年,"大跃进"浪潮催生出了人民公社化运动,台州地区的信用社经历了革命和冒进的激情与苦楚,生活在水深火热之中。 在"大跃进"期间,信用社下放,成为人民公社信用部,直至1962年,信用社又归中国人民银行管理。

(二)改革开放,恢复"三性"(1977—1986年)

"文革"结束后,全国进行了一场声势浩大的"揭、批、查"运动。 1977年底,国务院印发《关于整顿和加强银行工作的几项规定》明确指出:办好农村信用合作社。 信用社是集体金融组织,又是国家银行在农村的基层机构。 各地一定要把信用社办好,使信用社在农业学大寨、普及大寨县的群众运动中更好地组织资金,支持生产,巩固集体经济,打击资本主义势力。 信用社的资金应当纳入国家信贷计划,人员编制应当纳入县集体劳动工资计划,职工待遇应当与中国人民银行基本一致。 至此,一场规模宏大的全国信用社内部整风运动悄然拉开序幕。

1978年12月,党的十一届三中全会在北京举行。 这次全会从根本上冲破了长期"左"倾错误的严重束缚,拨乱反正,重新确立了党的思想解放、实事求是的思想路线。 三中全会犹如春风催生了农村各种经济成分的萌芽。

党的改革开放政策给农村带来了生机,广大农民在农业生产上,自行组织,分小小队;在副业上,开展多种经营,增加收入。 他们希望用自己一双勤劳的手改变命运,他们迫切需要信用社的大力支持,以脱贫致富过上好日子。

1978年,随着"上山下乡"运动的结束,以及大批知识青年的返城,城镇进行了大招工。 中国人民银行组织招收员工,分配到信用社,充实了基层力量。 这是中华人民共和国成立以来农村金融系统最大的一次人员扩充。

1979 年 2 月 23 日，国务院下发《关于恢复中国农业银行的通知》。 文件第一条就明确规定，中国农业银行"领导农村信用合作社，发展农村金融事业"及第五条"农村营业所、信用社一律划归农业银行领导。 没有建立银行营业所的公社，由信用社执行营业所的任务"。 此后，全国各级农业银行相继成立。

至此，农信社回归合作金融组织性质，恢复经营自主权。 在自主经营下，业务发展明显加快，有力支持"三农"和乡镇企业发展。 但受制于计划管理和来自农业银行的约束，业务经营权被限制在很小的范围内。

1983 年，中共中央 1 号文件明确指出："农村信用社是社会主义劳动群众集体所有制经济，应坚持合作金融组织性质。 通过改革克服'官办''吃大锅饭'的状况，成为在农业银行领导下具有独立经营能力的农村集体金融组织和联系农民、支持农业的社员自己的'小银行'。"

1983 年 2 月，农业银行总行下发《关于改革农村信用社管理体制试点的通知》，明确表明，建立农村信用合作社联合社是信用社体制改革的重要组成部分。 此后，全国各地认真贯彻落实中共中央及农业银行总行的文件精神，一场全国性的农村信用社体制改革进入了实质施行阶段。

1983 年 3 月，浙江省政府批转省农业银行《关于农村信用社体制改革试点意见的报告》，并下发各地市县人民政府贯彻执行。

1984 年 11 月，黄岩率先进行了信用社体制改革，成立了黄岩县信用合作社联合社，这是台州市第一家县联社，为组建台州市农村合作金融体系打下了基础。

(三)全面组建县联社(1987—1995 年)

1987 年 1 月，农业银行在召开的全国分行行长会议上指出："农村信用社改革方向不在于由谁领导，而在于切实把基层信用社放开搞活；根本问题不是换'婆婆'，而是要解放'媳妇'。"农业银行批准了河北（元氏县、蠡县、武安县）、浙江（鄞县、绍兴县、萧山县）、河南（辉县）7 个县的信用社进行脱钩改革试点。

1987 年 10—12 月，临海、三门、仙居、椒江、温岭、玉环、天台先后成立农村信用社合作社联合社，标志着台州市信用社体制改革已经初步完成。基层农信社人、财、物的管理权集中到县联社，管理体制和运行机制调整，形成农业银行—县联社—基层农信社的三级领导管理体制。

1990 年 10 月，中国人民银行印发了《农村信用合作社管理暂行规定》。其中明确指出："农村信用社是实行自主经营、独立核算、自负盈亏、自担风险的企业法人，当前只是中国人民银行'委托'农业银行领导和管理。"

1993 年，《国务院关于金融体制改革的决定》指出："有步骤地组建农村合作银行。根据农村商品经济发展的需要，在农村信用合作社联合社的基础上，有步骤地组建农村合作银行。要制定《农村合作银行条例》，并先将农村信用合作社联合社从中国农业银行中独立出来，办成基层信用社的联合组织。"

国家给予"灵活经营"政策，让信用社走向市场，这是一次解放。在全国各行各业叫响"效率就是生命"的时代，信用社要追求高效率，根本的途径是实现利差扩大化。而灵活经营，正是实现高效率的重要手段。

1994 年，台州撤地设市，路桥建区，温岭撤县设市。

1994 年 3 月 8 日，温岭县信用合作社联合社改制为温岭市信用合作社联合社。

1995 年 3 月，路桥区农村信用联社成立，辖 10 个信用社、20 个分社、10 个储蓄所。

随着改革开放的不断深入，台州经济也在改革创新中活泛起来，个体户、专业户纷纷涌现。当时，台州地区的农信社紧紧围绕省市经济发展的特点，用高效率实现锦上添花，支持农村各业发展，体现互惠互利；不忘本心做好雪中送炭，与仍有困难的农民同甘苦、共患难，携手同行，并重点支持扶持了一批民营企业的发展，在推进农村城镇化、块状经济发展中发挥了重要作用。

路桥小商品批发市场，前身是永跃村一个"地下市场"。当时正是台州农信的信贷支持，让他们建成了全省第一家摊位数量突破 1500 个的第一代小商品市场，与义乌、柯桥合称浙江市场"三雄"。

吉利汽车创办前，李书福曾创办过"黄岩县北极花电冰箱厂"，当时信用社独家给予大量贷款支持，基本上每周一次，每月累计 4 次总额度 1364 万元,这在当时是史无前例的。

星星集团是中国制造业 500 强与全国民营企业 500 强之一。 1988 年,企业创设初期,正是信用社的 1 万-2 万元贷款在其中起到了关键作用,也是信用社在冰箱行业不景气亏损高达 100 万元的时候拉了集团一把。 集团创始人叶仙玉曾说:"我觉得农村信用社就是我们企业的保险箱,在我们创业阶段及后来发展阶段遇到瓶颈时,总是我们坚强的后盾,援手我们渡过难关。"

"信"字当头,"合"作相伴。 信用社在 68 年发展中与无数企业并肩同行,共同成长。 正是这 68 年的坚持与不懈、诚挚与热情,让信用社与企业关系如鱼水般情深。

(四)独立门户,行业管理初设(1996—2003 年)

1996 年 8 月 22 日,国务院出台《关于农村金融体制改革的决定》,农村信用合作社与农行脱钩,改由县联社负责业务管理、中国人民银行负责金融监管,初步建立自上而下的省级行业管理体系。 信用联社成为真正独立的法人单位,联社成立党组。

1996 年 9 月 5 日,浙江省农村金融体制改革领导小组成立,由分管副省长任组长,下设由中国人民银行省分行分管副行长兼任办公室主任、省信用合作管理部门负责人为专职副主任的办公室。 随后,台州市设立"市农金改办"。

1996 年 10-11 月,台州各地的信用社正式与农业银行脱离行政隶属关系。 至此,农村信用社恢复农信社的合作性质,标志着信用社进入一个独立门户、自成体系的发展阶段。 信用社对农村经济的贡献及社会地位、社会形象、社会知名度明显提高,逐步发展成为农村金融市场最主要的金融机构,但同时许多农信社长期亏损,甚至资不抵债,并出现了严重的"内部人控制"问题。

根据 1996 年 8 月 22 日下发的《国务院关于农村金融体制改革的决定》精神,在国务院协调小组和各级农金体改领导小组具体组织和领导下,经过各级农业银行和农村信用社的共同努力,到同年 12 月 31 日,以省为单位先后宣布农村信用社与农业银行脱离行政隶属关系,形成了"乡镇法人+县(市)联社"的两级法人。

（五）合作银行成立，省县两级法人（2004—2011年）

2004年4月，浙江省农村信用社联合社成立。随后台州办事处成立，履行对辖内信用社的管理、指导、协调、服务职能，起着承上启下、上传下达的作用。

随后，台州地区的信用社开始改制。

2004年11月，黄岩县农村信用合作社联合社改制，成立统一法人的黄岩区农村信用合作联社，标志着原农村信用合作社联合社及辖区农村信用社合并组建成统一法人联社。

2004年12月，临海市农村信用合作社联合社改制，成立临海市农村信用合作联社。

2005年3月，路桥区农村信用联社改制，成立路桥农村合作银行，这是当时全市第一家农村合作银行。

2005年3月，玉环县农村信用合作社联合社改制，成立玉环县农村信用合作联社。

2005年3月，天台县农村信用合作社联合社改制，成立天台县农村信用合作联社。

2005年4月，三门县农村信用合作社联合社改制，成立三门县农村信用合作联社。

2005年6月，温岭市农村信用联社改制，成立浙江温岭农村合作银行。

2005年9月，椒江农村信用合作社联合社改制，成立椒江农村合作银行。

2008年6月，仙居县农村信用合作社联合社改制，成立仙居县农村信用合作联社。

2008年10月，天台县农村信用合作联社改制，成立浙江天台农村合作银行。

2008年12月，黄岩区农村信用合作联社改制，成立浙江台州黄岩农村合作银行。

2008 年 12 月，玉环县农村信用合作联社改制，成立浙江台州玉环农村合作银行。

台州农信按照现代金融企业制度的要求，明晰了产权关系，强化了约束机制，增强了服务功能，并完善了法人治理结构，建立起了股东代表大会、董（理）事会、监事会、高级管理层的议事制度和决策程序，进一步健全了监督管理机制，并且在经营管理上进行了一系列大胆的改革创新，确立了"以市场为导向、以客户为中心、以效益为目标"的经营理念，坚持"质量第一、稳健发展"的经营方针，立足"三农"不动摇，切实做好风险防范工作等。

（六）股份制改革，农商银行挂牌成立（2012 年至今）

2012 年 12 月 17 日，临海市农村信用合作联社改制，召开浙江临海农村商业银行股份有限公司（简称"临海农商银行"）创立大会暨第一次股东大会。 这是台州首家农村商业银行，也是浙江首家由县级农村信用联社直接改制而成的农村商业银行。

2014 年 12 月，浙江天台农村合作银行改制，成立天台农商银行。

2015 年 12 月，浙江温岭农村合作银行改制，成立温岭农商银行。

2016 年 8 月，浙江台州玉环农村合作银行改制，成立玉环农商银行。

2017 年 7 月 27 日，三门县农村信用合作联社改制，成立三门农商银行。

2017 年 10 月 19 日，路桥农村合作银行改制，成立路桥农商银行。

2018 年 5 月，仙居县农村信用合作联社改制，成立仙居农商银行。

2018 年 6 月，椒江农村合作银行改制，成立椒江农商银行。

2018 年 6 月，浙江台州黄岩农村合作银行改制，成立黄岩农商银行。

农村商业银行的改制，标志着台州农信社改革发展迈上了一个新的里程碑，既是机制的转变，更是品牌、品质的提升。

改制不改姓，台州农信以一个崭新的形象在台州这片沃土上，始终坚持"姓农、姓小、姓土"的定位，坚持把服务挺在最前面。 姓农，就是服务"三农"；姓小，就是服务小微和民营企业；姓土，就是服务县域为主的地方经济社会发展。

台州农信充分发挥小法人的差异化竞争优势，专注普惠、深耕本土，以小客户大市场、小贷款大效益、小银行大作为，更好地满足老百姓对美好生活的需要。

三、台州小微金融农信模式

（一）深耕本土发展"普惠金融"

厚植"三农"沃土，凝聚"三农"情怀。 台州农信 68 年来坚持立足"三农"，发展以人为本的全方位普惠金融，赋能乡村振兴，助力共同富裕。

"足额保障"持续"供血增氧"。 充分发挥农村金融主力军和乡村振兴主办行作用，全面实施普惠金融提升工程五年行动计划（2016—2020 年）和乡村振兴战略金融服务工程（2018—2020 年），落实"五年新增 600 亿元支持乡村振兴领域"目标，确保优先足额保障"三农"、小微领域信贷需求。抓牢国家级小微金改试验区契机，提出"每年新增 200 亿元支持小微民营领域"目标，确保优先足额保障民营企业信贷需求。 2020 年疫情期间，统筹安排 100 亿元专项信贷资金扶持疫情防控相关企业复工复产，积极响应央行支农支小再贷款政策，发放支农支小再贷款 3 万户、金额 180 亿元，助力"六稳""六保"。 截至 2020 年末，小微贷款余额 932 亿元，占贷款总量比重 60％，近 3 年小微贷款年度平均增幅保持在 18％以上。

"网格管理"畅通"毛细血管"。 创新实施网格化管理，划分出集镇中心区、居民社区、产业集聚区、市场商贸区等区块网格，以各党支部为单位，建立"定格、定员、定岗、定责"四定原则，充分发挥客户经理金融网格员、普惠联络员的作用，派驻客户经理挂职村居助理，第一时间跟进金融需求，做到底子清、情况明、基础实，有效避免小微金融服务的信息、需求不对称问题，进一步激活金融服务的"毛细血管"。 实现从"单纯管理行政村居民"向"管理区域所有人员"转变，从"单一授信"向"综合金融服务"转变，从"单纯管贷"向"服务＋监督"转变。 将"网格化管理"应用于小微金融，台州农信是全省首创。 目前台州市户籍户数 192 万户、农户户数 160 万户，已实现农村普惠金融服务覆盖率 100％、农户普惠签约率 48％，农户普惠贷款覆盖面 28％。

"普惠走访"实现"提质提效"。 为解决"贷款难"和"难贷款"问题，台州农信坚持把服务挺在最前面，深化普惠大走访，全面连接每个家庭和有需求的企业，大幅度扩大普惠金融覆盖面。 2009 年起，连续 13 年开展"走千访万"活动。 2016 年起，开展台州农信普惠金融提升工程五年行动计划（2016—2020 年），连续 6 年推进"整村整企授信、批量签约""百行进万企""三服务"等专项活动，全员驻勤走访，主动送贷上门，将"移动柜台"直接搬进园区，现场签订合同、现场开卡、现场放贷，实行"一企一策""一园一策"精准帮扶，切实把有限的信贷资源集中向农户和单户授信 500 万元以下的小微企业倾斜，受益群体涵盖老中青，普惠授信覆盖全市 100％行政村和 160 万户农户，评定信用户 120 万户，占辖内农户总数的 75％，农户普惠贷款覆盖面 28％。 台州每 6 户企业中就有 1 户得到台州农信贷款授信，贷款覆盖率达到 30％。

（二）打造小微金改"惠企样本"

台州农信以提供"足额、便捷、便宜"金融服务为导向，充分发挥金融活水作用，优化营商环境，为中小微企业帮扶解困，提高金融服务实体经济能力。

降本减负实现稳企纾困。 在市金融办、中国人民银行和银保监分局的指导下，台州农信率先全省开办"零周期、零费用、零门槛"的"小微续贷通"业务，即企业在原贷款到期后可无缝对接同额度、同利率的转贷服务，企业续贷周转天数由全市平均 3 天缩短为 0 天，有效缓解企业续贷压力，减少"过桥"融资成本，获得副省长朱从玖的批示肯定和《人民日报》等多家媒体的集中报道。 开办以来已累计为 29 535 户企业办理转贷金额 427 亿元，为企业节省转贷成本 10 667 万元。 疫情期间，积极响应国家政策号召，实施延期还本付息，对信用较好的普惠小微企业实行贷款"应延尽延"，已对 5.3 万户企业、293 亿元贷款提供延期还本付息支持。 积极应用 LPR 利率定价机制，合理降低普惠型小微企业贷款利率整体水平，对首次发放信用及保证类贷款的企业实行"首贷"优惠。

数字赋能实现服务提质。 台州农信创新推出普惠快车、小微专车和企业直通车"三位一体"特色系统平台，推广"普惠通"移动办贷应用，加快流程改造，真正实现"小额贷款更快捷、大额贷款更规范"的差异化管理与一站式服务，办贷时间缩短 2/3。 全面推广"浙里贷"纯线上服务，实现"小额贷、创业贷、企业循环贷"全流程自主放贷。 对接台州市金融信用信息共享平台，畅通 16 个政务部门"数据通道"，推出"3 分钟申请、1 分钟放款、0 秒到账"的"小微易贷"数字信贷产品，帮助企业线上全程办理贷款，获得副省长朱从玖的批示肯定和《浙江日报》等多家媒体报道，获浙江农信创新大赛优胜奖，入围浙江数据开放创新应用大赛台州赛区优秀应用。 截至 2020 年末，已累计办理 1 万笔、60 亿元，其中临海 2019 年 10 月率先上线，已办理 3889 笔、20 亿元。

信用有价实现精准滴灌。 台州农信扎实推进信用工程建设与企业信用建档工作，推广企业信用贷款，持续降低企业融资准入门槛，拓宽企业融资渠道。 截至 2020 年末，台州农信信用贷款余额 426 亿元。 积极对接市税务局，深化"银税互动"，引入中小企业纳税信息，创新"纯信用、无抵押、审批快"的"税银贷"产品，以企业涉税数据为主要授信依据，切实为纳税人解难题、送红利，"贷"动企业更好发展。 2020 年 9 月份起，黄岩农商银行以省级小微企业信用贷款评级试点为契机，在市金融办与人民银行的支持下，积极探索"信用评级＋银行贷款"金融服务新模式，两个月评级成功 3114 户、授信 36 亿元，发放贷款 2724 户、24 亿元，得到中国人民银行行长易纲和时任浙江省省长郑栅洁的批示肯定，获浙江省政府颁发的"最佳实践案例"。

服务创新实现融资畅通。 根据小微金融需求"短、小、频、急"的特点，台州农信不断加大金融产品创新力度，满足各类小微企业的融资需求。面向小微园区，对照《台州市小微工业园区建设改造三年行动计划（2018—2020 年）》，专项推出"小微企业园区贷""工业地产按揭贷""租金贷"等小微园区专项信贷产品，建立专营机构，成立 15 家小微专营支行与科技支行，配备专营团队，专门服务周边企业和开展小微金融服务，提供"一园一策"有针对性帮扶。 面向外贸出口企业，推出"线上融资、轻松办理、随借随还"的"关贸 E 贷""订单贷"等产品，有效实现了银行、企业、海关三方信息对接，企业通过海关报关信息就能拿到融资额度，真正实现"零次跑"。

与市信保基金合作，创新担保方式，提供最高 800 万元的信用担保，有效解决企业融资瓶颈。 推广商标权质押、专利权质押等轻资产融资担保方式，帮助企业实现无形资产向有形资本的转变，解决抵押物不足问题，使企业享受贷款期限内仅付息不还本的优惠，切实解决了在融资过程中，成长型品牌企业的还款瓶颈。 温岭农商银行全省首创专利权、商标权、版权"三权质押"融资方式，让企业获得了更多流动资金，同时创立知识产权质押融资项目，获评"台州银行业保险业小微金改实验室"。

改革制度实现服务增效。 台州农信深抓内部制度建设，确保小微金融服务内生力。 对内，实施小额信用贷款尽职免责和专项激励、单列信贷计划等举措，从"扩面""增量""调结构""降成本"来考核评价小微金融支持工作。 建立小微业务尽职减免责管理制度，适当增加小微企业贷款不良容忍度，促进客户经理小微企业营销服务积极性。 主动推动流程革新，创新信贷内外勤分设流程改造，让外勤客户经理专注客户信息收集、建档评级等，内勤专于审贷、办贷、管理档案等，打造"客户体验优先、风险控制强化"的办贷流程。

（三）创新服务深化"政银联通"

台州农信充分发挥农信网点多、服务广的优势，深耕政银合作市场，全领域打造老百姓身边的社区银行，让普惠金融成果更多、更公平地惠及每一个台州人民。

聚力便民服务。 依托 403 家营业网点和 1291 家丰收驿站，不断延伸拓展金融服务，打通金融服务"最后一公里"。 坚持党建引领业务发展，把党建工作重心持续向基层、村居下沉，与乡镇（街道）、行政村共建党建联盟 3678 个，建立健全"资源共享、优势互补、平台共建、联动共赢"的共建机制，有效提升村民居民的幸福感和获得感。 建立集"金融、电商、物流、民生、服务"五位一体的红色丰收驿站 1291 个，配套落实党建、政务、民生、金融、志愿等服务集成入驻，着力推动群众办事就近"最多跑一次"，一站式服务百姓及企业，让广大人民群众在共建共治共享中有更多获得感，获时任省委常委、常务副省长冯飞及时任省委常委、组织部部长黄建发的批示肯定。

办好惠企实事。 2017 年，路桥农商银行全省首创"社银联通"工程，并在全省推广。 2018 年，路桥农商银行率先在全市设立"政银联通便民服务站"，与区公安局联动设立全省首家警银工作站、与区政法委开展政银融合，有效实现了"群众得便利、政务减压力、银行聚人气"的多方共赢，"社银联通"被评为"浙江省民生获得感示范工程"。 在此基础上，台州农信与台州人社部门联合召开市"社银联通"推进会与市电子社保卡发布会，率先试点全国取消企业银行账户开户许可证核发工作，推动"最多跑一次"改革服务走在全省前列。 深化"政银联通"，与 26 个政府部门开展合作，将企业不动产抵质押、公积金缴纳等 100 余项公共服务延伸到所有营业网点，2020 年代办社保业务 230 万笔，占全市人社系统"最多跑一次"经办业务量的 60%，惠及 140 万户职工和城乡居民社保，424 万户职工和农户医保。 设立不动产抵押贷款、抵押登记服务延伸网点 177 个，一窗受理登记、变更、注销、查询等业务 8.63 万笔，惠及 4.25 万贷款户，涉及贷款金额 452 亿元。 朱从玖副省长等省市县 21 位领导对助力"最多跑一次"工作做出批示肯定或点赞表扬。 同时，配合市金融办，推进三员三基地建设，打造金融先锋服务基地，让金融服务更多惠及基层一线。 与市委组织部合作共建政银企党建联盟，投入 80 亿元专项信贷资金重点支持"两新"企业。

丰富文化内涵。 深入开展"农村大讲堂""金融乡村行"等各种形式的宣传教育，加强农村文化领域金融支持，支持乡风文明建设。 临海农商行联合宣传部成立全国首个新时代文明实践基金会，将新时代文明实践工作与文化礼堂建设、志愿服务、媒体融合等紧密结合，受到当地百姓点赞支持，获时任省委常委、宣传部部长朱国贤批示肯定。

（四）台州农信特色信贷产品和模式

1. 小额贷款卡

为解决农民日常小额贷款难题，2008 年，临海农商银行率先试点"丰收小额贷款卡"，在涌泉镇首发，并立即以燎原之势在全省全市推广。 这张集循环小额贷款、资金汇兑、电子缴费等功能于一体的卡成为农户购买农资的

"钱袋子"。农民凭着这张卡可直接到农资直销超市刷卡购农资，也可以提取现金。该卡荣获"2010年度浙江省十大民生工程"称号。2020年，结合"整村授信2.0"工程，与市农业农村局合作，共同推进农户小额普惠贷款工作，通过农户信息采集、线上预授信导入、客户无感授信、线上办理，真正实现小额贷款一次不用跑。至2020年末，小额普惠贷款推广工作实现全市行政村全覆盖，符合授信条件的农户全员覆盖。

2. 小微续贷通

围绕破题民企发展"三座大山"，切实解决民营经济融资周转高成本问题，2019年1月31日，台州农信创新推出"小微续贷通"产品，有效为企业贷款到期转贷清理不必要的"过桥"环节，从源头上降低民营企业融资费用负担，支持民营发展壮大。"小微续贷通"业务是专门为小微企业在本行贷款到期时采用临时增加授信额度，通过发放新贷款结清已有贷款等形式，无须客户筹集资金归还本金的还款方式。该业务具有三方面特色：零周期，贷款到期与转贷实行无缝对接，省心省时；零费用，转贷的贷款利率与原贷款利率相同，除了贷款利息，不收取任何额外费用，降本减负；零门槛，除有欠息欠贷等不良记录、生产经营不符合国家产业发展方向或环保政策、经营状况不符合监管要求的企业外，在台州农信开户的企业均可办理"小微续贷通"业务。

3. 小微易贷

"小微易贷"产品是2019年台州农信临海农商银行在全省农信系统首创的数字循环式纯信用信贷产品，通过对接台州市金融信用信息共享平台，融合行内交易数据和企业及企业主征信数据，从源头上解决银企双方信息不对称的问题，将"死数据"转化为"活信用"，实现小微企业办贷"纯线上、免证明、零等候、低成本"，有力破解小微企业融资普遍存在的环节多、手续资料多、答复时间长、提供担保难等四大难题，荣获浙江农信第五届产品与服务创新优胜奖，并在全省81家行社推广。该产品一次授信、2年循环使用，最高额度可达300万元，小微企业登录企业网银渠道便可进行自助办贷操作，实现3分钟申请、1分钟放款、秒速到账。

4.“信用评级＋银行贷款”服务模式

2020 年 10 月末，黄岩被确定为省级小微企业评级试点工作两个试点区之一，黄岩农商银行被确定为黄岩唯一合作金融机构。 试点中，黄岩农商银行对接“台州市金融服务信用信息共享平台”“浙江省全程电子化登记平台”“企业信用评估平台”三大平台数据，吸纳区市场监督管理局提供的全区无贷户数据 1.17 万户，同时采用第三方评估机构出具的《企业数据调查表》上门收集企业各类数据；在此基础上建立“AR 小微信用评级模型”，推动企业“死数据”到“活信用”的量化变现。 同时，精准施策，将小微企业信用贷款重要准入条件的资产负债率从 30％调整至 70％，并推出纯信用贷款产品，最高额度 300 万元，年息低至 5.5％。 精简流程，客户办贷时间由 2－3 小时一笔缩短至 20 分钟一笔，试点成效明显。 至 2021 年 1 月 10 日试点结束，共评级成功 3114 户，发放贷款 2724 户，合同 36.15 亿元，贷款余额 23.94 亿元，其中首贷户 2066 户，合同 24.05 亿元，贷款余额 15.75 亿元，超额完成试点方案确定的 2000 户 20 亿元目标。 试点工作和“信用评级＋银行贷款”服务模式得到了中国人民银行行长易纲以及浙江省省长郑栅洁、原常务副省长冯飞、副省长朱从玖、高兴夫、陈奕君的批示肯定。

5.“家庭资产池”增信融资模式

2020 年，三门农商银行在台州银保监分局指导下，积极发挥台州全国小微金改试验区优势，充分调研本地乡村振兴发展实际，深化农村普惠金融改革，率全市之先创新推出“家庭资产池”增信融资新模式，在传统的房产、车产基础上，增加村经济合作社股权、林权、海域使用权、土地承包经营权、涉农补贴、代发工资、金融资产等要素，作为核定家庭综合授信额度的指标。贷款农户无须担保人，凭借上述资产，即可申请贷款，有效盘活农户“沉睡”资产，解决农户家庭资金需求。 同时针对农村普遍存在的“分家未分户”现象，将“一户一贷”初始授信模型人性化升级为“一池多用”模式，即多个家庭成员可同时按需提取“家庭资产池”授信款，为异地创业、应急支付等生产生活、生活场景提供更快捷的帮助，为乡村振兴注入资本“活水”，灌溉出一条农村金融改革促进共同富裕的三门路径。

四、展望未来

做小微，就是做未来。 站在"十四五"规划的新起点上，台州农信将坚持贯彻新发展理念，继续探索创新金融服务小微模式，做实全方位普惠金融，加大力度助推小微金改与民营经济高质量发展强市建设，努力成为"重要窗口"建设的金融标兵先行者。

第三篇
典型案例

制约小微企业和个体工商户融资难的核心问题就是小微企业缺信息、缺信用,因此解决问题的关键就是要解决信息不对称问题。台州市致力于缓解金融机构与小微企业之间的信息不对称问题,深化小微企业金融服务改革,建设金融服务信用信息共享平台、设立小微企业信用保证基金、推出小微金融指数、发展商标专用权质押融资。本篇展现台州市在小微企业金融服务改革领域的五个典型案例,介绍各项改革的主要做法,并展现了在服务小微企业方面取得的积极成效。

8

第八章 台州市金融服务信用信息共享平台

一、信息平台简介

平台是台州市建设全国"小微金改"创新试验区的重大项目，成立以市政府领导为组长，以在台州的中国人民银行、编办、信息中心、发改委、经信委、工商、财政、质监、国地税等 20 多个部门为成员的工作领导小组，着力打造完善的数据共享平台。 信息平台于 2014 年 7 月 29 日正式上线运行，基于数据共享，旨在为小微企业提供更优质的金融服务，破解其"融资难、融资贵"问题。 平台定位为非营利性机构，具有理念先进、定位准确、功能强大、持续性强、准确性高等特点，下设多个不同模块供银行、台州市小微企业信用保证基金、小额贷款公司等金融机构免费查询。 其发展历程共有 3 个阶段。

（一）平台定位

小微企业融资难主要是因为信息不对称，小微企业先天不足，没有足够的抵押物，没有规范可信的会计账目、缺少信用记录，因此加大了小微企业与金融服务机构对接的难度。 若要解决小微企业信息不对称问题，必须搭建一个充分共享的平台，实现信用信息数据共享。 信息平台的建立在破解信息不对称难题、降低银行获客成本、提升小微金融服务效率、引导企业珍爱信用、防范金融风险等方面起到了关键作用，是"小微金改"的重要一步。

(二)平台特点

1.理念先进

台州市政府于 2014 年设立了大陆首个完备的金融平台，以"数据共享"为基础，加强顶层设计，打破信息孤岛，构建了一个全国领先的、可持续的、能力强的、大数据应用先进的平台。

2.定位准确

信息平台基于金融机构的实际需求，以管用、有用、有效为出发点与立足点，研发平台系统构建，征集海量信息。

3.功能强大

信息平台通过对数据信息进行整合、关联、再加工与再利用，研发了强大的功能体系，切实保证信用信息发挥最大价值，有力提升用户体验感，避免因信息储存、陈列散乱而造成用户体验差、平台应用不理想、信息价值得不到有效发挥等问题。 平台免费的一站式查询更是切实降低了信贷获客成本。

4.持续性强

信息平台自成立以来，拥有强有力的党政力量支持、一整套制度机制的创新与完善以及人力、物力、财力的保障；建立了考核、通报、督查及评价机制，加强了各部门沟通协调。 从各种渠道收集企业相关信息（包括负面信息），使信息更加齐全，更有利于提高贷后管理效率，促使信息采集、更新、共享渠道更加畅通。

5.准确性高

信息平台利用安置"前置机"的方式获取数据信息，并且通过建立"三关联"机制，信息平台数据的准确性得到大大提升。

(三)发展历程

信息平台的发展历程可以分为三个阶段：一期建立并完善"一平台、四系统、三关联"的主体构架；二期增设信用评分、诊断预警等功能，对企业经营水平与风险状况实施动态评价、跟踪预警；三期落实信息采集机制，着重点在融资对接。 同时平台也在实际运作中不断完善自身功能，为能提供更好的服务而努力。 详见图 8-1 所示。

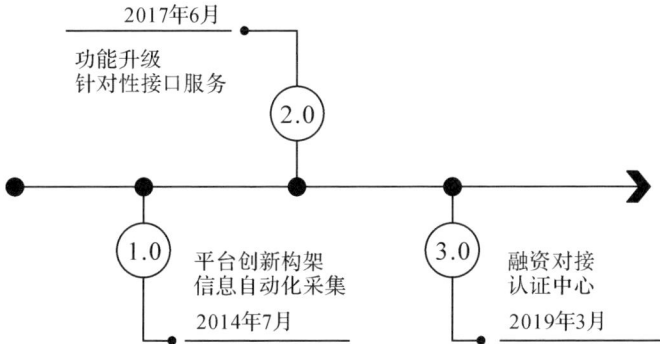

图 8-1　信息平台发展历程时间轴

1.信息平台 1.0

信息平台 1.0 于 2014 年 7 月 29 日正式启动上线，以"一平台、四系统、三关联"为主体构架体系，包含"基本信息系统、综合服务系统、评价与培育系统、风险预警与诊断系统"四个子系统，实现了"投资、融资、法人代表与企业"三关联，具备信用立方、正负面清单、不良企业名录库、自动评分、培育与风险预警等多种功能，征集整合了金融、法院、公安、地税、社保、国土、环保、建设、食药品监督、国税、工商、质监、电力等部门 1600 万条信用信息。 信息平台通过技术手段实现信息自动化与可持续采集，确保信息采集更新的及时性、准确性、完整性，形成了在理念设计、功能构建、技术应用、可持续能力，以及大数据整合等方面都具备全国领先水平的平台。

2.信息平台 2.0

信息平台 2.0 于 2017 年 6 月 20 日在二期升级中完善了功能，增设了信用评分、诊断预警等功能，对企业经营水平与风险状况实施动态评价、跟踪预警。 信息平台数据归集从初期的 12 个部门扩大到 15 个部门，数据项由 78 大类 600 多细项扩大到 81 大类 1100 多细项，包括用电量、用水量、纳税额、进出口额等体现企业经营状况的重要指标，信息量达 7758 万条，覆盖 57 万家市场主体。 同时，平台二期功能升级，使服务更有深度及效率、推送更加及时、定制接口服务更具针对性。 通力合作落实信息采集机制、完善信息平台功能建设，让信息平台在破解信息不对称、支持小微企业融资方面发挥更大的作用。

3. 信息平台 3.0

经过一年的准备周期，信息平台 3.0 于 2019 年 3 月 27 日启动上线，目前已试运行 6 个月。 平台三期主要包括四大系统：一是数据支撑系统，目前平台的数据已和台州大数据中心连接，已通过接口的形式向市大数据中心申请了 239 个数据接口；二是银企智能匹配系统，通过大数据分析，及时掌握小微企业的发展动态，并定期向银行推送有增长潜力的优质企业；三是银企融资对接系统，小微企业可以查询、搜索、浏览、咨询适合自身需求的金融产品及服务；四是统一认证中心系统，根据数据安全管理要求为后续业务开发奠定安全基础，建设统一认证中心系统，为下一步线上授权等工作做铺垫。 系统通过不断的修改和完善，各功能点已满足用户要求。 运行期间系统各项功能正常，运行稳定。

截至 2020 年末，三期平台累计归集信息总量为 4.09 亿条，已有 44 家金融机构入驻平台；银行发布产品 282 个，申请融资的企业数为 11 301 个，其中已获得企业融资数为 9935 个，企业融资需求总量为 528.46 亿元，实际融资发放金额为 194.33 亿元。

在未来，信息平台还将进一步拓展功能，从而更好地服务台州"小微金改"。 具体包括：加强部门数据整合，在对接市大数据中心的基础上对接市公共信用平台；强化平台应用功能，完善大数据分析功能，优化大数据风险预警功能；开发手机移动服务端，满足客户经理随时随地查询信用信息；平台迁移台州政务云，银行专线对接政务网。

二、信息管理流程

信息管理流程共有采集、使用及监管三个环节。 首先，在采集环节，平台通过前置机自动采集、人工采集双轮驱动,汇集县、市级政府各部门相关信息。 之后,平台通过建立统一规范数据格式的形式对数据做分类归集和呈现,并定期更新。 最后,各政府部门与银行等金融机构可通过平台一键查询所需信息,降低信息获取成本。 同时为保证数据安全性,平台采用双网布控与监管机制进行维护,贯穿全过程。 详情如图 8-2 所示。

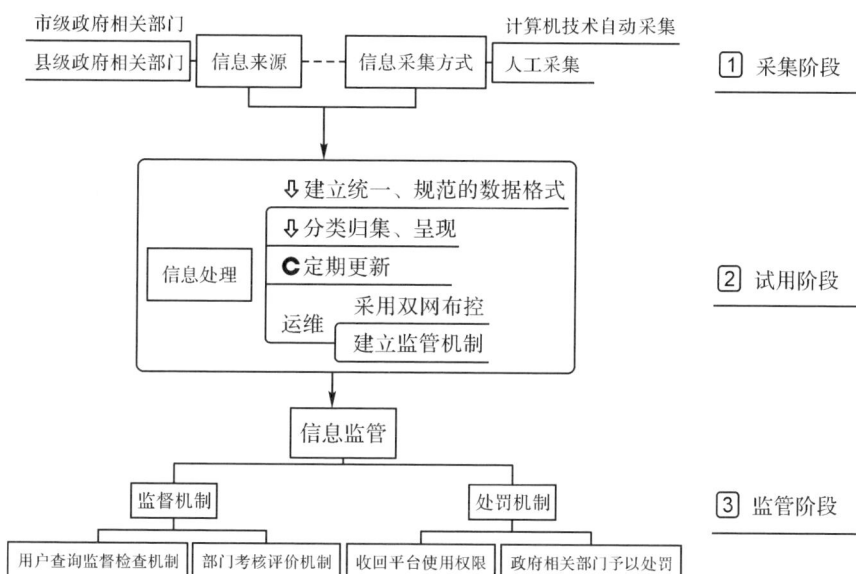

图 8-2　信息管理流程示意图

(一)采集环节——构筑双网布控体系

1.定位明确,服务实际金融改革

在数据采集阶段,准确的定位和清晰的建设目标,是平台成功建设的关键。 平台定位于金融服务改革,从金融机构的实际需求出发,以管用、实用、有效为出发点与立足点,确定信息采集重点与设计系统框架、功能,并以此为切入点,逐步拓展信息采集范围,实现数据共享。

2.前置交换,打通物理交换媒介

目前,由于信息采集技术的发展,加之平台相关的信息采集部门众多,在政务外网与银行金融局域内网的双网布控体系中,台州市人民银行主要采用

"前置交换"的方式采集信息。

这种方式就是以前置机作为物理交换媒介，建立 FTP 文件传输协议，使平台和信息被采集部门双方连通，把系统数据自动导入或手动导入这两台服务器的数据库中，双方通过这个中间的数据库进行数据交换，前置机负责将需要的数据缓存到对应服务器中。此方法大大提高了数据采集的效率，节省了时间成本和人力成本。如图 8-3 所示。

图 8-3　前置机运行流程图

3.采集多样,涵盖众多部门数据

该平台以汇聚市、县两级政府相关部门数据为目标，以"管用、实用、有效"为原则。截至 2020 年末，平台数据归集从初期的 12 个部门扩大到 30 个部门，包括发改、经信、科技、金融、税务、社保、国土、房管、市场监管、电力、水务等部门，数据项由 81 大类 1100 多细项增加到 118 大类 4000 多细项，包括用电量、用水量、纳税额、进出口额等体现企业经营状况等重要指标，信息量达 4.09 亿条，覆盖 69 万家市场主体。

4.采集维护,多方协同技术支持

在数据采集前，中国人民银行与各部门统一字段格式，以 Excel 格式导入，统一收集数据。虽然前置机精准高效，但当前置机数据格式不规范时，则将加入人工干预，重新规范格式。由于数据更新的速度较快，或者系统内部调整，数据表的物理结构也会发生变化，得到的数据也相应地产生变化。这时，就需要平台重新调整数据格式，及时更新数据。平台得到多家硬件、软件开发商的技术支持，但对于日常简单问题都由人民银行自行处理，不能处理的故障则找开发商处理。

5.双网布控,建立安全防火墙

平台采用"政务外网""金融局域网"双网布控、双网服务的模式，实现了物理隔离。 政务外网作为我国电子政务重要的公共基础设施,是服务于市场监管和公共服务等方面的政务公用网络。 政务外网支持跨地区、跨部门的业务应用、信息共享和业务协同,为数据采集提供强有力的支持。

金融局域网中的数据库与政务外网数据库或处理中心相连接,构成一个较大范围的信息处理系统,实现了文件管理与数据共享。 各部门通过政务外网向平台提供数据,平台再通过金融局域网为金融机构提供查询服务。 这种模式不仅实现了政府各部门与平台之间信息交换的自动化和可持续性,而且确保了海量数据的安全运行。

(二)使用环节——规范数据运行标准

1.规范格式,统一数据运行标准

在金融信用信息服务领域,要实现数据共享,为小微企业融资提供广泛、准确的信息,首先应建立一套统一的数据交换模式,从而规范数据格式,使用户尽可能采用规定的数据标准。 建立统一的数据运行标准,既便利了使用者进行信息查询,也有利于平台进行后台管理,迅速归集数据,统一字段格式,加速信息联动。

2.关联建立,全面高效信息匹配

"信用立方"是平台一大特色功能,它能通过一个企业或法人信息关联出一系列企业或法人信息。 平台通过关键字段名进行匹配,将多个关键字进行串联,寻找两个主体的共用信息,从而迅速完成信息匹配。 "信用立方"支撑起强大的信用信息记录库,为平台用户提供全面的信息。

3.部门联动,稳固平台数据使用

除统一数据运行格式外,信息平台还制定出相应的数据保护、产权保护规定,各部门间签订数据使用协议,打破部门间的信息保护,做到真正的信息共享。 为确保平台归集的数据安全,最大程度地避免信息泄露风险,信息平台创新改变传统的互联网查询模式,采用双网服务的模式,建立数据安全防火墙,实现了物理隔离。

为满足海量数据归集的需要,平台制定出专项管理办法,确保操作规范。

在用户管理上，要求遵循"谁创建、谁管理"的原则，明确各级管理员权限、管理员调整备案、密码管理等事项。 在信息查询上，要求金融机构在进行除贷后管理之外的其他操作时，应当事先取得信息主体的书面授权，建立查询登记台账，至少保存近3年的登记记录。 在安全管理上，明确金融服务信用信息中心对金融机构所有查询进行记录。

(三)监管环节——导入顶层设计体系

1.建立机制,统筹部门考核评价

为有效统筹平台建设，市政府建立了强有力的考核、通报、督查及评价机制，确保数据归集无障碍，同时还将平台工作纳入对各部门"法治政府"建设的重要考核内容，定期梳理各部门信息共享情况，将工作配合不力的部门以市政府督办的形式进行督查，加强约束。

2.事后监管,重视防范违规操作

平台建立查询使用监督检查机制，通过各金融机构向中心报备的用户情况和后台留下的查询记录及痕迹，定期对金融机构的用户开设情况、安全管理情况、查询使用情况进行检查，对于严重违反平台管理规定、违规查询平台信息的金融机构采取禁止其使用平台查询权限的处罚。

小微企业的快速发展使信息平台日益成为小微金融信用体系建设的要点。 但是，国内金融信用信息体系的短板日益凸显，征信市场需要实现立体化、全息化，从而对人民银行征信体系形成有效补充。 信息平台通过大数据、征信服务化、信用信息共享三大主线创新自身征信体系，为完善征信市场探索了可行之路。 详见图8-4所示。

图 8-4　信息平台三大主线

三、数据共享模式

信息平台作为试验区建设的重点项目与重要一环，在市政府与中国人民银行高度重视下全力推进，建立了以"一平台、双网络、三关联、四系统、五机制"为结构的创新框架。其中"三关联""四系统""五机制"较为重要，尤其是"评级与培育系统""风险预警与诊断系统"以及"不良名录库功能"在很大程度上解决了银行授信问题，帮助更多的优质小微企业解决了"融资难、融资贵"问题。如图8-5所示。

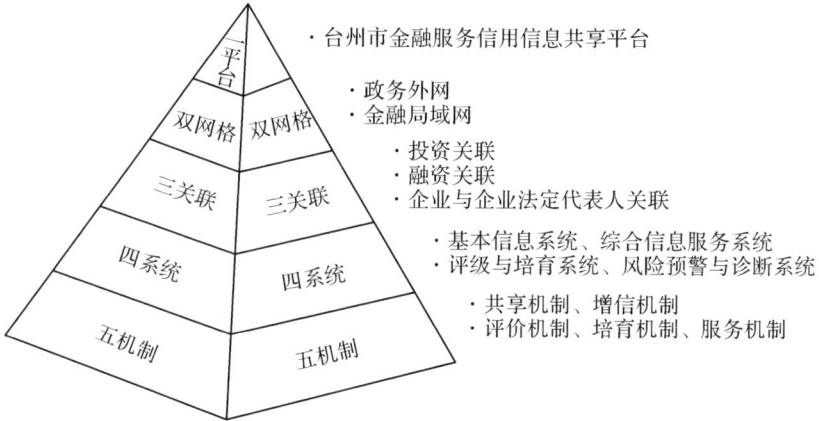

图 8-5　数据共享模式图

（一）一平台

信息平台以"数据共享"为基础，运用技术手段实现对1100多细项的数据归集，旨在破除信息不对称，解决小微企业融资难、效率低的问题，助力台州市"小微金改"试验区的建设，并建立了专项管理办法和事后监管制度，确保信息价值。

信息平台使用者可通过搜索栏对企业名称、工商注册号、法定代表人、股东信息以及经营地址等进行精确搜索或者模糊搜索，查询相关企业的全部信息，大大缩减了时间，提高了工作效率。如图8-6所示。

图 8-6　台州市金融服务信用信息共享平台

（二）双网络

1.政府外网

平台采用了"政务外网"和"金融局域网"双网布控、双网服务的模式，实现了信息物理隔离。其中，政务外网作为我国电子政务重要公共基础设施，是服务于市场监管和公共服务等方面的政务公用网络，支持跨地区、跨部门的业务应用，以及信息共享和业务协同，并且也为数据采集提供强有力的支持，将平台布控在电子政务外网上，与政府相关部门业务网进行桥接，通过电子政务外网为政府部门提供服务。

2.金融局域网

金融局域网中的数据库与政务外网数据库或处理中心相连接，构成了一个较大范围的信息处理系统，实现了文件管理与数据共享。各部门通过政务外网向平台提供数据，平台再通过金融局域网为金融机构提供查询服务，这种模式不仅满足了金融机构多用户并发查询服务与其他信息服务的需求，而且确保了海量数据的安全运行。

（三）三关联

平台的"三关联"是指融资关联、投资关联、企业与企业法定代表人关联。 融资关联是指银行与企业、担保与被担保、集团内部之间的关联。 投资关联是指企业与企业、企业与股东、股东与股东之间的关联。 企业与企业法人关联是指根据台州小微企业法人家庭财产与企业无法分割，以及法人常常以个人名义的贷款投入企业运行中的特点，将企业与企业法人关联起来。

（四）四系统

1.基本信息系统

基本信息系统是指通过将企业的基本信息数据进行归集所形成的系统，包括上市企业及小微企业的基本信息、部门信息和变更信息，主要有企业登记信息（包括企业名称、法定代表人、企业类型、住所、成立日期等）、企业股东结构明细、企业股东变更信息、企业税务信息（包括地税以及国税）等基础信息。 平台使用者可以通过对基本信息的查询，初步掌握并判断企业的经营状况、资金使用状况等。

2.综合信息服务系统

综合信息服务系统通过企业授权归集了关于上市企业和小微企业的综合信息、正负面信息，使金融机构能够"一站式"查询散落在各部门的重要信息，这是对基本信息系统的补充，在基本信息的基础上增加采集企业授信贷款信息、用电信息、环保信息、进出口信息、国土局信息等数据，通过各种明细和趋势图更加清晰明了地向平台使用者展现企业的经营信息，并且在此系统下设置的不良名录库功能，在很大程度上避免了银行等金融机构出现坏账的情形，确保无骗贷情况的发生。 不良名录库功能的设置，是因为不良信息对企业影响较大，系统将全部存有不良信息的企业进行归集，分地区、行业、金融机构整体把握不良情况，出示关停、贷款不良以及进出口 B、C 类等不良企业名称，并且可通过整个行业的不良情况来判断企业出现不良的概率。

3.评价与培育系统

信息平台在评价与培育系统下设三项功能——信用报告、培育池管理和评价统计。 为发挥信用信息价值的最大化，加强对信用信息进行再加工、再利用，提升信息增值能力，信息平台在二期创新上建立了金融、经信、上市、商务、科技、质量、市场等综合培育池。 子系统导入企业第三方信用报告，并筛选出信用良好的企业进入培育池，通过创新综合的培育、扶持体系，推动小微企业做精、做专、做强和转型发展，打造一批行业小巨人。 如图8-7所示。

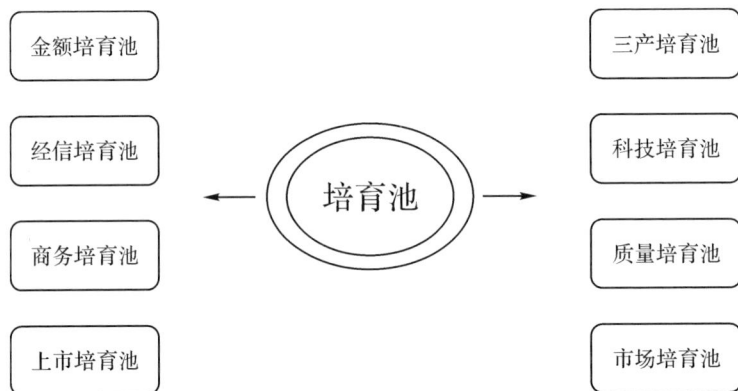

金额培育池		三产培育池
经信培育池	← **培育池** →	科技培育池
商务培育池		质量培育池
上市培育池		市场培育池

图 8-7　平台培育池功能

平台利用大数据技术建立通用小微企业风险评估模型，通过按月检索出系统内金融企业的所有数据信息，以及实施动态、自动信用评价、排序等方法，将数据提供给金融机构参考。 风险评估模型根据评分模型的数据区间对企业信用得分情况进行评级，共分为10个等级，其中信用等级最好的为一级；以此类推，十级为最差。 除此之外，该评分统计功能还可在不同行业之间进行信用排名，同时也可对行业内所有企业信用评级排名进行查询，从中判断出所查询企业在全行业内的信用排名，以及该企业所属行业的信用排名情况。 此项评价结果作为金融机构发放贷款的重要参考依据，为金融机构开展业务提供精准支持。

4.风险预警与诊断系统

在风险预警与诊断系统下设立信用立方、经济分析、诊断预警三个功能键。

信用立方功能，实现了融资、投资、企业与企业法定代表人三关联，即通过银行与企业、担保与被担保、集团内部之间的融资关联，可以总体判断企业授信总量、贷款集中度、担保等风险问题；通过企业与企业、企业与股东、股东与股东之间的投资关联，可以把握企业及其关联企业、股东的整体情况；同时考虑到小微企业法定代表人家庭财产与企业无法分割，法定代表人常常以个人名义贷款投入企业中的特点，将企业与企业法定代表人进行关联。

诊断预警功能通过筛选违规违法信息、纳税用电等经营趋势信息、关联企业风险信息、信用评分波动性等重要监测指标，构建风险矩阵模型，动态监测企业风险状况。该预警分四个层次，若企业不良情况以及信用评价情况都达到预警标准，则为一级战备；若企业在不良情况及信用评价两方面符合一项预警标准，则为二级战备；若企业的不良情况及信用评价都只是较差水平，则为四级战备。除对企业风险状况进行自动预警之外，系统还会将预警结果按月向金融机构自动推送触发风险预警的企业，对金融机构防范风险发挥了极大的作用。

（五）五机制

在一平台、双网络、三关联、四系统的架构基础上，平台增加的五种机制进一步深化了平台产生的成效，衔接了小微企业的可持续发展。"五机制"分别指共享机制、增信机制、评价机制、培育机制、服务机制。共享机制指平台的数据共享方式。各部门将完善且及时的信息共享给平台，平台运用先进的自动化采集技术收集海量信息，再经过筛选归集，细致地将信息共享给社会各企业及金融机构。增信机制是指改善企业信用水平，进一步打造优良的信用金融环境。评价机制即通过完善的信息对企业信用等级、内部法人信息等因素做出等级评价，定期报送给信保基金、银行等金融机构，帮助小微企业获得更多融资机会。培育机制即对信用优良企业进一步孵化和培育。服务机制指对小微企业的融资帮助服务、金融机构的信息查询服务、信用环境的优化服务，使得从小微企业到整个社会信用环境都形成良性发展，激活信息链。

四、模式比较分析

(一)欧美模式比较

关于数据共享,起源较早的欧美主要有市场主导和政府主导两种模式,台州结合自身实际,在汲取前人经验的基础上开创"台州模式"。 如表 8-1 所示从主导类型、目的、服务对象、风险监管、评价体系以及培育机制六个方面对两者进行比较。

表 8-1　台州模式与欧美模式比较

	欧美模式	台州模式
主导类型	美国为自下而上的市场主导 欧洲国家为自上而下的政府主导	自上而下的政府主导 积极应对需求
目的	消费者权益最大化	破解信息不对称
服务对象	个人、小微企业以及银行等第三方服务商	小微企业,信保基金以及银行等金融机构
风险监管	美国是技术驱动型金融科技发展的限制性监管;欧洲国家由于缺乏市场与技术,适合主动型监管	双网布控方式 不良名录库 风险预警与诊断系统
评价体系	无	星级评定系统
培育机制	无	培育池系统

(二)台湾模式比较

从 20 世纪 70 年代开始,中国台湾地区已构建起以商业银行为主体、信用支撑为基础全方位的小微企业金融支持体系,这是较早出现数据共享模式的地区。 中国台湾地区采取了以政府为主导自上而下的数据共享模式。 台北市政府为推行政府开放数据政策,以便利人民共享政府数据,整合台北市政府各机关的开放数据,将数据查询及使用说明集中于单一人口网站——台北市政府开放数据平台。 如表 8-2 所示。

表 8-2　台州模式与台湾模式比较

	台湾模式	台州模式
主导类型	自上而下的政府主导	自上而下的政府主导 积极应对市场需求
目的	提供其他机关或公众作增值再利用	破解信息不对称
服务对象	社会公众、小微企业以及银行等第三方服务商	小微企业、信保基金以及银行等金融机构
风险监管	政府主导,以商业银行为主体、以信用支撑为基础的全方位金融支持体系,整合各市级机关开放数据	双网布控方式 不良名录库 风险预警与诊断系统
评价体系	无	星级评定系统
培育机制	无	培育池系统

(三)小结

通过将部分地区的数据共享模式进行比较,可以看出"台州模式"优势显著。"台州模式"受众更为具体,可针对性地为金融机构及小微企业提供金融信息服务。在风险监管方面,"台州模式"所采取的风险预警与诊断系统构建了风险矩阵模型,实时监控企业风险状况,及时预警,有效防范融资过程中的金融风险。此外,其评价体系与培育机制更是开创了先河,延伸小微企业融资帮扶链,形成良性循环,为"小微金改"做出了极大贡献。

五、助力小微金改

在政府的有力主导下,平台在助力"小微金改"方面取得了很大成效。一方面,平台的各项功能成功串联了政府、企业和银行三方,使其信息联动紧密,共荣发展,从而帮助许多优质的小微企业成功融资。另一方面,平台扶植许多小微企业蓬勃发展、欣欣向荣,为政府区域政策模拟、打造"信用台州"提供了有力支持,稳步推进了台州"小微金改"试验区的筑建,形成了富有台州特色的"小微企业文化",着力提供了更优质的地方金融服务,也为其他地区搭建此类平台提供了行业范本。

(一)微观成效

在微观层面，信息平台既是金融机构查询企业信用信息的有效渠道，又是其接收企业信贷产品需求的媒介，通过数据共享解决了金融机构与小微企业之间由于信息不对称问题所导致的融资难、风险高等问题，提高了信息价值。 信息平台也是企业申请融资产品的重要途径，并利用创新综合培育体系扶持初创企业，提升其申请资质，降低企业融资成本。 通过为金融服务机构与企业提供沟通渠道、服务购买、资源聚集等方式，平台创新了金融服务模式，改善了小微企业的融资环境，从而加强了小微企业融资能力，帮助其做出融资选择，使融资结构趋于合理。

1.信贷服务

银行是经营货币的企业，它的存在方便了社会资金的筹措与融通，是金融机构里非常重要的一员，是当前中小企业融资的重要来源，对帮助其活跃发展具有重要作用。

在政府通过职能作用，规划和调整对商业银行以及证券公司发展政策的基础上，信息平台通过与各大银行端合作，打通了金融局域网。 银行在为小微企业提供贷款前可先进入平台查询该企业的法人信息、信用评分、资产负债状况等关键信息，正负面两头抓，通过平台整合的现有综合信息报告对企业精确画像，从而有效判断其信用情况。 在平台一站式查询后，银行可形成对该企业的金融风险判断，进而对信用较好的企业提供高于同档企业 3％－15％的利率优惠。

银行无须前往企业拜访调查或是前往相关政府部门逐一调取所需信息，所有内容均可在平台直接免费查询，大大降低了银行获客成本。 在向企业提供融资后，银行根据平台对该企业后续的动态跟踪记录监测企业还贷风险。以大数据分析应用为基础的"评级＋辅导"的信用服务模式，辅助银行进行风险判断，评级共分为 10 级，6 级以上企业银行需谨慎考虑为其提供贷款，8 级以上企业银行将拒绝为其提供贷款。 根据平台提供的关联企业风险信息、信用评分波动性等重要监测指标及构建的风险矩阵模型，动态监测企业风险状况，银行可按月接收平台推送的触发风险预警企业，有效降低损失。

　　并且，银行按照企业客户在平台发布的融资申请瞄准目标客户进行抢单，优化自身融资产品，推进普惠金融商业化、数字化运作，针对性地为后续小微企业提供优质融资服务。 同时，银行定期浏览平台更新的培育池名单与星级信用评分企业，筛选优质客户源，寻找与自身产品相匹配的企业客户。如图 8-8 和图 8-9 所示。

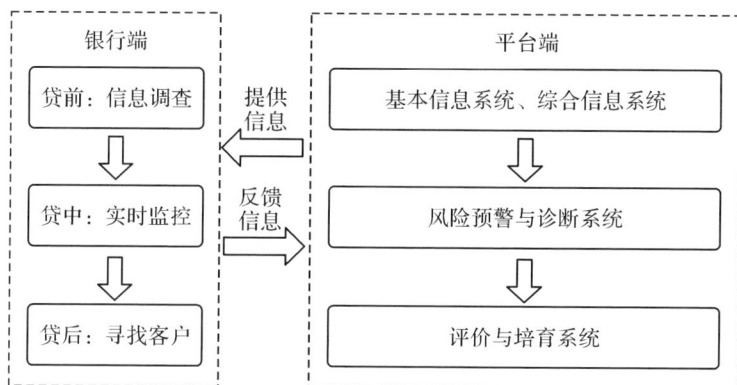

图 8-8　信贷服务运行机理

　　通过分析银行机构对平台的使用流程及价值链机理，可总结出以下由平台带来的信贷服务成效。

　　一是提供贷前调查依托。 平台通过加强信息整合关联、综合信息报告，有效打通了原本孤立的信用信息源，使得银行能准确、有效地判断企业信用情况。 截至 2020 年末，平台共开设查询用户 2541 个，累计查询量 1099 万笔次。 据不完全统计，台州平均 95％以上的小微企业贷款发放前使用过该平台。

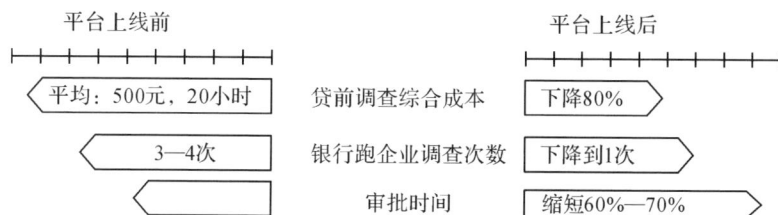

图 8-9　银行获客成本降低的具体体现

二是降低银行获客成本。 平台"一站式"调查，可以有效预警识别金融风险，信用较好的企业能够比同档企业获得3％－15％利率优惠，降低了银行获客成本及小微贷款价格。

三是提升小微企业融资效率。 通过平台的一站式查询，切实提升了小微企业融资效率。 若不借助平台，新企业客户向金融机构从申请到放贷平均需要1－2周，借助平台后，企业获得贷款平均只需要3个工作日；老企业客户原先需要2－3个工作日，现在当天即可完成，在申请的时间效率上大大提升。 节省的贷款成本也转化为企业贷款利率的优惠，减少明显财务资源浪费。 同时，当地小微信用贷款比例逐年上升。 截至2020年末，企业信用贷款占全部企业贷款18.2％，较2014年上升9个百分点；小微企业贷款占企业贷款46％，小微企业（含个人经营性贷款）占全部贷款47.95％。

2.担保服务

台州市小微企业信用保证基金（以下简称"信保基金"）在信息平台数据服务的基础上，于2014年成立，由台州政府和当地数家银行共同出资设立。截至2020年末，基金规模达15亿元，是国内首个地级市政府与合作银行共同出资成立的政策性信用保证基金，也是"小微金改"下金融创新的典范之一，旨在为小微企业提供优质间接担保服务。 如图8-10所示。

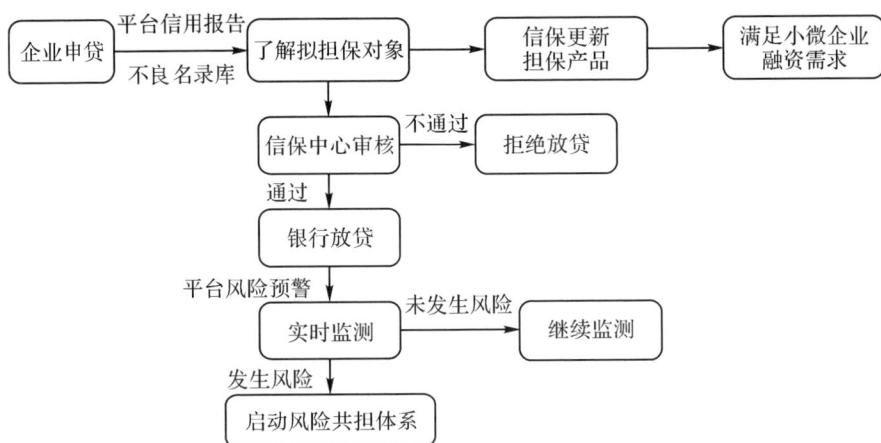

图 8-10 担保服务运行机理

平台对企业实施动态的信用评分，成为信保基金开展业务的精准支持。

一些初创企业没有资产抵押，找不到担保人，信用记录缺乏，"首贷难"的问题一直存在。许多财务数据不足但信用良好的小微企业可以向信保基金申请基金担保，银行协助其申请保证。平台信息每月甚至更短时间内的及时更新，使得信保基金可通过平台查询企业信用报告与不良名录库，从而查询了解拟担保对象。同时，"一站式"查询有效降低了信保贷款成本，压缩拟担保对象保证审核时间，通过授信，移送保证通知汇缴保费，更快联系银行为企业进行放贷。

通过收集小微企业归集在平台的信用信息与企业端融资申请，信保基金不断更新产品，推出专项服务产品以及时满足小微企业不断变化的融资需求。同时，信保基金在采取与银行风险共担、与省担保集团风险分担模式的基础上，对接平台，利用培育池与预警判断系统，进一步构建完善多元化的小微企业融资风险共担体系。

平台信息对金融机构免费开放，因此信保基金可精准自身定位，将服务回归到"非营利性"准公共产品上。一方面，引导合作银行加大对零信贷企业、轻资产企业的支持，帮助小微企业降低融资门槛；另一方面，通过限制合作银行贷款最高利率为小微企业有效降低融资成本，使信保基金的融资担保服务更能体现普惠性和政策性。

通过分析信保基金对平台的使用流程及价值链机理，可总结出以下由平台带来的担保服务成效。

一是降低金融机构贷款成本。据调查，台州市信保基金借助平台向小微企业及个体工商户发放的贷款年化综合成本较普通贷款低 2—3 个百分点，通过构建完善多元化的小微企业融资风险共担体系，将进一步分担小微企业及个体工商户贷款成本，增强小微企业融资信心，减少因贷款成本引发的企业资金链断裂问题，有效防范区域性金融风险，从而促进政府、银行、企业三方实现互惠互利、合作共赢。

二是提升小微金融服务效率。信保基金全部借助平台查询与了解拟担保对象，使更多财务数据不足但信用良好的小微企业及个体工商户获得银行贷款。截至 2020 年末，信保基金已为 1918 家小微企业发放保函，累计担保授信金额 15.87 亿元。由于平台提高了贷前调查效率，小微企业获取贷款将更为便捷。

三是降低不良贷款率。 平台通过全国领先的大数据分析应用和"评级＋辅导"的信用服务模式，辅助金融机构进行风险判断。 平台关联了企业重要监测指标，从而动态监测企业风险状况，按月向金融机构推送触发风险预警企业。 截至 2020 年末，全市银行业金融机构不良贷款率为 0.68%，关注类贷款比率为 0.51%，资产质量居全省前列，其中，小微企业不良贷款率为 0.43%，信用综合指数在全国 259 个地级市中位居前列。

(二)宏观成效

1.金融环境:信用台州

信息平台的建立在银行、企业及政府三者之间构建了一个信息互动交流的通道。 由于信息平台的推广，信用信息查询成为台州所有银行贷前调查、贷中审批和贷后管理的必经环节，有效破解了银行与企业信息不对称问题，引导企业珍爱信用，形成了"信用好—易贷款—更重信用"的良性循环。

企业的社会信息（平台数据来源于法院、公安、地税、社保、国土、环保、工商、电力等 15 个部门的信用信息）变得公开透明，有助于政府监督职能更好地履行，从而使企业增强自身诚信建设，台州的金融环境因此得到极大的改善。 如表 8-3 所示。

表 8-3　平台数据来源

市场监管部门 445.27 万	国税部门 3216.33 万	地税部门 1085.77 万	质监部门 26.71 万	水务部门 716.16 万
药监部门 9.1 万	人社部门 892.23 万	环保部门 2.70 万	法院部门 81.61 万	金融部门 328.22 万
房管部门 319.57 万	公安部门 265.97 万	电力部门 1423.48 万	国土部门 137.41 万	海洋渔业部门 0.16 万

截至目前，台州已推动 3000 多家企业信用评级，授信担保 19.7 亿元；累计培育 1430 余家规范进出口行为工作达标企业、1140 余家海关认证企业，形成了"源头防范"的台州做法，获海关总署、全国打私办的高度肯定。

目前台州市在全国城市信用监测排名中列第 41 位，并正积极创建国家社会信用体系建设示范区，"信用台州"的金名片传播得更远。

2.行业参考价值

信息平台的成功建设吸引了多个地区的考察队前来学习经验，这与台州自身小微企业的生长特点及金融环境密切相关。台州小微企业数量多，融资需求大，金额相对较小，市场信任度相对较高，银行放贷相对宽松。而有些地区小微企业生长具有其特殊性，因此一些地区在吸收了台州经验的基础上进行适合自身的平台建设。例如，绍兴上虞、义乌、宁波、杭州等地区都先后启动平台建设，已取得良好效果。

浙江省中小企业融资和信用服务平台是省内一家集融资服务、企业展示、信用公示、机构评级等功能的平台，服务于省内中小企业。如图 8-11 所示。

图 8-11　浙江省中小企业融资和信用服务平台

宁波中心支行也积极开展平台建设，致力于四个目标：一是加强沟通协商，切实保障平台数据的完整性和更新及时性；二是强化评分模型设计，确保信用评价结果的科学性和准确性；三是扩大信息覆盖的地域范围，更好地实现风险提示和预警功能；四是研究制定《宁波市普惠金融信用信息管理暂行办法》。

2020 年底，台州市公共信用信息平台完成第三期建设，构建了信用信息管理平台、"信用台州"门户网站、"信用台州"移动端三大载体，形成了信用共享、信用服务、信用分析、信用监管、信用奖惩五大核心系统。目前，该平台已归集全市 49 个部门、600 多万家主体、2.5 亿条信用数据，系统日均信用服务量达 2000 余次。

3.政府区域政策模拟

平台为全国首个"小微金融指数（台州样本）"编制提供数据支持。 小微金融指数（台州样本）的指数基础数据来自平台的数据库，从近69万家在册企业中筛选出34万家小微企业有效样本，运用大数据方法，采用全样本分析编制而来。 综合利用小微金融指数，根据路径识别结果与具体变量情况，基于变量的可调控性和各个二级指标变化的主要因素，从企业成长、金融服务、信用环境模拟政府及有关部门如何做出决策以及决策的实施结果，为台州小微金融的发展发挥关键的作用。

六、启示

信息平台自2014年上线以来运行良好，在解决小微企业融资过程中的信息不对称难题上成效显著，并推动了台州社会信用体系的建设。

作为全国金融服务创新模式，信息平台为金融机构控制信用风险，缓解小微企业融资难问题打开了一扇窗。 平台在优化信用环境的同时，也推动了商业银行的发展，积累了特色鲜明的台州经验。 在提高商业银行对小微企业融资服务方面，平台成功走出了一条"大银行"服务"小企业"的新路子。同时平台为全国提供了"可复制、可推广、可持续"的样本模式，并总结出以下启示。

（一）平台准确定位

目前，不少地区都已着手搭建信用信息服务平台，并取得了一定成效。但从总体上看，平台大多定位模糊，可持续力弱，基本停滞在平台建设的雏形阶段。 有些地区平台建设贪大求全，建成了政府文件发布平台或仅为政府内部管理使用的平台，没有基于金融机构的实际需求来确定信息采集范围、研发平台等等。 因此，平台应明确定位服务于小微企业融资难问题，并进一步完善信息采集范围，加强相应技术手段以及系统研发，才能使平台持久续航，发挥最大效能。

（二）部门联动配合

建立信息平台，需要涉及金融、法院、公安、地税、社保、国土、环保、建设、食药品监督、国税、工商、质监、电力等部门的数据支持，以使数据信息的使用者能多方面获取相关企业信息，从而满足其分析、管理、决策的需要。 而在保障数据信息全面性的前提下，还必须保证数据信息的及时性与准确性，这就需要数据提供者对日常信息进行及时维护，同时根据数据信息的适用要求不断完善信息录入的内容，从而满足数据采集原则，保证数据的可使用价值。 因此，建立、维护平台，改善金融信用环境，需要多部门的配合与支持。

（三）政府持续参与建设

任何环境的建立与保护都离不开监护者与管理者的参与，作为区域金融服务改革的监护者与管理者，地方政府有这种责任，同时地方政府也是最具这种特质性功能的参与者和建设者。 由于小微金融市场所具有的风险性与不可控性，需要具备较强的协调能力，以及具有强制效能的角色来把控环境建设的实施，保障相应工作的顺利落实。 此外，政府支撑力应当持续注入，使得信息平台的运营保持生机与活力。

在地方政府的积极倡导下，一种"鲶鱼效应"得以产生，使政府在其中起到激活融资双方的作用，达到区域金融市场良性运行，形成资金"洼地效应"，促成企业、银行、政府共赢的社会效果。

（四）打造政银企多赢格局

通过信息平台的建立，企业因自律性增强，更加注重对自身信用的维护，信用意识获得提升，从而增强银行的信任度，获得银行资金的鼎力支持，为企业带来更强的经营活力与经济效益；银行因金融生态环境的改善，经营风险大大降低，抗风险能力不断增强，为信贷主营业务带来可持续的盈利增长，使机构各项经营指标得到良好实现；政府因金融业的良好发展，带来当地经济的稳步发展，GDP 增长速度、财政收入以及城乡居民收入均将高于金融业发展滞后地区，形成企业、银行、政府多赢的局面。

9

第九章　小微企业信用保证金

台州市作为国家级"小微金改"试验区，为解决小微企业"担保难、担保贵"问题，更好地推动普惠金融发展，2014年11月24日，在台州市政府的主导下，台州市借鉴"台湾模式"设立了小微企业信用保证基金，并成立了台州市信保基金运行中心。

一、台州信保基金成立背景与基本情况

(一)成立背景

1.台州小微企业融资困境

长期以来，台州小微企业存在融资难、融资贵的问题。小微企业的会计制度不规范、经营透明度低等因素导致银企信息不对称，使银行出现"惜贷"现象，从而使得企业难以从正规金融机构获得融资。此外，虽然有民间担保机构，但小微企业通常无力承担昂贵的担保费用。盲目担保、抱团联保致使小微企业存在担保难问题。由于小微企业普遍缺乏可用于贷款的抵押资产，因此互保联保成为台州较为普遍的借贷担保方式。但近年来民间借贷纠纷频发，小微企业不愿加入高风险的担保链中，因此不愿找人担保。担保人多出于主观情面提供担保，但往往对借款企业的借款用途和经营现状缺乏足够的

了解，一旦借款人无力偿还债务，担保人将承担相应的责任，因此小微企业不愿意替人担保。

2."小微金改"试验区

台州在小微金改的创新之路上已实践多年。 2011 年，台州市政府形成了把台州创建为全国小微金改试验区的初步设想；2012 年，市政府组织力量开展了深入的专题研究，小微金改创新的总体思路、框架和方案得以形成；12月，台州获批浙江省小微金改试验区；2013 年 10 月，浙江省政府向国务院上报台州创建全国小微金改试验区的总体方案；2015 年，国务院同意台州建设国家小微金改创新试验区。 台州信保基金的设立正是台州小微金改在实践探索中的一大亮点。 "小微金改"试验区进程如图 9-1 所示。

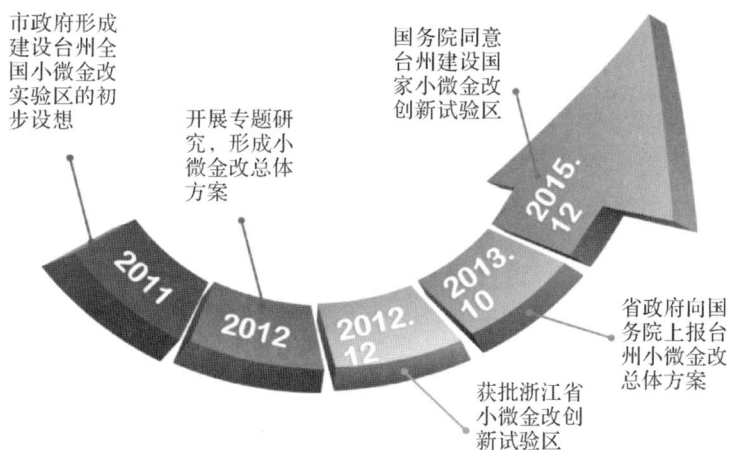

图 9-1　浙江省台州市"小微金改"试验区进程

3."台湾模式"的借鉴

中国台湾地区的中小企业是台湾地区经济的主力军，为台湾地区经济的发展做出了重要的贡献，其发展同样受到担保难、融资难的限制。 为了改善中小企业的融资环境，台湾地区于 1974 年设立了中小企业信用保证基金，以扶持担保不足但有发展潜力的中小企业。 至今，台湾地区中小企业信保基金已取得了显著的绩效，一再获得国际好评。

台州与台湾地区具有高度相似的经济结构与环境，为了破解小微企业担保难的困境，台州政府以海峡两岸小微金融发展论坛为契机，与中国台湾地区展开交流，充分借鉴台湾地区信保基金的成功经验，成立了台州信保基金运行中心。台州信保中心效仿"台湾模式"坚持政府的主导地位，采用市场化的运作方式，与银行密切合作并分担风险，并且收取较低的保费以保证内部基金的长效运作，加大政府支持力度拓展资金来源。

（二）基本情况

台州市信保基金融资担保有限责任公司（以下简称"台州信保基金"）是由台州市小微企业信用保证基金运行中心改制而来，运行 6 年多来，充分发挥政策性融资担保机构作用，有效缓解了小微企业融资难、融资贵问题，提升了辖内小微企业融资的获得感和满意度，形成了以"和谐、合作"为特色的"和合担保"模式，其成功经验已在全国多地得到推广复制，被浙江省财政厅、浙江省地方金融监管局认定为浙江省首批政府性融资担保机构。

1.成立之初

2014 年 11 月 24 日台州信保基金正式成立。它开创了我国地级市政府出资与银行捐资成立政策性信用保证基金的先河。信保中心的服务对象为优质成长型小微企业，采用间接担保的方式运行，风险由信保基金与合作银行共同承担。初始合作银行共有 7 家，分别为台州银行、浙江泰隆商业银行、浙江民泰商业银行、椒江农村合作银行、黄岩农村合作银行、路桥农村合作银行以及浙商银行台州分行。

2.资金来源

台州信保基金初始规模为 5 亿元，由政府出资和金融机构捐资组成，其中市、区两级（包括台州湾循环经济产业集聚区和台州经济开发区）政府出资 4 亿元，7 家合作银行捐资 1 亿元。2016 年 5 月份以来，台州信保基金在基金规模、地域覆盖范围、合作银行方面进行了扩容。资本金扩充至 10.0779 亿元，其中政府出资 8.15 亿元，银行捐资 1.9279 亿元。2020 年，台州信保基金入选国家融资担保基金首批股权投资对象。11 月 20 日、12 月 17 日分别与国家担保基金、省担保集团签约，获国家和省级各 0.8 亿元共 1.6 亿元注资，资金规模扩充至 11.6779 亿元。

3. 组织架构

成立之初台州信保基金的人员为 11 人，现已发展为 75 人。 台州信保基金设立理事会，实行理事会领导下的总经理负责制，理事会负责制定基金的战略规划、经营目标、重大方针和管理原则等，并设有审核委员会。 台州信保基金实施法人治理和企业化管理，台州市信息基金运行中心组织架构如图9-2 所示。

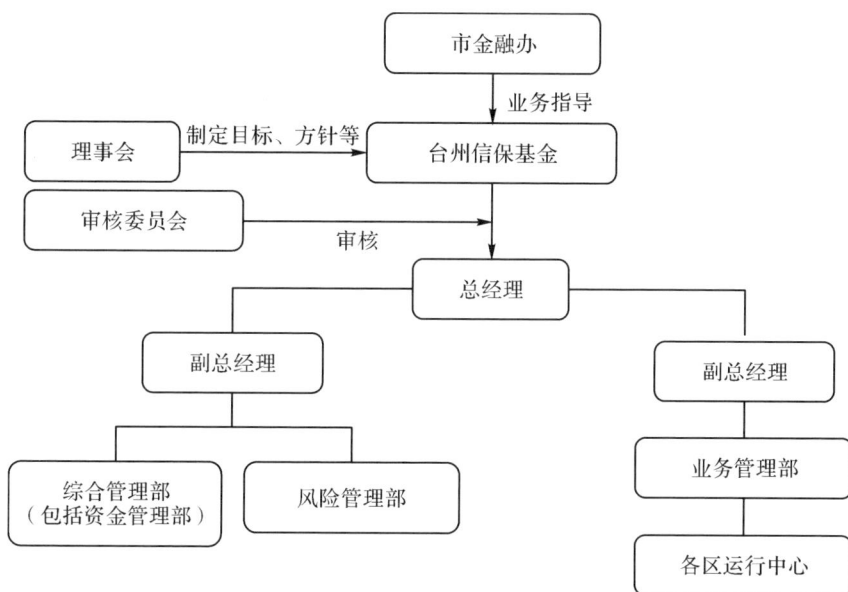

图 9-2　台州市信保基金运行中心组织架构

4. 公司化改制

2020 年，台州信保基金积极落实市政府相关文件要求，在主管部门的指导下，顺利完成公司化改制，将资本金、业务、人员全部转入台州市信保基金融资担保有限责任公司，开展公司实体化运作。 公司化运行后，台州信保基金建立了董事会、股东会、监事会和经营层，"三会一层"尽职归位，相互协调，相互配合，有效实现制衡。

(三)核心内容

台州信保基金以间接担保的方式展开日常业务,并结合相关政策以及行业需求,推出了专项服务产品。

1.间接担保

台州信保基金采取间接保证的方式。由银行协助借款人向台州信保基金申请基金担保,台州信保基金审核同意后,银行发放贷款。一旦担保贷款出现风险,台州信保基金和银行将按 8:2 的比例承担损失。如图 9-3 所示。

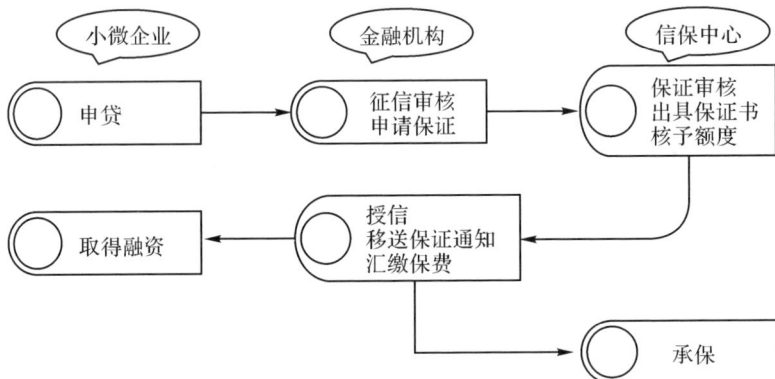

图 9-3　间接担保流程图

2.专项产品

台州信保基金除常规担保业务外,还推行了专项服务产品。

特定群体专项产品。台州信保基金根据市政府对高层次人才的"500 精英计划"扶持政策,出台了"500 精英计划"专项产品;根据政府对创业人群的"创业担保贷款"政策,推出"创业担保贷款"专项产品,大学生创业人群、退伍军人等重点人群享受"零费率"。2016 年 11 月 3 日推出至今,累计担保授信 13.51 亿元,省内排名领先。

特定政策专项产品。针对"三农"群体研发出"农户担保贷款"产品。自 2018 年 6 月推出以来,至 2020 年 12 月末,累计承保 48.77 亿元,服务农户 11 533 人,在保余额 22.06 亿元,在保户数 7217 户,户均在保 30.57 万元,普惠服务"三农"群体效果显著。

特定企业专项产品。　台州信保基金在结合市金融办出台的扶持企业培育上市的相关政策后，推出了"省股交中心台州小微板"专项产品，近期还对接台州市场监管局推出了"守合同、重信用"专项；对接市金融办推出"上市企业"专项。

特定行业专项产品。　台州信保基金定制了模具行业专项产品，为符合条件的模具产业业务对象提供专项担保。

特殊业务服务产品。　针对企业抵押品不能全额抵押的问题，根据合作银行的业务需要，推出不动产余值担保产品，使企业不动产抵押业务能按评估价足额获得融资。

(四)业务发展

成立至今，台州信保基金的业务规模不断扩大，同时展开了合作银行和区域的扩容活动。

1.担保业务发展迅猛

截至 2020 年 12 月末，台州信保基金累计担保授信 47 589 笔，承保金额 448.82 亿元，服务企业 24 591 家，在保余额 105.06 亿元，业务成倍增长。如表 9-1 所示。

表 9-1　在保余额变化情况

年份	在保余额(亿元)	年增长率(%)
2015 年末	11.44	—
2016 年末	26.82	134.44
2017 年末	52.84	97.02
2018 年末	75.96	43.75
2019 年末	97.94	28.94
2020 年末	105.06	7.27

同时，台州信保基金作为金融工具，实现了担保放大的杠杆作用。　当前国内担保行业的平均担保放大倍数为 2.2 倍，台州信保基金实现了首期注册资金的 10 倍放大。

2.合作银行快捷建立

按照信保中心现有运行规则，合作银行有两种模式：一是捐资合作，即银行捐资给信保基金，并形成业务合作；二是非捐资银行，即银行仅与信保中心进行业务合作。

台州信保基金成立初期，共有 7 家捐资银行。 2016 年，大力引导更多的银行参与信保合作，通过扩容将合作银行从原来的 7 家扩展为其他所有银行业金融机构。 截至 2016 年底，台州信保基金已与 18 家银行达成合作意向。2017 年 12 月，随着交通银行台州分行与台州信保基金签订合作协议，合作银行数量达到 24 家。 2018 年，新增 2 家合作银行。 截至 2020 年 12 月底，合作银行共有 35 家，涵盖了国有控股大型商业银行、股份制商业银行、城市商业银行、农村商业银行、村镇银行等各种银行类型。

3.服务区域全市覆盖

2014 年，台州信保基金的服务范围为椒江、黄岩、路桥三区。 2016 年，覆盖面扩大到温岭、临海和玉环等区域，并且分别设立了台州信保基金分支机构。 2017 年，三门分中心正式授牌。 同年 9 月，仙居分中心正式成立。2017 年底，台州信保基金打通"最后一个区域"，在天台设立分中心。 至此，台州信保基金实现了台州市域全覆盖，9 个县（市、区）均设有业务机构。

二、台州信保中心运作机理

台州市信保基金运行中心作为政策性担保平台，在其运营体系、业务模式和风险控制等方面有别于融资性担保公司。 基于市场化的运作理念，台州市信保中心与其他各主体之间的运营关系、具体业务模式及流程、对风险的防范与控制共同构成了其独特的运作机理。

（一）运营体系

目前，台州信保中心已具备较为完善的体系，政府为信保基金注资，合作银行为其寻找客户（小微企业）并在取得授信后发放贷款，省担保集团与信保基金实行再担保和担保代偿机制，小微企业获得贷款后具有间接增加税收、促进就业、促进经济发展的作用。 如图9-4所示。

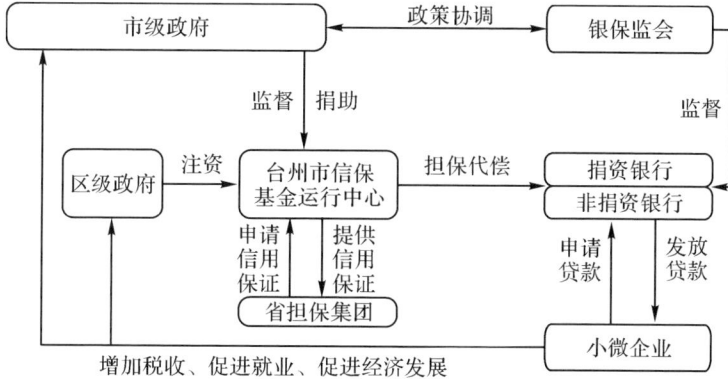

图9-4　台州市信保基金运营框架图

1.政府主导

台州市政府主导了台州信保基金的成立，台州市政府积极推动建设信用担保体系，主导成立了台州信保基金，市政府、区政府共同为其注资。 政府为企业提供增信服务的准公共产品的服务，代表官方对企业的一种帮助与举措。

2.服务对象

台州信保中心的服务对象为优质成长型小微企业，更是延伸至个体工商户以及农户个体，研发专项产品。 通过与商业银行的合作，台州信保中心帮助银行开拓业务，开发边缘客户，从而实现服务小微企业的目的。

信保中心的服务范围包括台州市本级（包括台州湾循环经济产业聚集区和台州经济开发区）、台州主城区（椒江区、黄岩区、路桥区）、台州县级市（临海、温岭、玉环）、台州县区（三门、天台等），区域的全覆盖推动着普惠金融服务发展。

3.业务监管

市政府作为出资部门，参与了信保基金运行的监管。 银保监会结合政府政策，出台相应的措施指导金融机构妥善解决了小微企业的信贷问题，从而规范了担保业务经营行为，为银行的放贷业务提供了政治保障，推进了信保中心与银行的合作，深入破解了小微企业担保难题。

(二)业务模式

信保中心的具体业务模式为：企业向银行提出贷款申请，经银行初步审核后提交给信保中心，信保中心通过内部审核出具保证书，最后由银行向企业发放贷款。即信保中心间接为企业提供担保，为银行提供代偿，保费由银行代为收取。政银融合互惠互利，合力破解小微企业融资难题。如图9-5所示。

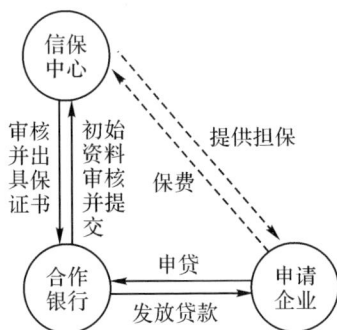

图 9-5　业务流程图

1.市场化运作

通过银行的市场营销获得客户。信保中心采用间接保证的方式，由银行直接挖掘客户，因为银行对客户市场更为了解且更具经验。

借助银行间的市场竞争，提高对小微企业的融资服务水平。不同类型的银行吸引不同层次的小微企业，从而实现业务分流。这一现象将推动银行进一步提升对客户的服务水平以及潜在客户的挖掘动力。

利率市场化。银行间通过利率的高低竞争客户，利率市场化也成为小微企业融资贷款的一大福音。

2.公益性平台

信保基金为小微企业降低融资费用，体现其公益性。信保中心的担保费率目前定位在0.75%，远低于台州融资性担保机构的担保费率。信保中心收取的保费主要用于经营成本，包括支付再担保保费、职工薪酬以及日常运营开支等。 对于政府扶持的特定行业、企业与特殊人群，甚至采取零收费的方式。 如表 9-2 所示。

表 9-2　各担保机构保费比较

	台州信保中心	国有担保公司	一般担保公司	中国台湾地区信保基金
保费	0.75%	1.5%	2%—3%	0.75%—1.5%

另外，信保中心限制合作银行的贷款利率上限，使其提供较低的信用贷款利率，解决企业融资贵的问题。

3.规范化流程

信保中心在审核过程中，根据小微企业的特点，不仅注重财务报表的内容，同时也将重点放在核实企业的销售、纳税、征信及其他"软信息"上，建立业务审核的"三查询"（人行征信系统、全国法院被执行人信息、台州市金融服务信息信用共享平台查询）、"五核实"（核实主体资格、经营状况、信用状况、资产状况、申请业务状况）流程。

（三）风险控制

在风控方面，信保中心采用了系统的风险控制技术以及较为完善的代偿机制。 如图 9-6 所示。

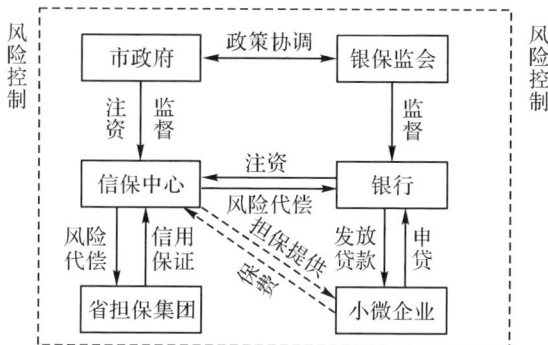

图 9-6　风险控制

1.风控原则

台州信保中心按照"总额控制、市县联动、统分结合、权责对等"的运作模式，借助四大风险控制方式来控制基金保证额度。

一是总额风险控制。 信保中心提供的银行信用保证额度按照不超过基金净值的10倍放大。 二是合作银行单独风险控制。 捐资银行按不超过捐资额的60倍使用基金保证额度。 所有非捐资银行信保业务在保余额的总和按一定上限予以控制。 三是风险控制体系统分结合、相对独立。 金融机构出现一定程度的代偿后，可采取警示、暂停新增业务等措施，具体的代偿风控指标及措施由信保中心根据每年实际情况报理事会同意后予以执行。 遵循逆周期的操作思路，适当扩大风险容忍度。 四是建立信保基金风险责任追究制度。 防范信保中心、银行、借款人的道德风险。

2.风险代偿

信保中心为企业提供担保后，与省担保集团进行再担保，向其缴纳40％的保费收入，省担保集团将为台州信保中心代偿50％的金额。 同时，信保中心与合作银行按照一定的比例代偿。 为了保证内部资金的可持续性，信保中心向企业收取0.75％的担保费，从而降低合作银行因担保产生的道德风险，保障银行在担保贷款业务上做好风控管理工作，提高担保贷款业务的安全性。 如图9-7所示。

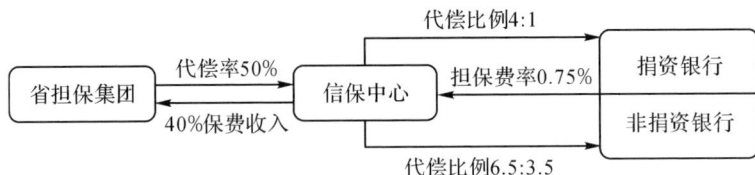

图9-7　代偿流程图

一是风险共担。 信保中心与银行采取风险共担模式，一旦出现损失，信保中心与捐资银行的风险承担比例为4：1，与非捐资银行的风险承担比例为6.5：3.5。 二是风险分担。 信保中心与省担保集团建立合作，符合要求的信保中心业务将在限额内由省担保集团再担保；若信保中心产生了代偿，省担保集团将为其分担50％的风险，有效增强了信保中心的抗风险能力。 三是风险补充。 为了调控地区和银行之间授信担保额的不平衡，也为了防范道德风险的产生，县（市、区）、银行分别在基金代偿金额达到出资及捐资金额的50％时，及时进行信保基金的补充。

3.风险分担机制

台州信保基金自成立以来，在多方面实行风险分担机制。 政府带领引导，积极推动金融机构参与，充分发挥普惠金融对实体经济发展的保障作用。

一是政府与银行的出资分担。 台州市、区两级政府与银行按照4∶1共同出资。 预计二期资金将扩容至15亿元，银行出资3亿元，省担保集团和台州政府共同承担12亿元（省担保集团出资5亿元）。 二是台州信保基金与银行的代偿分担。 若出现担保代偿，信保基金与捐资银行分别承担80％和20％，信保基金与非捐资银行分别承担65％和25％。 通过风险分担，一定程度上对银行进行约束。 三是台州信保基金与省担保集团的代偿分担。 台州信保基金向省担保集团缴纳40％的保费收入，省担保集团为台州信保基金提供再担保，分担50％的风险。

4.逆向选择和道德风险

信保基金防范逆向选择。 当银行向借款企业提出超过一定水平的担保要求时，实际上削弱了借款企业的还款能力，反而给银行带来更大风险，得到的回报也更少，这时便出现了逆向选择。 台州信保基金通过一系列限制银行的措施来避免逆向选择：银行与信保基金合作的贷款项目不得追加第三方担保，且对贷款利率进行限制。 其中，信保基金规定捐资银行的利率上限为8.5％，非捐资银行的利率上限为6.5％。

信保基金规避道德风险。 由于信保基金无法得知企业获得贷款后的行为，此时信保基金便面临着道德风险。 为了规避道德风险，信保基金设立了风险预警机制，即当银行出现一定程度的代偿后，信保基金会采取警示、暂停业务等措施，以督促银行加强对借款企业的监督。

三、成效分析

2019年4月11日—5月11日，我们对信保和银行工作人员以及申请企业负责人进行问卷调查，采用单因素方差分析去了解三方对信保基金的成效评价。 有效问卷 179 份，其中：信保人员 35 份，占 19.55%；银行人员 76 份，占 42.46%；申请企业 68 份，占 37.99%。 三类调查主体的数据分布较为均匀。 通过数据分析，可见信保基金在服务小微企业、服务商业银行方面已具成效。 同时，信保基金在一定程度上发挥功效，突显其社会效益。 其首创的"台州模式"为小微金改和普惠金融的发展具有可推广、可复制的借鉴意义。

(一)服务小微企业

信保基金在服务小微企业方面，主要有信保满足度、信保受益范围、信保代偿率三个评价指标。

1.信保满足度有待提高

信保满足度是指小微企业获得信保基金担保额度占其担保贷款总额的比例。

根据实地调研数据分析，获得保证贷款额度在 300 万元及以下的企业共有 51 家，占总数的 75%；其次为 300 万－500 万元，共有 11 家，占总数的 16.1%。 如表 9-3 所示。

表 9-3　企业获得保证贷款额度的频率分布

担保额度	频率	百分比(%)	累积百分比(%)
300 万元以下	51	75	75
300 万－500 万元	11	16.1	91.1
500 万－1000 万元	4	5.9	97
1000 万－2000 万元	1	1.5	98.5
2000 万元以上	1	1.5	100
合计	68	100	

另一个较为重要的数据是信保担保额度占企业总贷款需求比例的频数分布。 其中，该比例在 10%－30% 的企业共有 24 家，占总企业数的 35.3%；另外两个较大的占比区间是 10% 以下和 30%－50%，分别占比 25% 和 20.6%。 如表 9-4 所示。

表 9-4 信保担保额度占企业保证贷款需求比例的频率分布

比例	频率	百分比(%)	累积百分比(%)
10%以下	17	25	25
10%—30%(不包括)	24	35.3	60.3
30%—50%(不包括)	14	20.6	80.9
50%—80%(不包括)	9	13.2	94.1
80%及以上	4	5.9	100
合计	68	100	

采用数学差值的方法,我们对台州信保基金担保满足度进行估算,发现当前信保满足度为 18.3%,这意味着信保基金的满足度仍处于较低水平。 由此表明,信保基金还有进一步服务小微企业的空间。 若将满足度提升到 30%,则信保中心需要增加约 1.35 亿元担保额度,信保中心可以此为参考,结合自身经营状况,提升信保满足度。

2.信保收益范围显著扩大

2015 年末,信保中心的服务企业有 936 家;2016 年末,服务企业 2921 家;2017 年末,服务企业 6675 家;2018 年末,服务企业 13 365 家;2019 年末,服务企业 19 011 家。 可见,在服务企业的数量上,增势较为明显。

信保中心服务群体延伸至农户,其中累计承保 27.27 亿元,服务农户 7727 人,户均在保 30.81 万元。 信保受益范围的增大,有利于推动普惠金融的发展,满足了更多群体的需求。

3.信保代偿率稳定可控

2015 年末,信保年度代偿 163.52 万元,占年底在保余额的 0.14%;2016 年末,年度代偿 569.92 万元,占年底在保余额的 0.21%;2017 年末,年度代偿 2973.42 万元,占年底在保余额的 0.56%。 2018 年末,年度代偿 2437.42 万元,占年底在保余额的 0.32%。 另外,2018 年末,还有风险预警项目 20 笔,承保金额 1643.3 万元,整体风险占在保余额的 0.22%。 2019 年末,信保年度代偿 4675.64 万元,占年底在保余额的 0.66%。 2019 年的数据略低于全市银行业贷款不良率,这也反映了信保中心在风险控制方面较为成功。

（二）服务商业银行

信保基金在服务商业银行方面，主要有激励业务拓展和促进金融产品开发两个表现。

1. 激励业务拓展

信保中心与银行合作，在一定程度上为银行分担了大量的风险，使其更愿意考虑边缘客户的开发，从而拓展业务。 以银行人员为样本，认为信保中心对银行业务拓展起到帮助作用的平均评分为 4.30，即总体而言银行能够借助信保中心拓展一定的业务。

2. 促进产品开发

银行以信保贷这一金融产品的模式向客户推荐信保基金，从某种程度上也为银行开发新的金融产品提供了思路。 以银行人员为样本，信保中心对银行开发金融产品起到帮助作用的平均评分为 4.24，说明信保中心在一定程度上能够促进银行金融产品的开发。

（三）发挥信保功能

台州信保基金作为全国首个小微企业信保基金，在发挥自身功能方面主要有破解担保困境、实现公益性、发挥社会效益这三个表现。

1. 破解担保困境

在破解担保困境方面，我们选取了两个指标："缓解融资贵问题"和"解决担保难问题"，并对两个指标进行单因素方差分析。

缓解融资贵问题。 在合作银行利率上，信保中心对捐资银行设置上限 8.5％，非捐资银行放贷上限为 6.5％。 推动捐资银行与非捐资银行共同竞争，好的客户流向利率低的银行，同时能为企业减少相对的支撑资金，有效缓解融资贵问题。 三个主体的均值都相对较高，其中信保人员达到了 5 分的均值。 此外，虽然银行人员与申请企业相比信保人员的均值较低，但总体来看处于较高的分值。 可见三个主体对"缓解融资贵问题"这一指标的评价是较高的。 如表 9-5 所示。

表 9-5　"缓解融资贵问题"的单因素方差分析①

主体(I)	均值	主体(J)	均值差(I−J)	标准差(σ)
信保人员	5.00	银行人员	0.763**	0.154
		申请企业	0.809**	0.157
银行人员	4.24	信保人员	−0.763**	0.154
		申请企业	0.046	0.126
申请企业	4.19	信保人员	−0.809**	0.157
		银行人员	−0.046	0.126

解决担保难问题。　信保提供免抵押、无须第三方担保的模式，有效解决企业担保链的问题。　在该指标的评价中，信保人员仍旧达到了 5 分的均值，银行人员与申请企业同样也与信保人员的评价存在一定的差距。　总体来看，两者的评价均值相比"缓解融资贵问题"这一指标有所上升。　由此，我们也可以得出，信保基金在解决担保难问题上有显著成效。　如表 9-6 所示。

表 9-6　"解决担保难问题"的单因素方差分析

主体(I)	均值	主体(J)	均值差(I−J)	标准差(σ)
信保人员	5.00	银行人员	0.697**	0.157
		申请企业	0.779**	0.160
银行人员	4.30	信保人员	−0.697**	0.157
		申请企业	0.082	0.128
申请企业	4.22	信保人员	−0.779**	0.160
		银行人员	−0.082	0.128

2.体现公益性

为了分析信保基金的公益性，我们选取了"担保费率低"这一指标进行单因素方差分析。　由于银行的利益与担保费率并无关联，因此银行对于"担保费率低"的评价更为客观。　将均值换算成百分制，则信保人员的均值为

---

① 　注：**表示均值差的显著性水平为 0.01(下同)。

98.2，银行人员的均值为 84.4，申请企业的均值为 81.2。 以银行人员的均值作为参考，申请企业的均值与其差距仅为 3.2。 足见银行人员、申请企业对信保基金公益性的认可程度较高。 如表 9-7 所示。

表 9-7　担保费率的单因素方差分析

主体(I)	均值	主体(J)	均值差(I−J)	标准差(σ)
信保人员	4.91	银行人员	0.677**	0.156
		申请企业	0.855**	0.159
银行人员	4.24	信保人员	−0.677**	0.156
		申请企业	0.178	0.127
申请企业	4.06	信保人员	−0.855**	0.159
		银行人员	−0.178	0.127

3.发挥社会效益

基于企业样本分析信保基金发挥社会效益的情况，我们选用了"扩大企业经营规模""提升企业经营信心""提高当地就业率"三个指标。 此处申请企业的均值都在 4 分以上，表明申请企业对这三个指标较为认可。 其中"提高当地就业率"的评价均值相对较低。 由此可知，信保基金在较高程度上能够扩大企业经营规模、提升企业经营信心，并对提高当地就业率具有积极影响。 如表 9-8 所示。

表 9-8　社会效益的单因素方差分析

指标	企业的均值	标准差(σ)
扩大企业经营规模	4.25	0.720
提升企业经营信心	4.21	0.764
提高当地就业率	4.10	0.756

4.信保基金的"台州模式"

小微金融中存在"全国看浙江、浙江看台州"的说法，小微金融的台州模式成为公众关注的焦点。

发展成效。自台州信保基金运行以来，截至 2020 年年末，累计担保授信 47 589 笔，承保金额 448.82 亿元，服务企业 24 591 家，在保余额 105.06 亿元，实现了首期出资规模的 10 倍放大，业务规模居全国地级市支小支农担保机构前列，一定程度上解决了小微企业融资难、融资贵、担保难等问题，受到社会各界的广泛好评，被浙江省"小微企业三年成长计划"工作领导小组评为浙江省"2016 年十大服务小微企业优秀项目"，连续两年被浙江省人民政府办公厅评选为"2018 年度改革创新优秀单位""2019 年度支持民营企业、小微企业发展优秀单位"。

"台州模式"。基于上述理论，可以总结出台州信保基金的"台州模式"，概括为"一个主题，二八共担，三级分担，四大风控"。

一个主题。台州信保基金的成立主要围绕一个主题：解决担保难题。其中，担保难题主要分为担保累、担保贵、担保链三方面，分别解决了银行惜贷、贷款利率高或保费高，以及担保链风险大的难题。

二八共担。台州信保基金与合作银行采取风险共担机制，即台州信保基金按不高于 80％的比例承担风险，合作银行按不低于 20％的比例承担风险。

三级分担。台州信保基金采取国家、省、市风险分担机制，按 2∶2∶4 分担风险，并与浙江省融资再担保有限公司签订再担保协议。

四大风控。总额控制：台州信保基金把对银行的担保额度控制在基金净值的 10 倍以内。单家客户管理：台州信保基金对企业及其关联体合计担保授信不超过 1000 万元。风险预警：金融机构出现一定程度的代偿后，可采取警示、暂停新增业务等措施。责任到人：防范台州信保基金、银行、借款人的道德风险。

可复制可推广。自 2015—2020 年底，台州信保基金的经验做法已推广复制到浙江嘉兴、衢州、温州、湖州，吉林通化，山西阳泉，江苏泰州等省内外 10 个地区。

2018 年 10 月，国家融资担保基金调研组到访台州信保基金，就推进加快形成政府性融资担保体系、建立政银风险分担机制等方面开展座谈交流，深入学习"台州模式"，在做法上部分参考"台州模式"。目前，截至 2020 年 12 月末，累计实现再担保合作业务规模 373.83 亿元，再担保笔数 44 110 笔，与 15 家全国性银行签订合作协议,加快推进了政府性融资担保体系的构建,从而共同服务好小微企业、"三农"、"双创"等普惠领域。

四、启示

上述分析及评价表明,台州信保基金的运作方法能够带来显著成效,具有实际借鉴意义。

(一)坚持非营利性

信保中心坚持非营利性的定位,以无抵押、保费低为企业解决担保难、融资贵问题。 一般担保公司通过收取较高保费获得盈利,而信保中心作为非营利性组织,其费率固定在 0.75%,收益仅用于维持日常经营。 对于部分受到政策扶持的行业、企业,信保中心免收保费。

(二)扶持小微企业

信保中心以优质成长型小微企业为服务对象,并促使其规范化管理。 一方面,实现贷款上的"个转企"。 信保中心摒弃个人贷款方式,要求申请人以企业的名义进行贷款,从而引导小微企业重视财务上的规范和企业信用建设。 另一方面,倒逼企业转型升级。 信保中心结合相关政策(如"三改一拆"),对不达标企业实行差异化审核,从一定程度上倒逼企业转型升级。

(三)立足政府导向

政府的主导地位促使信保基金的成立与发展。 信保基金的创设是台州市政府结合当地现状、借鉴台湾地区经验的成果,其业务的顺利展开也离不开政府的大力支持。 政府不仅在其成立初期提供一定的资金,同时也针对信保基金的实际发展需求形成了资金补充长效机制。

(四)市场化运作

信保中心与银行合作,从而获得准确的客户市场。 一般的担保公司存在获客难问题,信保中心则借助银行固有的市场推广获取客户。 此外,银行自身具备较为专业的信贷风险把控技术，在银行向信保中心推荐客户前，银行将对客户进行前期调查，信保中心在此基础上进行审核，能够有效降低审核风险，确保审核的客观性与高效性，获取精准的客户市场。

（五）防范道德风险

信保中心通过对合作银行的风险共担和单独风控解决银行的道德风险问题。信保中心与银行按 4：1 的比例承担损失，使银行在对企业进行初审时不会降低审查和监督标准。此外，通过限定担保额度上限，并设置警示线、暂停线迫使银行做大业务量从而减少不良指标，因为银行不愿承受担保暂停带来的损失，所以不得不重视代偿率的控制。

第十章　商标专用权质押融资

一、基本情况

知识产权是经济发展的重要资源和竞争力的核心要素，商标专用权质押融资是知识产权质押贷款的重要内容。为积极探索权利质押融资试点，唤醒企业沉睡的无形资产，多路径化解企业有效抵押物不足问题，台州率先试点商标专用权质押融资工作。2015年6月30日，国家工商总局批复同意在台州设立注册商标专用权质权登记申请受理点，并开通了国家商标局与台州受理点的数据专线实现远程同步受理。截至2018年12月末，台州已累计办理商标专用权质押登记1581件，占全国同期总量的29％，涉及注册商标3368件，质押金额达117.41亿元，累计发放贷款94.60亿元，贷款余额33.55亿元。2016年6月，国家工商总局在台州召开注册商标质押融资工作经验交流会，在全国范围内推广台州的经验和做法。

二、主要做法

(一)推动政府主导抓试点,提升改革含金量

成立推进商标专用权质押融资改革试点工作领导小组，由市长亲自担任组长，常务副市长和分管副市长担任副组长，成员由台州市场监管局、市金融

办、市中国人民银行等 13 个部门主要负责人组成。 出台了《关于大力推进商标专用权质押贷款工作的若干意见》，并给予一定额度的风险补偿。 建立考核机制，将商标专用权质押贷款推进情况纳入小微企业金融服务改革创新试验区重要考核选项，鼓励金融机构开展业务。

（二）推动部门协同优流程，促进办理便捷化

推动政策落地，下发《关于商标专用权质押贷款风险补偿有关事项的通知》，积极推动县（市、区）政府补偿资金真正落地。 规范登记流程，建立起一套较为完备的"异地受理、同步审查、异地发证、集中归档"工作程序，并创新优化服务流程，推行登记受理"最多跑一次"。 推出便捷措施，创新推出质押商标先行查询等多项配套服务措施，开通国家商标局与台州的商标数据专线，明显缩短了办理时间，大幅节省了差旅费等各项登记成本。

（三）推动银企对接促落地，激发各方参与度

举办商标权质押贷款工作研讨会、法规培训会、试点工作推进会、代理机构座谈会，针对商标质押存在的问题进行分析和研讨，共同破解了"评、贷、还"等各环节阻滞瓶颈，解决了金融机构的贷款风险和企业的后顾之忧。 注重引进资信较好的资产评估有限公司等商标评估机构，形成良性竞争的评估市场；采用自评方式对注册商标进行协议评估，节省了机构评估费用，降低了企业融资成本，缩短了放贷时间。

三、主要成效

（一）有效缓解小微企业融资难题，成为企业融资的有益补充

在当前经济运行态势下，中小企业面临的融资难、融资贵问题比较突出。商标质押融资的改革，使得企业可以充分运用商标这一独一无二的自有资源和无形资产，有效拓宽融资渠道，缓解融资难题。

(二)企业融资担保互保行为减少,有效降低系统性金融风险

当前企业之间"互担互保"现象比较普遍,由此引发的系统性金融风险对实体经济和社会稳定带来了隐患。 商标质押融资改革,帮助企业实现无形资产向有形资本的转变,解决抵押物不足问题,可以有效破解企业担保链风险。

(三)有效推动了品牌战略的实施,不断增强区域经济竞争力

商标质押融资改革的有效推进,促使台州市企业进一步认识到商标的重要价值,更主动地去创立品牌、经营品牌、保护品牌,提高自身核心竞争力,以点带面,推动区域经济实力的增强。

第十一章 小微金融指数(台州样本)

　　小微金融指数(台州样本)是由台州市人民政府发起、经浙江(台州)小微金融研究院编制的全国首个小微金融指数,于 2016 年 7 月,由台州市人民政府、中国经济信息社和中国金融信息中心联合共同对外发布。 台州市政府聘请北京大学、复旦大学、南京大学、浙江大学等著名院校的 10 名专家学者为特约研究员,设立了全国首家专门从事小微金融研究的学术机构浙江(台州)小微金融研究院,开展小微金融运行规律、发展趋势等方向的理论研究与实践总结。

　　小微金融指数(台州样本)基于大数据理念,采用台州市 34 万家小微企业全样本数据,采用大数据理念、全样本分析,按照上述构建框架,研究编制小微金融指数,指数包括总指数和成长指数、服务指数和信用指数,用于揭示小微企业发展运行情况、小微企业金融服务水平和信用状况,并动态监测行业发展趋势,为政府服务企业决策、金融机构精准服务小微企业、监测防范小微企业运行风险提供指导和参考。 指数基期为 2014 年 6 月末,基数为 100,指数按月计算、每季发布。 台州市促进政学良性互动,充分发挥小微金融指数风向标作用。 如图 11-1 所示。

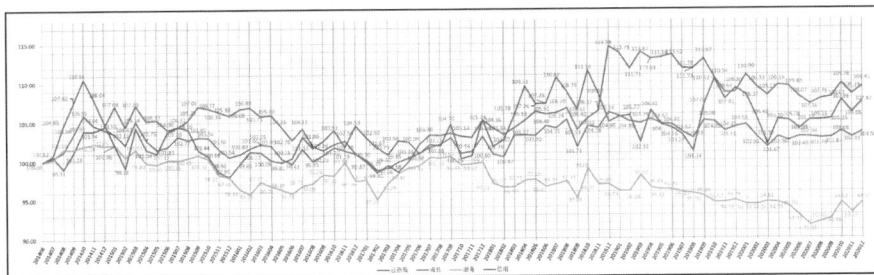

图 11-1　2014 年 6 月—2020 年 12 月小微金融指数（台州样本）走势图

一、小微金融指数（台州样本）的构建

（一）指数的建立

小微金融指数（台州样本）包含一个总指数以及成长指数、服务指数和信用指数等 3 个二级指数。该指数持续追踪和展示在经济新常态下小微企业群体生态趋势，描述和揭示小微企业的生存环境，以"数据依赖"取代传统小微企业服务的"经验依赖"，采用分层的方式构建指数。该指数 3 个二级指标和 9 个三级指标，框架如图 11-2 所示。

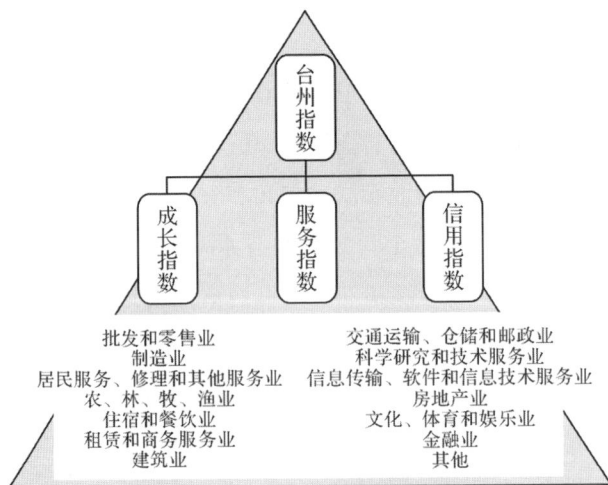

图 11-2　小微金融指数框架图

总指数综合反映台州小微企业发展、小微企业金融服务水平和信用环

境。 成长指数侧重反映小微企业成长状况、盈利状况和未来的发展潜力状况。 服务指数侧重反映宏观经济发展状况、金融产业发展状况和小微企业金融服务状况。 信用指数侧重反映小微企业偿债能力情况、不良贷款及贷款违约状况、经济涉案及企业逃废债务状况。

指数是以 2014 年 6 月作为指数基点,按季度计算发布。 之所以选择 2014 年 6 月作为指数基准点,是因为自 2014 年开始,外部环境倒逼机制促进民营企业转型以及改革发展。

(二)变量筛选

总指数通过成长指数、服务指数、信用指数 3 个二级指数合成。 二级指数从现有数据来源中获取。 如表 11-1 所示。

表 11-1　变量的分指标归类

	二级指数	大数据平台采集指标	二次合成的采集指标
总指数	成长指数	销售收入、进口总额、出口总额、应纳税额、入库税额、用电量	新增企业家数、注销企业家数、企业注册资本总额
	服务指数	授信总额、已用授信额度、授信起始日期、授信终止日期、抵押土地资产总金额、土地抵押面积、土地抵押贷款金额、房产抵押债权数额、房地产抵押面积	小微企业贷款余额,城商行、农合行和村镇银行贷款加权平均利率、小微企业贷款覆盖率
	信用指数	授信总额、已用授信额度、授信起始日期、授信终止日期、抵押土地资产总金额、土地抵押面积、土地抵押贷款金额、房产抵押债权数额、房地产抵押面积	BC 分类结果、税务处罚金额、质监处罚金额、到期授信续签比率

(三)计算流程

指数的计算流程可分为数据准备与机器学习两部分。 数据准备部分为指数的计算提供了原材料,机器学习部分是指数计算的核心。 如图 11-3 所示。

原始混乱的数据库

进行数据清洗

格式统一的数据

按特定指标筛选出

14个部门的表格　　联立　　小微企业名单

小微企业各部门数据

按行业划分

每个行业各部门数据

按层面划分

每个行业各部门分层面数据

变量选择

每个行业3个二级指标所包含具体变量

指标计算

14个行业每个层面的二级

指标计算

14个行业的二级指数

指标计算

总指数的二级指数

总指数

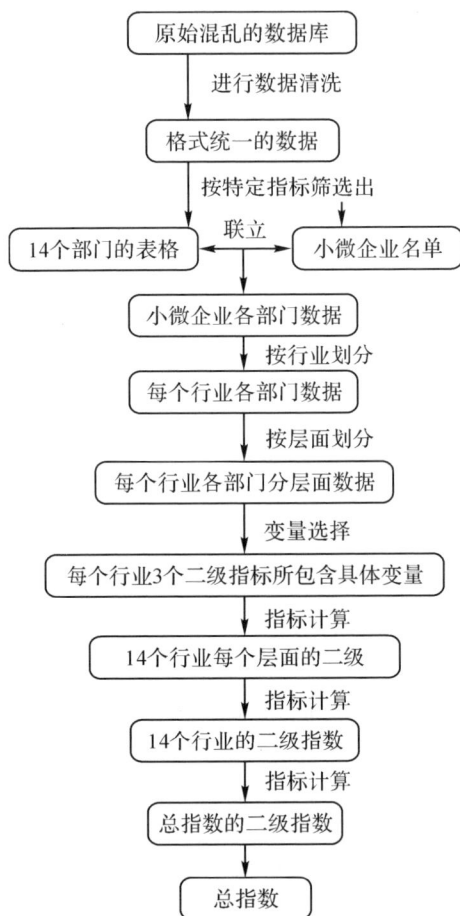

图 11-3　指数计算流程图

1.数据准备

数据准备的目的是从原始且混乱的数据库中提取出有效且有用的数据。这部分主要使用数据库工具 Oracle 进行。首先，进行数据的清洗，包括删除重复的数据条目和无效的数据；其次，调整数据格式，将文本格式转换为数据格式、统一日期格式、统一指标语言；最后，进行小微企业的删选，根据销售收入将各个行业的小微企业筛选出来，再与大数据平台的 14 个部门的表格联立，提取出小微企业的数据。

2.机器学习

机器学习部分主要由 R 语言编程进行。 变量选择是指根据数据内部关系自动生成各个二级指数的变量分布；使用路径选择方法将各行业企业按层面计算出 14 个行业的二级指数，再将 14 个行业指数合成总指数的二级指数，最后将总指数的二级指数合成总指数。

(四)指数计算

1.路径漂移模型

小微金融指数的计算是基于利用最新信息 x_{t+1} 的路径漂移模型，基本公式如下所示：

$$\mathrm{yt}+1 = F_{1n}\left(x_t,\ y_t \mid S_1,\ Z_t\right) + \sigma_{n+1}x_{\leqslant t+1},\ y_{\leqslant t},\ Z_{\leqslant t+1}$$
$$= \mathrm{yt} + \left(\sigma_{n+1}x_{\leqslant t+1},\ y_{\leqslant t},\ Z_{\leqslant t+1} - \varepsilon_{1t}\right) \qquad (11\text{-}1)$$

其中：

$$\sigma_{n+1}x_{\leqslant t+1},\ y_{\leqslant t},\ Z_{\leqslant t+1} = F_{0n}\left(x_t,\ y_t \mid S_1\right) - F_{1n}\left(x_t,\ y_t \mid S_1,\ Z_{t-1}\right)$$
$$\varepsilon_{1t} = \mathrm{yt} - F_{1n}\left(x_t,\ y_t \mid S_1,\ Z_t\right)\text{。}$$

能够给出推断性的可能变化过程，用以支持决策。

2.沿路径漂移模型

第一，分解为长期趋势和短期波动：

$$y_t = y_t^1 + y_t^s \qquad (11\text{-}2)$$

第二，长期趋势及其干扰为自回归：

$$y_t^1 = y_{t-1}^1 + \sigma_t^1 \varepsilon_t^1 \qquad (11\text{-}3)$$
$$\log \sigma_t^1 = \log \sigma_{t-1}^1 + v_t^1 u_t^1 \qquad (11\text{-}4)$$

第三，短期波动异常点及其干扰自回归：

$$y_t^s = \sigma_t^s S_t \varepsilon_t^s \qquad (11\text{-}5)$$
$$\log \sigma_t^s = \log \sigma_{t-1}^s + v_t^s u_t^s \qquad (11\text{-}6)$$

这里异常事件发生概率 $P\left(S_t > 1 \mid U = p\right) = p$，$U \sim U0,\ 1$。

第四，即给定初始值即给定初始值 $\varepsilon_t^1,\ \varepsilon_t^s,\ u_t^1,\ u_t^s \sim N0,\ 1$，$v_t^1,\ v_t^s \sim U0,\ 1$，$p = p$，估计 $\sigma_t^1,\ \sigma_t^s,\ s_t$，通过拟合观察值 y_t。

第五，沿路径 St 的自回归模型：

$$y_t = y_{t-1} + \sigma_0^l \exp \sum_{i=0}^{t} v_i^l u_i^l \varepsilon_t^l + \sigma_0^s \sum_{i=0}^{t-1} v_i^s u_i^s \{ exp (v_t^s u_t^s) S_t \varepsilon_t^s - S_{t-1} \varepsilon_{t-1}^s \}$$

$$(11\text{-}7)$$

本指数主要运用科学的指标体系构建方法，力图全面、及时、有效地反映台州市小微金融运营状况。围绕大样本、广覆盖、高时效的核心要求，深入开展调查研究、测试调整，力求指数编制的理论基础与架构体系科学严密。如图 11-4 所示。

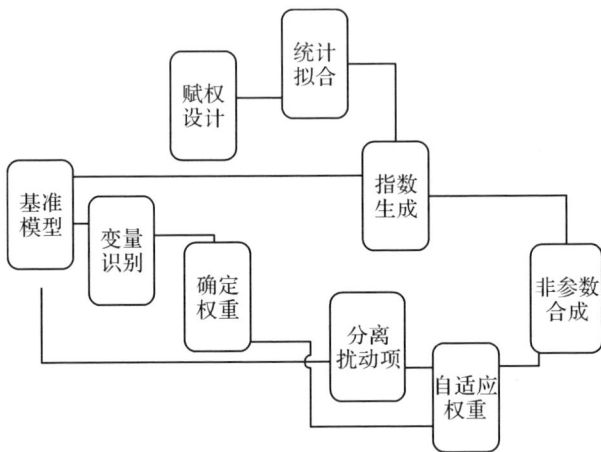

图 11-4　指数生成模型流程图

二、疫情前后小微金融指数对比

(一)总指数对比

2017—2020 年小微金融总指数运行情况如图 11-5 所示。2020 年 1—3 月，台州小微金融总指数连续下滑，2020 年 3 月较 2020 年 1 月下降了 2.88 个点，下降比例为 2.75%。从 2017 年 1 月—2019 年 12 月，小微金融总指数连续两个月下滑的情况只出现了 6 次，图中下滑较严重的为 2017 年 1—2 月，下降量为 2.61 个点，下降比例为 2.53%。

图 11-5 2017—2020 年小微金融总指数运行情况

由于从 2020 年 4 月份开始,企业开始陆续复工,小微金融总指数开始逐渐上升,处于平稳恢复阶段。 2020 年 12 月,小微金融总指数达到了103.58,已经超过了 2020 年 2 月的 102.95,但较 2019 年 12 月的 104.25 下降了 0.64%,几乎回到同期水平。

(二)成长指数对比

2017—2020 年成长指数运行情况如图 11-6 所示。 与总指数相同,成长指数在 2020 年 1—3 月连续下滑,2020 年 3 月较 2020 年 1 月下降了 5.89,下降比例为 6.38%。 从 2017 年 1 月末至 2019 年 12 月末,成长指数连续两个月下滑的情况总共出现了 7 次,其中下滑最严重的情况发生在 2018 年 11 月—2019 年 1 月,下降量为 6.59,下降比例为 5.91%,下滑严重程度比 2020 年 1—3 月稍严重一些。 2020 年 4 月份开始,成长指数开始反弹,2020 年 12 月的成长指数为 107.47,较 2019 年 12 月下降了 1.58%,与同期水平还有一定的差距。

(三)服务指数对比

2017—2020 年服务指数运行情况如图 11-7 所示。 实际上,服务指数从2018 年 10 月以后一直呈现下降态势。 2020 年 3—7 月,服务指数连续 4 个月下滑,2020 年 7 月较 2020 年 3 月下降了 3.03 个点,下降比例为 3.2%,其中5—7 月下降最严重,2020 年 7 月较 2020 年 5 月下降了 2.42 个点,下降比例为 2.57%。 而 2020 年之前最严重的下滑情况出现在 2019 年 3—10 月,服务

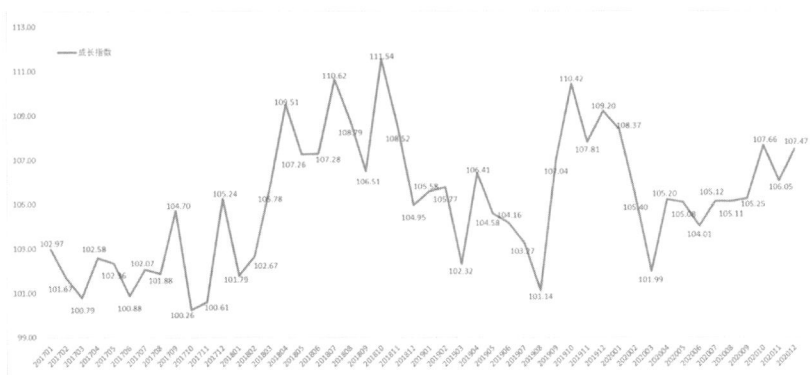

图 11-6　2017—2020 年成长指数运行情况

指数出现了长达 7 个月的连续下滑，2019 年 10 月较 2019 年 3 月服务指数下降量为 3.58 个点，下降比例为 3.65％。 在连续 2 个月下滑的情况当中，2017 年 12 月—2018 年 2 月的下降量最大，为 3.27 个点，下降比例为 3.28％。 之后的 2 年时间内都没有出现连续 2 个月下滑的严重情况。 但在 2020 年 7 月之后，服务指数出现了久违的上涨态势，2020 年 7—10 月连续上涨 3 个月，2020 年 10 月的服务指数较 2020 年 7 月上涨了 2.94 个点，上涨幅度为 3.21 个百分点，这也是 2017 年 7 月后服务指数首次出现连续 3 个月的上涨。 2020 年 12 月，服务指数为 94.52，较 2019 年 12 月末下降 0.28％，基本恢复到疫情前水平。

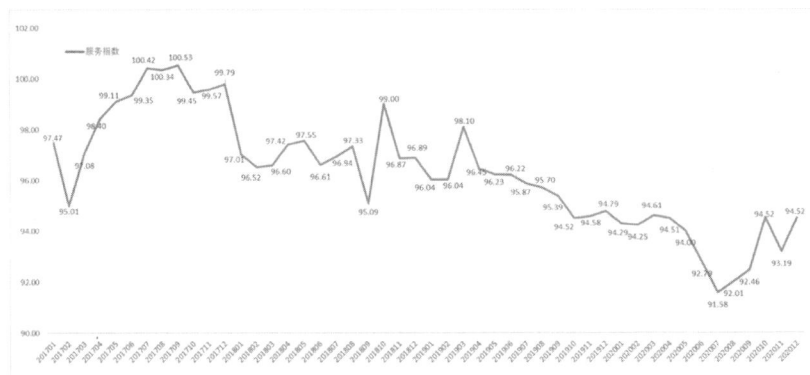

图 11-7　2017—2020 年服务指数运行情况

(四)信用指数对比

2017—2020 年信用指数运行情况如图 11-8 所示。 从 2018 年 12 月之后,信用指数一直呈现下降态势。 2020 年 1—3 月和 4—7 月出现了 2 次连续下跌,下跌量分别为 2.63 个点和 2.43 个点,下降比例分别为 2.37% 和 2.21%,而 2017—2019 年,信用指数出现过 5 次连续下跌。 最近的两次发生在 2019 年 6—8 月,下降量为 1.79 个点,下降比例为 1.58%,以及 2019 年 9—11 月,下降量为 4.33 个点,下降比例为 3.82%。 可见 2020 年信用指数的下降程度与之前相似。 2020 年 7 月之后,信用指数迎来了久违的连续上涨。 2020 年 7—10 月,信用指数上涨 2.62 个点,上涨幅度为 2.44%,出现回暖。 2020 年 12 月,信用指数为 109.41,较 2020 年 7 月末上升 2.25 个点,较 2019 年 12 月末上升 0.7 个点,信用指数是所有二级指数当中唯一超过上年同期水平的。

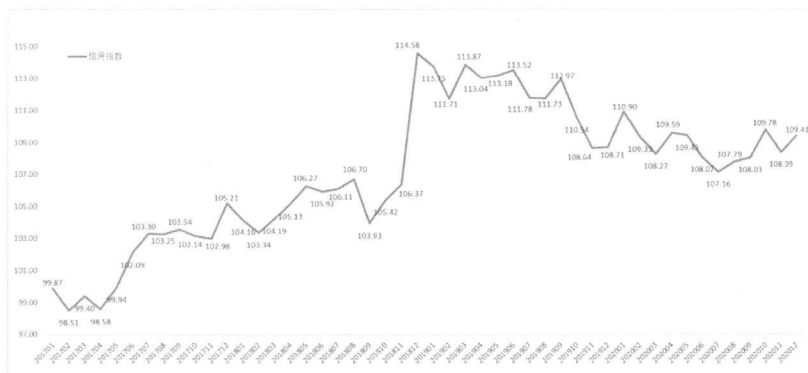

图 11-8　2017—2020 年信用指数运行情况

第四篇
标准化

金融标准在规范经济金融发展秩序、加强社会管理等方面都具有重要地位,是政府管理和市场自律的重要手段。台州市为进一步加强金融服务小微企业的能力,增强小微金融服务标准化工作的使命感,研究制定了一批行业急用的先行标准,颁布了《个人经营性信贷服务规范》《小微金融指数规范》等地方标准,加大了金融标准尤其是产品服务标准供给,从而发挥金融标准在服务实体经济中的作用。台州小微企业金融服务标准化工作,不仅有利于强化对中小微企业的普惠性金融支持,也将为推动我国小微金融、普惠金融发展提供依据和范例。

12

第十二章　小微企业信用保证基金运行规范

一、范围

本标准规定了小微企业信用保证基金的设立与管理、基金的运作、基金的风险控制、基金的收益及补充、产品创新等方面。

本标准适用于台州市小微企业金融服务管理部门开展小微金融信用保证基金业务的管理。

二、规范性引用文件

下列文件对于本文件的应用是必不可少的。 凡是注日期的引用文件，仅所注日期的版本适用于本文件。 凡是不注日期的引用文件，其最新版本（包括所有的修改单）适用于本文件。

银行业金融机构全面风险管理指引（银监发〔2016〕44号）。

《融资担保公司监督管理条例》（国务院令第683号）。

三、术语和定义

(一)小微企业

小微企业包括小型企业和微型企业，具体划分标准参见《关于印发中小企业划型标准规定的通知》（工信部联企业〔2011〕300号）。 其最新标准适用于本标准。

(二)信保基金

由政府和银行、其他组织共同出捐资，为小微企业、小微企业股东、个体工商户户主、农户等的融资提供信用担保基金。

(三)捐资银行

与信保基金有合作关系，向信保基金提供资金捐助，并由信保基金提供担保的贷款银行。

四、基金设立与管理

(一)设立目的

信保基金应以解决融资担保难、担保累、担保贵问题为主要目标。

(二)基金来源

信保基金宜以政府出资为主，金融机构及其他组织自愿认捐等形式为辅。 可原则上按政府出资、银行其他组织捐资8∶2的比例设置。

应对捐资银行和非捐资银行在代偿比例、利率上限、风险控制等方面采取不同措施。

(三)基金规模

应设定一定初创规模。 远期可视基金运行情况、地方可用财力和小微企业融资需求，逐年追加做大。

(四)基金管理机构

1.行政管理机构

应成立信保基金领导小组，可下设办公室。

2.运行机构

（1）概述

小微企业信用保证基金运行中心（以下简称"运行中心"）为信保基金委托运行机构，应按《融资担保公司监督管理条例》要求，取得融资担保业务经营许可证。

（2）组织架构

运行中心宜在市区或各区县（市）设立业务部或分中心。

（3）机构职责

运行中心应：

①负责信保基金的日常运行管理工作，定期向领导小组办公室和基金理事会报告基金运行情况；

②负责对申请担保贷款的借款人进行审核；

③负责开展保后跟踪、管理，定期和不定期检查基金担保业务情况；

④开展贷款的风险代偿，并与合作金融机构共同向借款人追讨；

⑤应建立统计分析制度。

（五）合作银行

合作银行根据是否捐资，职责有所不同，一般应履行以下职责。

（1）按信保基金约定的放大倍数和不超过信保基金限定的最高利率提供贷款，由信保中心担保的贷款，不能附加收取任何额外费用，不能要求借款人追加第三方担保，法定代表人、实际控制人、股东及其配偶、成年子女、关联企业等连带责任担保除外；捐资银行与非捐资银行的利率上限不同。

（2）监督借款人（项目）贷款资金的使用情况，对于有潜在风险损失可能的，应及时采取风险管控措施，并书面告知运行中心，共同协商处理。

五、基金的运作

(一)基金投向

1. 保证对象

基金保证对象应为在出资区域各县（市、区）优质成长型小微企业、"创新创业"优秀项目小微企业股东、个体工商户户主、农户等，宜以小微企业为主，由合作银行推荐，市县经信、科技商务等相关职能部门协助推荐。

运行中心可设置具体准入条件并适时调整。

2. 贷款投向

应主要投向国家产业政策支持的产业，优先考虑地方政府扶持支持的行业和专项贷款。

(二)基金申请

应包括直接保证和间接保证，以间接保证为主。

1. 间接保证

应由贷款银行协助借款人向运行中心申请基金担保，运行中心审核同意担保后，银行发放贷款。具体流程如图 12-1 所示。

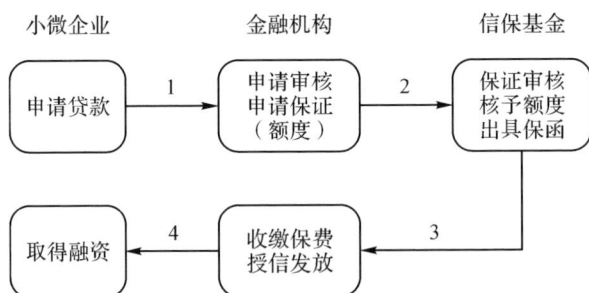

图 12-1　间接保证申请流程图

2. 直接保证

应由借款人向运行中心申请，经审核同意后，借款人持运行中心担保函向贷款银行提出贷款申请，贷款银行审核同意后发放贷款。

注：暂未开展直接保证。

（三）业务审核

应建立适应小微企业授信的审核评价机制，具体要求如下：

（1）运行中心可下放审批权限，实现分级审批。项目宜采取随机分发机制，由审核员交叉审核后报授权审批人审批。大额项目应实行评审会制度。

（2）应弱化报表数据，重点核实企业的销售、纳税、征信及其他"软信息"，建立业务审核的"三查询"（人行征信系统、中国执行信息公开网、台州市金融服务信用信息共享平台查询）、"五核实"（核实主体资格、经营状况、信用状况、资产状况、申请业务状况）流程；审核要点以企业实际经营情况和信用状况为主。

（3）应根据各合作银行的风控能力及风险偏好采取不同审查、审批策略和方案，根据审核额度的不同，简化审核方式，优化审核模版。

（4）应明确禁止、限制产业，重点扶持、培育地方支柱产业。

（5）宜建立客户经理评价激励机制，设立各类奖项，根据报送资料质量、业务报送量、业务风险情况等，对优秀人员给予奖励。奖励方式可包括荣誉表彰、存款奖励和现金奖励等。

（6）应建立内部激励约束机制，包括但不限于对审核人员业务开展激励，建立尽职免责制度、廉洁自律机制、审核人员关系人报备制度和事中、事后风险检查稽核制度。

（四）担保额度和费率

担保额度和费率的要求如下：

（1）单个企业（含关联企业）、小微企业股东、个体工商户户主、农户最高担保余额应符合国家和省的各项规定，可不定期调整。原则上，小微企业股东和小微企业不得同时由信保中心承保。

（2）信保基金应为客户融资担保实行低费率，具体由运行中心根据实际担保业务确定，报市政府金融工作管理部门同意后予以公布。

（3）信保基金采取保费可退还制度，即根据客户的实际使用金额和期限进行退还。

（五）基金偿额款支付

运行中心担保的贷款出现风险后，应按以下流程清偿。

（1）贷款银行提出偿付申请。

（2）运行中心在收到贷款银行完整、准确的偿付申请材料后的 15 个工作日内，办结审查和内部审批手续，符合约定条件的，应承担融资业务中担保部分的代偿责任；不符合约定条件不予代偿的，应在接到贷款银行完整、准确的申请材料后的 15 个工作日内给予书面说明。

（3）运行中心实际履行保证代偿业务之后，贷款银行对于该笔融资业务所实现的债权不足以清偿全部债务的，按以下顺序进行清偿：首先支付实现债权的费用，然后支付本金和约定贷款期内的利息，最后支付逾期的利息、罚息等。

六、基金风险控制

（一）总体模式

风险管理应符合《银行业金融机构全面风险管理指引》要求，按照"总额控制、市县联动、统分结合、权责对等"运作模式，控制信保基金保证额度。

（二）风险控制制度

1.总额控制制度

运行中心提供的银行信用保证额度，应按照不超过基金净值的 15 倍放大。捐资银行应按不超过捐资额度的 100 倍使用基金保证额度。非捐资银行信保业务应在保余额总和按一定上限控制。

2.单独风险控制机制

应对合作银行限定担保额度上限设置警示线、暂停线。

宜设置暂停缓冲期，引导银行通过做大业务量从而降低不良指标。

3.风险共担机制

宜采取与捐资合作银行风险 8：2 共担、与非捐资合作银行风险 6.5：3.5 共担机制。 可根据实际情况，进行调整。

4.风险分担机制

宜与相关担保公司建立合作，合作期限内办理的符合担保公司要求的业务应在限额内由其再担保，在再担保业务上限及代偿上限内出现的信保逾期代偿，担保公司应分担 50％的风险。

七、基金的收益及补充

（一）收益管理

信保基金的收入应实行专户管理，按有关规定计提未到期保证责任准备金和保证赔偿准备金。 基金收益应主要用于基金补充。

（二）收益补充与补偿

信保基金应视运行情况、地方可用财力和企业融资需求，定期或不定期进行补充。 其要求如下：

（1）县（市、区）、银行分别在基金代偿金额达到出资及捐资金额的 50％时，及时进行信保基金补充；银行补充基金之后代偿额度清零。

（2）追偿回损失部分（信保已代偿），应相应冲减该行在信保基金的代偿额度。

八、产品创新

（一）主要导向

信保基金的创新方向应始终以银行及企业需求为导向，以市场需求推动产品创新。

（二）政府引导

各部门、县（市、区）各类专项资金和补贴，应参与信保基金的产品创新，利用信保基金的杠杆作用，提高专项资金和补贴的使用效率。

（三）专项设立

政策明确要求支持的行业和产业，可设立专项担保，通过免审核、免保费、上调担保额度上限及期限等形式，放大政策效用，促进地方支柱产业和新兴产业发展。

（四）自主保证产品

自主保证是指运行中心与各合作银行在签订的合作协议框架下，约定代偿限额，由合作银行自行把控授信风险，信保中心批量承包并在限额内全额予以偿付的一种担保方式。 合作银行在送报时可自主选择是否选用自主保证产品，保费收入按各送保银行实行单独核算和管理。

第十三章　小微金融指数规范

一、范围

本标准规定了小微金融指数的定义、功能、生成原则、指数构成、数据获取、指数编制、指数发布等内容。

本标准适用于台州市小微金融指数数据采集、指数编制及发布。

二、规范性引用文件

下列文件对于本文件的应用是必不可少的。凡是注日期的引用文件，仅所注日期的版本适用于本文件；凡是不注日期的引用文件，其最新版本（包括所有的修改单）适用于本文件。

《关于印发中小企业划型标准规定的通知》（工信部联企业〔2011〕300号）。

中国人民银行台州支行《台州市金融服务信用信息中心后台数据抽取管理暂行规程》。

三、术语和定义

下列术语和定义适用于本文件。

（一）小微企业

小微企业包括小型企业和微型企业，具体划分标准参见《关于印发中小企业划型标准规定的通知》（工信部联企业〔2011〕300号）。 其最新标准适用于本标准。

（二）小微金融指数

小微金融指数是指揭示小微企业成长发展状况、小微企业金融服务水平和小微企业信用等级状况，动态监测行业发展，提高银行信贷资源配置效率，为预防和化解系统性金融风险提供决策参考的指数。

四、指数功能

（一）描述功能

应能够客观反映小微企业发展运营状况、小微企业金融服务水平、小微企业偿债能力和整体信用状况。

（二）预警功能

应能够对小微企业景气转折和潜在的系统性金融风险提前发出预警信号，为金融机构调整信贷策略和加强风险管理提供预警信息，为政府预防和化解系统性金融风险提供参考。

（三）管理功能

通过指数的动态比较分析，应能够直观监测小微企业和小微金融发展态势及存在问题，客观揭示各个行业发展面临的突出问题，为政府和监管部门进行行业管理和监管提供决策依据。

（四）服务功能

应有助于提高地方政府和金融机构服务小微企业的针对性；应有助于小

微企业把握行业运行态势和资金供求关系；应有助于学术界跟踪研究小微企业和小微金融运行发展情况。

五、指数生成原则

(一)可信性

应能够保障数据的真实有效，数据渠道宜来源于政府提供的多部分整合的信息平台或相关政府机构，以此保障数据的权威性。

(二)可靠性

应能够保障指数的可靠性，指数的生成应选择科学、有效的方法。

注：可靠性是指在规定的时间和条件下，指数完成预定功能的能力。

(三)可用性

指数成果应能够为政府提供决策支持，并为小微企业的持续性改进提供支持。

(四)可维护性

指数的可维护性衡量了指数的可修复性和可改进性的难易程度，具体如下：

——可修复性，体现在通过对故障的检测、诊断、修复还原真实指数拟合的功能。

——可改进性，衡量了该指数拟合的过程和方法能够接受改进，以能够适应新的环境发展。

六、指数构成

(一)指数框架

小微金融指数(台州样本)采用分层构建指数,包含总指数、二级指数和行业划分三部分。 如图 13-1 所示。

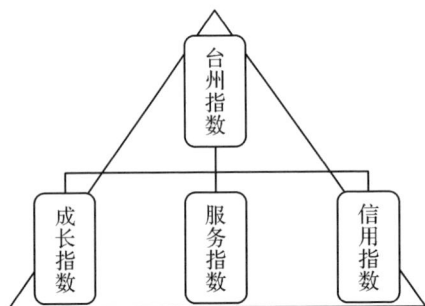

图 13-1 小微金融指数框架图

(二)二级指数

二级指数包括成长指数、服务指数和信用指数,具体描述如下:

——成长指数,侧重反映小微企业成长状况、盈利状况和未来的发展潜力状况。

——服务指数,侧重反映宏观经济发展状况、金融产业发展状况和小微企业金融服务状况。

——信用指数,侧重反映小微企业偿债能力情况、不良贷款及贷款违约状况和经济涉案及企业逃废债务状况。

(三)指数的变量组成

指数的变量主要由信息平台的数据采集指标和二次合成的采集指标两部分构成。 3 个二级指数变量组成如表 13-1 所示。

表 13-1　指数的变量组成

二级指数		大数据平台采集指标	二次合成的采集指标
总指数	成长指数	销售收入、进口总额、出口总额、应纳税额、入库税额、用电量	新增企业家数、注销企业家数、企业注册资本总额
	服务指数	授信总额、已用授信额度、授信起始日期、授信终止日期、抵押土地资产总金额、土地抵押面积、土地抵押贷款金额、房产抵押债权数额、房地产抵押面积	小微企业贷款余额，城商行、农合行和村镇银行贷款加权平均利率、小微企业贷款覆盖率
	信用指数	不良贷款合同金额、不良贷款余额、不良贷款形态、逾期贷款金额、欠税余额、入库税额	BC分类结果、税务处罚金额、质监处罚金额、到期授信续签比率

七、数据获取

（一）数据获取流程

台州样本小微金融指数计算数据来源于金融服务信用信息中心后台，数据提取应依据《台州市金融服务信用信息中心后台数据抽取管理暂行规程》相关要求执行。 数据获取流程如图 13-2 所示。

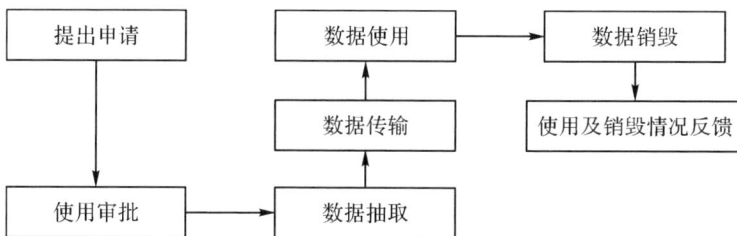

图 13-2　数据获取流程图

（二）数据的管理和使用

应包括以下几方面：

——应对信息进行安全等级分类，并据此建立数据使用和销毁的管理机制。

——数据使用部门及单位应对数据使用过程中的信息安全保密工作负责。

——数据使用部门及单位应当按照约定的用途使用数据，不得用作约定以外的用途，不得向第三方提供。

八、指数编制

（一）确定小微企业

小微企业的划分依据工业和信息化部等四部门印发的《中小企业划型标准规定》（工信部联企业〔2011〕300号）文件，综合参考统计局行业划分标准，再结合企业规模划分标准与现有的国税局纳税信息、利用销售收入确定小微企业。具体可参照以下原则。

——不宜将人员列为小微企业划分依据。

——宜结合当地金融机构对小微企业收入的划分。

（二）指数计算

1. 计算过程

指数的计算过程应分为数据准备与机器学习两部分。

2. 数据准备

数据准备指从原始且混乱的数据库中提取出有效且有用的数据，具体分为以下几个步骤。

（1）数据清洗：包括删除重复的数据条目和无效的数据；调整数据格式，将文本格式转换为数据格式、统一日期格式、统一指标语言。

（2）删选小微企业：根据销售收入将各个行业的小微企业删选出来，再与大数据平台中的政府职能部门提供的数据表格联立，提取出小微企业的数据。

（3）数据划分：小微企业各部门数据按行业划分，获得每个行业各部门数据，再按层面划分，获得每个行业各部门分层面数据。

（4）变量选择：依据表13-1对二级指数与变量对应关系的划分，提取每个行业 3 个二级指标包含的具体变量数值。

（二）指数生成

1.步骤概述

获取变量指标数据后，按以下步骤进行指数计算。

（1）统计拟合。 确定权重并计算生成指数。

（2）检验和预警。 检验权重、基准线、模型可靠性。

2.统计拟合

统计拟合包括赋权设计（如基准线模型、变量识别、权重确定）和指数生成（分离扰动项、自适应权重、非参数合成）。

3.检验和预警

检验和预警包括权重的鲁棒性检验（如重复随机抽样生成数据）、基准可靠性检验（收敛性检验）、模型假设检验（如变点预警、分位数预测）。

4.指数应用数据的计算

指数应用包括环比和同比，主要体现在总指数的趋势与变点、引导小微企业发展和金融服务的风险分析、路径依赖和宏观监管。

九、指数发布

（一）指数发布原则

1.可读性

指数发布内容的表述方式应可被理解，可为地方政府机构、金融服务机构、小微企业提供指导。

2.时效性

指数发布应注重实效，以便及时传递指导决策的信息。

3.规范性

指数发布应规范运行组织、发布渠道等相关事项。

(二)发布形式及周期

小微金融指数应以报告形式,按季度发布,时间周期跨度为 3 个自然月。小微金融指数季度报告的发布主体是小微金融办公室。

(三)发布内容

1.概述

小微金融指数季度报告,应包括但不限于总指数运行情况、二级指数运行情况、总指数推断性分析、二级指数推断性分析、政策效应模拟。

2.总指数运行情况

总指数运行情况的发布应包含以下信息:

(1)季度末总指数的数值及同比、环比变化趋势。

(2)季度内各月末指数变化趋势。

(3)季度内各月末指数数值以及同比、环比变化趋势及幅度。

(4)小微金融总指数运行情况图示。

3.二级指数运行情况

二级指数运行情况的发布应包含以下信息:

(1)季度 3 个二级指数变化趋势。

(2)成长指数数值以及同比、环比变化趋势及幅度。

(3)成长指数变化关键影响变量说明。

(4)服务指数数值以及同比、环比变化趋势及幅度。

(5)服务指数变化关键影响变量说明。

(6)信用指数数值以及同比、环比变化趋势及幅度。

(7)信用指数变化关键影响变量说明。

4.总指数推断性分析

总指数推断性分析的发布应包含以下信息:

(1)总指数变化趋势的原因分析。

(2)决定变量变化,包括基准模型决定变量的变化以及影响模型决定因素的变化。

（3）占比分析，反映指数的影响力大小。

5.二级指数推断性分析

二级指数推断性分析的发布应包含以下信息：

（1）成长指数影响因素。

（2）服务指数影响因素。

（3）信用指数影响因素。

6.政策效应模拟

政策效应模拟的发布应包括以下信息：

（1）概括小微金融指数变化趋势出现的原因。

（2）企业成长模拟。

（3）金融服务模拟。

（4）信用环境模拟。

第十四章　浙江泰隆商业银行小微金融服务标准

一、导论

(一)小微企业的基本特征

小微企业是一个统称，存在结构化的内部分层。 通常讲的小微企业融资难，主要针对相对草根型的小微企业。 该类企业具有以下几方面特征。

1.主体特征

（1）生命周期短，抵御风险能力弱，发展不确定性大。

（2）组织形式为公司、合伙或个体工商户，但很多实质上是企业主经营的项目。

（3）企业主人品对企业的存续发展至关重要。

（4）企业主通常具有诚信的品质。

2.经营特征

（1）规模小、分布广、差异性大。

（2）通常为合伙经营、家族企业、夫妻店或个体经营。

（3）以流动资产为主，缺少固定资产。

3.管理特征

（1）内部管理制度不够健全。

（2）对市场变化敏感，船小好调头。

（3）财务报表不够规范，财务信息不够透明和标准。

4.融资特征

（1）具有旺盛的信贷需求。

（2）高度依赖间接融资，很多存在民间借贷等隐性负债。

（3）资金需求"额度小、频度高、时间急"。

（4）缺乏有效的抵质押物。

（二）小微金融的主要痛点

小微金融的主要痛点是，在成本可控的前提下，解决信息不对称，确保商业可持续，有效解决小微"融资难、融资烦、融资慢、融资贵"等问题，提高小微金融服务的质量效率。

1.信息不对称

信息不对称是信贷领域普遍存在的一个重要问题。由于小微企业提供的财务报表难以确保客观性、真实性，所以对小微金融而言，这个问题尤为突出。

2.服务成本高

（1）风险成本高。

（2）运营成本高。

（3）资金成本高。

3.服务要求不低

小微企业"麻雀虽小、五脏俱全"，金融服务需求跟大中型企业大同小异，同样是综合的、立体的、多元的。

（三）小微金融的服务模式

根据解决信息不对称和降低服务成本的不同方式，可以将小微金融的信贷模式分为以下几类。

1.线上模式

该模式下,依托金融科技和平台生态,基于自身数据和第三方数据,利用模型进行实时自动信贷决策,实行线上获客、线上调查、线上审批、线上放贷。

2."线下+线上"融合模式

该模式下,在信息获取和使用上,除线下人工收集信息外,充分利用自身积累的数据以及第三方提供的客户各类数据信息,在人工审批的基础上,探索利用模型进行初评、审批及贷后管理等。在审批机制上,又可分为集中审批和授权审批两种模式。

(1)集中审批,即基层行没有审批权限,由总、分行的风险审批部门集中审批。业内很多银行采取这种模式。

(2)授权审批,即将审批权限层层授权下放给各级审批人。其主要存在两种情况。

①授权给各级承担风险控制但没有营销推动业务发展职责的机构或部门,如各级的风险审批部门、派驻的独立风险审批官等。

②授权给各级同时承担风险控制和营销推动业务发展职责的机构或部门,包括基层网点的行长及营销团队负责人。泰隆银行采取了这一种模式。

(四)泰隆银行的探索与实践

泰隆银行成立于 1993 年,是一家专注于小微、践行普惠的城商行。 28 年来,泰隆银行坚持从实际出发,紧紧围绕小微企业的经营特征和金融服务需求,信任"两个人"(员工和客户)、管好"两个人"、成就"两个人",探索形成了具有泰隆特色的小微金融服务模式。 近年来,泰隆银行加大金融科技建设应用,推进商业模式的迭代升级,重点围绕降本和提效,通过线上大数据与线下软信息相结合,解决融资难、融资烦、融资慢、融资贵等问题,提高小微企业客户的获得感和满意度,努力实现"让贷款像存款一样方便"。 以下结合泰隆银行的探索和实践,总结提炼了 35 条泰隆银行小微金融服务的标准规则。

二、以专注和坚守为核心的公司战略

(一)坚持定位、深化定位、喜欢定位

小微企业分布广、户数多、规模小、抗风险能力弱，小微融资具有"服务成本高、劳动强度高、户均贷款低、人均产效低"的特征，小微金融慢工出细活。做好小微，必须专注坚守小微企业市场定位，保持战略定力，有工匠精神。如果不喜欢，很难坚持；如果不坚持，不可能成功。定位就是确定服务的目标客户。要坚持把目标客户锁定在"信贷需求强烈但得不到很好关注和服务"的小微企业身上，同时在坚持中深化、在深化中喜欢，对目标客户进行分层分类，做小微客户的成长伙伴，提供有温度、有匠心、有品质的金融服务，实现义利兼顾。

(二)针对性、差异化、有特色的绩效考核

信贷业务天然具有规模速度情结、"垒大户"、风险暴露滞后性、经营者短期行为等倾向，小微信贷也不例外。要坚持市场化的绩效考核导向，同时正确处理规模、结构、比例、质量、效益之间的关系。绩效考核是经营管理的指挥棒，是实现定位的抓手。要在监管政策范围内，制定有针对性的、差异化的、有特色的考核办法，确定与小微金融相匹配的绩效目标、考核维度、具体指标及评价标准，实行明确的计奖规则，采取科学的考核方式，业务发展、财务效益、关键管理三大维度并重，合理评定员工的工作绩效、履职情况和能力潜力，引导全行持续提升小微金融服务水平

(三)广义的合格率

对分支机构尤其是客户经理来讲，最担心的是每年的业绩任务如何下达、能否达成、会不会吃亏、有没有尽头。合格率通过给基层同事清晰的目标和责任，减少焦虑感和无助感，变被动为主动，提高幸福感和满意度，激发积极性和创造性。其他方面的合格率也同样如此。广义的合格率是指明确

各模块、各序列的分阶段达标要求和合格标准，并运用到绩效考核中，逐渐提高整体的合格比例，包括队伍合格率、管理者合格率、机构合格率，核心是客户经理合格率。

三、以专业和有效为核心的经营体系

(一)模式核心——社区化经营

小微信贷"额小、户多、面广"，单笔业务的收入相对有限，信息的分散性和碎片化相对突出。 如果不进行集约化作业，则成本高、效率低、质量差、风险大。 通过社区化经营，能够有效解决信息不对称问题、降低服务成本、做大客户量、提高人均管理规模，实现商业可持续目标。 社区化经营是指以银行物理网点为中心，在一定服务半径的范围内，按照机构、社区、人员的"三匹配"要求，以机构人均产效为核心，对辖内区域进行统一规划，划分综合社区和子社区，进行网格化管理，提供"定点、定人、定时"服务，通过标准化流程、系统性切入、针对性营销、相对批量化作业，不断提高客户覆盖率和金融服务覆盖面。

(二)小微信贷技术——广义的"三品三表"

小微企业的财务信息不够透明和标准，财务报表的规范性和准确性不强，而且企业主的人品、能力、性格等社会化软信息对企业经营和发展影响巨大。 这就要求银行重新构建一套与之匹配的信用评估模式，才能解决信息不对称问题。 广义的"三品三表"是泰隆银行总结提炼的独创性的小微企业信贷技术，即以"三品"（人品、产品、物品）、"三表"（水表、电表、海关报表）为主，破解信息不对称问题。 其中，"三品"是评估客户的主要维度和内容，"三表"是交叉检验"三品"的主要渠道和手段。

(三)普惠信贷技术——"两有一无"

普惠客群具有很强的项目制经营特征，无法提供规范的财务报表，资金量需求小。 如果符合"两有一无"的标准，则诚信度高，违约概率低，就能

有效筛除高风险客户，为客户有效赋能。 何况银行设定的小微客户准入标准，应该符合目标客群自身特征，不能"高高在上"，简单套用大客户的准入维度和指标，这样才能降低信贷准入门槛，确保普惠性。 "两有一无"是泰隆银行在服务"两民"（农民、市民）等普惠客群过程中，总结提炼的信贷技术，即客户只要满足"有劳动意愿、有劳动能力且无不良嗜好"这三个最基本的条件，就有资格获得贷款。

（四）基础能力——产品体系

小微企业融资难，直接表现是银行的信贷产品与小微企业的内在特征及融资需求不匹配。 比如，担保方式以抵质押为主，未考虑小微企业缺乏有效的抵质押物的实际情况；比如，审批及续贷时间长，未考虑小微企业资金需求急迫等问题。 产品体系是小微金融的基础服务能力。 设计小微金融产品时，必须以客户为中心，建立与小微企业基本特征及融资需求相匹配的产品体系，为小微企业提供定制化的产品，满足其差异化、个性化、特色化的金融服务需求。 如担保方式上，重视第一还款来源，重在考察客户用钱的责任心，主推保证、信用贷款，等等。

（五）核心能力——风险定价

对银行而言，小微融资难，关键难在收益无法有效覆盖风险和运营成本，精准的风险定价能力至关重要。 贷款利率定价既是银行与客户的互动过程，又是银行资金运作的经营绩效，要深化客户关系管理，加强成本管理，平衡收益与风险的关系，提升风险定价能力。 风险定价是指根据小微企业的风险状况，实行差异化定价，将贷款目标客群细分为高、中、低三类，针对不同的客群采用不同的定价策略，做到"一户一价""一笔一价""一期一价"，确保收益覆盖风险。

（六）专业能力——综合经营

小微企业作为市场主体，同样面对复杂的经营环境，需要专业的综合服务。 小微企业"人小志大"，虽然贷款金额低，但金融服务需求跟大中型企业大同小异。 相应地，小微企业金融服务也应该是立体的、综合的、多元的。 综合经营是指以产品为中心转向以客户为中心，从单一贷款转向综合服务，通过向客户提供专业的综合服务，提高单户的综合回报，同时让客户实现金融的价值。 如综合测算客户产效、盘活优化存量资源等。

四、以降本和提效为核心的管理体系

(一)精简高效的流程

小微企业机制灵活，市场响应快，资金需求急，需要通过简便的流程获得贷款。 另外，从银行角度看，流程问题关系到风险控制、成本控制和竞争力，必须建立与小微信贷相匹配的流程，才能实现商业可持续。 精简高效的流程是指建立扁平化的审贷机制，根据风控需要对流程进行合并、同步、前移，提高服务效率，做到"三三制"信贷服务承诺：新客户最多 3 天、老客户最多 3 小时获得贷款，有效缓解融资烦、融资慢问题。

(二)风控前提下的充分授权

小微企业差异性大，因区域、产业、行业、企业、企业主的不同，呈现不同的经营模式，基层机构和人员最了解客户的实际情况和融资需求。 为更好地服务客户，提高决策的科学性和效率，需要设计与之相匹配的贷款审批授权体系，赋予一线业务人员充分信贷决策权，提高决策效率。 风控前提下的充分授权是指在梳理"红线、底线、高压线"的前提下，充分下放贷款审批权限，缩短决策链条，实现大部分小额信贷业务，在支行层面完成审批，提高作业效率，解决融资烦、融资慢的问题。

(三)简单有效的信贷资料

小微企业没有专门的档案管理，缺少规范的财务报表及其他会计簿册，如果要求提供形形色色的信贷资料，既增加负担，又不能真正实现信息对称。 何况对于小微企业，可以借助现场走访、侧面打听和大数据分析，交叉检验企业主的人品信息、经营状况、资产负债情况等，最终解决信息不对称问题。

简单有效的信贷资料是指根据小微客户的经营管理特征，简化信贷资料，以基本证件资料为主，相关行业或经营证明资料为辅，确保简单化，遵循有效性。

（四）内生驱动的自主经营

小微金融具有很强的"在地化"特征，如果由总行制定一刀切的标准，规定过细的要求，很难符合当地客户的实际需求，必须开展自主经营，充分释放一线的生产力。

自主经营是指分支行、业务团队、客户经理作为独立业务单元与利润中心，总行充分放权，由其在总行的定位、模式、战略、原则、目标等指导下，自主决定经营策略、产品定价、细分客群、业务结构，并组织实施。

五、以全面和管用为核心的风控体系

（一）科学合理的授信管理

小微企业是个庞大的客群，分布在各行各业，处于不同发展阶段，具有从个体经营到现代企业等各种组织形式。必须建立科学、合理的授信管理体系，才能更好地拓展目标市场，更优地服务客户。科学合理的授信管理是指根据市场定位，开展市场调研和客群特征分析，依据市场环境、行业现状、客户经营、融资需求等，制定差异化准入、授信审查审批、贷后管理等措施标准，更好地管控业务风险，助力业务健康发展。如，严把准入关，精准理解市场定位、目标客户和商业模式，严格执行信贷业务准入管理，动态开展自查，防范操作风险和道德风险。

（二）有效制衡兼顾的信贷调查

小微企业信息不对称问题尤为突出，在当前我国信用环境下，需要采取线下和线上相结合的方式，并且要以线下为主、线上为辅，才能做出科学的信用风险评级。信贷调查是全面认识客户、进行信用风险评级和信贷决策的前提，是解决信息不对称的手段。有效与制衡兼顾的信贷调查由"眼见为实"

"四眼原则""面对面、背靠背"等信贷关键动作构成。

(三)服务监督并重的大中台

由于额小、户多，小微信贷的作业量仍然很大，即便实行扁平化流程，仍耗费营销人员时间精力，而且容易产生操作风险。 建设大中台，目的是为一线减压减负，以机器代人提高人均产效，常态化开展风险监测。 大中台即信贷工厂集中作业中心，承担初审、录入、信息审核、抗辩审核、合同审核、业务审查、小额业务审批和风险排查等职责，有效发挥"减负减压、帮扶支持、监督审核、服务体验"的作用。

(四)常态化修复的合规建设

小微金融是世界性难题，没有成熟的经验和模式可以照搬照抄。 必须根据小微金融的实际特征，切实有效地构建内部制度，常态化审视标准制定、标准执行、标准修复，打造实用、管用、有用的制度标准。 合规建设，关键在于常态化修复，把合规工作摆在突出位置，加强制度建设，构建系统完备、科学规范、运行有效的制度体系，确保各项制度有效执行，最大化创造合规价值。 比如常态化自查，对自查、检查、抽查发现问题的，实行差异化违规处罚标准。

(五)分层分类的追责问责

责任意识是小微金融的基石，资产出问题，很大程度上是人有问题。 如果信贷人员没有责任意识，道德风险和操作风险就很难防范。 因此必须实行市场化的追责问责，根据业务风险原因和履职尽责情况，进行差异化追责问责，强化责任意识，做到权、责、利相统一。 分层分类的追责问责是指按照"谁发放、谁负责、谁收回"的原则，开展不良资产责任认定，对贷款发放全流程进行审视，查找问题、剖析原因、明确责任，并对信贷业务相关参与人员进行相应的责任认定及追究。

(六)科学适度的不良容忍

设置不良容忍度，有利于减轻一线人员责任压力，让一线信贷人员"敢贷、愿贷、能贷"，积极开拓业务，释放一线人员生产力。 科学适度的不良容忍是指设置不良容忍度，不良资产认定为轻度责任后，在不良容忍度范围内，责任人可免除责任金扣罚。 容忍度落实"尽职免责和适度容忍"的原则，减轻信贷人员责任压力。

(七)专业强大的资产保全

小微客户通常缺少资金积累，可供拍卖抵债的固定资产不多，如果不及时催收，可能产生"抵赖"心理，甚至出现群体效应，对银行资产带来巨大损失。 所以必须建立专业强大的资产保全，通过精准的资产形态管理，确保小微贷款的资产质量安全。 专业强大的资产保全是指根据逾期业务情况，采取催收、起诉、司法强制执行等保全手段，千方百计保全资产，不达目的不罢休，让客户知道"银行的钱是好用的，银行的钱也是不好用的"，努力实现"发放贷款的人很了解情况，使用贷款的人很有责任心"，从根本上保障信贷资产质量。

(八)独立全面的内部审计

小微金融自身特征决定了其审计工作的特殊性。 小微贷款出风险，主要是由道德风险和操作风险造成的。 审计作为最后一道防线，具备"支持、制衡、震慑、保障、修复"等功能，是确保小微金融长期可持续发展的重要保障。 内部审计是内部控制的重要组成部分，是一种独立客观的监督、评价和咨询活动。 审计工作独立于经营、风险管理和内控合规，直接对董事会负责，并对上述职能履行的有效性实施评价；审计范围从传统业务审计，延伸至职能履职、系统建设、村镇银行管理等方面形成"大审计"格局。

六、以支持和协同为核心的科技体系

(一)金融科技赋能

纯线下小微模式以人海战术为主,存在获客难、服务难、风控难、成本控制难、效率低、人均产效低等痛点。 通过金融科技赋能,能够降低服务成本,提高服务效率,让小微客户享受到最前沿的科技创新成果。 金融科技赋能是指运用新兴金融科技手段,推进小微金融服务移动化、模型化、便捷化,借助金融科技"快速、开放、共享、智能"等优势,用系统代替人工,将复杂、烦琐的服务流程简化,达到降本增效、风险控制和客户体验提升的目标,使小微企业享受到最前沿的科技成果,为客户提供更精准、更便捷、更优质的服务。

(二)线上与线下融合

小微企业涉及百行百业,经营特征、资金需求特征差异很大,线上数据化程度差异也很大。 小微企业融资既需要借助金融科技,实现提质增效;又需要社区化等线下服务,真正解决信息不对称问题,提供有温度的服务。 线上与线下融合是指既重视线上"跑数",实现降低成本、提高效率、增强客户体验;又重视线下"跑街",坚守"戴草帽、穿雨鞋"的信贷文化,主动送服务上门,降低门槛、有效风控、增强服务温度。

(三)创新机制建设

当前大数据、移动互联网、区块链、云计算、人工智能等新一代信息技术重构小微金融服务形态;同时新行业、新业态、新模式的小微客群不断涌现,市场和客户需求发生了很大变化。 服务小微企业必须有新的想法和办法,创新意识和创新能力的重要性凸显,决定了企业的市场竞争力。 创新机制建设是指建立鼓励创新、开展创新、落实创新的工作机制,聚焦市场和客户,围绕营销、产品、流程、制度、风控、考核、培训、渠道、系统等方面创新,使创新成为引领发展的第一动力,实现客户满意度、降本增效、队伍建设、品牌提升等经营管理目标。

七、以体验和合作为核心的服务体系

(一)柜面运营——丰富服务内涵

小微普惠客户"人小志大",同样追求更加真诚、平等、尊重、友好的服务环境,所以小微金融机构要具备高品质、高规格的服务水平和服务能力,满足其多样性、独特性的需求。 柜面运营即柜面服务人员针对客户需求,通过标准的服务动作和服务流程,为柜面客户提供专业高效的基础金融服务、温情准确的个性化服务和及时有效的其他增值服务,包括基于灵活化的标准服务、基于人性化的个性服务以及基于满意度的增值服务。

(二)网点建设——社区服务中心

当前物理网点的引流、聚客功能被严重削弱,小微企业存在多样化需求,必须加强网点建设,加快网点转型,将网点功能从单一的金融服务转变为多样化的综合服务。 网点建设是指通过改善银行网点环境和服务设施、提高运营人员服务水平和服务素质、加强网点服务机制运行和服务监测等管理行为,推动发展转型、提升引客能力、优化客户体验,强化业务渗透。

(三)品牌建设——打造全员品牌

品牌是企业的无形资产,有助于协助营销,提高客户忠诚度。 小企业客户对品牌具有天然的关注度和信任度,建设良好的品牌,本身就体现了小微金融的服务品质。 品牌建设是指强化品牌运营意识,传达积极向上的品牌主张,在公众心中树立清晰的企业定位、企业形象,从而提升企业的品牌美誉度和客户忠诚度。

(四)大合作——小微金融服务生态

小微金融服务是系统工程,需要夯实基础能力,整合汇集各方力量,突破各个环节,如征信、评级、科技、标准等,最终实现金融服务提质增效。 大合作是指以小微信贷为核心,联合征信、评级、金融、科技等公司,与有志于开展小微金融的同业加强合作，协助合作行建立一套完善的小微金融服务体系。

八、以培养和保障为核心的队伍体系

(一)90％人才自主培养

小微金融有一套独特的商业模式和标准体系，通过简单的同业引进很难适应组织土壤，必须坚持人才自主培养，即对新员工的全面培养和同业引进人员的重新塑造，确保理念、文化认同不偏差，定位、模式复制不走样。90％人才自主培养是指实行选、育、留、用、退一体化的人力资源管理，坚持以校园招聘、自主培养、内部晋升为主，做到90％以上人才自主培养，打造子弟兵队伍。

(二)立体式培养

在新时代，市场环境、监管要求、同业竞争、客户需求发生了翻天覆地的变化，需要高素质的小微金融人才，只有通过立体式培养，才能克服"本领恐慌"，强化与时代同步的专业服务能力。 立体式培养是立足新时代小微金融人才需要，打造广覆盖、多元化、全面性的培养体系。 比如，自上而下与自下而上并重，坚持管理者人人为师、提高内驱学习动力等。

(三)"市场第一"的人员结构

小微金融是零售金融，成本高、投入大、产效低，可以说是"吃骨头缝里的肉"，必须优化内部资源配置，把好钢用在刀刃上，减少无效、低效的成本投入。 优化人员配置结构，提高直接产效人员占比，是提高小微金融经营绩效的必然要求。 "市场第一"的人员结构是指坚持人员配置以营销人员为核心，在数量及占比上向营销人员倾斜。 在制定人员规划时，在满足机构、人均产效双提升的基础上，优先满足营销人员的配置，以社区全覆盖为目标，在合理范围内持续提高营销人员数量及占比情况。

(四)超级客户经理

小微信贷具有信息不对称和成本高的典型特征,必须通过超级信贷员模式,才能在市场调研、客户营销、信贷调查、贷款发放、贷后管理、逾期清收等全流程实现最低成本的信息对称,真正做到商业可持续。 超级客户经理是指聚焦全行培训资源,把客户经理培养成全能型、综合型的专业人才,不仅负责市场拓展、客户营销、信贷调查、贷款发放等全生命周期客户管理关系,而且负责贷后管理、逾期清收、人才培养等工作,而并不是把这些非核心职能简单外包。

(五)"任人唯贤"的用人机制

管理者是小微金融队伍建设的重点。 如果没有公正客观的用人机制,出现任人唯亲、裙带、提携关系或其他人岗不匹配情形,使得管理者队伍不纯粹、不达标、不胜任、不合格,不仅无法做好表率、带好员工队伍,而且会严重影响全行战略目标和政策措施的有效落地。 "任人唯贤"的用人机制是指在选任管理者时,秉持德才兼备、民主评议与实绩能力并重、公平公正原则,通过全面考量管理者的文化认同与传承、品德与作风、能力、专业知识、履职成效等维度,实现"能者上、平者让、庸者下",打造高质量的干部队伍,提高管理者合格率。

九、以意识和行为为核心的文化体系

(一)企业文化——最大的软实力

小微金融并不难找到可行的商业模式,难的是坚持坚守,把商业模式真正落实到位,建立服务小微企业的长效机制,"破题"的关键和要点就是企业文化。 企业文化包括企业的愿景、梦想、核心价值观,以文化的原理成就企业,以企业文化塑造员工的思想意识和行为习惯。 企业文化是商业模式的无形载体,是制度落地的根本保障,也是最大的软实力。

(二)行风行纪——最廉价的风控

从专业上讲，小微贷款发生风险，70％－80％是由道德风险和操作风险引起的，因此行风行纪是最廉价的风控。 行风行纪是意识和行为的标准，即应当做什么、禁止做什么、提倡做什么、反对做什么。 行风行纪不仅包括劳动纪律、环境卫生、职业形象，还包括职业素养、职业操守等。

第五篇
政策汇编

  台州市小微金融服务取得的成效，离不开"有为政府"的支持。在深化小微金融服务改革中，台州市政府着力于完善金融基础设施和服务环境的同时，还制定了一系列支持小微金融服务发展的金融政策，为小微企业金融服务改革提供制度保障。本篇梳理了 2016—2020 年台州市政府和金融系统出台的各项支持小微企业金融改革的政策文件，为国内其他地区优化小微金融服务提供经验参考。

15

第十五章　政府支持小微企业金融改革的政策汇编

第一节　台州市科技型企业信贷风险补偿基金管理办法（试行）

一、总则

（一）为加快台州市创新驱动发展，优化创新创业环境，激发创新主体的动力，加大对科技型企业的信贷支持力度，根据《中共台州市委、台州市人民政府关于加强创新驱动加速工业转型升级　加快创新型城市建设的若干意见》（台市委发〔2013〕59号）、《中国人民银行杭州中心支行、浙江省科技厅关于加大政策扶持力度进一步促进浙江省科技金融的实施意见》（杭银发〔2015〕113号）和《浙江省台州市小微企业金融服务改革创新试验区实施方案》（浙政办函〔2016〕9号）精神，特设立台州市科技型企业信贷风险补偿基金（以下简称"风险补偿基金"），并制定本办法。

（二）风险补偿基金是通过科技支行向科技型企业提供信贷的风险补偿基金。专项用于科技支行对经认定的科技型企业开展相关信贷融资服务中产生的损失进行风险补偿，为科技型企业承担有限代偿责任。

（三）本办法所指的科技支行，是指经台州市科技金融协调小组认定的银行机构。

二、基金管理

（一）风险补偿基金的来源。

1.风险补偿基金来源为市级科技资金。

2.风险补偿基金代偿后，由市级科技资金充实风险补偿基金。

3.利息等其他来源。

（二）风险补偿基金首期规模为2000万元。 其规模可根据运行情况适时调整。

（三）市科技局为风险补偿基金的主管部门。 建立科技型企业信贷风险审核小组（以下简称"风险审核小组"），市科技局分管局长任组长，财政、科技、金融办、中国人民银行等单位业务处室负责人为成员，市科技局承担风险审核小组日常工作。 风险补偿基金核销由风险审核小组审批。

风险补偿基金在科技支行以定期存款形式存放，存款利率参照同期市场利率，接受市财政局的监管和市审计局的专项审计。

三、运行方式

（一）科技支行应根据存入的风险补偿基金，提供不低于10倍的融资授信额度。 如果科技支行对科技型企业发放贷款，3年内达不到10倍授信额度的，则按比例收回风险补偿基金。

（二）风险补偿基金项目下的科技支行贷款利率为基准利率上浮20％以内，并低于同期市场贷款利率，重点支持对象利率可再下浮。

（三）科技支行对科技型企业的信贷风险由风险补偿基金和科技支行共同承担。 经追偿后实际发生的贷款损失由风险补偿基金和科技支行分别承担50％。

（四）企业贷款一旦出现损失，经风险补偿基金代偿后，由市级科技资金充实风险补偿基金。

四、支持对象

风险补偿基金重点支持的企业为经台州市科技局确认的科技型中小企业，每家企业贷款额原则上不超过 800 万元。

五、代偿和核销

（一）科技型企业无法及时足额归还到期本息的，科技支行须在贷款逾期后 5 个工作日内报风险审核小组并提出代偿申请，经风险审核小组批准后，由市科技局将逾期贷款本息中应由风险补偿基金承担部分先行代偿给科技支行。

（二）对风险补偿基金代偿的贷款本息，由科技支行对借款企业进行追偿。追偿所获资金扣除诉讼等实现债权的费用，并按照本办法约定的承担比例清算后，按风险补偿基金代偿比例充入基金账户。

（三）若企业破产或倒闭清算，或对企业诉讼且依法裁定执行终结的情况下，经市科技局审核并报风险审核小组确认，对代偿的最终损失部分予以核销。

（四）申请核销需要递交以下资料。

1. 科技支行提出核销申请报告，内容包括企业基本情况、贷款发放和管理情况、贷款代偿和追偿情况、形成的代偿损失情况等。

2. 法院的民事判决书及其他可以确认形成损失的法律文书或证明材料。

3. 风险审核小组要求补充的资料。

六、监督机制

（一）受风险补偿基金支持的企业若有违反财经纪律、弄虚作假或在日常管理中不按管理要求提供完整财务报表、项目进展报告等材料的，科技支行有权中止和追讨已发放贷款，并保留追究其法律责任的权力。

（二）发生风险代偿的企业，由科技支行根据有关规定在征信系统登记企业和法定代表人或主要管理者个人的不良信用记录；发生风险代偿的企业 3 年内不能申报本市各级政府及部门的财政补助项目。

（三）建立定期信息沟通机制。 科技支行要按季向风险审核小组成员单位通报科技型企业信贷投放和管理情况、风险补偿基金的代偿情况；市科技局要定期更新支持企业名单；市财政局、市审计局、市金融办和人行台州市中心支行要定期对风险补偿基金运作进行监督，不断提升资金使用效益。

七、附则

（一）各县（市、区）可参照本办法，结合本地实际制定相应规定。

（二）本办法自发布之日起施行。

台州市人民政府办公室

2016 年 10 月 10 日

第二节　关于促进小微企业健康发展的意见

一、指导思想

全面落实党的十八大和十八届三中、四中、五中全会精神，按照党中央、国务院决策部署，以营造良好创新创业生态环境为目标，把扶持小微企业发展作为经济转型升级"组合拳"的重要一招，进一步解放思想，不断健全普惠性政策措施，加大简政放权力度，放宽政策、放开市场、放活主体，有效整合社会资源，完善服务模式，全面优化发展环境，加快形成大众创业、万众创新的生动局面。

二、主要目标

力争用 3 年时间，构建起有利于小微企业成长、升级的有效工作机制和平台，有效破解制约小微企业发展的瓶颈和难题，显著优化小微企业整体发展环境。全市小微企业的科技创新活力与核心竞争力持续增强，产业结构不断优化升级，品牌意识和品牌创建能力明显提高，发展质量效益全面提升。

三、主要举措

(一)全面放宽市场准入

推进注册登记便利化。全面推行"五证合一、一照一码"登记制度改革，实现"一表申请、一窗受理、协同审批、一照一码"，一次性办结企业设立的相关证照和手续。继续放宽企业住所（经营场所）登记条件，推行"一照多址、一址多照"等举措。

推行网上全程电子化登记。对各类商事主体名称核准、设立、变更、备案登记等商事登记业务采取申请人通过互联网提交电子申请材料，商事登记部门实行网上受理、审查、保存电子档案的全流程电子化登记模式，缩短办理时限，提高行政效率。

（二）大力拓宽融资渠道

加大对小微企业信贷扶持。 鼓励引导商业银行大力发展社区银行、小微专营支行和科技支行等各类特色支行，建立小微企业专项信贷计划，改进小微企业的信贷管理及审批机制，提供专营化、差异化、个性化、特色化服务，确保每年小微企业贷款继续保持较快增长。 符合条件的初次创业者可申请不超过 30 万元的创业担保贷款；合伙经营或创办企业的，可适当提高贷款额度至 50 万元。 符合条件的中小微企业，贷款最高额度按"企业吸纳重点人群就业人数×20 万元"计算，最高不超过 300 万元。 加大贷款贴息力度，对在校大学生和毕业 5 年以内高校毕业生、符合失业登记条件且登记失业半年以上人员、就业困难人员、城镇复退军人、持证残疾人等重点人群实行全额贴息，其他符合条件的人员实行 50％贴息，予以贴息的利率可在基础利率的基础上上浮 3 个百分点，贴息期限不超过 3 年。 对合作金融机构按省政府规定开展创业担保贷款业务的，按当年有效发放创业担保贷款总额的 1％给予奖励性补助。

创新小微企业金融产品和服务方式。 积极促进传统微贷技术和现代信息技术的深度融合，加速改造微贷技术；利用大数据、云计算技术，探索建立小微企业审贷评分模型与机制；鼓励支持银行与电商合作，利用大数据和互联网技术做好小微企业金融服务；探索小微企业金融服务标准体系建设。

鼓励创新贷款抵质押方式。 深化商标专用权质押登记全国试点，对开展商标专用权质押贷款业务的贷款人给予一定补偿，补偿标准为实际收取商标专用权质押贷款利息的 10％，补偿总额按贷款人实际发放贷款给借款人的户数计算，每户每年不超过 30 万元。 鼓励支持金融机构扩大质押品范围，提高质押覆盖面。 支持小微企业开展专利权等无形资产的质押贷款；深化开展动产、股权、排污权、海域使用权、农民住房财产权、林权等抵（质）押贷款，推进农村承包土地经营权抵押贷款试点。

加大融资担保扶持力度。 拓展台州市小微企业信用保证基金担保覆盖面，加强与市级各类产业发展扶持专项资金对接，对贷款额度 100 万元以下、由信保基金担保的且列为市级重点扶持行业（现代医药、汽车制造、高端装备、清洁能源、信息经济、现代金融、现代物流和旅游休闲八大主导产业）的小微企业，适当降低信保基金的担保费率或提高信保基金的风险承担比例。鼓励担保机构为重点领域的生产性服务业企业提供低费率担保服务，对担保机构开展的综合担保费率低于银行同期贷款基准利率 50% 的生产性服务业企业融资担保业务给予补助，补助比例为银行同期贷款基准利率 50% 与实际综合担保费率差的 50%，补助费用在市现代服务业发展引导资金中列支。

建立小微企业对接产业引导基金机制。按照股权投资等市场化运作方式，建立市级小微企业对接各类产业引导基金机制，鼓励引导各类产业引导基金加大对小微企业的股权投资，重点支持市场潜力大、创新能力强的微型企业发展壮大。市本级设立规模为 2 亿元的创业投资引导母基金，引导社会资本设立各种类型的创业投资风险机构，研究出台鼓励社会资本投资民营科技企业、促进创业投资发展的意见。有限合伙制创业投资企业采取股权投资方式投资于未上市的中小高新技术企业 2 年以上的，可以按照其投资额的 70% 在股权持有满 2 年的当年抵扣该创业投资企业的应纳税所得额。

支持小微企业直接融资。鼓励小微企业到多层次资本市场挂牌融资，争取在浙江股权交易中心设立台州小微板。小微企业在浙江股权交易中心创新板和台州小微板挂牌的，给予企业一次性财政奖励 1.5 万元；在浙江股权交易中心成长板挂牌的，给予企业一次性财政奖励 20 万元。小微企业在全国中小企业股份转让系统（新三板）挂牌的，给予企业一次性财政奖励 30 万元，首次在创新层挂牌的，再给予一次性财政奖励 30 万元。

（三）切实减轻税费负担

落实税收优惠政策。到 2017 年 12 月 31 日止，对月营业额不超过 3 万元的增值税小规模纳税人免征增值税，以 1 个季度为纳税期限的增值税小规模纳税人，季度销售额或营业额不超过 9 万元的，按规定免征增值税。对年纳税所得额低于 30 万元（含 30 万元）的小型微利企业，其所得税减按 50% 计入应纳税所得额，按 20% 的税率缴纳企业所得税。对小微企业从事国家鼓励类项目，进口自用的先进设备，按照有关规定免征关税。 当年新招用失业 1 年以上人员且持"就业失业登记证"的，与其签订 1 年以上期限劳动合同并依法缴纳社会保险费的，在 3 年内按实际招用人数以每人每年 5200 元定额依次扣减相关税收。 积极落实小微企业兼并重组税收政策，鼓励小微企业做大做强。

落实社会保险费优惠政策。 对失业保险费单位缴费实行临时性下调，从 2016 年 5 月 1 日—2018 年 12 月 31 日，费率由 1.5％降为 1％。 对"小升规"企业按规定实施临时性下浮职工基本养老、医疗保险缴费比例。 对符合相关稳岗补贴政策，依法参加失业保险并缴纳失业保险费，且上年度未裁员或裁员率低于上年末台州市城镇登记失业率的企业给予稳岗补贴政策，补贴标准为该企业及其职工上年度实际缴纳失业保险费总额的 50％。

降低小微企业运营成本。 清理规范各类涉企行政事业及经营性收费项目，实行目录清单制度，严禁清单外收费，对小微企业实行优惠或依法进行减免。 自工商登记注册 3 年内，对安排残疾人就业未达规定比例、在职职工总数 20 人以下（含 20 人）的小微企业，免征残疾人就业保障金。 小微企业参加会展活动的，给予展位费 50％补助，每户每次不超过 1 万元，每年最高不超过 3 万元；对现代制造业小微企业购买大型生产设备的，按购置金额的 30％最高不超过 10 万元进行一次性补助，按缴纳水电费的 20％每年不超过 2 万元最长不超过 2 年进行补助。

加大就业社保支持。 对毕业年度高校毕业生到非公小微企业（禁止和限制发展产业除外）就业的，签订 1 年以上劳动合同并依法缴纳社会保险费的，给予高校毕业生就业补贴，其标准按相关文件执行。 小微企业新招用毕业 3 年以内高校毕业生、签订 1 年以上劳动合同并依法缴纳社会保险费的，给予企业一次性社保补贴，补贴期限为 1 年。 高校毕业生到小微企业就业的，其档案可由公共就业人才服务机构免费保管。

（四）全面支持新兴产业发展

鼓励高端人才创业。 高校、科研院所等事业单位科研人员离岗创业的，与单位签订离岗协议，明确离岗期间双方权利义务关系、社会保险、科研成果归属、收益分配等事项后，5 年内保留人事关系离岗创业，并报组织人事部门备案。　支持归国留学生、境外人才创办科技企业，可参照相关人才政策在启动资金、子女就学等方面予以全面支持。

加大小微企业土地要素保障。　鼓励土地权利人采取出租方式盘活利用空闲工业厂房，提高土地利用效率。　经规划、国土、环保、消防等相关部门同意，对城市或镇规划确定的工业区块已调整为非工业用途的，在保持主体建筑不变的前提下，适当改造用于兴办生产性物流、工业研发设计等生产性服务业，保留工业用途不变。　小微工业企业为集中生产经营合并厂房，需要将多宗分散土地进行集中整合利用，或者企业因产业转型升级、技术改造等原因需要优化用地范围的，可与相邻企业协商进行工业用地调换，按不动产调换办理相关手续。

加快各类创业平台建设。　强化特色小镇、科技孵化园区、众创空间、小微企业园、楼宇产业园、文化产业园等平台的带动作用，加大与高校、科研机构对接力度，促进科研成果转化落地。　对上述区域内的创客，可按工位号登记注册，重点发展一批互联网＋、资本＋、文化＋、创意＋和大学生创业的小微企业。　鼓励各地新建或利用闲置场地改造建设各类小微园，引导社会资本采取市场化运作方式投资，为小微企业提供低成本、低租金的生产活动空间。市财政每年安排一定专项资金，对列入市小微园建设计划的园区，竣工后按框架结构 100 元/平方米、砖混或钢结构 90 元/平方米标准进行补助，同一项目扶持最高额为 300 万元。　对被评定为市级、省级和国家级园区的一次性给予投资主体 20 万元、50 万元和 100 万元的奖励，用于园区建设发展。　对认定为省级小企业创业基地的园区，其多层标准厂房的租赁收入及占地，自新认定年度起 1—3 年内，报经地税部门批准，可给予减征房产税、城镇土地使用税的照顾。　对入驻园区的小微企业前 3 年分别按每平方米（每月）6 元、4元、2 元进行补助。　每家企业最高补贴不超过 2000 平方米。　对经认定的国家级、省级科技企业孵化器分别给予 200 万元和 100 万元奖励。　已建成孵化基地要加快孵化民营科技企业，对孵化基地每成功培育 1 家国家重点扶持的高新技术企业，给予孵化基地 10 万元资金奖励。　落实科技企业孵化器、大学科技园研发费用加计扣除、固定资产加速折旧等税收优惠政策，对符合条件的众创空间等新型孵化机构适用科技企业孵化器税收政策。

鼓励小微企业开展科技创新。 完善科技大市场体系建设,有效发挥科技大市场对科技资源的配置和聚集作用,为小微企业难题的破解、科技供需的对接和产业的转型升级提供服务。 对成功参加省级技术成果拍卖并产业化的项目,以合同和银行支付账单为依据对技术成果交易转化进行补助,实际技术交易额在 20 万元以上的,按实际技术交易额的 10% 比例给予补助,其中通过科技大市场引进科技成果,按实际技术交易额的 15% 比例给予补助,单个企业最高不超过 100 万元。 对市、县两级所属研究开发机构、高等院校等单位职务科技成果完成人和为成果转化做出重要贡献的其他人员给予奖励,按照《实施〈中华人民共和国促进科技成果转化法〉若干规定》中的不低于 70% 比例执行。 小微企业经认定为国家重点扶持的高新技术企业的,减按 15% 的税率征收企业所得税。 对一个纳税年度内,居民企业技术转让所得不超过 500 万元的部分,依法免征企业所得税;超过 500 万元的部分,减半征收企业所得税。 企业为开发新技术、新产品、新工艺发生的研究开发费用,未形成无形资产计入当期损益的,符合条件的按照据实扣除的基础上,按照研究开发费用的 50% 加计扣除;形成无形资产的,按照无形资产成本的 150% 摊销。 对小微企业(有限公司)股权激励和技术入股,可按财税〔2016〕101 号文件规定享受税收优惠。

建立梯次培育库。 按照突出重点、分层分类、梯次培育的原则,在全市八大重点产业、文创产业和"互联网+""文化+"等产业和行业中遴选年产值(销售额)50 万-500 万元的"雏鹰企业"5050 家(雏鹰企业是指具有良好成长性的初创型企业),500 万-1000 万元的"瞪羚企业"700 家(瞪羚企业是指增长速度快、发展前景好、科技含量高,从事高新技术产业的成长型企业),1000 万-2000 万元的"头雁企业"350 家(头雁企业是指细分行业的领军企业或拟上规升级的企业)实施梯次培育,对列入重点培育库的企业,将引入更多更专业的市场化、专业化服务机构和产业、信息、资本等要素,形成发展的规模优势。 支持小微企业转型升级,实现梯次企业扶持政策无缝对接,对于首次小微企业升级到规上企业的,给予小微企业一次性补助 2 万元。

（五）全面优化服务环境

推进小微企业服务体系建设。　鼓励社会资本建设就业创业服务平台，为创业者提供政策咨询、项目开发、融资服务、法律援助、跟踪扶持等"一条龙"服务。　对经认定的就业创业服务平台，可根据其工作开展情况给予不超过 10 万元/年的运行补助。　提高服务质量和效率。　扩大政府购买服务的范围和力度，为小微企业提供低收费和免费服务。

建立培训辅导体系。　各地要大力开展创业教育培训，培育一批创业培训示范基地。　具有创业要求和培训愿望并具备一定创业条件的在校大学生和城乡劳动者在定点机构参加创业培训、创业模拟实训并取得合格证书，6 个月内实现创业的，由当地政府给予 1200 元创业培训补贴、1600 元创业模拟实训补贴；其中在台高校学生在校期间参加创业培训或创业实训，取得合格证书并在台创业 6 个月以上的，由创业地政府给予其补贴标准的 60％补贴。　在后续辅导上，设立台州市小微企业创业创新辅导中心，以初创型小微企业为主要对象开展培训辅导，以社会团体为主要运行管理机构，政府以"服务券"等形式对辅导中心进行经费补助。　加大财政投入，建立健全小微企业培训辅导体系，依托社会组织及相关中介服务机构，在全市建设 100 家"小微企业创业服务站"，零距离服务广大小微企业。

加强专业服务对接。　发挥专业机构力量，为小微企业提供全方位、一站式的运营管理服务，帮助小微企业增强抗风险能力，防范和减少各类管理和运营风险。　对初创型企业，开展代理建账建证、代理记账、代理年度报告申报等对接服务；对在新三板和浙江股权交易中心挂牌的企业，对接专业审计、鉴证和评估服务；对科技型小微企业，对接知识产权保护专项法律服务；对产业集群内的小微企业，对接锁定原材料、产成品价格波动风险等服务。

推动小微企业品牌培育。　积极开展商标普法宣传培训，增强小微企业创牌意识。　建立全市优势小微企业品牌培育库，在省著名商标、知名商号认定中，重点培育八大主导产业和八大新兴产业（新材料、节能环保、海洋新兴、时尚产业、文化创意、健康养生、现代商务等）的小微企业。

鼓励小微企业发展电子商务。　企业在天猫、京东、淘宝等第三方交易平台首次开设企业店铺或首次自建自用网上交易平台且网络交易额已达到100万元以上的（经营农特产品的，交易额达到50万元以上），一次性最高奖励5万元。 对企业电子商务年销售额首次突破1000万元、2000万元、3000万元、4000万元、5000万元、1亿元以上的，分别按10万元、20万元、30万元、40万元、50万元、100万元给予一次性奖励。 年交易额100万元以上的企业网店通过第三方电子商务平台开展电子商务活动、且已签订服务协议并支付服务费用，给予平台服务费用最高30％的补助，最高不超过10万元。

规范涉企行政执法检查。 除法律、法规、规章明确规定的涉及人身健康、公共安全、生产安全、财产安全和环境安全的事项可进行常规检查以外，积极推行"双随机一公开"监管机制，可以提倡采取建议、辅导、提示、告诫、示范、公示以及其他非强制性行政管理方式实施行政指导，规范小微企业经营行为。 对小微企业违法，情节轻微并及时纠正未造成危害后果的，不予行政处罚。

强化小微企业信用信息监督。 依托企业信用信息公示平台，建立小微企业信用信息库，将恶意逃避行政监管和骗取财政补贴资金等失信行为的小微企业纳入"黑名单"，并采取相关的限制措施，引导小微企业规范诚信经营。

四、组织保障

（一）加强统筹协调

市"小微企业三年成长计划"工作领导小组负责组织协调和督促指导政策措施的落实，领导小组办公室（以下简称"市小微办"）要切实承担牵头职责，各成员单位要各司其职、密切配合。 为确保全面、扎实、有序推进小微企业三年成长计划工作的开展，市小微办工作人员实行轮岗制，由各成员单位抽调人员定期驻点办公。 各地要建立相应的工作协调领导机制和人员轮岗机制，细化工作目标，有效提高工作实效。

（二）加强督促考核

建立目标责任考核体系，把相关目标任务分解到各县（市、区）和市级有关部门，纳入年度工作目标责任制考核。市小微办要加强督促检查，定期通报工作推进和完成情况。各地要出台相应的配套措施。对执行政策不力、落实政策不到位、年度计划未完成的地方和单位进行通报批评。

（三）营造良好环境

要充分发挥各类媒体资源，宣传小微企业扶持政策，宣传创业兴业典型，示范带动更多的企业提升发展，进一步弘扬创业精神，激发全社会的创业活力，形成以创业带动就业的良好局面。

本意见所涉及的财政补助资金按科技、人力社保、服务业、电子商务、金融发展等归口部门专项资金渠道支出，按现行财政体制实施，各县（市）应参照执行。

台州市人民政府办公室

2016 年 11 月 2 日

第三节　台州市小微企业信用保证基金管理办法

一、总则

（一）为规范和加强台州市小微企业信用保证基金管理，提高资金使用效率，根据省委、省政府《关于加快金融改革发展的若干意见》（浙委〔2012〕83号）、《浙江省小微企业金融服务改革创新试验区实施方案》（浙政办函〔2013〕81号）等有关规定，制定本办法。

（二）台州市小微企业信用保证基金（以下简称"信保基金"）由政府出资和金融机构、其他组织捐资组成，主要为小微企业、小微企业股东或个体工商户的融资提供信用担保。本办法所称小型、微型企业的划分标准，按照《中小企业划型标准规定》（工信部联企业〔2011〕300号）执行。

（三）信保基金的使用和管理应当遵循"政府引导、市县联动、市场运作、风险共担"的基本原则，确保基金使用规范、安全和高效。

（四）市政府成立由分管金融工作的市政府领导任组长，出资区域各县（市、区）政府及市级相关职能部门负责人为成员的台州市小微企业信用保证基金领导小组，加强对信保基金工作的领导和协调。领导小组下设办公室，办公室设在台州市政府金融工作办公室（以下简称"市金融办"）。

二、基金设立与组织管理

（一）信保基金来源

以政府出资为主，金融机构及其他组织自愿捐资等形式为辅。

（二）信保基金规模

初创设立5亿元，远期视基金运行情况、地方可用财力和小微企业融资需求，逐年追加做大基金规模。

（三）初创设立的出资额

信保基金初创设立 5 亿元，其中政府出资 4 亿元，市、区两级金融机构根据业务需要、合作意愿认捐 1 亿元。

（四）基金运行的组织管理

基金设立理事会，负责制定基金的战略规划、经营目标、重大方针和管理原则等。 台州市小微企业信用保证基金运行中心（以下简称"信保中心"）为基金委托运行机构，受理事会领导和监督，负责信保基金的运行、担保审核、风险管控、风险代偿、债务追讨等。 信保中心为非营利性社会组织，实施法人治理和企业化管理。 市金融办负责对信保中心实施管理。

（五）信保中心组织架构

信保中心实行基金理事会领导下的总经理负责制，并设信保审核委员会。 信保中心总经理、副总经理等高级管理人员，由领导小组办公室提名，理事会表决聘任。

（六）信保中心负责信保基金的日常运行管理工作，定期向领导小组办公室和基金理事会报告基金运行情况

负责对申请担保贷款的借款人进行审核；进行保后跟踪、管理，定期和不定期检查基金担保业务情况；做好贷款的风险代偿，并与合作金融机构共同向借款人追讨。

（七）合作银行根据基金约定的放大倍数和利率提供贷款

由信保中心担保的贷款，不能要求借款人追加第三方担保（法定代表人或实际控制人连带责任担保除外），不能附加收取任何额外费用。 贷款银行监督借款人（项目）贷款资金的使用情况。 若发现借款人（项目）有潜在风险损失的可能，银行应及时采取一定的风险管控措施，并尽快书面告知信保中心，共同协商处理，控制贷款风险的发生。 贷款出现风险后，信保中心可

委托合作银行负责信保基金担保贷款的诉讼、追讨等法律事务，并按协议承担相应的风险责任。

(八)信保审核委员会组成

信保审核委员会由固定委员和非固定委员组成。 信保中心总经理、副总经理以及部门主要负责人为固定委员；非固定委员由专家组成，信保中心建立审核委员会专家库，每次审核抽签确定参加专家。

三、基金的运作

(一)信用保证对象

本信保基金保证对象主要为出资区域各县（市、区）优质成长型小微企业、小微企业股东及个体工商户。 保证对象主要由合作银行推荐，市、县两级经信、科技、商务等相关职能部门协助推荐。 具体准入条件细则，可由信保中心予以设置及适时调整。

(二)信用保证贷款投向

具体信贷投向要符合国家产业政策导向，优先考虑地方政府扶持支持的行业和专项贷款。

(三)申请途径

有间接保证和直接保证。 间接保证由贷款银行协助借款人向信保中心申请基金担保，信保中心审核同意担保后，银行发放贷款。 直接保证由借款人向信保中心申请，信保中心审核同意后，借款人持信保中心担保函向贷款银行提出贷款申请，贷款银行审核同意后发放贷款。 两种保证方法中，主要以间接保证方法为主。 信保中心和合作银行分别进行保后、贷后跟踪管理。

(四)担保额度和费率

信保基金提供的信用担保额度，单个企业最高担保余额不超过 800 万元，小微企业股东及个体工商户最高担保余额不超过 300 万元，原则上小微企业股东与小微企业不得同时由信保中心承保。 信保基金的综合平均担保费率控制在年 1% 左右。 涉及保费调整的，由信保中心提出，报金融办同意后予以公布。

（五）风险分担

由信保中心担保的贷款一旦出现风险，由信保中心和贷款银行共同承担，具体比例由信保中心与贷款银行在合作协议中明确。

（六）债务追讨

由信保中心担保的贷款出现风险后，债务可委托贷款银行负责追讨。

（七）偿额支付

信保中心在接到贷款银行的偿付申请后 15 个工作日内办结核查和内部审批手续，对于符合约定条件的，应承担融资业务中担保部分的代偿责任（即该笔贷款未得到清偿部分的本金按比例承担部分和约定贷款期限内未得到清偿部分利息〈仅限于利息，不包括罚息、复利〉按比例承担部分）。 在信保中心实际履行保证代偿义务之后，贷款银行对于该笔融资业务所实现的债权不足以清偿全部债务的，按下列顺序进行清偿：首先支付实现债权的费用，然后支付本金和约定贷款期内的利息，最后支付逾期的利息、罚息等。

对于不符合约定条件不予代偿的，信保中心应在贷款银行申请后 15 个工作日内给予书面说明。

（八）配套制度

基金运行操作规程、中心内控管理制度、基金专户管理规定、保值增值办法、审计制度、风险责任追究办法等相关制度分别由信保中心及市级相关职能部门制定。

四、基金的风险控制

（一）按照"总额控制、市县联动、统分结合、权责对等"的运作模式，控制基金保证额度。

（二）总额风险控制。 信保中心提供的银行信用保证额度按照不超过基金净值的 10 倍放大。

（三）合作银行单独风险控制。 捐资银行按不超过捐资额的 60 倍使用基金保证额度。 所有非捐资银行信保业务在保余额的总和按一定上限予以控制。

（四）风险控制体系统分结合、相对独立。 金融机构出现一定程度的代偿后，可采取警示、暂停新增业务等措施，具体的代偿风控指标及措施由信保中心根据每年实际情况报理事会同意后予以执行。 应遵循逆周期的操作思路，适当扩大风险容忍度。

（五）建立信保基金风险责任追究制度。 防范信保中心、银行、借款人的道德风险。

五、基金的收益及补充

(一)信保基金的收益

信保基金的收入实行专户管理，按有关规定计提未到期保证责任准备金和保证赔偿准备金，并确保信保中心正常运行。 基金收益主要用于基金的补充。

(二)建立长效的补充机制

信保基金视运行情况、地方可用财力和企业融资需求，定期或不定期进行基金的补充。 为了调控地区和银行之间授信担保额的不平衡，也同时防范道德风险的产生，县（市、区）银行分别在基金代偿金额达到出资及捐资金额的 50％时，应及时进行信保基金的补充。 具体补充办法是：各县（市、区）区域范围出现代偿额累计超过出资额的 50％以上时，三区政府（包括开发区和集聚区）应按实际代偿额的 30％ 补充基金，其他县（市）应按实际代偿额的 50％ 补充基金；捐资银行的授信业务出现代偿额累计超过捐资额的 50％ 以上时，捐资银行应按实际代偿额的 20％ 补充基金。

（三）追偿回损失部分（信保已代偿），相应冲减该行在信保基金的代偿额度

六、基金的产品创新

（一）坚持市场导向

基金的创新方向应始终以银行及企业需求为导向，以市场需求推动产品创新。

（二）体现政策引导

鼓励各部门、县（市、区）各类专项资金和补贴参与信保基金的产品创新。利用信保基金的杠杆作用，提高专项资金和补贴的使用效率；利用银行贷款，实现政策扶持的针对性和普惠性。针对政策明确要求支持的行业和产业，可设立专项担保，提高风险容忍度，减少或取消担保费。

（三）开展多方合作

鼓励龙头企业、企业服务平台和主体以捐资或共担风险的方式，共同参与银行与基金的产品创新。

七、附则

本办法自印发之日起施行，原 2014 年 10 月 8 日印发的《台州市小微企业信用保证基金管理办法（试行）》（台政办发〔2014〕137 号）同时废止。

台州市人民政府办公室
2016 年 9 月 19 日

第四节　台州市人民政府办公室关于推进政策性融资担保体系建设的实施意见

一、总体目标

坚持"政府主导、市场运作、统分结合、抱团增信、管理科学、运营规范"的要求，整合优化现有融资担保、信保基金等服务资源，通过增信服务机制、风险共担机制、风险补偿机制、信息发现机制和绩效考核机制等制度设计，着力构建以政策性融资担保机构为主体，其他融资担保机构为补充，主要为小微企业和"三农"提供融资服务的政策性融资担保体系，助推台州市经济社会发展。力争到2017年年底，实现市级层面、县（市、区）级层面政策性融资担保机构全覆盖；到2020年底，台州市小微企业和"三农"融资担保在保户数占融资担保在保总户数的比例不低于75％。

二、基本原则

(一)坚持政策性定位

台州市政策性融资担保机构以扶持小微企业发展、服务"三农"为出发点和落脚点，为小微企业和"三农"提供优质的融资担保增信服务。

(二)坚持可持续经营

各级财政要安排一定资金用于政策性融资担保机构的风险补偿，保证其专注服务和可持续经营。

(三)坚持依法合规经营

政策性融资担保机构要严格遵守相关法律法规和政策要求，坚持依法合规经营，自觉接受行业监管部门的监督管理。

三、主要任务

（一）加快政策性融资担保机构的组建

通过资源整合等形式，以台州市小微企业信用保证基金为依托，设立台州市信保基金融资担保有限责任公司及分公司，将其纳入政策性融资担保体系；树立一批具有标杆作用的政策性融资担保机构，为改善小微企业和"三农"融资服务发挥主力军作用。

（二）探索政策性融资担保机构市场化运营机制

坚持政府性定位和市场化运作相结合，推动政策性融资担保机构加强现代企业制度建设；积极引入市场化机制，探索由市场化专业团队负责具体经营管理的运营模式，并通过相关制度设计防控风险。

（三）促进民营融资担保机构协同发展

坚持科学规划、合理布局，推进台州市民营融资担保机构增质减量、做精做强。 培育扶持一批规模实力较强、治理结构完善、内部控制严密、风险管理有效，具有较强意愿为小微企业和"三农"提供融资担保服务的民营融资担保机构；发挥其专业、服务、机制等优势，在特定区域、行业、业务领域形成具有特色的融资担保经营模式，提高对小微企业和"三农"融资担保的差异化、专业化和综合化服务水平。

（四）推进政策性融资担保机构规范发展

政策性融资担保机构要进一步加强自身建设，不断完善业务标准和操作流程，提升规范化水平；做精风险管理，强化内部控制，提高业务拓展能力和抗风险能力；及时向合作银行披露相关信息，按约定履行代偿义务。 制定和完善各项管理制度，做到"三严格、三不准"：严格保证金管理，不准高额收取、挪用或占用客户保证金；严格规范收费，不准收取担保费用之外的其他费用；严格贷款流向管理，不准占用客户贷款。

(五)引导政策性融资担保机构聚焦主业

政府部门应发挥主导作用,积极指引政策性融资担保机构坚持功能定位,坚守融资担保主业,发展普惠金融,适应互联网金融等新型金融业态发展趋势;积极探索、大胆创新,为小微企业和"三农"提供丰富多样的产品和服务,不断提升服务质量和水平。

(六)鼓励政策性融资担保机构加入再担保分险机制

积极对接省担保集团,推进符合条件的政策性融资担保机构与省担保集团合作,充分发挥省担保集团再担保的"稳定器"作用,进一步增强台州市融资担保机构承保和抗风险能力。

(七)深化政策性融资担保机构的银担合作关系

银行业、金融机构要主动参与政策性融资担保体系建设,加大与融资担保机构的合作力度,建立合理的风险分担机制,不得以贷转存、存贷挂钩、借贷搭售,不得在业务保证金之外收取其他保证金;经信、银监等部门要建立推进银担合作常态化的工作机制,搭建政、银、担三方沟通平台,协调解决银担合作中涉及的问题,推动建立可持续的银担合作模式。

四、政策保障

(一)建立政策性融资担保机构风险补偿机制

充分发挥财政政策引导作用,对符合条件的融资性担保机构开展的小微企业和"三农"融资担保业务,结合台州市政策性融资担保机构的经营情况,合理确定代偿率,安排风险补偿资金,专门用于政策性融资担保机构的资本补充和亏损弥补。

（二）建立政策性融资担保机构绩效考核机制

不以盈利为硬性要求，适当提高代偿风险容忍度，制定并实施科学合理的绩效考核评价体系，重点考核政策性融资担保机构对小微企业和"三农"融资担保的业务量、覆盖率、放大倍数、担保户数等主要指标，鼓励政策性融资担保机构扩大业务规模、降低担保业务收费。

（三）建立推进政策性融资担保体系建设工作机制

已成立由市政府分管市长任组长，市经信委、市财政局（市地税局）、市国土资源局、市建设局（市规划局）、市国资委、市金融办、人行台州市中心支行、台州银监分局等单位负责人为成员的政策性融资担保体系建设工作领导小组，组织领导和统筹协调台州市政策性融资担保体系建设工作。各成员单位主要职责如下。市经信委：做好领导小组办公室的日常工作，牵头协调解决政策性融资担保体系建设工作的有关问题。市财政局（市地税局）：牵头制订完善政策性融资担保业务风险补偿办法。市国土资源局、市建设局（市规划局）：依法为相关政策性融资担保机构开展抵押登记，提供债权保护和追偿协助，维护其合法权益。市市场监管局：负责政策性融资担保机构的注册登记，为政策性融资担保机构开展企业股权质押业务提供质押登记。市国资委：对市级和各县（市、区）政策性融资担保机构履行国有资产监管职责，落实国有资产管理的相关规章制度。市金融办：会同市经信委、市财政局制定对台州市信保基金融资担保有限责任公司（拟）的考核办法；积极协调本市银行业金融机构与政策性融资担保机构的业务合作，把金融机构开展银担合作情况纳入市政府对金融机构的综合考评。人行台州市中心支行：推动符合条件的融资担保机构纳入征信系统。台州银监分局：指导建立和完善银行与政策性融资担保机构的合作机制。

五、其他

（一）各县（市、区）政府应结合实际，出台相应的政策意见，共同推进台州市政策性融资担保体系建设。

（二）本意见自发布之日起施行。

台州市人民政府办公室

2017 年 10 月 20 日

第五节　台州市动产质押融资试点实施方案

一、总体要求

结合台州经济金融环境现状和不同类别动产特点，根据先易后难、强化创新的原则，在推进应收账款、专利权等权利质押的同时，积极探索开展二手车、存货、原材料等有形动产质押，在关键环节、重点领域寻找突破口，由点及面，逐步推广应用。鼓励先行先试，形成合力。通过共同努力，金融机构动产质押融资产品更加丰富、信贷结构更加合理、信贷文化更加健康，动产质押融资占比逐年提升，小微企业融资难问题得到缓解、融资获得性得到提高。动产质押登记平台有效运作，资产评估中介服务更加规范，动产流转和处置效率进一步提高，形成一整套小微企业动产质押融资工作机制，总结提炼出一批可复制、可推广的经验和成果。

二、金融机构工作任务

（一）完善动产质押产品体系

1.强化动产质押融资制度建设

支持辖内法人机构结合本行实际尽快制定完善动产质押融资管理办法、实施细则、相关协议文本、第三方担保品管理公司准入标准和动产评估办法；支持各分支机构在上级行相关制度框架基础上根据台州当地经济特征修订完善动产质押融资实施细则，细化授信要求和操作流程，为动产质押融资产品落地打好制度基础。

2.创新动产质押融资产品

通过开展调查摸底，充分了解市场需求、客户基础和动产特征，探索开发权利和存货质押融资试点产品，优先开发二手车质押融资产品，在总结完善基础上不断丰富产品种类，逐步扩大覆盖范围。

3.加强动产质押融资资源保障

鼓励通过邀请专家、考察学习、同业交流等多种形式加大业务培训，提高员工业务水平，争取在各级网点配备业务骨干负责动产质押融资服务和业务拓展。

(二)积极拓展动产质押业务

1.充分挖掘潜在客户

鼓励在日常经营过程中积极推广动产质押业务，特别是在动产流动性较好、原材料标准化程度高、季节性融资需求明显的专业市场、产业集群寻找客户资源，及时跟进服务，如二手车、机器设备、模塑交易市场等。

2.优化存量信贷结构

对适合开展动产质押融资业务的，应在确保总体稳定、风险可控前提下有序、分阶段置换业务品种，逐步调整信贷结构使其与小微企业资产结构更加匹配。

3.落实差异化优惠措施

支持各法人机构针对不同类别动产合理确定质押物融资率，适当降低贷款利息收入预期。各分支机构要积极向上级行争取优惠政策，适度提高质押物的融资率，争取更加灵活的利率定价权限，减少收费项目、降低收费标准。

(三)着力提升内部管理

1.改进考核激励机制

加强动产质押融资业务的考核激励力度，并在业务考核指标测算、FTP价格、经济资本占用、不良容忍度、尽职免责等方面给予一定政策倾斜，充分发挥考核的业务引领作用。

2.提高业务办理效率

要通过对动产质押融资业务流程进行改造，简化审批手续、减少审批环节、下放审批权限，建立动产融资业务"绿色通道"。充分运用大数据和互联网技术，减少不必要材料的提供和人为因素干扰。

3.加强交流与合作

通过与政府各有关部门的联系，及时跟进动产质押登记流程和平台建设进度，了解资产评估等中介服务机构信息，掌握动产流转和处置程序，及时反映试点工作进展情况、寻求解决困难。

（四）优先探索二手车质押融资

各金融机构要借助二手车市场这一平台，率先探索二手车质押融资机制和模式，创新二手车质押融资产品。在客户风险评估、质押品信息查询、监管、流转等信贷流程的各个环节加强同市场方、车辆管理部门的协作，消除风险壁垒、掌握风险状况。

三、保障措施

（一）健全工作机制

1.加强组织领导

将动产质押融资试点工作纳入浙江省台州市小微企业金融服务改革创新试验区建设重点工作，并确定专门部门负责该项工作的统筹协调，定期组织召开工作会议，整合各类资源、拓宽创新思路、推进工作进度、商讨问题和困难。（责任单位：市小微金改办）

2.加大财政支持

对开展动产质押融资业务的金融机构予以财政资金支持，自本方案实施之日起3年内，给予开展动产质押融资业务的贷款人风险补助，补助标准为动产质押融资利息（以银行同期贷款基准利率计算）的3%，补助金额每家金融机构每年不超过30万元。（责任单位：市财政局）

3.加强考核评价

建立动产融资试点工作考核机制，定期监测金融机构工作推进情况，加强工作督导，实施定期通报和不定期约谈，切实推动金融机构取得实效。
（责任单位：台州银监分局）

(二)优化公共服务

1.完善押品管理

指导建立动产融资管理机制，统一和规范登记手续和流程，减免相关费用，完善实物动产和权利质押登记制度，探索建立电子化公示登记系统。 推动动产融资统一登记平台的建设、维护和推广，扩展系统功能，力争实现应收账款、仓单等最大范围权利或单据的顺利登记、公示和查询。 （责任单位：市公安局、市市场监管局、人行台州市中心支行）

2.完善法律保障

向各金融机构提供法律咨询服务，开通绿色通道，加快动产质押融资金融纠纷或案件的受理、调解和审理，实现快速受理、保全和司法拍卖，提高质押物处置效率；对于涉嫌违法犯罪的，依法开展侦查打击，最大限度保障金融机构债权。 （责任单位：市公安局）

3.小微企业培育

多形式、多渠道向小微企业宣传动产质押融资概念，培育小微企业动产质押融资理念。 （责任单位：市经信委）

(三)加强第三方机构管理

1.健全第三方监管机制

根据担保品管理公司的历史经营情况、管理品数量和规模、管理现代化水平、偿付能力、资产评估能力等因素建立第三方担保品管理公司名单，实行动态调整和实时管理。 推动二手车市场建立二手车仓储监管机制，通过特定区域管理、出具监管凭证、车辆信息核对等方式对质押车辆进行严格监管，并对于车辆的灭失、毁损负责。 （责任单位：路桥区政府）

2.规范动产评估中介服务

加强相关评估业务的准则建设和自律监管，促进资产评估机构、注册资

产评估师规范执业、合理收费，细化专门的资产评估指导意见，建立动产融资评估准则体系。（责任单位：市财政局、市发改委）

3.畅通押品流转

构建多元化、多渠道的质押物流转交易机制，完善线上线下交易平台建设。充分发挥各类实体交易市场作用，探索通过网络拍卖、打包转让等途径实现质押物价值，促进质押物流转，保障质押权人利益。（责任单位：市商务局）

四、实施步骤

（一）部署启动阶段（2017 年）

开展全市动产融资工作调研，修改完善全市动产质押融资试点方案，明确目标任务、主要措施和工作职责。以二手车质押融资为突破点，初步探索质押融资机制和模式。

（二）加快实施阶段（2018 年）

根据方案确定的内容，全面落实试点主要措施，破解动产质押融资关键环节障碍，完成主要目标和任务，形成动产质押融资台州模式和机制。

（三）总结提高阶段（2019 年）

全面总结梳理动产融资成果和经验，开展评估总结，针对存在的薄弱环节和领域，改进工作措施和方法，完善操作流程体系，总结提炼出一批可复制、可推广的经验和成果。

本方案自发布之日起施行。

台州市人民政府办公室
2017 年 12 月 14 日

第六节　台州农信普惠金融提升工程五年行动 计划(2016—2020 年)实施方案

一、指导思想

全面贯彻党的十八大和十八届三中、四中、五中、六中全会精神,积极践行创新、协调、绿色、开放、共享五大发展理念,紧紧围绕市委市政府提出的"三大历史任务"、跻身全省经济总量第二方阵总体目标,传承发展台州农信普惠金融理念、精神和文化,坚守"姓农、姓小、姓土"的核心定位,坚持"三做三不做"的经营理念,以更高一层、更广一点、更快一步,发挥先行、示范和引领作用为总要求,建立健全普惠金融可持续发展的长效机制,深耕农村、实体和数字金融三个领域,突出智慧、绿色、精准、共享四个目标,构建农村渠道、服务、产品、生态和平台五个体系,更加突出"农"字特色,更加精准聚焦农业供给侧结构性改革,更加注重县域及以下金融服务渗透,全面提高农村普惠金融质量,为建设全国小微企业金融服务改革创新试验区和中国小微金融特色城市贡献力量,打造具有台州特色、走在全省、全国前列的普惠金融台州农信板块,助推台州实现"十三五"赶超发展。

二、深耕三个领域

(一)农村领域

重点面向偏远农村、海岛山区、农村新型经济主体、低收入群体聚集区等,通过渠道铺设、网络链接、人员交互、科技支撑和产品承载等方式,全方位、多角度、广覆盖地发展村级和社区金融,扩大内涵,创新服务,满足需求,进一步提高普惠金融的渗透率。

1.持续开展全员驻勤,做好普惠金融"主力军"

传承发扬浙江农信"三水精神",坚持"走千访万"活动,深入基层特别是偏远农村、海岛山区、新型农业经济主体、小微企业、低收入群体等，了解农村经济发展新特点、新情况，掌握"三农"、小微企业等新期盼、新诉求，主动上门、有的放矢地开展服务，不断提升客户满意度，打造台州农信"低成本、全覆盖、可持续"的特色普惠金融服务载体。

2.深化整村授信，坚守普惠金融"主阵地"

将整村授信作为践行普惠金融，提升普惠服务覆盖面的重要抓手，坚持"做实授信、批量发卡"和"做好宣传、引导用信"的工作原则，进村驻点、现场服务，提供涵盖存贷款、支付结算、消费、理财、养老等综合性、发展性、增值性金融服务，切实满足客户日益多元化的金融需求。全力提高客户建档面、授信面、贷款面，大力拓展小额信用贷款，提高丰收小额贷款卡、创业卡受益面，有效破解农户贷款难、担保难瓶颈。

3.对接治危拆违，深拓普惠金融"新领域"

积极主动投身治危拆违攻坚战，加大对治危拆违和美丽乡村建设中村居整体改迁信贷扶持力度，采取安排专项资金、开发专属产品、提高贷款额度、降低贷款利率、拉长贷款期限、信用放款为主、专享绿色通道、实行名单管理等八项措施，为村居整村改迁项目提供高满足率、低融资成本的信贷资金，全面深化农村普惠金融。

（二）实体领域

坚持服务"三农"和小微企业的市场定位，坚定本土化、小微化和一体化普惠方向，专注服务实体经济发展。大力支持大众创业、万众创新，积极响应供给侧结构性改革，顺应农业生产规模化和集约化发展趋势，推动农村产权结构改革、农村经济转型升级和农业生产性服务业发展，大力支持新经济、新产业、新业态培育成长。

1.助力小微金改，建立普惠长效机制

以普惠金融为引领，以《浙江省台州市小微企业金融服务改革创新试验区实施方案》为蓝图，深入实施台州农信小微企业贷款提升三年专项规划。大力推广应用"普惠快车、小微专车、企业直通车"微贷技术，实现小微贷款

"工厂式"作业，建立健全小微企业信用评级制度，做大小微信用贷款。 加强银政、银担合作，充分发挥信保基金作用，创新贷款产品、担保方式和还续贷方式，着力在小微贷款技术化、专业化和科学化上做文章、下功夫，形成有特色、可借鉴、易推广的台州农信小微企业普惠金融服务样本。

2.对接新业态,提高精准服务水平

一是主动做好"三位一体"服务。 根据省委省政府"三步走"战略部署和市委市政府具体部署，按照"全程参与、独家代理、优化服务、注重结合"的四项原则，充分发挥农合联副理事长单位作用，切实做好各级农合联、农民资金互助会及农合联体系内的农民专业合作社、农业龙头企业等农业生产主体金融服务，深化农村三权抵押、农产品电商平台等金融创新，提升"三位一体"普惠服务的专业化、规范化和特色化。 二是深入推进"一卡一贷"项目。 进一步深化与工会组织的合作，大力拓展"职工服务卡"和"蓝领贷"，切实解决低收入群体投身"双创"资金需求，支持大众创业、万众创新。 三是主动对接服务精准扶贫、特色小镇、农家乐民宿经济等重点领域，注重发挥金融服务在促进经济社会全面、协调、可持续发展中的作用，加大对绿色、低碳、循环经济的支持，促进普惠金融与农村经济社会的和谐发展。

(三)数字金融领域

加快推进金融与科技的融合，依托移动互联、云计算和大数据等数字技术，促进普惠金融的数字化、移动化。 在农村区域大力推广数字金融，打造具有台州农信特色的农村数字金融服务网络，进一步降低金融服务门槛和成本，推动业务模式转型，提高金融服务效率，提升客户体验。

全面推广应用CRM系统，扎实普惠服务基础。 充分利用CRM客户关系管理系统，加强客户信息维护和网格化管理，依托科技手段，细分客户需求，强化精准服务，实现普惠服务更便捷、更精准，为普惠金融可持续发展奠定坚实基础。

全面推进"普惠通"平台应用，优化普惠服务手段。 在成功试点基础上，全力推广应用以智能手机为载体的"普惠通"平台，让客户经理可以随时、随地、随身为客户提供服务，实现普惠金融移动化。 依托新科技、新载体，持续优化信贷流程，大力推行"一站式"办贷流程，切实提高办贷效率。

全面深化电子渠道建设，提高普惠服务效率。 加快丰收互联平台的推广应用，丰富网上银行、手机银行、微信银行等移动端业务的功能应用，提升电子银行在农村的普及面，满足客户网络化、移动化的服务体验，实现线上线下融合，让金融服务更高效。

三、实现四个目标

围绕智慧普惠、绿色普惠、精准普惠和共享普惠四大目标，经过 5 年再提升，优化完善普惠金融服务和保障体系，明显增强人民群众对金融服务的获得感和满意度，特别是让小微企业、农户和低收入群体及时获得更加完善的金融服务。 到 2020 年末，累计投入 9 亿元用于普惠基础设施建设及减费让利，实现全市 200 人以上的行政村 100％金融服务全覆盖，累计发放低收入农户贷款 20 亿元，新增信用贷款 100 亿元，涉农及小微企业贷款余额突破 1000亿元。

（一）智慧普惠

实施"互联网＋"，大力推进农村数字普惠金融体系建设，加大移动银行、移动支付、移动社交、电子商务、微社区等的应用，着力打破服务空间与时间限制，不断提高普惠金融的智能化和可得性。 积极开展银政、银校、银医、银园、银保等多层次合作，创造更多的行业应用场景，进一步丰富普惠金融内涵。 到 2020 年末，丰收互联客户超过 100 万户、电子银行替代率超过85％，力争每年新增行业应用 2 项。

（二）绿色普惠

围绕"绿水青山就是金山银山"的发展理念，大力引导农业产业转型，突出农村生态保护和资源节约，促进普惠金融与农村经济社会的和谐发展。 将环境保护及节能减排作为客户分类、信贷支持、利率定价的重要标准。 全面实施绿色信贷评审机制，推进绿色普惠金融产品创新，实现山青、水绿、村美、民富。到 2020 年末，绿色信贷余额占比达到 15％。

(三)精准普惠

针对偏远山区、海岛、老少村以及小微企业、低收入农户、城市低收入居民等普惠金融重点区域和群体，进一步推进普惠信息档案建设，通过大数据精准分析，全面掌握实际需求。推行重点区域"一类一策"和重点群体"一户一策"制度，开展精准对接服务，培育特殊群体"造血"功能。着力提高产品服务的针对性，增强精准服务能力，提升普惠金融的适配性和满足度。到 2020 年末，普惠信息建档率达到 90％以上。

(四)共享普惠

实现社会责任与可持续发展的平衡，体现普惠金融的共享价值。继续加大普惠设施、渠道、科技等投入，使群众获得金融服务的耗时更少、距离更短、成本更低。继续减免相关费用，合理定价贷款利率，持续让利于民。加强普惠文化建设，推进金融知识普及，重点解决欠发达和贫困地区金融信息不对称问题，让更多群众分享普惠成果。到 2020 年末，组织 10000 场"普惠金融讲堂"活动，全面扫除金融服务空白村。

四、构建五个体系

(一)加强丰收驿站建设,构建普惠型的渠道体系

实施"一村一中心"工程，以浙江农信丰收驿站为载体，打造村级金融服务中心，把基础金融和部分综合金融服务引入丰收驿站，融合政府资源，布放各类自助机具，完善服务功能，建成小而精的社区型网点，并以实效为前提，优化网点布局，做到应布尽布、宜并则并、宜撤则撤。同时，推行跨界服务，探索构建"村居圈"，整合优势资源，充分满足群众生活、创业等多方面的需求。全面推进社区银行转型，推进社区金融服务渠道建设，完善网点与社区的联系和互动机制，建立与居民、企业和重点客户的有效沟通渠道，把网点打造成社区的财富服务中心、信息发布中心、生活便利提供中心。力争到

2020 年末，实现人口 200 人以上行政村金融服务中心全覆盖，社区覆盖率达到 30％。

(二)深化网格分层管理,构建全覆盖的服务体系

构建客户网格化服务体系，将辖内服务区域按行政区、市场、产业聚集区等划分为多维度的服务网格，按照"一人一格、一岗多责、一专多能"的原则配备网格员和网格管理员，实行定格、定员、定责，为农户、小微企业、城乡居民和商户等提供精准、高效、便捷、全方位的金融服务。 巩固"走千家、访万户、共成长"活动成果，持续开展"普惠金融行"等亲民走访和移动金融服务上门活动，加强与客户互动，着力为客户提供创新式、体验式和个性化、专业化的服务，切实把客户金融"普及"转化为金融"受惠"，不断提高客户满意度。 完善客户分层服务和管理体系，提升大数据等科技支撑作用，强化客户关系管理、客户信息管理等系统应用，建立售后回访机制，加强客户需求信息采集、分析，力争满足每一位城乡居民的综合化金融需求。

(三)强化精准服务能力,构建特色化的产品体系

推进小额信贷品牌化，依托台州农信整村授信、批量发卡、普惠快车、网上银行、手机银行、移动终端等载体，全力打造批发式授信、信用式放款和自助式办贷的小额信贷品牌，重点扩大小额信贷规模和覆盖面，更好地支持农民创业致富。 根据农户资金回笼周期，拉长贷款期限，切实提高中长期贷款占比，减少农户转贷麻烦。 顺应农业生产规模化和集约化发展特点，积极探索投贷联动、特色产业链金融、互联网金融、特色担保、智慧金融等产品创新。 大力发展信保基金贷款和创业担保贷款，打造台州特色。 力争到 2020 年末，小额信用贷款、农户贷款和小微企业贷款余额分别达到 200 亿元、700 亿元和 250 亿元，惠及客户 25 万户、45 万户和 1 万户。

(四)围绕新兴金融业态,构建社会化的生态体系

充分发挥台州市金融服务信用信息共享平台作用，依托浙江农信丰收信用体系，着力打造台州诚实守信的金融生态环境。 积极拓展丰收购电商平台

和丰收家 O2O 平台，构建良性互动开放的生态圈，提升客户线上线下一体化的金融和生活消费体验。 大力推进绿色金融，设计全流程绿色金融工具，加大对绿色经济、低碳经济、循环经济的支持力度，促进经济发展方式转变，让健康的生产生活环境惠及千家万户。 实施跨业跨界普惠，搭建综合服务信息平台，围绕低收入人群、小微企业等普惠群体，由提供产品转向提供解决方案，注入普惠金融新内涵，提升普惠金融综合价值。

(五)强化银政银企合作,构建共享型的平台体系

加大科技创新在普惠金融服务中的应用，降低金融交易成本，延伸服务半径，拓展普惠金融服务的广度和深度。 积极对接智慧城市建设，以市民卡为载体，发挥农信现有优势，切实做好健康"一卡通"项目金融服务，为人民群众提供更加方便快捷、智能化的综合服务。 全面加强银政合作，强化与财政、国税、地税、农林、公路、电力等单位的工作衔接与配合，继续做好惠农补贴的代理发放和公共服务工作，突出做好特色小镇产业经营主体金融服务，形成支农支小政策合力。 加强银企合作，加快代理证券、基金、保险、期货和黄金业务发展，发展金融租赁、消费金融、融资担保等业务，满足客户多元化的综合金融需求。

五、实施步骤

(一)启动实施阶段(2016—2017 年)

重点是强基础、搭框架、开好局、起好步，有序启动台州农信普惠金融提升工程五年行动计划。 制定具体的实施方案，召开启动大会，形成共识，营造氛围，明确目标任务，按照职责逐条逐项落实。

(二)健全完善阶段(2018—2019 年)

重点是找短板、出对策、抓进度、提质量。 一是认真总结实施阶段的经验做法，全面查找工作中存在的不足和难点。 二是定期召开总结、分析和交流会，针对问题研究对策措施，切实解决实施中发现的问题。 三是深入开展

现场调查研究，对工作落后行社进行督导和阶段性考核，初步评价实施效果。

（三）巩固提升阶段（2020 年）

重点是在普惠文化、体系、机制建设上取得突破。一是认真总结前面四年工作情况，理论实践相结合，让普惠文化和普惠精神深入人心。二是完善普惠金融五个体系，增强普惠服务能力，提升群众满意度。三是建立普惠长效机制，形成良性循环，促进普惠金融可持续发展。

六、强化组织保障

（一）建立科学完善的长效机制

进一步深化完善普惠金融的组织领导、价值导向、渠道网络、产品服务、考核评价、创新激励、文化培育等长效机制建设，促进普惠金融稳健可持续发展。

（二）建立资源共享的联动机制

进一步加强政银农合作联动机制建设，整合政府、农信和"三农"的优势资源，在政策、平台、资金等方面，加大对农信普惠金融的支持，进一步增强分工不分家的普惠金融工作合力。

（三）建立规范高效的评估机制

建立制度、计划、目标、考核、评估的普惠金融发展机制，健全考核评估体系，主动找差距、补短板、定期总结、评估实施效果，并与政策支持、市场准入、资源倾斜等挂钩，不断提升普惠金融发展水平。

台州市人民政府办公室

2017 年 1 月 23 日

第七节　浙江省台州市金融安全示范区创建实施方案

一、总体要求

(一)指导思想

以党的十九大精神为指针，习近平新时代中国特色社会主义思想为指导，全面深入贯彻习近平总书记在第五次全国金融工作会议上的重要讲话精神，紧紧围绕服务实体经济、防控金融风险、深化金融改革三项任务，以金融服务实体经济为根本目标，加强党对金融工作的领导，防止发生区域性、系统性金融风险，加快转变金融发展方式，加强区域金融监管协调，上下合力共同维护好地方金融安全，促进台州经济与金融的良性循环、健康发展。

(二)总体目标

到 2021 年，实现"1－2－5"战略目标和"三高四低双倍增"工作目标。"1－2－5"战略目标，即 1 年（2017 年）全面启动全市金融安全示范区建设，2 年（2018 年）成为全省金融安全先进地区，5 年（2021 年）将台州打造成为全国领先的金融安全示范区。"三高四低双倍增"工作目标，其中"三高"，即实现台州市企业信用贷款占全部企业贷款比例、小微企业贷款占全部贷款比例、直接融资占社会融资规模增量比例，高于全省平均水平；"四低"，即实现台州市不良贷款率、关注贷款率、金融类违法案件发生数量、涉案金额，低于全省平均水平且位居前列；"双倍增"，即实现台州市企业信用贷款余额、科技型企业上市数量到 2021 年实现翻番。

(三)基本原则

1.加强培育,提升质量

坚持金融服务实体经济本源，加快小微企业培育辅导机制建设，发挥金融对经济的引导功能，优化信贷结构，减少无效低端供给，推动经济去杠杆。

2.信用立市,优化环境

牢牢抓住信用建设主线，围绕全国小微企业信用体系试验区、国家社会信用体系建设示范城市，打击违法金融行为，打造区域金融信用高地，实现区域金融与实体经济良性循环、共生共荣。

3.坚持两小,探索经验

坚持并发挥好台州小微企业、地方小法人金融机构的"两小"优势，通过政府引导、监管发力、行业自律，辐射、带动、引领并惠及其他地区，为金融提升经济新气质积累经验。

二、主要任务

金融安全示范区创建工作由三大行动、十项举措组成，即通过开展推改革促实体、强监管优环境及防风险严整治三大专项行动，打造台州金融安全示范区，具体如下。

(一)推改革促实体专项行动

1.增强意识保安全

加强企业家投融资和担保风险教育，严防企业过度融资用于房地产和金融等投资、恶意逃废债务等失信行为；加强民众金融安全知识宣传教育，创建投资者教育基地，提升公众对非法集资、非法传销和网络通信诈骗的识别能力与防范意识。

2.提升服务保安全

大力推进"政保企"合作，提升保险行业对社会的服务能力；建立公益性质的小微企业培育辅导机构，开展财务、税收、金融、管理等规范性培育辅导，促进全市小微企业整体素质的提升和存活率的提高；开展国家级小微金改试验区标准化试点工作，形成可复制可推广的台州小微金融服务标准体系；建立金融指导员队伍，开展"千名金融指导员进村驻企"服务，普及基础金融知识、对接企业融资需求，打通金融服务"最后一公里"；搭建行业协同平台，组建台州金融行业协会，充分发挥在台各金融机构及市场主体作用，提升全市金融服务经济的能力和金融自身的实力。

3.降低杠杆保安全

全力推动"规改股、股上市"工作，着重加强对区域内高端装备制造、新能源等科技型、成长型企业的培育挖掘，三年内力争实现全市上市公司新增30家，新增股份公司1000家；支持上市公司并购重组，鼓励到欧美等发达国家开展跨境并购，每年奖励一批优秀项目，发展各类产业并购基金等，加强并购重组的配套金融支持；鼓励区域内企业主动加强与债券市场对接，用好各类债务融资工具，至2020年底力争实现企业直接融资总额累计达1000亿元以上。

4.提高效率保安全

加大对"拆治归""科技新长征""三强一制造"等重点行业、重点领域和关键环节信贷投入，加大对科技金融、绿色金融、电商金融、文化金融、小微金融支持力度；鼓励金融机构减费让利，鼓励扩大年审制、循环贷等各类还款方式创新应用范围，推进大额存单、专项金融债等，多渠道降低经营成本；出台动产质押融资试点工作方案，建立小微企业动产质押融资工作机制，推进动产质押融资登记平台建设；进一步扩大专利权、商标权等知识产权与金融资源的对接，深化银税互动，盘活企业无形资产价值。

（二）强监管优环境专项行动

1.网格管理保安

探索建立台州区域金融互联互通工作机制，推进区域内金融综合统计、监管信息、风险信息共享，形成监管合力；针对辖内类金融企业（包括互联网金融、线下投资理财、各类交易场所、转贷基金等所有从事金融活动但未取得相应牌照的机构，下同），建立"机构名单互通—属地摸排管理—定期反馈联动"的网格化管理机制，确保金融监管"耳聪目明"，坚守不发生区域性、系统性金融风险底线。

2.加强监管保安全

做好国家货币政策在区域内的执行工作，引导信贷合理增长，严防信贷资金"虚投空转"，加大对跨界金融风险和新型业务风险防范，重点加强资管业务、同业业务管理，开展针对性专项检查，强化穿透式管理，督促金融机构治理"不当创新、不当交易、不当激励"；加强信贷资金流向、合规收费监管，严禁信贷资金违规流入股市、房市，严禁以贷转存、以息转费、存款回报、借贷搭售等各类加重企业隐形成本的行为，重点防范房地产市场泡沫风险；强化流动性风险、声誉风险管理，探索建立全市法人流动性风险防控互助机制、全市金融舆情领导工作小组，建立流动性风险、声誉风险等重点领域应急处置预案，严防地方法人金融机构、小贷公司等因经营不善、声誉风险、案件事件等引发的次生风险；做好存款保险制度的组织实施，深化对地方法人金融机构存款保险风险评价，强化风险监测、预警、早期纠正及风险处置工作。

3.信用立市保安全

持续推动小微企业信用保证基金增量扩面，金融服务信用信息共享平台提质升级，形成"信用好—融资易—更重信用"的良性循环；引导金融机构回归信贷本源，全市企业信用贷款占比逐年提升；继续推广信用户、信用村、信用乡镇等区域信用创建和成果运用；建立逃废债等失信行为"黑名单"与诚信"红名单"，加大联合惩戒力度与激励措施，进一步加快信用应用场景布局，提高失信违约成本与守信诚信激励。

（三）防风险严整治专项行动

1.防控两链保安全

对全市重点地区、重点行业开展两链风险排摸，加强担保链风险识别工具运用，绘制担保链图谱，掌握区域重点关注行业的担保链风险全貌及传导路径，确保不发生区域性、行业性集中风险；出台全市困难企业帮扶工作指导办法，建立帮扶"名单制"管理，严格帮扶全流程管控，加快银行业金融机构债权人委员会组建，落实"五位一体"帮扶机制；制定全市年度不良压降目标，加快处置存量不良资产，加快涉金融案件立、审、执联动，三年内力争实现全市不良处置超 200 亿元；全面推行企业授信总额管理模式，完善主办行制度，健全严控银行过度授信、企业过度融资和盲目扩张的长效机制。

2.全面整治保安全

开展专项摸排行动，全面掌握区域内相关类金融活动底数；加强广告监管，开展类金融企业广告专项整治；分领域确定清理整顿重点对象，建立区域类金融突发事件应急处置预案，对于业务极不规范、有意逃避监管的，坚决依法予以取缔；加大穿透式打击力度，一旦涉及非法集资构成犯罪的，及时申请司法机关启动人财物控制等工作机制；探索建立类金融企业引进、准入、管理的会商机制，及时掌握区域内金融企业活动情况，加强对类金融企业的动态管理和信息共享。

3.加大打击保安全

加快通讯诈骗技术防范拦截手段建设，严格查处违规代开卡等问题，加强公安、电信运营商、金融监管等部门协作，推进辖内银行机构建立账户止付机制；建立逃废债源头管控联动报备信息共享机制，定期摸排和更新重点"关注类"企业，加强监测防控，对所涉及的如股权、房产权属变更等有关事项及时报备、共享；建立联合打击逃废债工作机制，制定区域打击逃废债专项行动工作计划，重点打击通过藏匿转移资产等 8 类典型逃废债行为，每年打击一批恶意逃废债的典型企业和个人。

三、保障措施

(一)加强组织领导

一是成立由市政府分管领导任组长、市级有关单位负责人参加的浙江省台州市金融安全示范区创建工作领导小组，统筹负责推进金融安全示范区创建工作；市领导小组下设专项活动推进小组，相关单位指派骨干人员参与。二是市级相关部门根据分工，细化工作任务，落实具体行动。三是各县（市、区）政府、台州湾产业集聚区管委会、台州经济开发区管委会成立以分管金融领导为组长的金融安全示范区领导小组，组织本地区的金融安全示范区建设工作，制定本地区工作方案，出台政策措施，确保当地金融安全示范区创建顺利实施。

（二）强化督导考核

市级相关部门要根据责任分工，加强对各区域、各条线的工作指导，深入一线确保实效；各县（市、区）政府、台州湾产业集聚区管委会、台州经济开发区管委会为属地金融安全的第一责任人，要加强区域内的统筹协调，在区域内组织不同形式、规模的督查暗访，扎实推进示范区创建工作实施。各地、各部门每年度向市领导小组至少报告一次本区域、本条线金融安全示范区创建工作进展情况，市领导小组将每年开展至少一次的专项督查。同时，要将金融安全示范区建设工作纳入各地、各部门责任制考核，对于落实不力、出现问题等要分清责任、严格扣分，对发生重大金融案事件的予以一票否决。

（三）落实保障措施

市级财政每年安排一定的专项费用，专门用于区域内的金融安全示范区创建工作；各地、各部门要落实专项经费、专人负责，并做好金融安全示范区建设舆论宣传引导工作，大力弘扬诚实守信的传统美德，推动金融安全示范区建设工作顺利开展。

本方案自发布之日起施行。

台州市人民政府办公室

2017 年 12 月 19 日

第八节 小微企业信用建设计划行动方案

一、总体思路

按照国务院《社会信用体系建设规划纲要（2014—2020 年）》（国发〔2014〕21 号精神），以建立健全社会征信体系"褒扬诚信，惩戒失信"为指针，以信用信息公示平台建设为核心，加快推进小微企业信用体系建设，维护诚信守法、公平竞争的市场秩序，为小微企业健康发展营造良好的市场环境。

二、基本目标

至 2020 年，搭建台州市小微企业云智库（微智库），增强对小微企业的精准扶持，完善对市场主体的全方位服务、全生命周期监管；加强经营异常名录和严重违法失信企业名单管理，对失信企业依法予以联合限制或禁入；开展信用分类监管工作；完善部门之间信息共享与执法协作平台；开展"信誉兴业"主题教育活动，支持 10 家小微企业公示为 AAA 级"守合同重信用"单位，10 家小微企业公布为省级信用管理示范企业；以金融服务为主线，围绕信用信息共享，建设小微企业综合金融服务平台。

三、主要举措

(一)加强小微企业信用监管平台(微智库)建设

搭建台州市小微企业云智库（微智库），建立健全使用企业信用的工作机制，不断提高服务和监管的针对性、有效性。增强对小微企业的精准扶持，完善对市场主体的全方位服务、全生命周期监管。根据省局统一部署，建立完善"小微企业三年成长计划"企业信息库和小微企业运行监测分析制度，开发小微企业成长服务辅助功能，综合使用大数据手段对入库企业运行状况进行动态监测统计，及时掌握企业运行态势，定期发布小微企业景气指数、风险预警等情况。

(二)加强经营异常名录和严重违法失信企业名单管理

积极督导企业依法报送年度报告和相关信息，及时做好经营异常名录和严重违法失信企业名单管理工作。根据《失信企业协同监管和联合惩戒合作备忘录》和有关联合惩戒备忘录等要求，逐步将经营异常名录和严重违法失信企业名单嵌入部门业务信息化流程中，实现联合惩戒的自动化和智能化，促进各项惩戒措施落地落实。

(三)开展信用分类监管工作

依托信用信息公示系统等平台，加强对企业信用监管客观状况的综合分析，运用信用公示、信用分类、信用反馈、信用奖惩、信用指导等方式，开展企业信用分类监管工作。建立完善企业信用激励和信用约束机制，加大对信用良好企业的激励力度以及对信用不良企业的约束力度，不断推进小微企业信用建设和健康成长。

(四)加强信息共享和协同监管

以政务数据"无条件归集，有条件使用"为原则，打破"信息孤岛"，促进政府数据采集规范化、常态化，建立政府部门带头，并与社会互动的大数据采集形成机制。加强协同监管，有针对性地在保护知识产权、整治无照经营、打击合同欺诈、整治房地产市场等领域组织开展联合专项行动。进一步明确信用联合奖惩的范围、对象和措施等内容，在行政事项、行政管理中应用信用记录和信用报告。

(五)开展诚信主题活动

有步骤、有重点地组织开展"守合同重信用""信用管理示范企业"等诚信主题活动，对守信小微企业，在政府采购、专项资金补贴、商业银行贷款利率等方面给予优先支持。加大对守信典型的宣传和对失信典型的曝光力度，营造诚实守信的社会氛围。

(六)建设小微企业综合金融服务平台

以金融服务为主线，围绕信用信息共享，平台进行企业信用数据的统一归集、统一存储、统一治理。 针对小微企业的信用状况，开展大数据信用分析和挖掘，帮助金融机构做好风险管理。 通过平台向小微企业提供金融产品信息服务，建立金融供给双方信息交流机制，进一步提高融资获得率，缓解融资难、融资贵等问题。 做好金融服务的宏观分析和成效监测，为相关部门提供决策依据。

四、工作进度

（一）至 2018 年底，初步搭建台州市小微企业云智库（微智库）。

（二）至 2018 年底，开展经营异常名录和严重违法失信企业名单管理工作。

（三）至 2019 年底，开展小微企业信用分类监管工作。

（四）至 2020 年底，10 家小微企业公示为 AAA 级"守合同重信用"单位，10 家小微企业公布为省级信用管理示范企业。

五、责任单位

市市场监管局、市发改委、人民银行台州市中心支行。

台州市小微企业三年成长计划工作领导小组

2018 年 12 月 6 日

第九节　小微企业融资破难行动方案

一、总体思路

以党的十九大精神为指引，以破解小微企业融资难、融资贵为导向，加快建设台州小微企业金融服务创新改革试验区，深入推进"128"股改上市行动计划，提升小微企业治理水平，强化小微企业金融保障，拓宽小微企业融资渠道，降低小微企业融资成本，促进小微企业健康可持续发展。

二、基本目标

今后三年，努力新增小微企业贷款 240 亿元，信保基金在保余额突破 100 亿元。企业股权融资和债券融资规模不断扩大，力争推动 100 家企业股改，100 家企业挂牌浙江股权交易中心，30 家挂牌新三板。

三、主要举措

（一）推动小微企业对接多层次资本市场

持续深化"个转企、小升规、规改股、股上市"工作，实施"凤凰行动"台州方案，推进"128"股改上市行动计划，大力推进企业股份制改造，积极引导小微企业到浙江股权交易中心挂牌，进一步培育符合条件的小微企业对接新三板和境内外交易所市场。积极引进和发展各类股权投资机构，加大对台州区域内优质科创型小微企业的投资；鼓励条件成熟的地方设立引导基金，加强与国内外知名创投机构合作，引导社会资本流向创新能力强、市场前景好、发展空间大的小微企业。支持上市公司利用好资本市场平台，围绕产业链对辖内小微企业开展并购和整合；鼓励小微企业通过被上市公司并购的方式间接进入资本市场，提升企业核心竞争力。

(二)强化小微企业融资保障

探索建立常态化的小微企业金融服务考核评价体系,在财税补贴、监管政策等方面对表现突出的金融机构予以适当倾斜,进一步强化小微企业信贷保障力度。 积极对接各政策性银行,探索"政策性银行＋法人银行机构"的转贷业务模式,引导金融机构聚焦单户授信 500 万元及以下小微企业信贷投放。 积极通过融资担保、贷款贴息、银税互动、银商互动等方式,强化金融对小微企业成长的支持。 加快政策性融资担保体系建设,推动信保基金增量扩面,争取在保余额突破 100 亿元,服务小微企业家数突破 1 万家,创新推出支持股改、挂牌、人才、乡村振兴等领域小微企业的专项担保产品。 推动小额贷款保证保险等融资保险业务开展,推出高层次人才创业保险产品,推进保险资金支小融资业务创新试点。

(三)提升小微金融服务精准化

通过标准形式固化小微企业服务典型有效做法,构建金融服务标准体系,深化小微金改建设。 完善多层次金融组织体系,引导银行业金融机构继续下沉服务重心,重点向乡镇延伸服务触角;鼓励金融机构继续扩大特色产品的运用和再创新。 支持地方法人金融机构发展,积极向上争取差异化的政策支持,鼓励主动性负债工具的运用,扩大小微企业金融债等发行规模。 开发融资精准自动对接系统,实现小微企业融资需求和银行金融产品线上无缝对接。

(四)深化小微企业信用生态环境建设

充分发挥台州市政务服务网、台州市公共信用信息平台、台州市金融服务信用信息共享平台作用,完善企业信息基础数据库,形成小微企业信用信息网络,建立健全小微企业信用评价制度、信用信息发布机制和失信联合惩戒机制。 鼓励金融机构推出根据小微企业用水、用电、用气、纳税、企业年报等行政许可和行政处罚信用记录,研发"守信贷""信易贷"等信用贷款产品,力争三年内信用贷款余额达到 100 亿元。 推动供应链核心企业支持小微企业应收账款融资，构建供应链上下游企业互信互惠、协同发展生态环境。

（五）切实降低小微企业融资成本

加大财税优惠政策支持力度，落实国家对金融机构小微企业贷款利息收入免征增值税优惠政策。深入贯彻中央和国务院有关文件精神，进一步清理涉企不合理收费，规范小微企业融资相关的担保（反担保）费、评估费、公证费等附加手续收费行为，减轻小微企业融资负担。

四、工作进度

推动小微企业挂牌新三板和浙江股权交易中心，力争每年完成目标数的三分之一。2018—2020年，争取信保基金在保余额分别达到70亿元、80亿元和100亿元。

五、责任单位

市金融办、人民银行台州市中心支行、台州银监分局。

台州市小微企业三年成长计划工作领导小组
2018年12月6日

第十节　小微企业金融服务改革创新行动方案

一、总体思路

以深化台州小微企业金融服务改革创新试验区建设为主线,完善小微企业金融服务体系,推进小微企业金融服务模式创新,建立健全小微企业融资保障机制,发挥民营资本支持小微企业发展示范效应,拓展小微企业金融服务广度和深度,为小微企业可持续发展和实体经济转型升级提供有力支撑。

二、基本目标

通过 3 年努力,不断提高小微企业融资覆盖率,降低融资成本,扩大融资规模,提升金融服务质量,优化金融生态环境,积极打造融资便捷、服务高效、创新活跃的小微企业金融服务体系,为全国小微金融服务改革创新提供可复制、可推广的经验。

三、主要举措

(一)支持小微企业提质升级

促进小微企业规范化治理和素质提升,整合政府部门资源,借助中介和金融机构力量,建立公益性质的小微企业培育辅导机构,推动小微企业规范治理结构和财务管理制度,提升小微企业经营者和劳动者素质。 搭建小微企业创业创新服务平台,加快建设科技孵化园区、众创空间、创业园(基地)和小微企业产业园,推进小微企业集聚发展、绿色发展和创新发展。

(二)完善多层次金融组织体系

大力支持 3 家城市商业银行开展主动性负债,充分利用各类货币政策工具,完善资本补充机制,成为全国性的小微金融服务专营机构。 大力发展专营化金融机构，鼓励银行业金融机构下沉服务重心，依托社区、商圈、产业集群大力发展社区银行、小微专营支行和科技支行等各类特色支行。 丰富小微金融服务组织体系，创造条件吸引外资银行，支持村镇银行拓展业务范围和服务创新，积极引导小额贷款公司稳健发展。 有序发展新金融业态，规范发展互联网金融。 积极引进或设立信托、保险、证券、融资租赁、消费金融、资产管理等金融机构。

（三）创新金融产品和服务方式

鼓励银行加强对互联网、大数据、云计算等信息技术的运用，改造信贷流程和信用评价模型，降低运营管理成本，提高贷款发放效率和服务便利度。推进小微企业金融服务标准体系建设。 深化商标专用权质押登记全国试点，支持小微企业开展应收账款、专利权、股权、排污权、海域使用权、农村住房财产权、林权、农村土地承包经营权等质押贷款。 深化金融产品和还款方式创新，鼓励金融机构研发适合小微企业融资需求的新型金融产品，鼓励支持金融机构探索开展形式多样的还款方式创新。

（四）拓宽小微企业直接融资渠道

大力推进小微企业股权债权融资，支持优质企业在境内外资本市场上市、融资；支持符合条件的小微企业在新三板、浙江股权交易中心等场外市场挂牌、融资；进一步鼓励支持小微企业利用公司债券、小微企业债券等各类债务融资工具，以及通过资产证券化等方式融资。 培育和引进各类投资基金，推动私募股权投资基金、创业投资基金和天使投资基金发展；充分发挥各级政府引导基金作用，大力培育和引进各类私募投资基金和管理机构，特别是培育本土各类股权投资基金发展。 积极对接浙江区域性股权、产权交易场所，加快小微企业股改，促进企业产权、股权、债权合理流动，推动区域股权、债务融资业务发展。

（五）健全小微企业融资担保和保险机制

做大信保基金规模，加速信保授信业务发展，创新业务模式，完善内部运行机制，不断提高信保增信覆盖面；建立科学高效的信保业务评价体系和长效的资金补充机制，实现可持续发展。 提升保险行业对小微企业的服务能力，创新推出高层次人才创业保险产品；推进公共安全综合保险实施，研究出台出租房保险工作方案，提高责任保险覆盖面，促进社会管理和公共服务创新，助力台州经济高质量发展。 建立健全政策性融资担保体系，进一步发展壮大政府性担保机构，发挥担保和再担保的增信、分险以及稳定器作用；继续发挥好融资性担保的积极作用。

(六)推进地方社会信用体系建设

进一步优化提升金融服务信用信息共享平台功能，扩大应用覆盖面和使用对象，提升信息利用效率；建立全面、顺畅、高效的信用信息共享平台框架体系与运行机制，打造规范、统一、覆盖全社会的信用体系。 深化全国小微企业信用体系试验区建设，进一步完善共享、辅导、评价、增信、培育、服务机制；积极推广信用村（社区）、信用乡镇（街道）等区域信用创建。 强化守信激励、失信惩戒，构建地方信用奖惩机制，逐步在行政管理、公共服务、社会生活等领域实现全方位的信用信息应用，完善失信黑名单制度，提高失信违约成本。

(七)完善金融监管和风险防范机制

建立分类监管考核评估机制，加强贷款成本和贷款投放监测考核，严格落实收费减免政策，提高金融机构支持小微企业的精准度。 强化和落实地方政府处置地方金融风险和维护地方金融稳定的责任，开展金融安全示范区建设，建立完善地方金融监管协调机制和金融突发事件应急预案，发挥小微金融指数监测预警和风向标作用，加强对企业"资金链、担保链"风险的动态监测，进一步完善"两链"处置协调机制，加强金融法律法规宣传，增强民众金融风险防范意识，依法严厉打击各类金融违法行为，维护地方金融稳定。

四、工作进度

在前期工作的基础上，2018—2019 年有序推进行动方案中各项工作任务的开展，力争在各个领域有所突破，重点领域工作成绩明显，为小微企业可持续发展和实体经济转型升级提供有力支撑。2020年，完善相关措施，提高改革成效，认真总结，全面梳理，推广试验区工作经验。

五、责任单位

浙江省台州市小微企业金融服务改革创新试验区工作推进领导小组成员单位。

台州市小微企业三年成长计划工作领导小组

2018年12月6日

第十一节 全市金融系统开展"五问入企、五心服务"助力民营经济健康稳定发展活动方案

一、工作目标

认真贯彻落实习近平总书记关于民营经济发展"两个毫不动摇"的重要指示和李克强总理在浙江、台州考察时的重要讲话精神,继续深化"大学习大调研大抓落实"活动,全面动员市、县两级金融办和金融机构干部职工,紧紧围绕服务实体经济、防控金融风险、深化金融改革三项中心任务,深入企业问忧解难、助困帮扶,密切政保银企关系,优化金融服务,引导企业积极有效应对贸易摩擦和债务风险,坚定稳发展、促转型的定力和信心,实现经济金融高质量发展,为再创民营经济新辉煌做出积极贡献。

二、主要内容

(一)完善政策扶持

持续加大金融服务力度,突出精准施策,把系列利好政策落到实处,构建完善全方位的金融扶持政策体系,为民营经济和小微企业、上市公司、高层次人才创业企业等提供全链条的金融支持。 一是出台进一步降低台州市企业融资成本的实施意见。 通过扩大信贷总量、优化信贷结构、完善银行考核激励政策、深入推进还款方式和担保方式创新、鼓励开展投贷联动试点、建立资本对接平台、大力发展债券融资、推动设立创投基金和并购基金、加大保险机构对小微企业和"三农"融资服务、进一步发挥小额贷款公司支农支小功能等九方面组合拳,有效降低企业融资成本,助推小微企业提质发展。 二是出台支持上市公司健康稳定发展的若干意见。 采取加大对上市公司信贷支持、设立专项投资基金、创新增信工具、引进外部资源、开展抱团合作、发挥国资作用、强化统筹协调、落实属地责任等举措,提振上市企业发展信心,推动上市

公司健康稳定发展。三是深入落实金融供给、货币政策、差异化监管政策。积极贯彻落实四次降准政策，引导金融机构加大支持小微企业力度，鼓励银行机构争取再贷款、再贴现规模；调整缩短小微企业审批链条，将小额贷款审批权限下放支行，分类设置不良容忍度；进一步深化和创新小微金融的组织、产品和服务，千方百计为缺少抵押物的民营企业和小微企业增信增贷，切实降低小微企业融资门槛。四是创新完善支持高层次人才创业金融服务。持续推进人才服务型支行建设，鼓励银行机构探索面向"千人计划"等高端人才的平价信用贷款授信；指导市信保基金推广"500精英企业"专项担保产品，实行免收担保费、开通绿色审批通道等惠企政策；率先推出高层次人才创业保险，切实为高层次人才创业提供风险保障。

（二）建立工作机制

以服务实体经济为主旨，完善金融"双服务"、贸银政保合作、贸易金融咨询智库等机制建设，为台州企业提供更为优质的金融服务。一是建立金融"双服务"长效机制。按照全省继续深化"大学习大调研大抓落实"活动要求，建立金融"双服务"活动长效机制，发挥好县级金融服务团、乡镇（街道）金融指导组和村（居）、企金融指导员三级服务组织作用，动员全市金融监管部门干部和金融机构行长经理，持续深入基层、企业一线，条块结合开展走访服务活动，开展政策宣讲，普及金融知识，对接融资需求，助推企业发展。二是建立贸银政保合作机制。贯彻落实省政府《关于应对贸易摩擦确保外贸稳定增长的实施意见》（浙政办发〔2018〕97号），积极搭建贸银政保合作平台，鼓励引导银行、保险等金融机构积极向上争取政策引导资金，加大对政策性金融、保险的投放力度，扩大出口信用保险额度和覆盖率。三是建立贸易金融智库咨询机制。整合市内外金融人才资源，分线建立台州金融专家次询知智库。积极探索金融行业专家参与贸易金融问题的顾问制度，加强对外向型企业汇率避险政策指导和相关业务培训。

（三）优化服务水平

围绕小微企业、上市企业、成长型和龙头骨干企业，深入开展调研走访服务，落实精准帮扶，提振发展信心。 一是突出服务主题。 紧紧围绕"稳就业、稳金融、稳外贸、稳外资、稳投资、稳预期"的目标，深入开展"五问入企"活动，问需（需要需求）、问计（发展思路、计划办法）、问难（困难问题）、问策（对策措施）、问效（业绩成效），通过走访企业，了解企业生产经营情况、项目落地情况、资金需求情况及贷款情况，掌握融资需求和投向，指导企业保持适度负债规模，帮助企业盘活存量资产，降低融资成本。 二是把握服务重点。 重点围绕七大千亿产业集群培育，对行业龙头骨干企业、创新型企业、成长型企业深入调研，宣传台州企业上市股改奖励政策，对有条件上市上柜的企业展开全程"妈妈式"辅导服务，帮助企业把握转型机遇；重点关注受当前宏观形势影响较大的上市公司，建立"一对一"联系帮扶专班，按"一企一策"要求实施帮扶和跟踪服务，综合运用促进上市企业健康稳定发展的政策"组合拳"，千方百计帮助企业解决暂时流动性困难、股票质押融资、贸易摩擦风险等实质性问题。 三是提振发展信心。 要通过走访活动，向企业宣传我国改革开放 40 多年取得的伟大成就，宣传党中央毫不动摇地支持民营经济发展的态度，传达各级党委政府全力帮扶企业、与企业共渡难关的决心，让企业充分感受到党和政府的关心、重视和支持，充分认识到当前的困难和问题都是前进中的困难和问题，充分把握好风险和挑战中蕴含的机遇，进一步坚定发展信心，采取积极措施化危为机。

三、工作要求

此次活动的集中走访时间从 2018 年 10 月下旬开始至 11 月底结束。 各地各金融机构要高度重视，立即行动起来，将"五问入企、五心服务"活动作为落实市委市政府决策部署、提升金融服务水平的一项重要政治任务，采取灵活多样的形式，通过连续入企走访、蹲点调研、协调推动、现场办公等形式，条块联动、点面结合、注重实效，不断将活动推向深入。 各地各金融机构领导干部要以上率下，带头深入一线，到联系县（市、区）、联系乡镇（街道）、联系企业主动对接、调研实情，深入掌握经济发展形势和企业发展状况，认真倾听基层和企业诉求，共克时艰，助力发展。要积极开展宣传活动，努力营造金融系统践行"五心""妈妈式"服务、助力企业健康发展的良好氛围。

台州市小微企业三年成长计划工作领导小组

2018 年 10 月 30 日

第十二节 "服务实体经济、服务乡村振兴"万名金融
干部职工进村入企活动方案

一、工作目标

紧紧围绕服务实体经济、防控金融风险、深化金融改革 3 项任务，以实现经济高质量发展和乡村振兴为目标，不断深化金融供给侧结构性改革，动员全市金融监管部门干部和金融机构行长经理，深入基层一线，进村入企，开展政策宣讲，普及金融知识，对接融资需求，推广特色产品，助推企业发展。通过金融"双服务"活动，进一步增强金融机构的群众观念、责任意识和服务理念，密切政保银企关系，提升金融服务水平，促进金融与实体经济融合发展、良性互动。

二、主要内容

组织全市金融监管部门和 44 家银行机构、52 家保险机构、106 家证券期货机构的 10 000 多名干部职工，全面走访全市 4645 个村（居）、3000 家企业，包括 1000 家规上企业（含"航母企业"、"旗舰企业"、上市企业、"瞪羚企业"、"金种子库企业"）、1000 家小微企业（含科技型企业、高层次人才企业）、1000 家农业企业（含农业龙头企业、涉农服务企业、农业经营大户）。

（一）普及知识

各金融干部职工要成为政策宣讲员和金融知识普及员，组成金融讲师团，在全市各地开展百场巡回金融大讲堂。 一要大力宣讲党的十九大精神和省市党代会、"两会"精神，积极向企业和农户传达中央、省委和市委的决策部署，把党的各项方针政策宣传到人、宣传到户、宣传到企；二要大力宣讲全国、全省金融工作会议精神和金融政策法规，推行路桥农商行"百晓金融讲堂"等好的经验做法，大力普及金融知识；三要开展防范非法集资宣传教育，

加强投资者教育，提升群众金融素质，有效防范金融风险，切实维护和谐稳定的金融环境。

（二）普查需求

各金融干部职工要重点调研企业、农户和群众的融资需求。一要了解企业生产经营情况、项目落地情况、资金需求情况及贷款情况，掌握融资具体投向和需求；二要了解农户家庭资产情况、金融产品的使用和需求情况，摸准"三农"发展、村级集体经济发展、乡村振兴的融资需求；三要了解广大群众的投资理财需求、存在的投资风险，引导群众理性投资、合理消费、科学理财。

（三）普授信用

各金融干部职工要积极投身农村信用体系建设，开展农户信用评价及授信。一要通过走访收集掌握农户的信用信息状况，对农户的信用进行评级，建立信用档案，通过征信、增信、用信，实行差异化金融服务，推行信用户贷款利率优惠政策，提高小微企业和"三农"信用贷款比例；二要推广信用户、信用村等区域信用创建和成果运用，深化推行整村授信，依托农户信用档案推进金融产品创新，注重农户信用评价结果运用，解决农户担保难题；三要走访了解企业实际需求，将帮扶和授信结合起来，指导企业保持适度负债规模，帮助企业盘活存量资产，创新融资方式和服务，拓宽企业增信渠道，提高企业信用评级，增加企业信用额度；四要开展信用知识系列宣传教育活动，教育广大农户和群众重视积累自身的信用记录，自觉保护自身的信用信息，努力把农户培养成为讲诚信、守信用的现代农业生产经营者。

（四）普惠服务

各金融干部职工要切实提升金融服务水平，提升企业和群众金融服务获得感与满意率。一要围绕重点企业、重点项目有效需求，特别是全市"大走访、大调研、大服务"专题活动中了解到的365个金融类问题，有针对性地创新开发金融产品和服务，优化企业融资结构，减轻企业融资成本；二要针对浙江省台州市小微企业金融服务改革创新试验区推进中的难点问题，帮助小微企业规范内部管理，提高经营管理水平，对接融资需求，强化科技金融应用，简化申贷流程，提升金融服务便捷性和渗透率；三要为农业、农村、农民当好金融参谋、搞好规划、指导融资，提供"妈妈式"服务，破解脱贫攻坚以及集体经济薄弱村解困中的金融难题；四要建立帮扶解困机制，对陷入资金链、互保链而暂时出现困难的企业，创新融资方式和服务，帮助企业走出资金困境。

三、方法步骤

组建县级金融服务团、乡镇（街道）金融指导组和村（居）、企金融指导员三级服务组织，条块结合开展走访服务活动。 一是建立县级金融服务团，抽调市级金融监管部门干部、市级银行、部分市级保险及证券金融机构的行长经理组成 10 个金融服务团，服务团负责人由市金融办、人行台州市中心支行、台州银监分局、省联社台州办事处等单位负责人担任，市级有关金融机构作为牵头单位，联系县（市、区）开展指导帮助、督促检查、统筹协调和难题破解。 二是建立乡镇（街道）金融指导组，各县（市、区）金融办组织本辖区的银行、证券、保险和期货等金融机构的行长经理组成若干金融指导组，联系乡镇（街道）做好统筹联系、牵头开展融资对接、困难帮扶、讲座组织等活动。 三是建立村（居）、企金融指导员。 组建驻村（居）金融指导员和驻企金融指导员队伍，驻村（居）金融指导员由城商行、农商行、村镇银行、邮储银行等金融机构的行长经理组成，每个村（居）派驻 1—2 名，向农户和农业经营大户普及知识、普查需求、普授信用和普惠服务；驻企金融指导员由其他金融机构的行长经理组成，每人联系一个企业，为企业转型升级提供集融资、融智于一体的集合型服务。

通过实地走访、召开座谈会、融资对接会、开设百晓金融讲堂、举办投资理财培训等形式，分组赴联系地区或就地进村入企精准服务、精准对接，让金融机构与企业主、农户零距离沟通，切实解决企业和农户金融难题，并建立走访需求清单和金融产品服务清单，收集意见建议。

专题活动从 2018 年 3 月开始至 6 月下旬结束，具体分四个阶段。

（一）宣传发动阶段（2018 年 3 月上旬至下旬）

印发活动方案，成立组织领导机构，明确工作目标和任务，召开动员大会，组织发动。 同时组织开展形式多样的宣传活动，营造良好氛围。

（二）调研走访阶段（2018 年 3 月下旬至 4 月下旬）

各金融干部职工按照活动统一部署及走访安排，对自己联系的地区和企业，集中开展实地走访，了解企业和农户生产经营情况、融资需求情况、存在的困难问题以及对金融机构的意见建议，制定并落实解决方案，帮助企业和农户解决困难。

（三）服务落实阶段（2018 年 4 月下旬至 5 月下旬）

由市金融办、人行台州市中心支行、台州银监分局组织工作评估组开展专项检查，评估各金融机构、各行长经理走访情况，尤其是融资服务、减费降成本、产品和服务创新等方面，对走访效果良好的，及时进行通报表扬；对走访效果不理想的，及时督促整改落实。

（四）总结提高阶段（2018 年 5 月下旬至 6 月下旬）

各金融机构要及时总结评估金融“双服务”行动，分析汇总活动中收集的需求、问题、意见和建议，创新开发金融产品和服务，研究制定金融支持乡村振兴、助推企业转型升级的长效机制，以制度性的安排巩固活动成果，提升金融服务实体经济发展水平。

四、工作要求

（一）加强组织领导

各地各金融机构要高度重视，将金融“双服务”活动作为落实市委市政府决策部署、加强作风建设的有效途径，集中时间、集中精力完成好活动的各项任务。 各县（市、区）要参照本方案，制订落实行动计划，抓紧抓实金融

"双服务"活动。 各服务团负责人和金融机构牵头单位组织好服务团、指导组,细化工作方案,落实好职责分工,协调解决好难点问题。 各县(市、区)金融办统筹各金融机构联系服务企业、村居名单,各金融机构要细化制定活动方案。 市级有关部门、各县(市、区)要为金融"双服务"活动提供指导和支持,并做好跟踪督促。

(三)改进工作作风

各地各金融机构开展走访活动要与"不忘初心、牢记使命"主题教育活动、"解放思想"大讨论活动相结合,坚决克服形式主义、官僚主义,坚持深入一线,了解情况、主动对接、增加互信、共谋发展,进一步转变工作作风、优化金融服务。 行长经理走访必须直接到点,不扰民,不干扰地方工作,不干预企业、农户正常生产经营活动。 各金融机构要结合金融"双服务"活动开展一次"解放思想"大讨论,总结交流走访活动的体会和感悟;要出台深化金融服务创新方案,根据走访调研收集的需求、问题、意见和建议,有针对性地改进产品、创新产品;要建立长效机制,建立行长经理定点长期跟踪联系服务企业、农户制度,鼓励各金融机构选派优秀干部到重点乡镇(街道)、企业挂职,帮助解决问题、服务企业。

(四)务求取得实效

通过金融"双服务"活动,一要建立双向互动的金融新网络,在乡、村两级建立金融联络员队伍,会同金融机构指导员共同构建稳定发展的金融网络体系;二要建立常态化的金融知识普及、金融产品服务普查机制,通过巡回金融大讲堂等形式持续提升全市金融发展水平;三要根据走访中梳理的问题清单,列出整改清单、落实清单和对接机制,有效解决重点骨干企业、三农、小微企业融资难和融资贵问题,把"妈妈式"金融服务落到实处。

(五)营造浓厚氛围

各地各金融机构要加大宣传力度,充分运用报刊、广播、电视、互联网等新闻媒体,加强对活动情况的宣传报道,在主要新闻媒体开设专栏,形成强大的宣传声势，努力营造深入基层、服务群众、服务企业、真抓实干、推动发展的良好氛围。

台州市人民政府办公室
2018 年 3 月 12 日

第十三节　台州市人民政府办公室关于大力实施
融资畅通工程的意见

一、主要目标

通过综合施策，确保对民营企业的金融服务得到切实改善，落实好解决民营企业融资难、融资贵问题的 6 个标志性指标，实现"四个提高""两个降低"目标：提高融资总量和增量。力争 2019 年社会融资规模增量超过 1100 亿元，新增贷款 750 亿元。全市融资总量、增量在全省占比稳定增长，直接融资占比逐年提升。提高融资覆盖面。力争全年小微企业贷款新增 250 亿元，余额达到 3300 亿元，小微企业贷款余额、增量、户数保等有关指标保持全省领先，实现民营企业贷款比重、小微企业贷款比重、直接融资比重"三提高"和小微企业融资成本"一降低"的目标。提高中长期制造业贷款增量。力争 2019 年中长期制造业贷款增长 20% 以上，并保持逐年提升。提高企业融资便捷性。力争全市地方法人银行机构新增授信审批 3 天内办结、续授信审批 1 天内办结；在台银行分支机构本行审批权限内新增授信审批 5 天内办结、续授信审批 3 天内办结，融资效率不断提升。降低小微企业贷款利率和综合成本。力争 2019 年全市人民币加权平均利率下降幅度达到或超过全省平均利率下降幅度，其他银行贷款利率逐步下降。降低企业流动性风险。力争 2019 年末全市支持民营企业发债金额达到 50 亿元，控股股东质押比例 80% 以上的上市公司数量明显减少，全市不良贷款率、关注类贷款率分别控制在 1% 以内，企业流动性风险得到有效控制。

二、落实货币信贷支持政策，提升民营企业融资可获得性

落实普惠金融定向降准政策。引导银行机构积极争取上级行下放贷款审批权限，扩大基层分支机构自主权。引导银行机构使用好再贷款和再贴现资金支持民营企业。加大对民营企业票据融资支持力度，鼓励银行与民营企业

构建中长期银企关系。 引导和支持银行加快处置不良资产，将盘活资金重点投向民营企业。 积极探索政策性金融机构服务民营企业的有效路径。 （责任单位：人行台州市中心支行、台州银保监分局、市金融办、政策性金融机构）

三、推动民营企业上市和发债，加大直接融资支持力度

推动债券应发尽发、能发则发、争取多发，充分用好风险缓释凭证、发债担保增信、发债推荐、财政奖励等措施，大力推进民营企业发债项目落地，切实提高民营企业发债比例。 （市金融办、人行台州市中心支行、市发改委、市科技局、市金投集团）深入实施"凤凰行动"计划，合作设立台州"雏鹰板"，开展科技型中小企业可转债试点，扩大对科技型中小企业综合金融服务。 完善资本市场后备资源培育机制，争取 2019 年上市报会 10 家以上，力争科创板和 H 股上市实现零突破。 总结和推广符合台州实际的并购经验，支持上市企业再融资，利用资本市场不断做大做强，提升核心竞争力。 （市金融办、市经信局、各县〈市、区〉政府）

四、加强沟通、协商、合作，增强信贷支持的稳定性

推广企业授信联合会商机制，建立用信 10 亿元以上大型企业清单，由银行机构集体决议、同进共退，不擅自抽贷、压贷，确保应续尽续，稳定企业融资预期。 提高中长期信贷比重，争取 2019 年中期流动贷款超过 300 亿元。要构建续贷沟通工作机制，鼓励银行提前 1 个月对接续贷需求，不随意压缩授信规模，不随意改变存量授信条件。 深化还款方式创新，进一步推广年审制、无缝续贷、循环贷款等还款方式创新力度，努力实现信贷资金与民营企业资金需求的无缝对接。 （台州银保监分局、人行台州中心支行、农信联社台州办事处、市级金融机构）

五、缩短融资链条，有效提升民营企业融资便利性

银行机构要积极借助现代金融科技和互联网技术，大力推广"智慧小微"金融服务新模式，努力实现客户"一次也不用跑"，提高授信审批效率。 依托产业链核心企业信用、真实交易背景和物流、信息流、资金流闭环，为上下

游企业提供无需抵押担保的订单融资、应收账款融资。 推广"跑街跑数""移动办贷""掌上办贷"等普惠金融服务模式,降低民营企业金融服务门槛、成本和风险。 积极推行银行机构"依清单收费""阳光收费",严格落实"七不准、四公开"等要求,对企业融资中的不合理和违规收费开展联合专项检查,坚决遏制资金空转套利等行为。 (台州银保监分局、人行台州市中心支行、农信联社台州办事处、市级金融机构)

六、完善金融服务信用信息共享平台建设

立足银行业金融机构贷款授信的实际需求,持续提升台州金融服务信用信息共享平台数据更新及时性和可持续性;深度挖掘和利用平台大数据,进一步完善企业信用评级、风险预警等功能。 健全金融机构与市场主体信息对接机制,完善银企融资对接服务平台,实现资金供需双方线上高效对接、无缝对接,让信息"多跑路"、企业"少跑腿"。 (人行台州市中心支行、市发改委、市经信局、市市场监管局)

七、疏通融资堵点,积极破解民营企业抵押担保难题

继续推进信保基金增量扩面,创新推出更多专项担保产品,争取年末在保余额突破 100 亿元,在保市场主体突破 1 万家(户)。 组建台州市融资担保有限公司,支持龙头骨干企业发债和贷款融资。 积极盘活民营企业有效资产,扩大商标权、专利权等抵质押贷款覆盖面。 提高信用贷款比重。 (市金投集团、市金融办、人行台州市中心支行、台州银保监分局、市科技局、市市场监管局)

八、充分发挥保险资金融资增信功能

积极推进小额贷款保证保险、出口信用保险、借贷人员意外伤害险、保单质押融资等产品和服务,为民营企业、小微企业融资增信提供更多渠道。 积极推动险资入台,引导辖内各保险公司分支机构积极争取总部保险资金投向台州。 鼓励保险公司创新保险资金运用形式,通过保险资管计划专项产品等开展"支农支小"融资业务。 (台州银保监分局)

九、实施小微企业信贷增氧计划

积极对接全市新一轮"小微企业三年成长计划"，引导金融机构增加民营企业和小微企业信贷投放，持续扩大小微企业信贷规模和覆盖面，降低融资成本。引导银行机构针对小微企业园、科创型、供应链型、吸纳就业型等四类重点小微企业，量身定制差异化的金融服务方案。（人行台州市中心支行、台州银保监分局、市市场监管局、市经信局、市科技局、市人力社保局）

国有大型商业银行要发挥"头雁"效应，深化普惠金融事业部"五专机制"建设，不得挤占或挪用小微企业信贷指标。城商行、农商行等法人银行机构要当好主力军，深化社区银行和小微专营机构建设，进一步下沉服务重心。要简化贷款审批环节，缩短融资链条，适当提高小微企业风险容忍度。深化政银合作，支持银行机构创新推出出口退税账户融资、海关关税保函等"银政互动"融资产品。（人行台州市中心支行、台州银保监分局、市商务局、市级金融机构）

十、支持地方法人金融机构发展

支持地方法人金融机构拓展资金来源渠道，鼓励引导主动性负债工具的运用，积极发行绿色金融债、小微金融债、"三农"金融债、二级资本债、同业存单、大额存单和信贷资产证券化等产品，争取年度新增300亿元以上，扩大地方法人金融机构支持民营企业、小微企业的低成本资金来源。鼓励支持有条件的地方法人金融机构，主动对接资本市场补充资本。（人行台州市中心支行、台州银保监分局、市金融办）

十一、积极化解民营企业流动性风险

积极防范和化解民营企业流动性风险、上市公司股权质押平仓风险、困难企业资金链担保链风险和企业债券到期兑付风险，突出防范化解的及时性，强化属地责任，分类帮扶重点困难企业，建立健全支持企业稳健发展"三大"工作机制。（市金融办、人行台州市中心支行、台州银保监分局、市经信局、市财政局、市金投集团、各县〈市、区〉政府）

抓好"四张清单五项机制一个保障"落实，市县联动建立民营企业发债需求清单、上市公司股权质押风险纾解清单、帮扶困难企业清单、重点企业资金链担保链风险管控和不良贷款风险管控清单等四张清单动态管理机制，健全民营企业发债帮扶、上市公司股权质押风险纾解、政策性融资担保体系建设与运行、帮扶困难企业和优化小微企业金融服务等机制，建立优质大型民营综合金融服务保障，明确"一企一策"帮扶纾困方案。市县联动引导金融机构开展市场化债转股，帮助企业提高流动性。（市金融办、人行台州市中心支行、台州银保监分局、市经信局、各县〈市、区〉政府）

十二、引导企业开展财务管理提升行动

推广金融服务专班、企业金融顾问、信贷工作小组、行长结对服务民营企业等做法，深入开展金融服务进民营企业活动。（市金融办、人行台州市中心支行、台州银保监分局）

鼓励支持民营企业提质升级，完善企业治理结构，规范财务管理制度，提升产品质量和品牌等。加大守信激励和失信惩戒力度，引导企业依法合规经营，珍惜商业信誉和信用记录。加强企业家金融、财务、风险等知识教育，引导民营企业家聚焦实业、专注主业，合理控制企业杠杆率，科学安排融资结构，不逃废金融债务，为金融支持提供必要基础条件。（市经信局、市发改委、市市场监管局、市财政局、人行台州中心支行、台州银保监分局）

十三、开展"六大专项行动"，大力实施金融"三服务"活动

开展金融"六大专项行动"，努力践行"五心""妈妈式"服务。结合服务民营经济高质量发展和七大千亿产业培育，开展重点骨干企业扶优纾困行动、小微企业融资"三提升"行动、金融服务民生标杆网点创建行动、提升群众金融风险防范能力行动、金融党建共建助力行动、金融助农"双优"对接行动等六大行动，直面民营企业融资痛点问题，创新金融服务方式，举办融资对接活动，解决融资当中遇到的突出问题，进一步提升金融服务企业水平和效率。（市金融办、人行台州市中心支行、台州银保监分局、市发改委、市经信局、市农业农村局、市国资委、市级金融机构）

十四、建立"敢贷、愿贷、能贷"长效机制

完善金融业考核评价激励机制，推动银行机构下沉工作重心，完善内部绩效考核，制定民营企业服务年度目标，重点对服务企业数量、信贷质量进行综合考核。建立健全尽职免责机制，提高不良贷款考核容忍度。严格按照国务院文件要求，授信中不得附加以贷转存等任何不合理条件，对相关违规行为一经查实，严肃处理。严厉打击金融信贷领域强行返点等行为，对涉嫌违法犯罪的机构和个人，及时移送司法机关依法查处。（台州银保监分局、人行台州市中心支行、市金融办、市法院）

十五、健全工作机制，加强对政策落地实施的监督检查

各地要高度重视金融工作，认真落实属地管理责任，抓好金融风险防范、金融改革发展和金融服务民营企业的各项工作。各相关部门要履职尽责，鼎力支持金融服务民营企业。市金融办、人行台州市中心支行和台州银保监分局等金融监管部门要按照职责分工，创造性开展工作，确保政策落地更快速、对接更精准。金融机构要切实履行服务民营企业第一责任人的职责，让民营企业有实实在在的获得感。（市金融办、人行台州市中心支行、台州银保监分局、各县〈市、区〉政府、市级金融机构）

台州市人民政府办公室

2019 年 9 月 15 日

第十四节　台州市人民政府办公室关于进一步降低台州市企业融资成本的实施意见

一、扩大信贷总量，优化信贷结构

引导金融机构加大对小微企业、民营企业信贷支持力度，运用信用信息、企业纳税、社保等大数据为小微企业、民营企业贷款提供支撑。 引导地方法人金融机构开展主动性负债业务，支持发行小微企业金融债券、小微企业信贷资产支持证券等。 加大国家开发银行、中国进出口银行等政策性资金引入力度。 积极争取支小支农再贷款和再贴现额度。 加快推进普惠金融发展，持续推进整村授信，加大金融对台州乡村振兴支持力度。

二、完善银行考核激励政策

改进财政性资金竞争存放办法和银行支持地方实体经济发展业绩考核办法，加大对银行降低企业融资成本的考核力度。 对贷款利率实行常态化监测，加强分析考核。 强化贷款投放监测考核，优先保障小微企业、民营企业信贷资源，引导金融机构建立与小微企业、民营企业信贷投放挂钩的绩效考核激励机制。

三、深入推进还款方式和担保方式创新

进一步加强专利权、商标权等知识产权与金融资源的对接，深化银税互动，推进动产质押、保单质押融资。 加快动产融资统一登记公示系统在台州市的推广应用，积极发展供应链金融。 引导银行机构持续开展贷款还款方式创新，推进如年审制、循环贷、无还本续贷等还款方式创新金融产品。 做大政府性公益转贷基金，坚持政府性公益转贷基金的准公共产品属性，鼓励更多银行参与市金投公司转贷合作。 进一步完善政策性融资担保体系，出资10亿元组建台州市融资担保有限公司，为企业发债等融资提供增信并实施较低

费率。 继续推动信保基金增量扩面，扩大免担保费专项产品的覆盖面，进一步缓解小微企业融资难、融资贵问题。

四、鼓励开展投贷联动试点

借鉴国家首批投贷联动试点地区与试点机构经验，开展小微企业投贷联动或投贷合作试点，对股权投资额占投贷联动或投贷合作业务总额比例超20％（含20％）、单笔贷款额度不超过500万元的业务，每年末按当年新发生贷款年日均余额的1％予以奖励，单家银行补贴上限每年不超过500万元（按银行机构所在地发放）。

五、建立资本对接平台

联合上市公司、龙头民企以及市外台商组建台民投，加大对企业投资、并购的资金支持。 加强与省股权交易中心、省并购联合会、全景产融等行业机构合作，发挥市级各科创平台的一体化专业优势，建立"一平台三中心"的常态化路演服务综合体，即建立多层次资本市场路演平台、上市公司交流展示中心、投资并购服务中心和科技金融培训中心，优化投融资环境，提升资本对接效率。

六、大力发展债券融资

鼓励企业发行企业债、公司债、中小企业集合债、短期融资券、中期票据、私募债、境外债等各类债券，拓宽融资渠道，优化债务结构。 加强与监管部门的沟通，支持台州企业争取开展绿色债、双创债等试点，切实支持创新创业企业融资，优化中小企业资本形成机制。 努力创造条件，为企业发债提供担保、贴息、评估和增信等便利。 对于发行各类期限1年（含1年）以上债券的非金融企业（不包括国有和国有控股企业、已由政府提供增信担保的项目），成功发行后，按3年期（含）以下、3年期以上两档，给予融资额的0.1％和0.2％奖励，每家企业债券奖励金额最高不超过100万元。

七、推动设立创投基金和并购基金

市政府出资设立不低于 5 亿元的科技创新基金，加强与国内知名创投机构合作，加大对科技型创业企业融资和孵化的支持。 鼓励台州市优化升级产业基金对并购项目和并购基金的支持，重点支持台州市七大千亿产业集群上下游企业开展融资并购，完善资本结构，降低整合成本。 以私募基金园区建设为抓手，大力引入国内外知名股权投资机构，支持其在台州设立区域性总部或分支机构。 培育发展本土股权投资、风险投资、创业投资等私募股权基金，重点加大对初创期小微企业的投入。

八、加大保险机构对小微企业融资服务

推动小额贷款保证保险等融资保险业务开展，在切实落实省有关风险补偿政策的基础上，对符合条件的小额贷款保证保险业务按不超过年度融资保险总额的 0.5％给予风险补偿。

本政策自发布之日起实施，与以前政策有重复的按从新从高原则适用。

台州市人民政府办公室

2019 年 1 月 3 日

第十五节　台州市小微企业增信试点工作实施方案

为进一步营造诚实守信的市场环境，鼓励小微企业开展信用积累、信用管理和信用修复，增强小微企业融资需求的精准供给。根据省小微办的有关部署，决定开展小微企业增信试点工作，特制订本工作方案。

一、总体要求

围绕"两抓年"的总体部署，紧扣"三服务"活动要求，以"五心""妈妈式"服务理念为引领，进一步建立健全小微企业信用积累、信用管理和信用修复机制，形成全流程、有特色、系统化的小微企业增信体系，助力台州市民营经济高质量发展。

二、工作目标

以公共信用信息数据为基础，通过浙江小微企业云平台、台州市金融服务信用信息共享平台、台州市小微企业云智库实现政府部门数据共享和金融机构信息互通。积极推动小微企业信用立法、建立小微企业信用培育机制、丰富小微企业信用融资渠道。通过优化小微企业的信用环境、提升小微企业的信用管理能力和信用评级，增加小微企业向金融机构获取信用融资比重，实现小微企业信用融资总额增加 100 亿元。

三、工作内容

（一）推进小微企业信用地方立法

加强企业信用促进法规、标准和制度建设，构建企业信用与政务诚信、司法公信、社会诚信有机衔接的社会信用体系，营造良好的企业信用环境。推进台州市级社会信用条例的编制工作，深入开展立法调研和社会意见征集，力争正式出台地方性企业信用法规。（责任单位：市发改委、市市场监管局）

（二）深化小微企业信息数据共享

完成市公共信用信息平台二期项目建设，对接台州市小微企业云智库小微企业数据。 在市级部门、各县（市、区）开设查询端口、应用功能，为各地各部门查询、应用社会主体信用信息提供有效工具。 完善信用信息共享机制，进一步提升金融服务信用信息共享平台数据采集的及时性和持续性，优化平台功能。 深化全国小微企业信用体系试验区建设，继续推广信用户、信用村（社区）、信用乡镇（街道）等区域信用创建和成果运用。 （责任单位：市发改委、市市场监管局、市金融办、中国人民银行台州市中心支行）

（三）充实小微企业信用评估内涵

相关部门根据职责分工和工作实际，建立企业信用风险预警和处置机制。 通过对企业数据进行分析，或委托第三方机构运用大数据、模型分析等方式，对企业信用风险进行分析，并根据企业的信用风险情况，实施有针对性的监管。 积极运用"互联网＋"技术，促进传统微贷技术和现代信息技术的深度融合，加速改造传统微贷技术，推进贷款软信息的数据化、模型化；利用大数据、云计算探索建立小微企业审贷评分模型与机制。 （责任单位：市发改委、市市场监管局、中国人民银行台州市中心支行）

（四）完善小微企业信用辅导机制

整合优化市级部门资源，全面建立公益性质的市、县两级小微企业培育辅导机构，增强小微企业培育辅导的针对性和系统性。 完善台州市小微企业云智库，整合多部门资源数据，会同社会中介服务机构，为小微企业提供应需式的智慧服务。 筛选企业纳入重点培育库，每年组织至少 100 场培训，服务各类小微企业 10 000 家以上。 建立面向初创型小微企业的法律法规和财务知识培训机制，实现"双对接"活动常态化、数字化和智慧化。 加强市、县联动，支持金融机构办好特色培训学院，加大职业培训投入，提高小微企业金融服务队伍的素质。 把小微企业主培训和小微企业金融服务机构的技术骨干培训相结合，认定一批全省小微企业金融服务培训基地。 （责任单位：市"小

微企业三年成长计划"工作领导小组成员单位）

（五）构建失信企业信用修复机制

规范信用修复流程，健全移出企业信用信息公示系统经营异常名录的相关机制。 鼓励失信主体通过及时清偿债务、提供履行担保、自主解释、主动纠正失信行为、消除不良社会影响等方式修复信用。 鼓励企业通过参加台州市小微云智库课程学习来提升平台评分，使其获得被纳入名录库推送给金融机构的机会。 引导和支持信用服务机构接受失信企业委托，提供信用修复服务。 通过建立失信修复机制，让小微企业敬畏市场、珍惜信用，形成良性循环。 （责任单位：市发改委、市市场监管局）

（六）丰富小微企业信用融资渠道

进一步发挥台州市小微企业信用保证基金功能，继续推进信保基金的扩容，力争在 2020 年前服务市场主体超万家；鼓励支持银行与电商合作，利用大数据和互联网技术做好小微企业金融服务。 在全市范围内开展部门与金融机构服务小微企业的合作，充分利用浙江省小微云平台、台州市小微云智库等对接平台，以系统信用评分为小微企业提供贷款"敲门砖"。 深化"银商合作·守信贷"工作，全面推广"政务与金融合作、信用与信贷互通"的融资贷款新模式。 鼓励银行机构在风险可控前提下，结合各地实际情况，积极开展金融创新，探索"税微贷""创业贷"等信贷产品，为小微企业提供精准服务。力争全年支持 2 万户以上小微企业通过守信贷等获得融资支持。 推广供应链金融和仓储式金融模式，对接上下游关联企业开展金融服务。 （责任单位：中国人民银行台州市中心支行、市市场监管局、市金融办、市银保监分局）

四、工作要求

（一）统一思想，明确工作方向

开展小微企业增信试点工作是落实市委"两抓年"部署、服务实体经济发展的重要举措，各地、各成员单位要统一思想，凝聚共识，积极探索营造小微企业良好发展环境的实践路径，为台州市民营经济高质量发展贡献智慧和力量。

(二)精心部署,抓好统筹协调

市小微办要发挥统筹协调作用，积极推动各成员单位和涉企信用部门开展增信试点工作，建立并完善信息沟通交流机制。 各成员单位要发挥自身优势，提出切实可行的创新举措。 各地要依托小微办的职能，协调配合，形成推进工作的整体合力。

(三)加强宣传,营造良好氛围

积极发动社会力量参与小微企业增信试点工作，多举措、多形式、多角度做好小微企业增信试点的宣传推广。 对在试点过程中发现的好经验、好案例，要通过各类媒体予以宣传，以进一步凝聚全社会共同促进企业信用环境的共识，创造良好的舆论环境。

台州"小微企业三年成长计划"工作领导小组办公室

2019 年 9 月 17 日

第十六节　中共台州市委办公室关于深入实施
融资畅通工程的通知

一、目标要求

(一)总体要求

以习近平新时代中国特色社会主义思想为指导,对标"重要窗口"新目标新定位,围绕市委"三立三进三突围"发展路径,以深化金融供给侧结构性改革为主线,推进两项国家级金融改革试点,有效缓解民营企业特别是小微企业融资难融资贵问题,为做好"六稳"工作、落实"六保"任务和推动台州市民营经济再创新辉煌提供强有力的金融保障。

(二)主要目标

进一步贯彻落实省融资畅通工程意见,以"两提高两优化一降低"为重点,探索建立与台州民营和小微企业相匹配的金融支撑指标体系。

1.进一步提高融资总量和增量

力争 2020 年社会融资规模增量超 1600 亿元,贷款余额增量超 1300 亿元。

2.进一步优化融资结构

确保制造业贷款、小微企业贷款增速不低于贷款平均增速,确保实现直接融资 480 亿元以上,新增债务融资工具发行规模 50 亿元以上,民营企业债券融资在全市债券融资占比进一步提高。

3.进一步提高融资服务精准度

确保新增首贷户 5000 家以上,新增企业信用贷款余额(含个人经营性)200 亿元以上,新增民营企业贷款 600 亿元以上,全市上市企业总数突破 60 家。

4.进一步降低融资综合成本

确保 2020 年全市贷款利率降幅超过省平均水平,其中普惠型小微企业贷款利率下降 0.5 个百分点以上。 还款方式创新贷款余额达 1500 亿元以上,其中无还本续贷余额达到 500 亿元以上。

5.进一步优化区域金融环境

确保不良贷款率、关注类贷款率保持在全省较低水平,力争 2020 年上市公司控股股东及一致行动人质押比例 80％以上的上市公司数量处在较低水平,继续保持债券兑付零违约和两链风险可控。

二、主要措施

(一)围绕"八大行动",全力推动融资扩面增量

指导金融机构落实好逆周期调节和定向降准等政策,积极争取上级行资源倾斜,围绕市委市政府提出的"制造业高质量发展、服务业提升、项目推进、招大引强、平台创建、科技新长征、营商环境优化、全面小康"等八大行动,加大对民营、小微企业、"三农"等重点对象,"456"先进产业集群、基础设施、公共服务等重点领域和项目支持力度。 支持国有大型银行深化普惠金融"五专机制"建设,下沉服务重心,提高小微企业贷款风险容忍度。支持地方法人金融机构聚焦服务中小微民营企业,多渠道补充资本金,增强融资服务能力。 加大首贷户拓展力度,更好地满足各类企业的多样化金融需求。 2020 年实现普惠型小微企业贷款增速不低于各项贷款平均增速,国有大型银行发挥引领作用。

(二)优化融资结构,大力拓宽直接融资渠道

积极把握注册制、新三板分层等资本市场改革发展新机遇,实施"凤凰行动"计划升级版,加大企业首发上市、再融资及并购重组力度。 推进上市公司高质量发展,坚持聚焦主业,提升治理结构、内部控制和信息披露水平,借助资本市场做强做大。 建立国企发债和民企发债两张清单制度,充分用好信

用风险缓释凭证、发债担保增信、财政奖励等支持措施，扩大银行间市场债务融资工具、公司债、企业债等融资规模。 发挥好政府引导基金和产业基金杠杆作用，进一步培育发展创业投资、风险投资、私募股权等基金，加大对新经济、新业态、新产业、新技术企业的股权投资及招大引强力度。 积极对接浙江股权交易中心的区域性股权市场改革试点，开展科技型中小微企业可转债试点。

(三)推进融资方式创新，提升信贷支持可获得性

强化企业信用培育、加大企业信用信息数据分析和运用力度，加大"信易贷""银税互动""银商合作"等融资模式的推广力度，促进银行业信用贷款服务能力提升。 推广供应链金融，支持区域供应链金融科技平台发展，提升供应链融资服务。 深化抵质押方式创新，合理确定不动产抵押物价值，切实提升资产抵质押率。 探索动产集中登记，积极扩大动产、应收账款、知识产权等新型抵质押融资覆盖面，力争全年完成应收账款质押融资 150 亿元，完成知识产权质押融资 38 亿元。 深化政策性融资担保体系建设，扩大两大市级担保公司覆盖面，试行科技型企业直接融资担保、地方法人银行利用政策性资金担保，完善银担合作、风险分担、考核评价等机制，确保年末政策性担保余额不低于 120 亿元。 大力实施"双保"应急融资，引导信贷资金精准支持吸纳就业多且融资有困难的企业，帮助企业稳定员工就业、维持刚性经营支出、保存生产能力。

(四)聚焦高质量发展，持续增加中长期融资比重

指导金融机构聚焦制造业高质量发展，针对制造业"基础再造工程、扶优扶强工程、数字赋能工程、创新驱动工程、平台提升工程"等五大工程，通过债权、股权、基金、资产支持计划等多种形式，为台州制造业高质量发展提供稳定资金来源，合理安排贷款授信期限和还款方式，优先满足企业新增投资、技术改造、并购重组等中长期融资需求，确保 2020 年制造业贷款不低于 2500 亿元。 推广中长期债券融资支持工具，帮助制造业企业发行中期票据，提高中长期债券比重。 大力发展科技金融，强化对制造业科技型企业科技创新和

转型升级的金融支撑。 加快发展制造业融资租赁业务，为企业设备更新改造、智能升级等提供专业服务。 构建银企中长期合作伙伴关系，完善银团贷款、联合授信、联合会商、续贷沟通等机制，不抽贷、不压贷、不断贷，增强金融支持的稳定性。 积极开发支持制造业高质量发展的保险产品，在风险可控的情况下开展企业财产保险、科技保险、责任保险等业务，为制造业企业提供多方面的风险保障。

（五）深化银政保企合作，着力强化保险保障

扩大政策性保险受益面，深化发展出口信用保险、农业保险、小额贷款保证保险等产品，推广完善巨灾保险、安全生产责任保险、环境污染责任保险以及重大装备首台（套）保险、新材料首批次等科技保险机制，扩大政策性保险受益面。 进一步落实落细高层次人才创业创新保险，构筑人才创业风险保障机制。 推广保证金领域运用保险机制，充分释放企业关税支付、工程建设、政府采购履约等各类保证金。 完善保险理赔政策，在风险可控的前提下，扩展涉及新冠肺炎疫情等保险产品的责任范围，适当放宽理赔条件，实现应赔尽赔快赔。 积极引进保险资金，建立保险机构与重大项目信息交换机制，争取更多保险资金通过股权、债权、基金等方式，为重大项目、重大工程建设提供长期稳定的资金支持。 扎实推进减租、减息与财政专项支持的联动工作，合力为中小微企业减负纾困。

（六）争取货币信贷支持，持续降低融资综合成本

引导金融机构积极争取使用央行专项再贷款、支农支小再贷款、再贴现和政策性转贷款等低成本资金，建立政银担"合力抬"机制，为金融机构使用央行再贷款资金发放优惠利率贷款减成本、减环节、增动力，对金融机构依托央行再贷款资金发放优惠利率支农支小贷款的，给予贴息奖励、纳入信保基金担保、纳入金融机构年度考评。 持续推进无还本续贷"增量扩面"，降低续贷转贷成本，力争2020年中期流动资金贷款余额500亿元以上。 对受新冠肺炎疫情影响的中小微企业落实贷款临时性延期还本付息安排等政策措施，鼓励予以减免利息、担保费、手续费等支持。 进一步规范信贷融资收费，全

面清理各类不合理费用，推动中小微企业贷款综合融资成本明显下降。

(七)加强金融科技应用,有效提高融资便利度

加快发展数字金融、智慧金融等新金融业态，推动传统金融数字化转型。依托数字政府建设，做好不动产抵押登记线上办理及电子证明应用，推进第三方征信机构、小微企业专营信用评级机构建设。 加强金融科技在信贷服务中的应用，推广"移动办贷""信贷工厂""台州融资通""浙银网（掌）上贷"等数字普惠金融服务。 大力推动"最多跑一次"改革在金融系统走深走实，减环节、减时间、减材料，缩短融资链条，提高融资效率。 推动银行机构建立"授权清单""授信清单""尽职免责责任清单"。 鼓励金融机构单列民营和小微企业信贷计划，完善考核评价激励，推行线上审批、派驻专职审批人等做法，建立健全"能贷、愿贷、敢贷、会贷"机制。

(八)推进"三员三基地"建设,扎实开展金融三服务

完善金融顾问团、金融指导员、金融网格员等三支金融服务队伍，力争年内"融资服务基地""投资者风险教育基地""金融先锋服务基地"乡镇（街道）全覆盖，加快部门联动，上下互动，线上线下相结合，精准实施"万员助万企""10＋X""百行进万企""融资监测、对接、服务全覆盖"等工作，形成可持续的融资对接长效机制。 建立企业需求表、金融政策表和创新产品表，加快破解信息不对称难题。 做好疫情防控重点企业、受疫情影响较大实体企业、受中美经贸摩擦影响较大外贸企业、纳税信用等级 B 级以上小微企业等服务对接，提供精准融资服务方案。

(九)加强金融合作,积极融入长三角

积极争取长三角地区金融机构来台州设立分支机构，完善台州金融组织体系，形成优势互补的金融发展格局。 加强与总部在上海的金融机构交流，在基础设施建设、产业升级、战略新兴产业扶持、普惠金融等领域开展深度金融合作。 建设上海证券交易所资本市场服务台州基地。 积极与知名投资机构合作，参与设立各类长三角发展基金，分期募集，专业管理，助力打造台州

都市区、创新产业链和优势企业群。 加强与省金控公司合作，引入供应链金融、征信等平台和公司。 稳步发展和提升小额贷款公司、融资担保公司、融资租赁公司、商业保理公司、典当行等地方金融组织，畅通金融服务实体经济"毛细血管"，构建现代化金融服务体系。

(十)防控流动性风险,积极优化金融生态环境

加强地方金融监管队伍建设，进一步健全市、县两级地方金融监管执法体系。 加强民营企业发债需求清单、上市公司股权质押和流动性风险帮扶清单、重点企业资金链担保链风险管控清单和困难企业帮扶清单动态管理，精准分类施策，防范化解大型企业债务风险。 对有发展前景但暂时困难的企业，督促其瘦体健身、积极自救，充分利用联合会商机制，协调金融机构分类运用债务融资支持工具、政策性纾困、市场化债转股等支持措施，帮扶企业渡过难关、走出困境。 对出险的企业，加大债务重组、破产重整、破产清算等处置力度，把损失风险降到最低，把不利影响控制在最小限度。 督促企业完善法人治理，加强债务管理和约束，合理控制杠杆率，防范过度负债、过度投资、过度担保。 加强信用体系建设，完善守信联合激励和失信联合惩戒机制，推进企业信用修复、个人破产等制度创新，强化金融机构金融债权、民营企业合法财产和金融消费者权益保护。 依法严厉打击恶意逃废债、非法集资、非法金融、金融领域涉黑涉恶等违法活动，整治地方金融乱象，规范地方金融秩序，营造良好金融生态。

三、实施保障

(一)健全工作体系

健全实施融资畅通工程推进机制，强化市县协同、部门协作和政银保企联动工作格局，建立金融支持民营经济高质量发展工作领导小组。 各地各单位和金融机构加强对实施融资畅通工程的组织领导，压实属地责任、管理责任和主体责任。

（二）强化政策支持

充分用好中央、省级有关货币、监管、税收、财政等优惠支持政策，创新相关政策举措，强化财政金融政策协同。 市级有关单位和各县（市、区）政府落实配套支持措施，并在金融集聚区空间规划、金融机构和上市公司用地指标、金融人才队伍建设、金融业发展专项财政资金、风险补偿资金池等方面加大支持力度，营造良好政策环境。

（三）加强激励约束

建立融资畅通工程评价指数，开展融资畅通工程实施情况评价、考核和督查。 对成效突出的县（市、区）、单位和金融机构，实施政策激励等措施。 对落实不力的县（市、区）、单位和金融机构，依法依规采取工作约谈、取消评先评优资格、追责问责等措施，确保各项措施落地见效。

中共台州市委办公室台州市人民政府办公室

2020 年 11 月 12 日

第十六章　金融系统支持小微企业金融改革的政策汇编

第一节　中国人民银行台州市中心支行关于金融支持民营经济再创新辉煌的指导意见

一、充分认识金融在推动民营经济再创新辉煌中的重要地位和作用

民营经济再创新辉煌是打造"制造之都"的必由之路，是新时代发展的根本要求，是台州市"跻身全省经济总量第二方阵"前列的关键所在。各银行业金融机构要聚焦高质量发展的要求，认真贯彻双支柱宏观调控框架，以服务实体经济为根本，以民营经济为主战场，以小微企业金融服务改革和供给侧结构性改革为主线，坚持区别对待，有扶有控，充分发挥信贷政策在优化信贷结构、推动经济结构调整中的优势，积极支持民营经济质量效益提高、产业结构优化、发展方式转变和增长动力转换，推动降低相关主体融资成本，助力台州高质量发展再创民营经济新辉煌。

二、加大对民营经济的金融支持力度,助推经济高质量发展

(一)支持大企业、大项目建设

全球经济发展已经进入"大企业"时代,资源要素越来越向大企业集中,大企业在整个社会生产中所占比重日益增大,区域经济发展的竞争越来越体现为大企业的竞争。 各银行业金融机构要充分发挥大企业的示范引领作用,紧紧围绕全市"2211"企业培育计划,建立相应的企业培育库,积极向上级行争取信贷资源,加大对全市"航母企业""旗舰企业"上市企业和"瞪羚企业"的信贷支持力度。 加快金融产品的创新步伐,综合运用中长期固定资产贷款、银团贷款、债券融资等模式,切实保障新建、在建和续建大项目的合理资金需求。

(二)助推传统制造业转型升级

各银行业金融机构要围绕《中国制造 2025 台州行动计划》,加大制造业贷款结构调整力度,主动对接台州市全面改造提升传统制造业和培育发展战略性新兴产业,加大对智能制造、绿色制造、服务型制造等重点领域的信贷投入,优先支持航空航天、轨道交通、新能源、智能马桶等制造业发展重点领域,保持高新技术产业、装备制造业和战略性新兴产业贷款增速高于全部制造业贷款增速 3-5 个百分点,力争到 2022 年末,制造业贷款占全部贷款余额比重达到 25% 左右。 充分利用产业链、供应链和价值链的价值,大力发展产业链融资、融资租赁等中长期贷款产品,提高企业技术改造中长期贷款在制造贷款中的比重,支持制造业两化融合和智能升级。

(三)持续优化小微企业金融服务

各银行业金融机构要抓住历史机遇,紧紧围绕台州市小微企业金融服务改革试验区的各项政策,充分发挥小微金改先行先试的优势,进一步推进小微企业信贷产品的创新改革,积极对接台州市金融信用信息共享平台,实现小微企业融资需求和银行金融产品线上无缝对接。 持续优化小微企业金融服

务，按照"两增两控"的要求，保持小微企业贷款平稳增长，控制好小微企业贷款资产质量水平和贷款综合成本，实现小微企业金融服务从"量"的扩大向质量、效率和动力提高的转变。各银行业金融机构要积极对接台州市新一轮"小微企业三年成长计划"，优化信贷投向，对技术设备先进、产品有竞争力、有市场、有效益的优质企业给予信贷支持，助推小微企业由"低、小、散"向"高、精、优"迈进。

(四)拓宽民营企业融资渠道

各银行业金融机构要进一步提高非金融企业债务融资工具承销服务水平，对符合条件的企业加强宣传培训，重点拓展企业集团、上市企业、上市后备资源库企业等资源，在进一步做好超短期融资债券、短期融资债券、中期票据和非公开定向债务融资工具承销工作的基础上，积极推动永续票据、绿色债券、项目收益票据等债券品种发行，努力扩大债务融资工具发行规模，拓宽民营企业融资方式。关注发债主体存续期内生产经营情况，防范债券违约风险，及时反映辖内债券市场发展的新情况新问题。

三、打造特色金融体系,培育民营经济增长"新动能"

(一)深化科技金融发展

各银行业金融机构要按照《台州市科技新长征行动方案（2017—2021年）》（台市委办〔2017〕36号）的统一部署，高水平开展科技金融创新，大力发展科技担保、科技保险，积极推进专利权质押贷款、商标专用权质押贷款等金融产品，对接各类科技创投基金，为科技型企业提供从种子期、初创期到成长期不同发展阶段的融资支持。各银行业金融机构要积极对接台州市科技园、科技城建设，加大对国家重点扶持高新技术企业、省级高新技术企业研发中心、省级科技型中小企业的金融支持，提升科技企业贷款比重。有条件的地方法人银行业金融机构争取投贷联动试点资格，探索集团内部交叉合作、与第三方投资机构合作、参与政府产业投资基金等投贷联动业务模式。

（二）大力发展旅游金融

各银行业金融机构要认真贯彻落实《中共台州市委、台州市人民政府关于进一步加快旅游业发展的实施意见》（台市委发〔2016〕96号）的文件精神，结合旅游企业从初创期到成熟期各个发展阶段的融资特点，积极开发多层次的金融产品。针对旅游经营主体的信贷需求，优化信贷审批流程，提高贷款审批效率。逐步建立熟悉旅游产业的内部评审团队，有条件的金融机构可建立专职部门和专家服务团队，设立旅游特色银行，提高金融支持旅游产业的专业化水平。进一步改进考核方法，建立专门针对旅游产业金融服务的考评体系，将加强信贷风险管理和积极促进旅游产业发展相结合，建立正向激励机制。

（三）大力发展绿色金融

各银行业金融机构要围绕台州市小城镇环境综合整治、污染防治、资源节约与循环利用、清洁交通、清洁能源、生态农业、生态保护等重点领域，加大绿色金融资源投入，助推"美丽台州"建设。进一步完善绿色信贷机制，建立项目环境风险及效益评估体系，开展环境风险压力测试，扩大排污权抵押贷款、碳排放权抵押贷款等绿色信贷投放。不断提升对节能减排、循环经济、污染防治等领域的金融服务水平，加大对相关领域技术改造以及清洁生产企业、绿色企业和环境污染治理项目的信贷支持力度。继续探索CDM项目融资、合同能源融资、绿色消费信贷等金融产品。中国人民银行台州市中心支行将持续支持有条件的地方法人金融机构发行绿色金融债券及绿色信贷资产证券化产品，拓宽绿色信贷资金来源。

（四）大力发展海洋金融

各银行业金融机构要根据《中国人民银行国家海洋局发展改革委工业和信息化部财政部银监会证监会保监会关于改进和加强海洋经济发展金融服务的指导意见》（银发〔2018〕7号）要求，对接台州市海洋经济发展战略，加大对临港先进制造业、港航物流、滨海旅游、现代海洋渔业等优势产业支持,主动对接服务好台州市海洋经济发展和海洋战略性新兴产业集聚群建设。 积极支持海洋捕捞、休闲渔业、海水养殖等绿色产业发展,加快开展海域抵押、在建船舶抵押、存货仓单抵押、滩涂经营权抵押融资等各类金融产品创新。

(五)大力支持乡村振兴

各银行业金融机构要立足自身特点,发挥差异化竞争优势,构建优势互补、错位发展、良性竞争、适合农业农村特点的农村金融服务体系,合理调配信贷资源,强化差异化绩效考核、尽职免责等内部激励机制,采取有效手段加大乡村振兴信贷投入,力争 2018—2022 年,全市涉农贷款新增 1200 亿元,农户贷款新增 600 亿元。 涉农金融机构要单列支农信贷计划,适当放宽涉农贷款不良率容忍度,优先保障全市乡村振兴重点领域和关键环节的信贷需求,确保机构涉农贷款增速高于各项贷款平均增速,农户贷款增速高于涉农贷款增速,涉农贷款占各项贷款的比重不下降。

四、科学合理定价,助推民营企业降本增效

(一)科学合理开展贷款定价

充分发挥市场利率定价自律机制作用,进一步规范存款及账户招投标定价行为,维护公平有序的市场利率定价秩序。 各银行业金融机构要完善存贷款利率定价机制,充分考虑当前企业生产经营实际困难并着眼长远发展,合理确定贷款利率水平,支持企业降本增效。 各银行业金融机构借用央行再贷款资金发放的贷款,其利率应在实际支付的各期限档次再贷款利率基础上合理加点确定,并切实实行利率优惠。 进一步创新还款方式,实现无缝对接,破解转贷难问题,降低企业续贷成本。 各银行业金融机构在发放贷款时不得附加不合理贷款条件,坚决取消不合理收费项目。

(二)降低银行业金融机构资金获取成本

各地方法人银行业金融机构要积极参与合格审慎评估或年检,进一步加

强定价机制、内部资金转移定价系统和存贷款定价系统建设，提高定价能力。积极参与同业存单、大额存单发行交易，增强主动负债能力。 同时，中国人民银行台州市中心支行将进一步支持符合条件的银行业金融机构发行二级资本债、混合资本债、小微企业专项金融债、"三农"专项金融债、绿色金融债等，支持民营企业融资需求。 利用更加透明规范、成本更低的主动负债工具，从全国金融市场筹集资金，引导台州市社会融资成本逐步下降。

五、防范和化解金融风险，营造良好的区域金融环境

（一）加快推进企业"两链"风险化解

各银行业金融机构要认真贯彻《浙江省台州市金融安全示范区创建实施方案》的要求，深化全国小微企业信用体系试验区建设，加强对企业"两链"风险的排查警示，积极盘活"两链"困难企业和僵尸企业金融资产，最大限度减少损失，防止风险蔓延扩散。 各银行业金融机构要积极运用清收、核销、市场化转让、贷款重组等方式加大不良贷款处置力度，做到应核尽核。 积极配合地方政府，综合运用增资扩股、资产重组、破产清算等方式，按照"一企一策"的原则实施精准处置。 中国人民银行各县（市、区）支行要加强对出险企业的风险监测和预警，配合政府相关部门依法严厉打击逃废债行为，全力维护全市良好信用环境。

（二）有保有压支持市场出清

各银行业金融机构要坚持"区别对待、有扶有控"的原则，优化信贷投向，对产能过剩行业中有市场、有竞争力的优质骨干企业，积极满足企业合理资金需求；对严重过剩产能行业未取得合法手续的新增产能项目及重污染行业，不得给予新增授信，并逐步减少信贷余额；对长期亏损、失去清偿能力和市场竞争力的僵尸企业，或环保、安全生产不达标且整改无望的企业和"脏乱差""低小散"小企业（作坊），压缩退出相关贷款。 同时各金融机构要积极通过银银合作、联合授信、银团贷款等方式形成融资协同效应，促进企业保持合理负债水平，防止再次形成新的过剩产能。

(三)积极推进企业"去杠杆"

各银行业金融机构要提高风险识别和控制能力,逐步降低保证贷款在全部企业贷款中的比重,规范企业间互保联保行为,严格控制和规范保证贷款,特别是高杠杆企业的保证贷款。 主动对接台州市金融服务信用信息中心和台州市小微企业信用保证基金运行中心两大平台,大力发展信用贷款,力争到2020年全市企业信用贷款占比提高到15%以上。 积极深化商标专用权、专利权、农村"两权"、股权、排污权、应收账款、订单等抵(质)押贷款业务。 完成《中国人民银行台州市中心支行办公室关于大力推进商标专用权质押贷款工作的通知》(台银办发〔2018〕31 号)目标任务。 加强对动产融资统一登记系统应用,发展动产抵押贷款。 充分发挥中国人民银行应收账款融资服务平台功能,推广应收账款质押融资业务。

六、加强组织保障和协调配合,确保金融支持民营经济再创新辉煌出成效

(一)加强协调,形成合力

各县(市、区)中国人民银行、各银行业金融机构高度重视此项工作的重要性,切实加强组织领导,在系统内精心组织、广泛动员,形成上下联动、层层落实的工作机制,以"妈妈式"服务做好各项金融工作,努力形成地方特色。 各县(市、区)中国人民银行要结合辖区实际,加强与相关部门的沟通合作,确保各项措施落到实处、形成实效。 各银行业金融机构要结合实际,精准对接各项任务,提升金融服务效率与质量。

(三)加强评估,总结经验

各银行业金融机构支持民营经济再创新辉煌的工作情况,将作为中国人民银行实施对银行业金融机构综合评价、宏观审慎评估(MPA)、信贷政策导向效果评估的一项重要内容。 各县(市、区)中国人民银行、各银行业金融机构要抓紧研究制定支持民营经济再创新辉煌的具体措施,并将年内工作方案于7月11日前报送中国人民银行台州市中心支行(货币信贷管

理科）。 11 月 25 日前报送年度总结报告，同时要及时反映工作进展情况
及成效。

中国人民银行台州市中心支行

2018 年 6 月 19 日

第二节 中国人民银行台州市中心支行台州市 经济和信息化局关于金融支持台州市 小微企业园高质量发展的意见

一、加大对小微企业园区开发的信贷支持

(一)完善小微企业园开发贷款管理

对小微企业园开发贷款实施差异化授信政策,在符合信贷政策的条件下,金融机构可按照重点工业项目或基础设施建设项目,对小微企业园开发贷款进行授信管理和准入,积极向上级行争取政策倾斜。 小微企业园开发贷款应专款专用、封闭运行,贷款资金不得用于购地,贷款额度贷款期限根据项目开发实际资金需求以及项目现金流合理确定,各金融机构要对接 2019 年全市 100 个小微企业工业园新建和投运计划,加大对各小微园区建设和融资情况的调查,针对政府主导开发、工业地产开发、龙头企业开发、企业联合开发、村集体经济联合开发等各类小微企业园开发模式,量身定制融资方案,满足小微企业园区开发建设的合理资金需求。

(二)支持入园企业运用按揭贷款购置厂房

支持金融机构向入园小微企业发放厂房按揭贷款,按揭贷款购买的厂房标的应为企业用于自身生产经营且已结顶的厂房。 厂房按揭贷款首付款比例不低于 20%,具体首付款比例、贷款期限、利率水平和还款方式由金融机构根据厂房评估价值、企业经营情况、盈利能力、现金流等自主确定。 鼓励金融机构对租赁厂房的入园企业给予流动资金贷款支持,贷款额度及发放频率应与租金实际支付金额及频率一致。

二、加强对小微企业园区的配套政策支持

(一)完善金融组织体系

一是鼓励有条件的金融机构在较为成熟的园区或就近设立小微企业专营支行,并在授信审批权限上给予差异化授权。 二是依托台州市科技银行、电商特色银行、旅游银行、文化产业银行、人才服务型支行等,发挥特色银行引领、带动和示范作用,为小微工业园、高新园区、创业园区、电商园区等提供高质量金融服务。 三是鼓励建立园区担保基金,为园区内企业融资增信。 四是积极开展小额贷款保证保险业务等,发挥政策性担保作用。

(二)加强货币政策工具定向支持

争取支小再贷款、再贴现规模,定向支持小微企业融资,优先支持单户授信 1000 万元及以下的小微企业。 对地方法人金融机构服务小微企业园的资金需求,可安排专项支小再贷款额度给予支持。 入园企业信贷资产优先作为夹行再贷款合格抵押品。 对入园企业签发和收受的、面额 1000 万元及以下票据,开通再贴现绿色通道,优先给予再贴现支持。 各金融机构对小微企业园区的信贷支持情况纳入央行宏观审慎评估(信贷政策执行)和小微企业信贷政策导向效果评估。

(三)加大政策性担保支持力度

发展面向小微企业园和入园企业的政策性融资担保业务。 全市政策性担保公司积极发挥担保杠杆作用,支持入园小微企业。 金融机构对政策性担保支持的入园小微企业贷款,要适当放大担保倍数,提高授信额度并实行优惠利率。

三、创新入园小微企业金融服务产品

(一)创新针对性金融产品和服务方式

各金融机构要积极开发适合小微企业园发展的信贷产品,在小微企业园重点推广专利权、商标权质押、排污权抵押等信贷业务,盘活小微企业无形资产。 鼓励小微企业园引进创业投资、风险投资等专业机构,与金融机构合作探索投贷联动模式,支持高成长性小微企业融资。 提高小微企业中长期项目贷款比例,支持入园企业开展技术改造升级充分发挥台州市金融服务信用信息共享平台、台州市银企融资对接服务平台和小微企业园智慧管理平台作用,提高金融服务满意度。

(二)积极推动园区供应链融资

各级中国人民银行与经信部门要加强合作,以小微企业园为重点载体,大力推动应收账款融资专项行动,扩大应收账款质押融资业务在小微企业园的覆盖面。 充分发挥应收账款融资服务平台功能,引导供应链核心企业、政府采购人、商业银行与平台进行系统对接,鼓励各地对接入系统的核心企业给予接口开发补偿或奖励。 鼓励金融机构依托核心企业,为上下游小微企业提供仓单质押、票据贴现、保理、信用证等供应链融资服务。

四、降低入园小微企业财务成本

(一)切实降低小微企业融资成本

各金融机构要积极推行小微企业贷款内部资金转移价格优惠措施,对小微企业园区的分支机构重点给予优惠,合理确定对小微企业园和入园企业的贷款利率水平。 地方法人金融机构使用支小再贷款资金发放的入园小微企业贷款利率,要明显低于该行一般企业贷款利率。 规范小微企业融资相关的担保(反担保)费、评估费、公证费等附加手续收费,降低企业综合融资成本,

减轻小微企业财务负担。进一步推广年审制贷款、循环贷款、分期分段等还款方式创新，降低入园企业续贷成本。农信系统要加大"小微续贷通"业务的宣传推广力度

(二)降低外贸型小微企业财务成本

鼓励金融机构扩大出口信用保险保单融资和出口退税账户质押融资，满足进出口企业金融服务需求。持续深化外汇管理"最多跑一次"改革，加快推广窗口业务网上办理，对符合条件的企业，简化货物贸易单证审核、待核查账户管理、离岸转手买卖外汇收支管理、进口报关单信息核验等手续，提升园区外贸型小微企业贸易投资便利化程度。积极支持贸易新业态，为园区跨境电商、市场采购等新业态提供收结汇、售付汇、跨境人民币结算等便利措施。在小微企业园加大汇率避险产品的开发、宣传和推介力度，引导小微企业利用远期结售汇、人民币与外币掉期、外汇期权、利率互换、货币互换等衍生产品规避汇率风险。

五、提升小微企业园区金融服务质效

(一)合理设置授信审批权限

各金融机构要综合考虑小微企业园区产业类型、规模、绩效评价结果以及入园企业经营状况等因素，科学合理设置分支机构授信审批权限，对单户授信1000万元及以下的小微企业，审批权限应尽量下放。积极推行线上审批、限时审批和派驻专职审批人制度，切实提高小微企业贷款审批效率。夯实对小微业务的内部激励传导机制，优化信贷资源配置、完善绩效考核方案、适当降低利润考核指标权重，安排专项激励费用，细化小微企业贷款不良容忍度管理。

(三)加强园区金融风险管理

各金融机构要加强小微企业园开发建设项目的贷前、贷中、贷后管理，建立资金监管专户，严格落实受托支付、专款专用要求，根据园区建设进度有序

发放贷款资金，并跟踪贷款资金流向。 加强对厂房按揭贷款主体的纳税、生产销售、物流、水电费等信息的真实性审核，根据小微企业经营、产能、订单等情况合理确定厂房按揭贷款额度，确保借款主体购买厂房用于企业自身生产经营，切实防止入园企业进行厂房投机炒作。

中国人民银行台州市中心支行

台州市经济和信息化局

2019 年 4 月 26 日

第三节　中国人民银行台州市中心支行关于开展进一步降低小微企业融资成本专项活动的通知

一、活动目标

根据中央、国务院关于推进降低小微企业融资成本的部署要求，进一步缓解台州小微企业融资贵的问题，充分发挥台州市小微企业金融服务改革试验区的优势，在小微企业贷款利率（含小微企业主和个体工商户经营性贷款）优先下降的基础上，2019 年全年新发放的贷款加权平均利率实现以下具体目标。

——政策性银行全部贷款加权平均利率不超过 5%，并较 2018 年逐季有所下降。

——国有大型商业银行全部贷款加权平均利率和小微企业贷款加权平均利率均不超过 5%，并较 2018 年逐季有所下降。

——股份制银行（含邮政储蓄银行）2018 年 12 月全部贷款加权平均利率在 6% 以上的机构，全部贷款加权平均利率下降幅度为 5% 以上；利率在 6% 以下的机构，全部贷款加权平均利率下降幅度为 3% 以上。

——异地城市商业银行 2018 年 12 月全部贷款加权平均利率在 8% 以上的机构，全部贷款加权平均利率下降幅度为 5% 以上；利率在 8% 以下的机构，全部贷款加权平均利率下降幅度为 3% 以上。

——地方法人城市商业银行全部贷款加权平均利率和小微企业贷款加权平均利率下降至 8.8% 以内，农村商业银行全部贷款加权平均利率和小微企业贷款加权平均利率下降至 8.2% 以内。

——村镇银行全部贷款加权平均利率和小微企业贷款加权平均利率较 2018 年逐季有所下降。

二、具体要求

（一）强化组织领导

降低企业融资成本是 2019 年金融工作中的重中之重，各金融机构要提高政治站位，建立一把手负责制，坚持问题导向，制定具体的降成本方案，细化目标任务，积极加强与上级行的沟通，争取更多的低成本资金，在小微企业贷款利率优先下降的基础上，确保实现全年目标。 浙江省农村信用联社台州办事处负责各家农村商业银行的管理，区别对待，按照"利率高、降幅大"的原则，确保全市平均利率下降至 8.2％以内。 各县（市、区）支行要参照台州市中支的做法，逐级落实，着力疏通政策传导机制，督促辖内金融机构逐项落实本方案中的各项任务，推动各项政策措施落到实处。

（二）加强监测考核

中国人民银行台州市中心支行将加强监测考核的力度，按月下发贷款利率执行情况，并采用约见谈话、定期或不定期通报等方式进行指导约束。 完成目标任务差的金融机构将在 2019 年度综合评价中评为 C 级，同时目标任务完成差的地方法人金融机构将在宏观审慎评估（MPA）中一票否决。 各金融机构要确保数据真实性，对于出现人为操作贷款利率、虚假贷款、数据造假等弄虚作假行为，一经发现，从重处理。

（三）完善正向激励机制

对于持续保持较低利率水平和完成目标好的金融机构将在 2019 年度综合评价中酌情加分。 同时，加强宏观审慎评估（MPA），提高小微企业贷款利率在 MPA 考核中的权重，对于降低小微企业融资成本显著的金融机构，在再贷款、再贴现政策上给予优先支持。

请中国人民银行辖内各县（市、区）支行和各金融机构于 2019 年 5 月 10 日前将降低小微企业融资成本的工作方案报送中国人民银行台州市中心支行（货币信贷管理科）。 于 2020 年 1 月 10 日前报送年度总结报告，同时及时反映工作进展情况及成效。

中国人民银行台州市中心支行

2019 年 4 月 30 日

第四节 中国银保监会台州监管分局
关于进一步降低民营企业
小微企业融资成本的通知

一、发挥大型银行领头雁作用,作降成本表率

各国有大型银行分行应继续严格控制利率上限、增加小微贷款比重等各项惠企政策,并结合台州实际,积极创新,推出适合降低台州民营企业、小微企业融资成本的新举措、新产品、新服务。 同时,做好上级行新政策的对接准备,将惠企政策第一时间落地到民营企业、小微企业。

二、用好政策性银行转贷款,压缩融资成本

充分发挥政策性银行资金成本优势和台州法人银行支农支小服务优势,推动台州法人银行机构与国家开发银行、农业发展银行、进出口银行等政策性银行机构的合作。 农业发展银行台州市分行要按照"保本微利"原则,积极向上争取资金,引导低成本的政策性资金更多进入台州。 各法人银行机构要加强与政策性银行合作,打通、拓宽低成本政策性资金进入普惠金融服务领域的"新通道"。

三、支持法人银行发行债券,拓宽长期稳定资金来源

支持和鼓励各法人银行机构发行绿色、"三农"、小微等专项金融债、资产证券化产品、永续债,拓宽"支农支小"长期稳定资金来源。 各法人银行机构发债所募集的资金要严格按照债券募集说明书和监管要求使用,扎根县域经济,深化金融服务,提升服务质效。

四、探索银保合作新模式,发挥保险服务功能

探索银保合作服务实体经济的有效模式,充分发挥保险在长期资金运用、融资增信、风险管理等功能,推进农业保险"扩面、增品、提标",促进保证保险、出口信用保险健康发展，提高保险承保和理赔服务水平。 积极推进政银保合作，做大做优公共责任保险，探索服务科创企业、绿色企业、小微园区等创新品种，在纾困上市企业、支持农业渔业、参与社会治理方面发挥更大作用。

五、规范银担合作，降低融资费率

严格执行《关于进一步深化和规范银担合作有关事项的通知》（台经信企业〔2018〕86号）的要求，规范银行与融资性担保公司的合作。 支持和鼓励银行业金融机构单列与政策性融资担保公司合作的信贷资源，合理确定政策性融资担保公司的担保放大倍数和风险分担比例，对运作规范、资本充足和抗风险能力强的政策性融资担保公司，承保项目实行优惠利率或少收担保公司业务保证金，不得收取业务保证金以外的其他费用。

六、推动银税合作深化，探索合作新模式

继续深化银税合作，加大纳税信用评价结果运用力度，争取实现所有纳税信用评价结果有效应用。 探索通过税务查询端口搭建"互联网＋税务＋金融"平台，从线下合作转为线上线下合作，逐步扩大合作面，推进信用贷款扩面增量。

七、加强银团合作，支持青年创业

各银行业金融机构要认真落实好浙江省金融团工委关于进一步加强银团合作的要求，继续推进挂职工作项目化、基层化，探索开展以"一三五"为主要内容的"萤火"工程，组建青年企业家金融顾问团，发挥好银行挂职干部专业作用，统筹利用各种政策资源降低服务成本，促进青年创业就业，促进民营企业、小微企业健康发展。

八、创新流动资金贷款服务，缓解企业续贷压力

各银行业金融机构应不断改进中期流动资金贷款服务，创新流动资金贷款服务模式，科学匹配贷款期限和企业生产经营周期，稳定企业融资预期，减

少企业经常性贷款周转，缓解企业资金压力，有效降低企业实际融资成本，促进企业持续开展生产经营。

九、推进还款方式创新增量扩面，降低企业"倒贷"成本

各银行业金融机构要切实提升金融服务水平和信贷精细化管理水平，推进还款方式创新扩面应用，进一步挤压外部高成本搭桥倒贷空间，实现贷款到期和续贷周转的无缝对接，降低民营企业、小微企业融资成本。当前尚未推出还款方式创新产品的银行，今年要加快相关产品研发和落地。已经推出还款方式创新产品的银行，要努力实现增量扩面，积极向中型企业延伸。

十、深化乱象治理，严肃查处乱收费、违规转嫁成本等行为

继续深入开展银行业和保险业乱象治理，组织"治乱象、讲合规、保平安"活动，认真落实"浙江银行业经营管理负面清单"，缩短融资链条，杜绝不当收费行为和转嫁成本行为，严肃查处以贷揽存、借贷搭售等变相增加企业融资成本的行为。同时，在坚持商业可持续的前提下，要督促银行保险机构将国家优惠减税政策能真正落实小微企业，让小微企业真正感受到国家优惠政策红利。

中国银保监会台州监管分局

2019 年 5 月 16 日

第五节　中国银保监会台州监管分局办公室关于深化推进政策性转贷款业务的通知

一、加强组织领导

各行要充分认识到政策性转贷款对于服务民营和小微企业发展的重要意义，将其作为"不忘初心、牢记使命"主题教育活动的重要组成内容，主动承担起推进政策性转贷款的主体责任。 各行主要负责人要牵头推进此项工作，落实分管负责人、具体责任部门和责任人员，明确职责分工，实行项目化管理。 请各行填写"政策性转贷款推进工作四级联系人名单"，于2019年10月8日前通过互动信息平台报送至我分局联系人邮箱。

二、明确工作目标

各行要继续做好社区化、网格化的线下服务和自动化、便利化的线上服务，积极寻找符合政策性转贷款投放要求的目标客户，确保政策性转贷款资金惠及更多民营企业和小微企业。 各城商行要加快转贷款投放，力争至2019年末用足政策性转贷款授信额度。 各农村中小金融机构在用足政策性转贷款授信额度的同时，要加大与政策性银行业务合作力度，提升转贷款授信覆盖面和额度。 农发行台州市分行要加快落实转贷款授信计划，提升与村镇银行合作覆盖面。 各行要根据目标要求，结合本行实际制定本单位2019—2021年政策性转贷款推进计划，明确推进时间表、各阶段举措和预期成效等内容，填写"2019—2021年转贷款推进计划表"，加盖行章后于2019年10月8日前通过互动信息平台报送至我分局联系人邮箱。

三、形成工作特色

各行要在保持自身服务特长的同时，充分借助政策性银行的定位优势和管理优势，探索差异化转贷款模式。 如与国开行合作重点支持"双创"群体和科创型和绿色型小微企业，与进出口银行合作重点支持进出口生产和贸易型小微企业，与农发行合作重点扶持特色产业和农业龙头企业，与各政策性银行合力探索完善金融扶贫运行机制。已获得政策性银行转贷款授信的银行应于 2019 年 11 月前至少推出一款转贷款专项产品并报告我分局。我分局将把该类产品作为深化民营和小微金改创新试点项目进行发布。专项产品应与还款续贷方式创新、中期流贷试点等创新做法结合，加快接入我分局"掌上办贷"平台。

四、加强宣传推广

各行要统一思想，将转贷款业务发展要求传导至每个基层网点和工作人员，形成工作合力。要加强融资监测和服务对接，建立"敢贷、愿贷、能贷、会贷"的长效工作机制。要充分依托"六进三服务""金融知识普及月"等主题活动和日常宣传，通过官方网站、微信公众号、网点显示屏、集中设点等形式，开展"线上＋线下"的转贷款普及推广活动，实现小微园区、乡镇村居的全覆盖。

五、强化风险管理

各行要建立健全适应转贷款业务的风险控制体系，完善相应的内控制度、管理办法和操作规程，落实转贷款资金投放单独核算和专户管理。要落实严格的贷前调查和贷中审查，加强贷后管理和日常监督检查，着重关注资金投向、资产质量，定期评估资金使用效果和信用风险状况，严格防范资金挪用风险。同时，应充分发挥风险管理、审计部门作用，加强内部监督检查，确保转贷款不良率控制在合理水平。

六、强化考核约束

各行要按照"可监测、可评价"的要求，建立并动态更新转贷款业务台账，按月填报"转贷款业务合作进度情况表"和"转贷款业务开展情况表"，按季填报"转贷款业务台账"和"转贷款业务分层统计表"，于每年 1 月底前向我分局报送转贷款业务年度发展报告。报送时间和报送路径详见以上各表的填报说明。 分局普惠科、各银行机构监管科、各监管组要根据职责分工，建立政策性转贷款定期监测分析制度，对各行报送的推进计划进行审核把关，综合运用监管督查、调研、走访、约谈等监管措施，加强对各行政策性转贷款的督导和评估，按季通报相关情况。 要将转贷款工作推进落实情况和转贷款资金支农支小效果作为普惠工作评价的重要考虑因素，并与机构设置、评先评优等工作挂钩。

中国银保监会台州监管分局办公室

2019 年 9 月 27 日

第六节　台州市联动降低困难小微企业融资成本 "抵息券"发放工作方案

为扎实做好"六稳"工作，全面落实"六保"任务，进一步帮助受疫情影响较大的小微企业稳企稳岗，经充分协商，决定实施地方财政与地方法人银行联动为受困小微企业让利的"抵息券"工作方案。

一、基本原则

(一)联动原则

以地方财政资金撬动地方法人银行让利资金，联动为受困小微企业降低融资成本。

(二)直达原则

抵息资金通过"抵息券"形式直接发放给受困小微企业，用于抵扣贷款利息。

(三)精准原则

根据各地实际，精准确定政策受益对象，确保资金真正用于受困小微企业。

二、主要任务

市县两级财政、3家城商行、全市农商银行共安排不少于1亿元资金，为受疫情影响较大的小微企业发放"抵息券"，用以抵扣企业贷款利息，降低企业融资成本。

台州银行、泰隆商业银行、民泰商业银行3家银行共筹集不少于6000万元，用于全市受困小微企业"抵息券"发放。2020年中央民营和小微企业金融服务综合改革试点城市资金 3000 万元，安排用于上述 3 家银行信贷风险补偿。

各县（市、区）财政及当地农商银行按 1：1 比例筹集不少于 4000 万元用于当地受困小微企业"抵息券"发放，各地筹资金额详见附件。各县（市、区）分配标准由省农信联社台州办事处参考各地农商银行贷款余额占比确定。

三、支持对象

按照稳岗纾困的目标，兼顾扶困和普惠，同时符合下列条件的贷款主体可享受"抵息券"政策。

——属于受疫情影响较大经营困难的贷款主体（由银行认定）。

——在"抵息券"政策实行期内，贷款主体在辖内台州银行、泰隆商业银行、民泰商业银行及各县（市、区）农商银行有贷款余额，且有利息支付（即发生结息）。

——贷款主体的贷款属于普惠小微贷款口径（即小微企业、个体工商户和企业主经营性贷款）。

四、抵息标准

（一）比例和上限

"抵息券"发放金额为贷款主体在上述银行贷款实际支付利息的 10％，单户企业在单家银行累计抵息期限不超过 6 个月、金额不超过 3 万元。

（二）"抵息券"用途

台州银行、泰隆商业银行、民泰商业银行对全市符合条件的对象发放"抵息券"。各县（市、区）农商银行仅对当地符合条件的对象发放"抵息券"。

五、工作流程

本政策自发文次月起实行，暂行 6 个月。"抵息券"按照企业自主申请、先领先得、用完即止的原则使用。若政策到期时银行抵息总额未使用完，可申请适当延长"抵息券"实行期限。

（一）企业申请

台州银行、泰隆商业银行、民泰商业银行及各县、市农商银行发动本行客户在"融资通"等平台申请"抵息券"。

（二）银行审核

各银行对企业提交的申请予以审核确认。

（三）平台发券

"融资通"等平台根据银行确认情况发放"抵息券"。

（四）结息用券

企业在结息时使用"抵息券"抵扣利息。

（五）结算报告

"抵息券"期限到期后，各银行统计汇总利息抵扣情况，报送至市金融办、人行台州市中心支行、市财政局，其中各农商银行报送至市、县两级金融办、人行和当地财政部门。市、县两级财政资金可预拨或结算后再拨付给相应银行，具体操作由县（市、区）自行确定。

台州市人民政府办公室

2020 年 11 月 30 日

第七节 台州市金融办"深化两抓年打赢翻身仗" 金融攻坚行动方案

为深入贯彻落实"打好疫情防控总体战、打赢经济发展翻身仗"大会精神，按照市委"两手硬、两战赢"决策部署，聚集"深化两抓年、打赢翻身仗"，继续深化"狠抓产业项目、大抓实体经济"活动，为新时代民营经济高质量发展强市建设开好局起好步，特制定金融攻坚行动方案。

一、目标任务

(一)金融供给保障更加有力

一是融资总量、增量、覆盖面不断增"多"。 全年实现社会融资规模增量 1300 亿元以上，新增贷款超 1100 亿元，贷款增速超过全省平均水平。 新增首贷户 5000 户以上，新增小微企业贷款 300 亿元以上，小微企业首贷户数、申贷获得率、转贷效率等有关指标保持全省领先。 二是融资结构持续变"好"。 力争 2020 年实现报会和上市 10 家以上，直接融资超 390 亿元，企业信用贷款余额 1000 亿元以上，制造业贷款余额 2500 亿元，中期流动资金贷款增速高于流动资金贷款平均增速，中长期贷款增速高于各项贷款平均增速。 三是融资综合成本持续下"降"。 力争 2020 年全市人民币加权平均利率下降幅度达到或超过全省平均利率下降幅度，全市普惠性小微企业融资综合成本下降 0.5 个百分点以上。 四是信贷审批不断加"快"。 力争全市地方法人银行机构新增授信审批 3 天内办结、续授信审批 1 天内办结；在台银行分支机构本行审批权限内新增授信审批 5 天内办结、续授信审批 3 天内办结，融资效率不断提升。

(二)金融基础设施更加完善

推动形成具有台州特色的金融基础设施体系。 深化"两平台一基金"，即推动信保基金增量扩面，提升金融信用信息共享平台功能，深化商标专用权质押登记全国试点；打造"一院一馆一基地"，即建设一个普惠金融学院、一个小微金融博物馆、一个金融产业聚集发展和服务基地；推进"一中心一区"建设，即建成台州科技金融路演中心，建设台州金融核心区。

（三）金融政策制度更加健全

积极构建与台州民营经济高质量发展相配套的金融政策制度体系。 2020年拟出台《关于深入实施融资畅通工程促进经济高质量发展的意见》《支持上市公司高质量发展若干条政策》《财政支持民营和小微企业金融综合服务改革实施意见》《台州金融招商政策 X 条》等。

（四）金融风险防控更加到位

积极构建长效管用的金融风险防控机制，大力推进金融安全示范区建设，重大金融风险持续趋"稳"，金融生态持续向好。 力争 2020 年全市支持企业发债金额达到 360 亿元，发债总量及在全省占比逐年提升；全市不良贷款率控制在全省平均水平以内；P2P 等非法金融机构全部出清。

（五）金融工作体系更加紧密

积极构建市、县、乡三级联动、各相关部门齐抓共管、政银企共同推进、金融系统和企业相向而行，合力推动经济金融良性循环、高质量发展的工作体系。 理顺地方金融监管体制，建立一支精干高效、业务精湛、廉洁奉公的地方金融监管队伍，积极推动地方金融组织规范发展。

二、工作举措

（一）做好"两战"金融保障

全面贯彻落实市委、市政府关于疫情防控和复工复产"两手都要硬，两战都要赢"的决策部署，打好财税金融组合拳，全力做好金融保障支持。 积极争取央行专项再贷款、支农支小再贷款和再贴现、政策性转贷授信等低成本资金，确保名单内企业应贷尽贷。 对受疫情影响还款困难企业的存量贷款，实施到期展期、延长还款期限、续贷等措施，还款方式创新贷款余额达到1500 亿元以上，其中无还本续贷余额达到 500 亿元以上。 督促金融机构将整体支农再贷款、支小再贷款利率下调 25 个基点，鼓励金融机构在疫情期间减免普惠小微企业、疫情防控相关和受疫情影响企业的贷款利息，免除金融服务手续费。 市信保基金推出多项减费政策，开发"防疫保"产品，存量客户全部减免保费，新增客户享专项减免。 开辟保险服务"绿色通道"，为企业及其员工在疫情期间安全生产提供针对性强、保障度高的保险产品。

（二）大力实施融资畅通工程

加强对市委"八大行动"的资金保障，为"打赢经济发展翻身仗"提供强有力的金融支撑。 组织开展"10＋X"融资服务精准对接活动，县市联动组织若干场专业性的对接，建立企业需求表、创新产品表、金融政策表等"三张清单"，加强线上融资需求摸排，开展资金供需双方有效对接，不断创新适合民营和小微企业的各项金融产品，更好地满足企业多样化的融资需求。 持续加大对小微企业、民营企业、科创企业、制造企业和外贸企业的信贷支持力度。 加大首贷户拓宽力度，优化信贷标准，降低信贷门槛，使更多民营和小微企业平等使用金融资源，扩大受益面。 完善多元化的融资结构，运用多种融资工具，发挥好信贷、股权、债权、保险"组合拳"作用，优化金融资源配置。 出台减负"十项措施"，深化贷款市场报价利率形成机制运用，创新流动资金贷款服务模式，科学匹配贷款期限和企业生产经营周期，推进年审制、无缝续贷、循环贷款等还款方式创新扩面应用，降低民营企业、小微企业融资成本。 全面清理融资过程中的各类不合理收费。

（三）大力推进企业上市和直接融资

积极把握科创板、注册制、新三板分层等资本市场改革新机遇，研究实施"凤凰行动 2.0 版"，建立上市上柜"金种子库"信息化管理平台，加大力度推进企业首发上市、再融资及并购重组。 推进上市公司高质量发展，提升治理结构和内部控制，借助资本市场做大做强。 试点"台州制造指数基金"，打造资本市场"台州板块"。 落实国企发债和民企发债两个清单制度，推动企业债券应发尽发，争取多发，充分用好信用风险缓释凭证、发债担保增信、财政奖励等支持措施，扩大银行间市场债务融资工具、公司债、企业债等融资规模。 积极对接浙股交中心的区域性股权市场改革试点，推动人保财险、浙股集团与市金投集团通过混合投资基金方式支持科技型中小微企业可转债试点。 发挥产业引导基金杠杆作用，大力培育发展创业投资、风险投资、私募股权等基金业态。

（四）深化提升小微金融"台州模式"

全面总结国家级小微企业金融服务改革创新试验区 5 年建设成果，以编写《小微金融"台州模式"》为载体，向全国各地推广台州经验做法。 以获批财政支持深化民营企业和小微企业金融服务综合改革试点为契机，推动小微金改试验区向示范区升级。 在深化"两平台一基金"的基础上，推进专利权等知识产权质押融资，探索供应链金融服务方式，强化数字金融科技应用，争取国家投贷联动试点。 大力推进普惠金融学院、多层次满足金融机构对于小微金融专业人才培养的需求。 建设集科学性、知识性、趣味性和观众参与性为一体的小微金融博物馆，积极宣传台州小微金改经验。 完善小微金融服务组织体系，争取 2020 年新设小微企业专营机构 10 家以上。 支持开展好投资管理型村镇银行试点，争取设立地方法人资产管理公司、融资租赁公司等。鼓励支持地方法人金融机构，主动对接多层次资本市场，拓展低成本资金来源渠道，争取发行主动性负债 1000 亿元。 加大与上海、杭州等长三角地区金融机构的交流合作。

（五）大力提升融资服务的便利性

大力推动"最多跑一次"改革在金融领域走深走实，想方设法缩短融资链条，实现减环节、减时间、减材料，提高融资效率。 引导银行机构积极争取上级行下放贷款审批权限，扩大基层分支机构自主权。 建立"授信清单"，向企业公示信贷办理条件、流程、材料和时限，实现"阳光审批"。 开通信贷审批绿色通道，推行联审联贷、线上审批、上门审批等做法，完善线上问责申诉渠道，建立健全"能贷愿贷敢贷会贷"机制。 构建续贷沟通工作机制，鼓励银行提前 1 个月对接续贷需求，不随意压缩授信规模，不随意改变存量授信条件。 持续推进"政银联通工程"，实现金融服务和代办项目的有机融合。 大力推进互联网科技在金融领域的应用和实施，深化"掌上办贷"数字金融平台，推广"无接触式""跑街跑数""移动办贷""智慧小微"等普惠金融服务模式，降低民营企业金融服务门槛、成本和风险。 完善金融服务信用信息共享平台建设，持续提升平台数据更新及时性和可持续性，进一步完善平台信用评级、风险预警等功能。

(六)强化保险融资和政策性融资担保功能

探索银保合作服务实体经济模式，在推动农业保险、安全生产责任险、环保险、政策性农村住房等传统险种提质扩面的基础上，探索开展重大装备首台（套）保险、新材料首批次等科技保险，扩大政策性保险覆盖面。 深入实施台州市公共安全综合保险、高层次人才创业创新保险、疫情防控"务工无忧"险等几个全省首创（首个落地）的保险产品。 总结三门经验，适时在全市推广政府扶贫救助保险产品。 打好出口信用保险组合拳，在全市推广"小微企业政府联保平台"，组团式投保扩大出口保险覆盖面。 深化政策性融资担保体系建设，优化整合信保公司和融资担保公司建设，增强市级政策性担保公司的综合实力，提升增信能力。 进一步推进信保基金增量扩面，在现有四大类 17 款产品的基础上，今年拟推出小微园区专项产品、再贷款专项担保产品，探索纯线上"小微信保易贷"免审产品，确保政策性融资担保余额继续保持全省前列。

(七)推进区域金融产业平台建设

加强金融核心区建设，主动融入长三角一体化，大力培育、引进和发展各类投资基金及为融资服务配套的会所、律所、评估咨询公司等中介机构，以市府大道沿线为"一带"，以和合公园核心区及高铁新区核心区为"两核"，打造"亚铃型"台州金融核心区（台州金融小镇），推动金融集聚引领带动市区首位度提升。 加强与市、县两级科创平台和相关园区合作，进一步深化台州市创业创新企业路演中心建设运营，在高铁新区打造资本市场服务综合体，为台州科技型、高成长型企业常态化提供项目展示、投融资需求发布、上市上柜辅导等资本市场综合信息服务。 设立区域供应链金融平台，与省金控集团合作，积极引进该集团天道金科供应链金融平台，综合运用区块链、人工智能、云计算等数字化科技手段，聚集解决中小微企业供应链融资问题。

（八）大力推进金融安全示范区建设

抓好"三员"（金融顾问、金融指导员、金融网格员）、"两基地"（投资者教育基地、企业融资服务基地）建设，发挥好金融指导员和金融网格员在群众风险知识教育、风险苗头发现以及风险线索提供等方面的作用。 大力防控企业流动性风险，抓好"四张清单五项机制一个保障"的落实，对出险企业明确"一企一策"帮扶纾困方案，分类运用债务融资支持工具、政策性纾困、市场化债转股等支持措施，帮扶企业渡过难关、走出困境。 严打非法集资、恶意逃废债、非法金融等违法活动，完善"天罗地网"监测系统，推动地方法人银行业金融机构建立流动性风险互助联盟。 建立完善地方金融组织监管体系，加强地方金融组织执法队伍建设，组建台州市地方金融组织行业协会，提升地方金融组织监管水平。

（九）持续推动金融"三服务"

深化金融"三服务"组建金融服务专班，积极推动"万员助万企"行动。建立三级服务机制，市级金融监管干部包干联系县、市、区，指导开展金融"三服务"；金融顾问（省、市、县三级）联系龙头企业、骨干企业，提供个性化综合金融服务。 千名行长、万名客户经理联系村居，通过走村入户，实现金融服务延伸到最基层。 对全市重点企业实施"一对一"服务，密切跟踪生产动态和资金需求情况，制定专项金融服务方案，把金融惠企政策真正送到企业手上，增强企业获得感。

三、保障措施

（一）加强组织领导

建立市金融办"打赢经济发展翻身仗"金融专项行动领导小组，统筹推进全办金融工作。 领导小组由叶维增主任任组长，齐峰、杨耿彪、管文彬、黄顺勇等副主任任副组长，成员为林美雅、何江海、郑凌、张赛挺、郭艳。 领导小组建立定期分析研判制度，及时破解相关问题。

（二）加强政策宣传

全面梳理疫情防控期间出台的各项金融优惠政策，做好国家、省、市三级政策汇编，大力开展金融扶持政策的宣传，同时加强对疫情影响后期金融业助力企业复工复产政策的相关研究，尽快出台相应的金融扶持政策。

（三）严格落实责任

各处室要进一步细化工作目标，层层落实责任，牢牢盯住关键指标，动态跟踪、定期通报，进一步形成互比互看、比拼争先、共同推进的局面。

台州市人民政府金融工作办公室

2020 年 3 月 24 日

第八节　台州市人民政府金融工作办公室、中国人民银行台州市中心支行、台州银保监分局关于印发《台州市应对新冠肺炎疫情支持企业发展金融政策实施细则》的通知

一、着力提高融资总量和增量

各银行机构要加大金融支持力度，确保 2020 年制造业贷款余额 2500 亿元以上，新增民营企业贷款 500 亿元以上，小微企业信贷余额高于上年；新增首贷户 5000 户以上，力争达到 10 000 户以上，企业信用贷款余额 1000 亿元以上，中期流动资金贷款余额 500 亿元以上，政策性转贷款授信 350 亿元以上。

二、着力降低企业融资成本

银行机构要通过"降低小微企业贷款利率、减低贷款周转成本、降低资金来源成本、降低中间环节成本、降低抵押担保成本、降低运营管理成本"主动降低企业融资成本，确保 2020 年全市贷款利率比上年进一步下降，普惠型小微企业贷款利率下降 0.5 个百分点以上。疫情期间，各银行机构信贷计划和利率水平要定期报人行台州中支行备案。

三、切实保障重点企业融资需求

优先做好"三必需、一重要"（保障公共事业运行必需、疫情防控必需、群众生活必需和重要国计民生相关领域）企业运行金融保障。指定联系领导，配备专员联系，密切跟踪生产动态和资金需求情况。各银行要第一时间对接名单内重点企业，优先配置金融资源，积极帮助其争取人行提供的优惠利率再贷款支持。

四、提前对接民营和小微企业融资需求

鼓励银行机构在疫情期间通过电话、微信、信用信息共享平台、"掌上

贷"平台等线上联系方式，加强与开复工企业的对接，主动研究金融服务方案。各银行机构要按月梳理形成企业贷款到期情况清单，提前沟通联系，加强与转贷、增信机构的合作，鼓励运用无还本续贷、循环贷、中期流动资金贷款等方式，确保有续贷需求的上市公司、重点龙头企业和中小微企业应续尽续。实现 2020 年全市还款方式创新贷款余额达到 1500 亿元以上，其中，无还本续贷余额达到 500 亿元以上，继续保持省内领先水平。

五、着力提升金融服务效率

各银行机构要建立审批绿色通道，完善快速审批、续贷的工作机制，简化优化流程，提升服务效率。鼓励银行单列信贷计划，提供专项额度保障。

六、精准帮助企业纾困

对受疫情影响较大的物流运输、批发零售、住宿餐饮、旅游等行业的小微企业，全力做好纾困工作。各银行不得盲目抽贷、断贷、压贷，对因疫情面临还款困难的小微企业，予以展期、续贷、减免逾期利息等帮扶，妥善安排还款方案，直到"一级响应"解除为止。切实帮助上市公司稳健运行，压实上市公司属地帮扶责任，对出现暂时流动性困难或大股东股权质押风险的上市公司，市、县两级政府性纾困基金要主动作为，通过与各类金融和投资机构合作，积极开展"股、债、贷"综合帮扶，需市级层面统一协调解决的，及时提出"一事一议"方案。

七、深入推进金融顾问制度

充分发挥省、市、县三级金融顾问的作用，建立金融顾问线上咨询对接和疫情后常态化的定期走访相结合的工作机制。点、线、面结合开展金融顾问集中咨询和金融服务对接活动，全年开展 6 批次以上集中走访行动，为重大产业项目、重点企业投资项目、小微企业等提供精准服务。

八、发挥政策性担保机构作用

市信保基金要开辟"绿色通道"，着力做好涉及防疫物资生产、销售、运输企业的融资担保服务，免收担保费。 加大对疫情防控重点保障小微企业和受疫情影响严重的小微企业提供增信服务，切实提高业务办理效率，努力降低担保费率。

九、着力构建高效工作机制

市金融办、人行台州市中支、台州银保监分局建立三项机制：一是会商机制，每周研究政策执行情况、存在问题和改进意见；二是监测机制，各金融机构每周1次（每周五）上报本单位上市公司（含母公司）、中小微企业贷款余额、发放额、防疫金融专项支持、续贷金额等数据；三是督查机制，定期对企业反馈的问题进行督查，确保各金融机构将政策执行到位。

金融机构要建立金融支持小微企业四项机制。

一是应急响应机制。 制定"授权清单""授信清单""尽职免责清单"三张清单，落实"减环节、减时间、减材料"，对疫情相关小微企业的融资需求开通快速审批通道，确保资金第一时间到位。

二是银企对接机制。 持续开展金融"三服务"等融资对接活动，主动对接疫情防控领域重点企业，建立疫情防控生产保障类小微企业和受疫情影响其他类小微企业"两张清单"以及问题解决台账，引导精准对接，有效做好金融服务。

三是信用保护机制。 合理调整逾期信用记录报送，对因疫情影响的小微企业未能及时还款的，经征信系统接入机构认定，相关逾期贷款可以不作逾期记录报送，已经报送的予以调整。

四是考核评价机制。 对受疫情影响的商业银行基层分支机构适当降低经营利润和不良贷款考核要求，对受疫情影响导致无法及时还款的小微企业贷款减免基层信贷员责任，鼓励其对小微企业敢贷、愿贷。

十、加大督查考核力度

各银行应对新冠肺炎疫情支持民营企业发展的金融政策执行情况将定期公布，并作为今年市政府考核各家银行的重要指标。 政策涉及相关指标将分解到各银行，按月监测统计，对于名列后5位的银行机构，由人行台州中支进行诚勉约谈。 台州银保监分局负责按月监测各银行中小微企业贷款利率，对于中小微企业贷款利率上升的银行机构，由其对相关银行主要负责人进行诚勉约谈。

台州市人民政府金融工作办公室

中国人民银行台州市中心支行

2020 年 2 月 8 日

第九节　深化推进"4＋3＋1"小微金融工作行动方案①

为深化实施融资畅通工程，推进民营和小微企业金融服务综合改革试点和台州国家级小微金改试验区建设，提高民营和小微企业金融服务获得感，复制推广小微金融"台州模式"，制定以下方案。

一、总体目标

持续加大小微金融服务供给力度，提升金融服务的精准度、覆盖面、有效性和便利化水平，实现小微金融服务"增量扩面、提质降本"的目标要求。建立多部门信息共享和沟通协作工作机制，推动银行保险机构根据小微企业园、科创型、供应链以及吸纳就业型小微企业不同特点和需求进一步完善机构渠道体系、产品服务体系、制度管理体系、考核评价体系和支持保障体系建设，聚焦"八大行动"，畅通金融服务渠道，普惠型小微企业贷款较年初增速不低于各项贷款增速、有贷款余额的户数不低于年初水平。力争 2020 年全市新增小微企业贷款 500 亿元以上，新增民营企业贷款 500 亿元以上，新增各类专营机构 20 家以上，普惠型小微企业综合融资成本下降 0.5 个百分点以上。

二、重点工作任务

(一)高质量推进小微企业园金融服务

深化"金融＋科技＋园区＋政府＋监管""五位一体"小微园区金融服务模式，深化"伙伴银行""伙伴保险"机制，落实"358"工作机制。积极争

---

① 《中国银保监会台州监管分局、台州市经济和信息化局、台州市科学技术局、台州市商务局、台州市市场监督管理局、台州市人民政府金融工作办公室关于印发深化推进"4＋3＋1"小微金融工作行动方案的通知》(台银保监发〔2020〕57 号)。

取将金融服务模块嵌入园区数字化平台,加快推动用水、用电、用气、排污、物流、设备运行等数据的动态采集和信息共享。 力争 2020 年实现对省认定小微企业园融资监测点全覆盖,入园企业建档率达 100％,入园企业融资满足度显著提升。 针对政府主导、工业地产、企业联合等各类小微企业园开发模式,定制"一对一"综合金融服务方案,提供全流程金融服务,满足多样化和特色化金融服务需求。 截至 2020 年末,争取全市小微企业园贷款余额 100 亿元以上,入园企业贷款余额 80 亿元以上。

(二)积极探索小微供应链金融服务模式

结合台州市经济金融特点,重点探索现代产业集群供应链金融模式和商贸流通供应链金融模式,继续探索与之相适应的风险共担和收益共享机制。依托全市授信亿元以上企业梳理的 159 家制造业核心企业和 34 家商贸流通核心企业,建立核心企业及上下游小微企业融资监测机制,并联动联合会商机制,制定供应链金融服务方案。 针对现代产业集群供应链,注重应用非标仓单融资、存货(原材料)抵质押融资等供应链金融产品;针对商贸流通供应链,注重应用订单融资、应收账款质押融资等供应链金融产品。 支持各银行机构主动对接产业平台,积极参与搭建或引进区域供应链金融科技平台,通过大数据、区块链、物联网技术等新型科技手段的运用,建立小微供应链金融全链条风险控制体系。 加强信息交流与共享及时向金融监管部门和商务主管部门反映供应链企业融资需求和困难、供应链金融应用的瓶颈和诉求,及时了解供应链发展趋势与创新业态。

(三)实施"科技金融服务新长征"行动

对照"科技型企业""产业创新服务综合体""科技企业孵化器"清单,全面提升科技型小微企业融资覆盖面,加快科技支行和科技保险的发展。 积极开发应用首台套重大技术装备保险、首批次新材料应用保险、知识产权类保险、产品责任保险等契合科创企业经营特点的保险产品。 扩面应用知识产权质押融资,提升知识产权质押作为主要担保方式的贷款占比。 支持对采用知识产权质押的贷款不再组合采用抵质押、保证等其他担保方式。 鼓励发放专利权、商标权等知识产权打包组合贷款。 依托台州市掌上数字金融服务平台，探索与国家知识产权运用公共服务平台台州分平台建设协同发展，打造集知识产权质押金融产品比对、贷款申请、融资对接和知识产权发布、展示、流转功能的一站式平台。 各银行保险机构要依托知识产权质押融资专项资金池和风险补偿机制，适度提高知识产权质押融资不良容忍度，不良率高于各项贷款 3 个百分点以内的，可不作为内部考核评价的扣分因素；制定专项免责清单，下放免责认定权限，简化免责认定流程；提高知识产权质押融资"首贷"激励力度。

（四）扎实推进吸纳就业型小微企业融资对接

组织各银行保险机构确定金融顾问和金融指导员，探索将关键信息采集、风险管理、金融知识普及宣传等金融服务融入全科网格建设，推进金融网格员和全科网格员的"两员"融合，加快走访、对接和服务落地工作进度，确保在 2020 年 6 月底前全面完成对全市 62 万家市场主体完成走访和服务对接工作。 重点对接无贷户和 1 家授信银行的小微企业，确保全年新增首贷户 5000 户以上，力争达到 10 000 户。 建立融资对接监测通报机制，每日掌握工作进度，每半月通报进展情况，提高有效走访对接和服务落地比例。

（五）落实好政策性转贷款专项支持政策

推动各银行机构加大转贷款投放力度，制定转贷款年度投放计划并分解落实到各基层经营机构，逐月监测投放进度，制定专项考核办法，各分支机构要向上申请，争取单列专项政策性转贷款额度用于投放台州地区。 对小微企业园、科技型、供应链型、外贸型小微企业和双创群体优先运用转贷款资金对接。 在保持自身经营特点的同时，借助政策性银行的定位优势和管理优势，探索差异化和特色化转贷款模式。 鼓励将国开行转贷款资金重点用于支持"双创"群体和科创型与绿色型小微企业，进出口银行转贷资金重点支持进出口生产和贸易型小微企业，农发行转贷资金重点扶持特色产业和农业龙头企业。 推动各政策性银行继续降低政策性转贷款资金成本，扩大与各法人银行的合作覆盖面。 推动大中型银行与中小法人银行探索商业性转贷款合作。 至 2020 年末，确保转贷款授信规模达 350 亿元，用信余额 250 亿元以上。

(六)深化银行与政策性融资担保机构合作

加强银行、保险与各级政策性融资担保机构的业务合作，推动 15 家与省担保集团建立省级"总对总"合作关系银行的在台分支机构加强业务承接和扩面应用，9 家农商银行与省农担公司加强"三农"领域业务合作，推动各合作银行加强与台州市小微企业信用保证基金的业务合作。 至 2020 年末，实现政策性融资担保机构在保余额达 120 亿元，在保户数超过 1.3 万户。 推动各级政策性融资担保机构降低承保费率，对小微和"三农"业务实施保费优惠和保费返还优惠政策，对小额贷款采取"见贷即保"方式，根据合作银行实际情况实行个性化科学定价和差异化风险分担比例。 推动银保担共同梳理建立合作支持企业清点，开发适合普惠金融领域的金融产品和担保组合，提高对"中间层"小微企业及"无贷户"支持力度。

(七)促进银行和保险业务的合作发展

深化银保合作模式，推广应用小额保证保险，协商确定赔付限额、保险费率、风险分担等合作关键要素，率先在涉农贷款领域取得突破，并逐步推广至民营和小微企业。 组建地方特色农业保险共保体，提升农业保险深度和密度。 创新出口信用保险产品和模式，适当提高风险容忍度，扩大出口信用保险额度、覆盖面和渗透率。 确保出口信用保证保险各县（市、区）统保平台实际运作，对符合条件的民营和小微出口企业做到应保尽保、能保尽保。 力争全市出口信用保险承保金额达 100 亿美元以上。 鼓励银保双方在业务培训、人员挂职、营销活动等方面开展多形式交流，增强银保双方相互认同感，提升银保综合化经营水平。 鼓励保险机构针对银行渠道特征，在满足消费者保障需求的基础上，开发同时具备便于操作、免核保、易宣传等特点的保险产品。

（八）科技赋能提升小微金融服务质效

加快建设和推广应用台州市掌上数字金融平台（下称"平台"），全面对接浙江省金融综合服务平台，打造集银行融资、信息共享、保险保障、供需对接、消费者权益保护等功能于一体的综合金融服务平台。 推动平台与各部门科技平台的互联互通，持续拓宽特色化行业管理企业信息的共享范围和内容。 引导各银行保险机构根据平台不同业务模块积极上线各类信贷和保险产品，提升金融服务便利化水平，力争全年通过平台发放贷款 200 亿元以上，平均办贷时间再降 0.5 天以上。 运用平台数据信息建立模型化、批量化、线上化、自动化的风险评估和审批决策机制，转变信贷管理理念，加大信用贷款产品创新和拓展，至 2020 年末，全市新增信用贷款 200 亿元以上。

（九）推进还款续贷方式创新增量扩面

依托台州市掌上数字金融平台，建设完善中长期流贷模块和"线上续贷中心"，配套建设台州市掌上数字金融平台体验区。 通过"线上续贷＋线下续贷"的优势互补，持续推进"零门槛＋零费用＋零周期"续贷服务，实施"正面清单＋负面清单"管理。 各银行机构要建立"贷款到期清单""续贷需求清单""无还本续贷对接清单"三张清单，推动实施"扩容＋容缺"办理和建立专项考核机制。 不得将无还本续贷作为下调贷款风险分类的因素，不得将无还本续贷视为延长贷款期间以适用更长期限的贷款利率，不得将抵（质）押等贷款条件作为无还本续贷应用门槛。

（十）切实降低小微企业综合融资成本

推动各银行保险机构用足用好定向降息降准和差异化下调贷款损失准备等金融政策，积极拓宽再贷款、再贴现、转贷款、发债等低成本资金来源渠道，完善利率定价机制，鼓励对制造业、批发零售业、住宿餐饮业、租赁商务服务业等受疫情影响较大的小微企业进一步采取减息、减费措施。 严格落实"七不准""四公开""两禁两限"等要求，加强第三方合作业务管理，不得以降利率、费率为由提高第三方服务收费，不得变相将服务收费转移到第三方，不得直接在贷款、保费中扣减第三方服务费用。 组织开展小微企业融资收费排查，加大对违规机构、人员的处罚力度。

中国银保监会台州监管分局

台州市经济和信息化局

台州市科学技术局

台州市商务局

台州市市场监督管理局

台州市人民政府金融工作办公室

2020 年 5 月 28 日

第十节　中国人民银行台州市中心支行关于印发台州市银企融资对接平台推广应用若干意见的通知

一、充分认识到平台推广应用在解决融资难融资贵问题中的作用

银企融资对接平台（以下简称"平台"）是市委、市政府履职为民畅通企业融资渠道的重要举措。 平台有利于金融机构及时掌握企业真实的生产经营状况和融资需求，有利于辖内企业深入了解银行的个性化服务和融资产品，有利于提高银企对接效率、降低工作成本、增强民营和小微企业融资服务的针对性。

（一）建立"一把手"责任制

用好用活平台，力争在解决融资难融资贵上取得实质性突破，真正把平台打造成为台州金融的亮点品牌。 各金融机构要成立行长任组长、分管行长任副组长、相关职能部门负责人为成员的平台应用推进工作领导小组，加强对平台推广应用的统筹规划、组织实施、协调推动。 强化责任落实，各金融机构要确定专门责任部门、专门人员负责本单位在平台上企业融资需求对接、线下接洽、信息发布、反馈登记等工作。 按照问题导向、效果导向，加强协调配合、上下联动，细化制订具体方案，明确路线图、时间表，全力推动各项工作加快落实。

（二）强化银行内部激励考核制度

各金融机构要加强内部考核激励，在资源配置、激励费用、绩效考核等方面向平台业务倾斜。 要单列信贷投放计划，配套专项财务经费保障，强化专业机构和专业人才队伍培养建设。 要因地制宜，制定符合本单位业务发展实际的激励考核制度，不断优化完善企业贷款审批、风险评级、贷款定价机制。要提高民营和小微企业贷款容忍度，细化尽职免责办法。

（三）建立融资对接快速响应机制

各金融机构在收到企业融资申请后，主动缩短接单响应、主动服务、评估时间，确保平台发布融资需求得到及时响应。 积极推行平台线上审批、限时审批和派驻专职审批人制度，对优质企业开辟授信审批"绿色通道"，推动市场营销人员与风险审批人员平行作业，不断提高审批效率。

二、加强宣传、引导，充分发挥平台作用

（一）推广服务企业主办行制度

各金融机构是平台业务推广的主体责任人。 上线企业融资需求意向发布后，各金融机构与企业按照双向选择、自主自愿的原则进行主动对接，形成稳定的主办行关系。 金融机构要切实履行主办行责任，了解企业的生产经营状况和融资需求，提供"一对一"的专业化金融服务方式。 要针对企业融资需求和经营特点，结合国家宏观政策要求以及行业政策导向，按照"一企一策"原则，有针对性地制定信贷、外汇、结算等综合金融服务方案。

（二）充分发挥平台数据整合功能，创新产品和服务

各金融机构要结合大数据、云计算等信息技术，深化还款方式创新，进一步推广年审制、无还本续贷、循环贷等方式，优化信贷期限结构。 要大力发展"数字普惠"，结合云计算等信息技术，优化信贷流程和信用评价模型，开发推广小微企业信用贷款产品，着力提高信用贷款的比重。 大力推广专利权、商标权、应收账款等无形资产质押贷款，完善评估、登记和流转机制，支持科技型小微企业创新发展。

（三）推动企业自主发布融资需求

各金融机构要积极做好政策宣传和培训推广工作，让社会各界充分了解、使用平台，帮助企业熟悉系统功能，掌握融资需求发布流程，引导帮助企业自主发布融资需求。 企业在平台系统发布融资需求后，各金融机构要及时

对接并反馈对接情况。 尤其是疫情防控期间，更要切实发挥好银企融资对接平台的线上融资作用，为企业足不出户办理融资提供良好的服务。

(四)引导企业主动创造有利的线上融资条件

多渠道加大企业信用信息共享和整合力度，着力破解银企信息不对称问题。 各金融机构要加大政策宣传，引导企业树立信用意识，珍惜商业信誉和信用记录，聚焦主业，在培育核心技术、核心工艺、核心能力上下功夫，提高自身市场竞争力。 不断优化企业信用环境，建设长三角最优金融生态区，为企业融资创造便利条件。

三、强化激励约束机制,确保平台推广取得实质性成效

(一)实行重点企业培育池管理

在全市开展民营小微企业培育行动，平台整合经信、科技、市场监管等政府部门或行业协会等各类企业名单，定期向金融机构推送。 各金融机构要充分运用平台的大数据功能，结合本单位实际，整合筛选有潜力、有市场、有前景的企业建立名录库。 要将"首贷"作为平台业务扩面增量的关键突破点，重点关注有融资需求但尚未获贷的民营和小微企业，力争通过培育使企业的贷款获得率明显提高，企业的金融服务获得感显著增强。

(二)执行差别化货币信贷政策

用足用好普惠金融定向降准政策，引导金融资源向平台上的民营和小微企业领域适度倾斜。 加强央行低成本资金定向支持和引导作用，全市人民银行每年的支小再贷款，专项用于支持金融机构在平台发放贷款。 对平台业务成效显著的金融机构，重点予以再贷款再贴现资金倾斜。 各金融机构通过平台对企业的信贷支持情况，纳入中国人民银行年度综合评价及小微企业信贷政策导向效果评估。

(三)实施平台上线企业动态化管理

金融服务信用信息中心要加强统筹协调和调度，为金融机构做好企业线上对接各项工作提供保障。各金融机构要及时将本行培植的上线企业名单及获得贷款情况报送台州市金融服务信用信息中心，要定期将有融资需求、信用及经营状况良好的企业纳入上线名单。对于暂时遇到困难、具有发展前景、生产经营正常的企业，持续给予信贷支持，做到不断贷、不抽贷、不压贷。

(四)强化考核激励和督导检查

中国人民银行台州市中心支行将加强对金融机构平台推广及应用情况的考核，并加强数据监测，定期通报金融机构引导企业注册数、登录、业务承接和实际放贷等情况。金融机构平台业务推广应用情况，作为实施货币政策、金融市场业务准入、宏观审慎评估、差别化监管、年度考评等工作的重要参考依据。各金融机构要加强对平台的宣传推广，营造良好的舆论氛围。

中国人民银行台州市中心支行

2020年2月12日

第十一节　中国银保监会台州监管分局关于做好当前形势下民营和小微企业金融服务保障的通知

一、以党建为引领扛起防控疫情的政治责任

各级监管部门和各银行保险机构要认真学习贯彻习近平总书记关于疫情防控工作的重要讲话和指示批示精神，把打赢疫情防控阻击战作为当前最重要最紧迫的政治任务，发挥好金融系统各级党组织的战斗堡垒作用，激发红色信贷员、红色保险员等广大党员的先锋模范作用，高质量做好疫情影响下民营、小微企业的金融服务工作。 力争新增民营企业贷款 500 亿元以上，新增首贷户确保 5000 户以上，力争达到 10 000 户以上，普惠型小微企业贷款要实现"两增两控"目标。

二、优先做好疫情防控物资生产、运输和销售企业金融保障

各银行保险机构要深入摸排台州涉及疫情防控的重要医用物资企业、重要生活物资企业和应急物资生产配套企业（涉及上下游、运输、销售、仓储等企业）的金融需求，优先配置金融资源，指定联系领导，安排专门部门，实施"一对一"服务，为重点企业恢复生产制定专项融资和保险服务方案。 针对全国、省、市三级重点企业（实行名单制管理，台州市第一批重点企业 16家，名单另行下发），优先办理专项贷款和无还本续贷，给予特别利率优惠和保费优惠。 主要授信行或融资监测主办行要第一时间完成与重点企业的服务对接，存量贷款要在到期当天完成续贷，新增贷款要按照"特事特办、急事急办"的原则，开辟绿色通道，力争当天放贷，最大限度满足符合条件的重点企业的融资需求。

三、全力保障民营和小微企业开复工金融需求

各银行保险机构要灵活运用电话、微信等非现场联系方式，充分借助台

州银行业"掌上办贷"平台、融资监测平台、"百行进万企"监测系统，加强与受疫情影响的民营和小微企业沟通联系和线上线下对接。 要积极研究制定企业开复工金融服务方案，信贷资金、保险产品优先向开复工企业倾斜，全力保障民营、小微企业生产经营。 全市要实现制造业贷款余额 2500 亿元以上，其中制造业中长期贷款增速高于全部贷款增速，保费收入稳步增长。

四、提前对接民营和小微企业融资和续贷需求

各银行机构要提前做好受疫情影响较大且有融资需求的民营、小微企业服务对接，尤其要加大七大千亿产业以及农业、渔业、批发零售、住宿餐饮、物流运输、文化旅游等领域的金融支持力度，优先安排信贷规模，强化综合金融保障，稳定企业融资预期。 根据我分局《关于深化推进"百行进万企"融资对接暨融资监测、对接、服务全覆盖工作的通知》精神，加大掌上续贷等创新方式，对受疫情影响较大且近期有贷款到期的企业，提前沟通联系，充分运用无还本续贷、年审制等创新方式，确保有续贷需求的相关企业应续尽续。全市还款方式创新贷款余额要达到 1500 亿元以上，其中无还本续贷余额达到500 亿元以上，继续保持全省领先水平。

五、切实降低民营和小微企业融资成本

各银行保险机构要进一步完善和落实降低企业融资成本十条措施，为受疫情影响较大的民营、小微企业提供优惠金融服务，适当扩大减费让利幅度，主动下调贷款利率、减免服务收费、适当降低保费，帮助民营和小微企业渡过难关。 通过发放疫情防控专项贷款、技术改造贷款、信用贷款和中长期贷款，充分运用国家开发银行、进出口银行、农业发展银行政策性转贷款等方式，进一步降低民营企业、小微企业的综合融资成本。 全市要实现信用贷款新增 200 亿元以上，中期流动资金贷款余额 500 亿元以上，政策性转贷款授信350 亿元以上，全市贷款利率比上年进一步下降，普惠型小微企业贷款利率下降 0.5 个百分点以上，进一步加大惠企减负力度。

六、持续提升民营和小微企业金融服务便利度

各银行机构要针对受疫情影响较大的民营和小微企业的融资需求，建立健全"绿色通道"，通过合理优化信贷办理环节、下放信贷审批权限、召开临时贷审会、减少证明资料等方式，简化贷款调查、审查审批及放款流程，切实提升金融服务效率。　各保险公司及保险中介公司要开辟保险服务"绿色通道"，启动特案预赔服务，形成线上办保、线上定损、线上理赔等全流程保险服务模式，为民营、小微企业及其员工在疫情期间安全生产提供针对性强、保障度高的保险产品，进一步提高理赔效率。　实现全市贷款平均转贷天数再降0.5天，做到全省领先。

七、强化外向型民营企业金融服务

各银行保险机构要通过丰富汇率和银行保险避险工具、提升进出口结算服务便利化等措施，加大对医疗物资进口企业的金融支持力度，积极帮助外向型民营企业应对疫情影响下的经贸摩擦与服务纠纷，用好用足出口信用保单、应收账款等质押方式融资，解决外贸企业抵质押难题。　各有关保险公司要优先办理受疫情影响出口企业的投保和理赔工作，鼓励有资质的保险公司扩大出口信用保险额度、覆盖面和渗透率，合理降低保费，配合保费补贴落地，对符合条件的民营和小微出口企业做到应保尽保、能保尽保。　全市出口信用保险承保金额力争达到100亿美元以上。

八、大力推动民营和小微金融科技服务创新

各银行保险机构要根据疫情防控的需要和民营小微企业的需求，加大金融科技创新力度，大力推进"掌上办贷"增量扩面，加快"掌上办保""掌上理赔"和"掌上续贷"开发，提高"线上＋线下"业务办理效率，并通过电话拜访、短信提醒、微信通知等方式，引导民营和小微企业通过网上银行、手机银行、自助设备、互联网保险等渠道办理业务，确保7×24小时金融服务热线畅通，最大限度避免网点出现人员集聚。　要进一步加大浙江省金融综合服务平台和台州银行业"掌上办贷"平台宣传推广力度，积极引导和推荐客户在线

提交融资申请，切实提高线上化、数字化、便利化金融服务水平。全市通过"掌上办贷"平台发放贷款超过 100 亿元以上。

九、加强对受疫情影响的困难企业帮扶

各银行机构要进一步加强对各类企业风险情况摸底排查，对受疫情影响较大、有发展前景但暂时受困的企业做好分类帮扶工作，谨慎采取资产保全措施，不得盲目抽贷、断贷、压贷；对受疫情影响暂时无法归还贷款的企业或个人，合理延后还款期限，免除罚息，暂不视为违约，不进入违约客户名单。重视做好金融服务制度机制创新，对纳入联合会商的 263 家贷款余额 1 亿元以上大型企业，借助"和合信贷"、联合会商工作机制，确保存量授信稳定；对中型企业探索"伙伴会商"机制，满足合理信贷需求，鼓励银行机构将符合条件的中型企业纳入无还本续贷范围；对小微企业进一步加大无还本续贷和信用贷款推广力度，在银企信息共享的基础上，合理提供续贷、展期等金融支持，降低企业还款压力。同时，适当提高不良贷款容忍度，加大个人债务清理试点力度，加大信用风险防控力度，全市不良贷款率控制在 1% 以内，保持全省优良水平。

十、银保合力提升综合金融服务质效

各银行保险机构要进一步加强银保合作，加大小额保证保险、出口信用保单融资、保证金领域保险运用、"五位一体"小微园区服务模式等试点推广力度，加强信息互通，凝聚工作合力，为受疫情影响的各类企业及广大市民设计开发专项金融产品和服务，切实发挥银保合作"1+1＞2"效果。要加大综合金融服务创新力度，全力以赴帮助民营和小微企业走出疫情影响的困境，再创民营经济新辉煌。

中国银保监会台州监管分局

2020 年 2 月 5 日

第十二节　中国银保监会台州监管分局关于落实"五减"要求进一步降低企业综合融资成本的通知

一、总体目标

坚持"政银企联动、银保担合作"原则，支持企业破解困局、化危为机，切实提升企业金融服务获得感、幸福感和安全感。按照"减息、降本、提效"要求，完善银行保险机构考核激励措施，优化利率、费率定价机制，市场化降低综合融资成本；创新银行保险机构服务模式，降低融资环节附加成本；推广"线上＋线下"金融服务模式，压缩融资流程与中介环节，提升融资便利度，确保银行保险机构对企业实施更有效的减费让利措施。力争 2020 年全市金融系统降低企业综合融资成本 30 亿元左右，其中普惠型小微企业综合融资成本较上年平均水平降低 0.5 个百分点以上。

二、工作举措

（一）加强惠企政策传导，引导融资利率下行

1. 多渠道引进低成本资金

用足用好定向降息降准和差异化下调贷款损失准备等金融政策，积极争取再贷款、再贴现、转贷款等额度，将获得的资金以优惠利率向各类企业发放贷款。法人银行要持续拓展与政策性银行转贷款合作的深度与广度，建立制造业、双创、外贸、扶贫等专项对接机制，加快落地台州市每年 300 亿元政策性转贷款的专项政策。积极发行资本债券、专项小微债券、防疫债券、防疫同业存单，拓宽中长期稳定资金来源。主动对接集团资管、投行等业务，引入理财资金、保险资金直投台州，运用"贷款＋投资"或"贷款＋远期权益"等科技金融模式，大力支持科创型企业融资。

2.完善利率科学定价传导机制

依托贷款市场报价利率（LPR）完善利率定价机制，争取上级行内部资金转移价格倾斜。 各大型银行要发挥资金成本、网点渠道与产品优势，适当下放定价审批权限，加大惠企减负力度，当好降成本"领头雁"。 各股份制商业银行要发挥机制灵活和产品定价优势，在民营企业、中型企业服务中完善利率定价机制。 各法人城商行、农商银行及相关分支机构要进一步完善科学定价机制，完善利率定价模型与内部转移定价设置，实施"一企一策、一企一价"弹性定价，提升利率匹配度。 各村镇银行要坚持深耕县域，积极向主发起行争取优惠利率资金支持，主动让利农户和小微企业。

3.持续加大减息力度

鼓励银行机构根据自身情况核算成本及风险承受能力，进一步采取减息降本措施。 鼓励在减（免）制造业、批发零售业、住宿餐饮业、租赁商务服务业等受疫情影响较大的企业3月、4月应付贷款利息的基础上，视企业复工复产及困难情况实事求是给予适当支持。 鼓励对减租减费力度较大的业主（房东）型、平台型企业，根据上级政策给予适当减息支持。 鼓励对普惠小微企业新增贷款及"首贷户"，给予一定利息优惠。 力争2020年全市贷款加权平均利率较上年进一步下降；普惠型小微企业综合融资成本较上年平均水平降低0.5个百分点以上。

（二）加强服务方式创新，降低融资环节附加成本

1.有效降低续贷转贷成本

大力推广"零门槛、零周期、零费用"无还本续贷方式创新，鼓励将适用范围扩大至符合条件的中型企业。 加快对接应用台州市掌上数字金融服务平台"线上续贷中心"，创新续贷产品，开展限时办理，提升续贷便利度。 积极组织参与县（市、区）续贷中心建设，安排专人专岗入驻，做好流程改造，形成线上线下"一站式掌上数字金融服务"。 对因疫情产生逾期的中小微企业贷款，减免逾期罚息和违约金，给予最长延期至2020年6月30日的临时性延期还本付息安排。 力争2020年末全市还款方式创新贷款余额达到1500亿

元以上，其中无还本续贷余额达到 500 亿元以上。 台州市贷款平均转贷天数达到全省领先水平。

2. 切实加大银保担合作降成本

银行机构要深化与政策性担保机构合作，鼓励法人银行与省市政策性担保公司建立"总对总"合作，深化银行机构与信保基金合作，拓展客户准入范围，合理确定风险分担水平，鼓励和支持政策性担保公司 2020 年平均担保费率低于上年。 对暂时受到疫情影响、信用状况良好的企业，适当降低银行承兑汇票的保证金比例和适度减免手续费。 保险机构要创新保证金领域专项保险，在建筑工程、政府采购、司法诉讼等领域推广专项保险产品，减少企业保证金负担。 银行保险机构要加强合作，试点开发小额保证保险产品，发展保单质押融资，健全融资风险分担机制。 深入开展"信用台州"建设，建立基于大数据分析的"银行＋征信＋保险"的贷款模式，对守信企业在信贷准入、利率定价、信用贷款上给予优惠，力争 2020 年全市新增信用贷款 200 亿元以上。

3. 大力降低保费

针对受疫情影响较大的企业，根据实际情况顺延保险期限，拓展保险责任，消除复工企业后顾之忧。 鼓励对全市小微企业投保的建设工程综合保险、关税保证保险、承运人责任保险等险种平均降费 20% 以上，对企业投保船舶保险、货物运输保险等航运保险业务给予一定比例的保费优惠，力争 2020 年减免各类保费 1 亿元以上。 搭建各类市、县域统保平台，通过引入共保体，降低统一投保保费，提升"务工无忧"保险、出口信用保险等覆盖面，力争 2020 年末全市出口信用保险承保金额达到 100 亿美元。

4. 努力降低产业链上下游资金占用成本

推广供应链金融，开展供应链核心企业名单制管理，强化产业链核心企业金融服务，通过保证保险、政策性担保增信等措施，加大流动资金贷款等经营周转类信贷支持，给予合理信用额度。 支持核心企业通过信贷、债券等方式融资后，提高对上游企业的支付效率，积极为下游企业提供延期付款便利，以适当方式减少对上下游企业的资金占用，帮助产业链上下游中小微企业解决流动资金紧张等问题。 要优化产业链上下游企业金融服务,通过应收账款、应收票据等融资方式,为上游企业解决先货后款模式下的资金占用问题;通过开立银行承兑汇票、国内信用证、预付款融资等方式,为下游企业获取货物、支付货款提供信贷支持。

(三)加强数字平台与流程改造,提升融资便利度

1.推广线上金融服务降成本

充分借助浙江省综合金融服务平台与台州"掌上数字金融"平台,通过"融资监测、对接、服务全覆盖"活动,线上＋线下形成融资对接服务机制。 依托平台信息共享,开发数据应用模型,完善风险控制与日常管理系统,有效发挥"掌上办贷""掌上办保""掌上续贷"等子模块作用,快速响应、精准满足企业需求。同时,积极利用平台后续功能,提供在线抵押登记、联合会商等服务,着力打造金融服务民营、小微企业的应用场景生态体系。 力争 2020 年全市通过"掌上办贷"平台发放贷款达到 100 亿元以上,其中"掌上续贷""银税互动""中期流贷"专区累计发放贷款金额分别达到 50 亿元、10 亿元、20 亿元以上。

2.有效简化流程与环节降成本

对于小微企业专营机构要给予差异化审批权限,积极推行线上审批、驻员审批和限时审批等服务,缩短内部审批流程。 按照"最多跑一次"原则,梳理业务办理环节所需材料,积极通过服务手册、告知书等形式告知服务内容,对续贷、增量授信减少材料重复报送要求。 继续取消证明材料事项,积极通过对接政府部门引入数据,推动"无证明信贷""无证明保险"增量扩面。

3.进一步缩短企业融资链条

进一步提升自主评估、自主监测等技术,减少不必要的中介机构参与,压缩金融服务链条与收费。 加强银行保险机构与合作中介单位的准入管理,动态调整合作公司名单,清退存在违规收费等问题的公司。 明确合作内容与收费标准,不得将信贷调查、审批等核心业务外包给中介机构,不得以降利率、费率为由提高第三方服务收费,不得变相将服务收费转移到第三方,不得直接在贷款、保费中扣减第三方服务费用。 同时,要回归信贷本源,主动加强对同业业

务、理财业务等管理，清理不必要的资金"通道"环节，减少资金空转。

三、保障措施

（一）建立融资成本监测评估机制

台州银保监分局将建立企业融资成本的定期监测机制，加强大数据、全口径、智能化监管，有效监测实体经济融资成本状况，并将结果纳入服务实体经济质效评估。各银行保险机构要深刻领会"五减"精神，定期对融资成本变化、内部收费、降成本目标落实情况开展评估，采取有力措施降低企业综合融资成本，提升金融服务质效。

（二）建立健全尽职免责机制

各银行保险机构要高度重视尽职免责工作，转变"重结果、轻过程"的问责理念，将履职过程是否符合制度规定作为当事人尽职与否的重要评判标准，客观区分合规性责任和风险性责任，科学度量、评价、划分授信业务的风险责任。鼓励针对授信调查、审查审批、贷后管理等环节，分别制定免责正面清单和问责负面清单，强化对问责负面清单的事前约束、事中控制和事后惩戒，促进信贷人员敢贷、愿贷、能贷、会贷。

（三）强化违规收费监督整治

各银行保险机构要严格执行服务收费标准，不得转嫁抵押登记费、评估费等涉贷相关费用，不得对未提供实质服务的项目收费，不得在发放贷款及投保中捆绑或搭售其他金融产品。台州银保监分局将组织"监管政策落地"专项宣讲、检查与督导，重点对收费情况进行检查，对屡查屡犯问题将加大整治力度，从严从重处罚违法违规行为，并将处罚结果与市场准入、履职评价、监管评级等挂钩。

中国银保监会台州监管分局

2020 年 4 月 28 日

第十三节　中国银保监会台州监管分局、台州市经济和信息化局关于银行业保险业支持台州"456"先进产业集群培育的通知

一、提高认识，压实银行业保险业金融机构主体责任

（一）聚焦培育重点

各银行保险机构要提高服务站位，切实履行服务实体经济的主体责任，把支持全市制造业高质量发展作为服务实体经济的重中之重，重点加强对汽车、医药健康、智能缝制设备、高端模具等 4 个有国际影响力的产业集群，泵与电机、航空航天、智能家居、电子信息、高端装备等 5 个国家级先进产业集群，轨道交通、时尚休闲、新型橡塑、水暖阀门、新能源电动车、绿色化工等 6 个国内有影响力的产业集群的信贷、保险保障力度，各单位主要负责人亲自负责，统筹制定支持"456"先进产业集群培育行动方案（请于今年 6 月底前报我分局对应监管科），完善相关机制，确定牵头部门，细化分解工作任务，层层压实责任，务求工作实效。各机构每半年（当月后 15 日内）要向监管部门报送落实情况的报告。

（二）突出统筹规划

各银行保险机构要结合《台州市实施"456"先进产业集群培育工程方案》等文件要求，精准对接"培育一批行业龙头企业、创建一批试点示范基地、推进一批重点产业项目、实施一批数字化改造提升项目、搭建一批公共服务平台、培育一批集群名优品牌、打造一批重点示范产业链"等重点工作任务，深入研究制造业信贷结构、客户选择、产品创新等事项。法人银行机构要开展整体统筹规划，分支机构要做好重点行业配套研究工作。鼓励把"456"先进产业集群细分领域业务基础较好的网点打造为特色支行，储备熟悉产业的专业人才，为深耕制造业市场夯实基础。保险机构要提升专业服务

能力,为制造业企业安全生产、产品创新、市场应用等提供专业化风险管理服务。

(三)加大投放力度

各银行保险机构要专门研究制定制造业企业贷款投放计划以及制造业企业债券承销和投资目标,确保 2020 年末全市制造业贷款余额达到 2500 亿元以上,制造业贷款增量高于上年同期,力争实现制造业贷款增速不低于同期各项贷款增速,逐步提高制造业贷款占全部贷款比重。 保险机构要积极争取总部资源,引入保险资金,加强政银保企合作力度,通过债权、股权、基金、资产支持计划等多种形式,为台州制造业高质量发展提供稳定资金来源。

二、完善机制,实现制造业与金融高质量发展

(一)加强营销对接

各银行保险机构要积极对接行业主管部门,优选企业清单,做好行业细分,确立目标客群,制定本行制造业客户"白名单"。 紧密结合"服务企业、服务群众、服务基层""百行进万企""融资监测对接服务全覆盖"等对接活动,切实提高制造业客户对银行保险政策和产品服务的知晓度。 发挥浙江银行业金融综合服务平台、台州市掌上数字金融平台及时收集和发布各项金融产品和服务信息的功能,开展线上+线下融资需求匹配工作,进一步缓解信息不对称问题。

(二)优化信贷机制

各银行机构要加强信贷政策与台州制造业发展规划对接,积极将"456"先进产业集群重点项目纳入本行项目库,争取信贷规模、审批权限、内部资金转移价格等资源倾斜。 提高行业政策制定精细化水平,做到应支持尽支持。合理设定客户准入条件,加大对制造业新需求、新项目、新客户的拓展力度,在积极向上争取信贷审批权限的同时,进一步加强对辖内分支机构制造业贷

款的转授权。 切实提高风控能力，通过企业负债率、融资总量、融资银行数量等合同个性化条款规范企业行为，防范过度投资、过度授信、过度担保、资金挪用等风险。 切实加大制造业不良贷款的处置力度，当年不良处置金额要高于新发生额。

（三）深化保险保障

各保险机构要积极争取总部资源，引入保险资金，加强银保企合作，通过债权、股权、基金、资产支持计划等多种形式，为全市制造业高质量发展提供稳定资金来源。 积极发展科技金融，充分运用制造业贷款保证保险等增信服务，支持轻资产科创型高新技术企业发展壮大。 在风险可控的情况下开展企业财产保险、科技保险、责任保险等业务，为制造业企业提供多方面的风险保障。 大力发展产品质量责任保险，推进首台（套）重大技术装备保险和重点新材料保险首批次保险补偿机制试点，提高"台州制造"品牌信任度和市场竞争力。 扩大出口信用保险规模，加大对中小微企业和新兴市场开拓的保障力度，发挥出口信用保险的风险保障作用。

（四）减轻企业负担

各银行机构严格执行"两禁两限""七不准、四公开"等政策要求，深入开展变相抬高企业融资成本等乱象治理。 积极运用无还本续贷、预审制贷款、循环贷款、中期流贷等方式降低企业资金周转成本。 加强对制造业企业贷款利率的定期监测，用好用足延期还本付息、无还本续贷、减息让利等政策，加大减费让利力度。 各银行保险机构要大力推广保证金替代类保险和保函等产品，切实降低保险费率，有效帮助企业减轻财务压力。

（五）完善考核激励

各银行机构要制定切实可行的信贷人员尽职免责办法，完善内部尽职免责申诉通道，鼓励以负面清单形式对信贷流程关键环节进行约束，无负面清单所列示行为的，原则上不追究相关人员责任；制造业贷款增量、增速、户数、中期流贷、中长期贷款等相关指标要纳入年度经营目标，尤其对制造业贷款客户增量扩面强化正向激励。

三、推进创新,满足制造业差别化金融服务需求

(一)满足制造企业技改贷款需求

各银行机构要将"456"先进产业集群中的技术改造项目作为贷款投放重点板块,积极对接发改、经信、科技等政府部门审批、备案技改项目清单,梳理"456"先进制造业集群在重点市县、重点企业的分布,建立不同规模梯度技改企业的融资需求清单,全面摸排、主动对接企业技改资金需求,支持企业通过设备购置、技术研发、环保升级改造等新技术、新设备赋能。 要贯彻落实"两山理念",大力发展排污权、碳排放权、知识产权质押等绿色信贷和科技金融业务,支持构建高效、清洁、低碳、循环的绿色制造体系。

(二)满足制造企业中期流贷需求

各银行机构要针对制造业企业的生产经营周期性特点和资金实际需求,增加中期流动资金贷款支持,提升融资期限匹配度。 法人银行机构要及时完善本行现行流动资金贷款相关办法,在资金测算、合同文本、系统改造等方面跟进配套支持。 要准确识别企业融资结构错配的问题,对于前期以短期流动资金贷款形式支持的制造业企业铺底资金需求,逐步调整为中期流动资金贷款,扩大中期流贷总量,提高中期流贷占比,并要落实嵌入年审制等风险要求。 对于3年以内的中期流动资金贷款,可根据企业经营和货款回笼周期确定本息还款计划。

(三)满足制造企业全链条金融服务需求

各银行保险机构要发挥供应链金融的积极作用,依托真实交易背景,满足企业在采购、制造、销售等各环节的融资需求。 在风险可控的基础上,积极探索适当上调优质制造企业工业用地和标准厂房的抵押率标准,放大资产盘活效应;鼓励对符合条件的优质制造企业发放信用贷款,减少对第二还款

来源的依赖；加强与政府产业基金、政策性融资担保机构等合作，探索多样化增信和风险缓释及风险分担机制。 大力支持产业数字化转型，关注 5G 技术在先进制造业领域的应用，为重点产业集群工业互联网全覆盖提供高质量的金融服务。 支持通过联合授信、联合会商、组建银团贷款等方式，实现信息共享、交叉验证，提高金融服务效率。

(四)满足制造业企业并购贷款需求

各银行机构要密切关注"456"先进产业集群中优质企业的并购需求，支持各规模层级的产业紧密型并购项目，通过并购贷款参与到发展前景好、市场竞争力强、技术优势突出的制造业企业整合升级中。 加强行内联动和交叉营销，掌握客户为做强主业实施的产业链协同、产品优化、产能扩充、技术吸收等并购需求，同时要注重甄别"脱实向虚"、资金套利的并购交易。 提升综合化服务水平，强化法律、审计、会计等专业化能力，丰富服务内涵，通过机构联动、跨域联动等方式，满足并购交易中的个性化需求。

四、强化监管引领推动

(一)加强调查研究分析

要积极整合和调动监管部门、银行保险机构、行业协会的力量，开展金融服务"456"先进产业集群调研工作，加强行业性调研分析和对接服务。 推动地方政府建立健全重点行业融资风险补偿基金、政府性担保基金、财政奖补贴息等机制，支持银行保险机构加大制造业的信贷投入和保险保障，用好用足配套支持政策，将政策红利惠及广大制造业企业。

(二)加强运行监测联动

加强银保监部门与经信部门合作，建立健全"456"先进产业集群重点企业融资监测机制，按季监测融资余额、贷款品种、授信担保总额使用比率等相关数据，关注重点企业融资需求满足情况。 各银行机构的监测报表通过"区域特色报表系统"报送，首次报送时间为 2020 年 6 月 5 日（星期

五），报送 2020 年第一季度数据，同时补报 2019 年末数据；此后季后 10
日内报送。

（二）加强服务成效评估

各级监管部门要加强引导，将银行业保险业支持"456"先进产业集群高
质量发展成效作为服务实体经济的重要内容，纳入监管评价与监管通报，实
施奖优限劣措施。

中国银保监会台州监管分局
台州市经济和信息化局
2020 年 5 月 22 日

第十四节　中国银保监会台州监管分局、台州市经济和信息化局关于当前形势下进一步做好小微企业园金融服务工作的通知

一、加快推进银企对接全覆盖

各银行保险机构要按照"百行进万企""万员助万企""融资监测、对接、服务全覆盖"等工作要求，落实"伙伴银行（保险）＋金融指导员"工作机制，由融资监测主办行牵头，对照《第一批小微企业园及入园企业名单》（具体名单另行下发）逐一开展走访对接。对接过程中，应注重全面、客观了解入园企业存在的困难以及新的金融服务需求，结合"三服务"大走访、台州金融大讲堂、金融红色书吧等形式，主动宣传金融惠企政策，引导企业在台州市"掌上数字金融平台"中"融资需求监测"模块填报问卷、提出金融服务需求，及时做好对接和服务工作。对前期已对接的入园企业开展"再对接再服务"，重点了解当前形势下融资需求变化和服务落地情况，于2020年5月底完成全部入园企业对接工作。到2020年末，力争入园企业建档率达100％，入园企业融资满足度显著提升。

二、确保惠企金融政策落实到位

鼓励各银行保险机构进一步加大对受疫情影响较大的园区企业减费让利力度，争取全市普惠型入园企业新发放贷款利率水平比2019年下降0.5个百分点以上。各银行机构要逐月梳理形成入园企业贷款到期情况清单，提前对接沟通，逐户明确信贷支持方案。对提出贷款延期还本付息申请的入园企业，结合疫情影响情况和企业经营状况，按照银保监会政策给予贷款展期或延期还本付息，并充分运用无还本续贷、中期流贷、循环贷款等创新方式，推行正面清单＋负面清单管理模式，确保有续贷需求的企业应续尽续。各保险机构要摸排入园企业保险需求，根据实际情况对受疫情影响较大的企业，适当给予减免暂停营业期间的保费、延长保险期间、延后保费缴纳时间、降低新

投保保险的保费等支持。

三、加大小微企业园信贷支持力度

各银行机构要综合考虑当前形势和未来发展，制定小微企业园专项金融服务方案，全力保障园区企业复工复产和生产发展的融资需求。到 2020 年末，力争全市小微企业园贷款余额达到 80 亿元以上，其中，入园企业贷款余额 65 亿元以上，进一步扩大园区企业贷款覆盖率。各法人银行要优先运用政策性转贷款支持入园小微企业，积极推出专项转贷款产品；各银行分支机构要加大对小微企业的信贷服务力度，支持入园企业的有效融资需求。

四、大力支持小微园区建设运营

各银行保险机构要发挥资金优势，积极运用项目贷款、险资直投等方式，为小微园区建设运营提供资金支持。针对政府主导、工业地产、企业联合等各类小微企业园开发模式，定制"一对一"综合金融服务方案，在园区规划、建设、招商、运营等阶段，提供包括融资支持、支付结算、咨询顾问、综合保险等全流程金融服务，满足多样化和特色化的金融服务需求，积极融入小微园区公共治理体系和运营服务体系。2020—2021 年，台州市银行保险机构要支持全市建设和运营小微园区达到 100 家以上、小微企业达到 3000 家以上。

五、加强技术改造金融支持

各银行保险机构要梳理入园企业技改融资需求清单，加大技改贷款、融资租赁、设备抵押贷款、投贷联动、创投基金等应用，支持研发应用首台（套）重大技术装备保险、知识产权类保险、产品责任保险、产品质量保证保险等新险种，提升入园企业"机器换人"、技术研发、数字化转型的信心与动力，帮助入园企业通过技术改造应对当前用工缺口状况和转型升级需要。

六、充分发挥保险风险保障功能

在推进台州市"务工无忧"保险基础上，针对疫情背景下小微园区保险需求变化，各保险机构要积极开发和定制专属保险产品及服务，完善财产险、安全责任险、雇主责任险运行机制，保障安全生产，有效防汛防旱。 进一步扩大园区出口企业承保出口信用保险覆盖面，推广"出口信用保险＋贷款保证保险＋互联网风控""信保贷""保单贷"等银保合作模式。 要注重各险种、各产品的衔接和互补应用，为入园企业提供全方面风险保障。

七、深化"伙伴银行""伙伴保险"机制

各银行保险机构要积极与小微企业园建立紧密、稳定的合作关系，通过与园区管理方签订合作协议等形式予以确立，并按照市场化原则定期动态调整。 充分发挥"伙伴银行""伙伴保险"积极作用，稳步实现省认定小微企业园融资监测点全覆盖，建立同业之间、金融机构与园区管理方、主管部门间的定期磋商以及信息收集、分析与共享机制，分析、研究和解决金融服务问题。 针对入园企业，各银行机构要在保障有效金融服务需求得到满足的同时，切实防范过度授信、过度担保、过度投资，对服务园内小微企业、中型企业和大型企业的银行家数，分别按照一般不超过 3 家、5 家、8 家予以协商限定。

八、强化多方联动和协作

各银行保险机构要持续深化推广"金融＋科技＋园企＋政府＋监管""五位一体"小微园区金融服务模式，加强与当地政府、园区主管部门和园区管理方的深入合作，紧抓新基建推进的有利契机，积极争取将金融服务模块嵌入园区数字化平台，加快推动用水、用电、用气、用工、排污、物流、设备运行等数据的动态采集和信息共享。 及时了解人员健康、产能等经营信息，掌握税费减免、租金减免、财政奖补等扶持政策，为精准推进小微企业园金融服务提供决策依据。

九、着力推进金融服务科技赋能

各银行保险机构要积极畅通业务办理绿色通道，升级线上服务渠道，对受疫情影响的企业最大限度简化业务办理流程，提升办理效率。 积极在"掌上数字金融"服务平台上线相应产品，引导入园企业通过平台在线提交融资

和保险申请，推动"掌上办贷""掌上续贷""掌上办保"增量扩面。 鼓励应用互联网、大数据、人工智能等新技术，探索智能化的获客、审批、服务、风控模式，探索开发线上金融服务和金融产品，提高线上办贷、线上续贷、线上投保、线上定损、线上理赔的占比。

十、正确处理促发展和控风险的关系

各银行机构要加强监测分析，准确研判入园企业经营困难和问题。 对于临时性经营困难的企业，要综合运用各类支持政策，适当放宽办贷、续贷等金融服务准入门槛；适当提高不良容忍度，在风险可控的前提下探索"容缺"办理机制，加大入园小微企业金融服务力度。 灵活运用联合会商帮扶机制，共同研究解困措施，严禁抽贷、压贷、断贷行为，防止临时性困难演化为实质性偿付风险。 对于借助疫情影响有逃废债行为的，要联合有关司法部门依法予以惩戒，坚决防范"搭便车"行为和道德风险。

中国银保监会台州监管分局

台州市经济和信息化局

2020 年 4 月 23 日

第十五节　台州市小微企业首贷户拓展专项行动方案
(2020—2022 年)

一、总体要求

(一)指导思想

以习近平新时代中国特色社会主义思想为指导，全面贯彻落实第十三届全国人民代表大会第三次会议政府工作报告精神，坚持稳中求进工作总基调，坚持新发展理念，进一步深化拓展普惠金融，为民营和小微企业提供更高质量、更有效率的金融服务，让小微企业贷款可获得性明显提高。

(二)基本原则

1. 问题导向

围绕台州市民营和小微企业首贷难中信息共享不足、抵押担保缺失等痛点、难点，找准原因，因企施策，有针对性地解决制约企业首贷难问题。

2. 精准对接

在"万员助万企""百地千名行长助企业复工复产"和"三服务"等活动的基础上，通过部门共建、政银联动、充分运用"台州融资通"数字金融服务平台等方式强化银企融资对接，以入户走访、定向辅导、集中培育、咨询服务、线上对接等方式进行精准培植，为首贷企业量身打造金融产品，提高小微企业获得贷款能力。

3. 部门联动

全市各级中国人民银行、市场监管部门、金融办以及银行机构按照各自职责分工，在信息共享、政策引导、差异化监管、信贷扶持、流程优化、金融对接方面，加大工作力度，着力完善小微信贷营商环境，增强小微企业首贷服务效率。

二、行动目标

在全市范围深入挖掘处于成长期，有潜力、有前景但尚未获得银行贷款支持的小微企业，有针对性地开展培植，使小微企业首贷获得率明显提高，小微企业金融服务获得感明显增强。

短期目标：力争到 2020 年末新增小微企业首贷户占比超过 15%。2020—2022 年小微企业贷款年均增速不低于各项贷款增速，小微企业融资成本稳中有降。

长效机制：深化小微金融供给侧结构性改革，形成"政策保障到位、信息对接到位、首贷服务到位"的民营和小微企业金融和政策保障体系，切实提高实体经济金融服务质效。

三、具体举措

（一）建立全市小微企业无贷户白名单

台州市市场监督管理局根据中国人民银行台州市中心支行汇总的已有贷款记录的企业名单。与已注册在台州的小微企业系统信息进行比对，筛选形成小微企业无贷户清单，在此基础上，充分运用"台州融资通"平台的信用评分、智能匹配等功能，筛选名单企业中的小微企业，形成白名单。中国人民银行台州市中心支行通过金融网邮箱向各级银行业金融机构提供无贷户白名单，并依托"台州融资通"数字金融服务平台政策专区进行展示，供银行业金融机构查询。小微企业无贷户白名单每年 1 月和 7 月更新一次，充分实现信息共享。

（二）开展全市小微首贷户拓展大走访

一是在前期"百地千名行长助企业复工复产"专项行动的基础上，全市各级银行业金融机构对白名单企业开展入户走访，逐户建立工作台账和培植帮扶档案。二是结合企业经营特点和融资需求，从行业政策、信贷政策、担保政策等方面，对企业金融服务进行综合评估，有针对性地制定财务管理、信贷支持和支付结算等综合培植方案。三是各银行机构按照"三张清单"工作要求，进一步完善内部绩效考核，落实授信尽职免责和容错纠错机制，创新金融产品和服务，提高贷款审批实效，充分调动基层银行分支机构"敢贷、愿贷、能贷"的工作氛围。

（三）综合运用"台州融资通"数字金融服务平台开展摸排和对接

"台州融资通"平台对无贷户白名单企业发起邀约，主动对接企业，并自动智能推送给相匹配的银行机构，相关银行机构对接受邀约在平台申请贷款的小微企业必须在 3 日内进行处理，未通过贷款申请的应说明理由。组织引导全市各级银行业金融机构在平台及时发布和更新金融服务产品，特别是针对首贷企业特点，打造条件适度宽松、成本适度优惠的特色信贷产品和服务。

（四）鼓励创新首贷产品和服务，推动无贷户小微企业贷款落地

全市各银行业金融机构在前期无贷户大走访的基础上，制定无贷户信贷创新产品，针对无贷户经营特点，设计符合首贷特点的金融服务，进一步优化信贷审批流程，确保金融供给端符合无贷户市场需求，推动无贷户小微企业贷款落地。中国人民银行台州市中心支行将支持地方法人金融机构发行小微企业金融债、二级资本债、永续债等，增强其服务民营和小微企业能力，对白名单内的"首贷户"企业优先予以 1 万亿元央行再贷款报账，积极提供央行低息资金支持。

（五）推动首贷融资政策性担保和风险补偿计划

在推广"首贷户"信用贷款的同时，积极推进首贷政策性融资担保培育计划，加强与市小微企业信用保证基金的业务对接，全面推动小微企业首贷户担保培育计划。另外，中国人民银行台州市中心支行、市财政局、市金融办联合建立首贷户贷款风险补偿机制，开展首贷户贷款风险补偿计划，对依托"台州融资通"平台、浙江省企业信用信息服务平台开展首贷业务的银行业金

融机构发放小微企业首贷户贷款提供政策支持。 中国人民银行各县（市、区）支行、各县（市、区）市场监督管理局、各县（市、区）金融办要共同推动各县（市、区）政府制定激励措施，推动政策性融资担保机构提供担保政策支持。 各银行业金融机构要进一步完善银担、银保合作机制，合理确定风险分摊比例，强化银担合作关系，同时加强商业性保险合作，充分释放商业保险的融资增信和政策性融资担保作用。

（六）全面加强货币政策引导和支持

中国人民银行台州市中心支行将对首贷户拓展行动快、成效明显的银行机构，加大再贷款、再贴现、小微企业信用贷款支持政策等货币政策工具的支持力度。 灵活调整宏观审慎评估（MPA）参数，鼓励银行机构增强民营和小微企业信贷投放，用好用足普惠金融定向降准政策，引导金融资源向小微企业首贷领域倾斜。 发挥信贷政策导向效果评估工具作用，引导银行机构将更多资金运用于小微企业首贷户拓展。 对于工作开展不力的银行机构，将采取约谈、通报等方式督促整改，并根据实际情况，纳入银行业金融机构综合评价体系。

（七）定期开展首贷户拓展专项行动效果评估和总结表彰

一是按季评估通报首贷进展情况。 各级银行业金融机构要定期将本行首贷培植企业获得贷款情况报送当地中国人民银行，并于每季后 10 日内报送本行首贷户信贷台账（要求信息要素完整，各机构对台账内容真实性准确性负责），人民银行台州市中心支行按季通报各机构首贷户拓展情况（小微企业首贷考核办法见台银办发〔2018〕47 号文件），中国人民银行辖内各县（市、区）支行参照执行。 二是开展首贷创新产品和先进评选活动。 中国人民银行台州市中心支行、台州市市场监督管理局、台州市金融办、台州市财政局将联合开展 2020 年全市银行业金融机构"首贷"产品创新项目和首贷户拓展专项行动先进个人、服务小微企业成长优秀单位等系列评选活动，充分展示小微企业"首贷"工作成果，对于优秀信贷产品、基层信贷工作人员在全市范围进行推广，进一步激励银行机构业务拓展主动性，营造良好的社会舆论氛围。

中国人民银行台州市中心支行　台州市市场监督管理局

台州市人民政府金融工作办公室　台州市财政局

2020 年 7 月 9 日

第十六节　中国银保监会台州监管分局关于在当前形势下深化推进无还本续贷工作的通知

一、深入摸排续贷需求,科学制定无还本续贷计划

各银行机构要深入摸排本行客户在全省一级响应及其后 3 个月内贷款到期及续贷需求情况,并逐月形成贷款到期和续贷需求情况表,前移续贷沟通环节,明确续贷方案,稳定信贷客户用款预期。 全省一级响应期间的摸排、沟通工作应以电话、视频等非接触沟通方式为主。 同时,各银行机构应充分考虑受疫情影响无还本续贷需求变化情况,调整制定 2020 年无还本续贷发展计划,做好相关政策的内部传导和外部宣传。 各行工作推进进度应与时间进度保持基本一致,确保 2020 年全市无还本续贷余额达到 500 亿元以上。

二、突出无还本续贷支持重点,适当扩大应用范围

各银行机构应在全国、省、市三级重点企业基础上,围绕疫情防控的生活物资企业、应急物资生产配套企业(包括上下游、运输、销售、仓储等企业)和基本民生保障生产、服务企业,结合本行实际和摸排情况,建立重点续贷保障客户清单,进行"一对一"对接。 对有续贷需求的要应续尽续,提前完成续贷手续。 不得简单地将受开复工延期、交通管制、员工隔离等影响导致现金流收紧、偿债能力下降的客户纳入"负面清单"管理。 进一步加大个人经营性贷款的无还本续贷应用力度,并逐步将应用范围扩大至中型企业。

三、强化科技系统保障,提升业务办理便利化水平

各银行机构要积极落实疫情防控要求,适应未来发展趋势,加快无还本续贷相关业务系统升级改造,打通"线上对接、线上审批、线上签约"的非接触、不用跑的纯线上续贷流程。 要进一步下放无还本续贷审批权限、简化业务流程、优化配套法律文书文本,减少客户等待周期、操作步骤,实现无还本续贷业务办理的"快速响应、快速操作、快速办结"。 要加快与我分局"线上续贷中心"对接，加快产品上线，明确内部管理办法和操作流程，制定宣传推广计划。

四、完善考核激励机制，落实尽职免责制度

各银行机构要加大资源倾斜力度，强化无还本续贷业务考核激励保障，适当提高风险容忍度，制定特殊时期无还本续贷免责政策或免责行为清单，简化免责认定程序，下放免责认定权限，提高基层经营网点和客户经理应用无还本续贷的内生动力。 同时，应继续加强无还本续贷的监测分析和内部审计，严格防范在特殊时期滥用无还本续贷掩盖真实风险状况的行为，守住风险底线。

中国银保监会台州监管分局

2020 年 2 月 10 日

第十七节　中国人民银行台州市中心支行、台州市市场监督管理局关于大力推进商标专用权质押贷款工作的通知

一、高度重视，加快推进商标专用权质押贷款业务

各金融机构要建立并完善适合商标专用权质押贷款特点的授信评级、风险评估、审批授权、尽职调查和考核激励机制，把商标专用权质押贷款打造成常态化的金融产品。积极对接全市首贷户拓展大走访活动，对轻资产、高成长性的小微企业，积极运用商标权质押贷款满足企业融资需求。各县（市、区）人民银行、市场监督管理局及各金融机构要抓紧部署推动，尤其是 2019 年度未完成任务的金融机构要高度重视，努力创新工作方式，全力完成 2020 年台州市商标专用权质押贷款目标任务。完成情况纳入中国人民银行对各单位年度考核及台州市金融支持地方经济发展业绩考评。

二、协调配合，形成商标专用权质押贷款推动工作合力

各县（市、区）中国人民银行、市场监督管理局、各金融机构要加强企业、商标资产评估公司的联系与沟通，围绕服务发展的共同目标，协调解决商标专用权质押贷款工作中遇到的各类问题，形成工作推动合力。各县（市、区）中国人民银行、市场监督管理局要认真总结经验、积极探索创新、完善工作机制，切实推动辖内商标专用权质押贷款业务发展。

三、广泛宣传，提高商标专用权质押贷款工作积极性

各县（市、区）中国人民银行、市场监督管理局、各金融机构要联合相关部门加大宣传力度，采用座谈会、宣讲会、上门走访等各种形式，着重对有一定影响的品牌企业和急需贷款的中小企业开展针对性指导，大力宣传台州市商标专用权质押融资专项资金池补助、风险补偿和相关典型案例，通过摸底调查、重点筛选、企业培育，让企业充分认识到商标专用权

质押贷款是融资的一条新渠道，不断提高开展商标专用权质押贷款工作的积极性。

中国人民银行台州市中心支行

台州市市场监督管理局

2020 年 7 月 30 日

第六篇
改革成效与进阶之路

台州小微企业金融服务改革创新得到了国务院副总理刘鹤的高度肯定,小微企业金融服务改革的"台州模式"在全国复制推广。本篇展示了台州市政府和"金融系统"关于全国小微企业金融服务改革创新试验区5年工作的总结报告,系统总结小微金改成效并提出"十四五"期间进一步深化小微企业金融服务改革的思路。

17

第十七章 台州小微企业金融服务改革成效

第一节 台州市政府小微企业金融服务改革创新试验区
工作总结报告

2015 年 12 月 2 日，国务院常务会议确定建立"浙江省台州市小微企业金融服务改革创新试验区"。 5 年多来，台州市坚持以服务实体经济、深化金融改革、防控金融风险为改革创新的出发点和落脚点，以金融稳保经济稳、以金融活促经济活，省市县联动、政银企协同，出台一系列基础性、关键性、首创性改革措施，有效缓解小微企业融资难、融资贵问题，逐步探索出一套"专注实体、深耕小微、精准供给、稳健运行"的小微企业金融服务"台州模式"。 这项改革，时任浙江省委书记习近平曾两次批示，希望不断探索，为小微企业服务；刘鹤副总理高度肯定，要求认真总结和推广，李强、夏宝龙、马凯、车俊、易纲等领导做出批示肯定，相关做法曾多次在全国性会议上做经验介绍，获《人民日报》头版头条、新闻联播等专题报道。 2019 年 6 月，小微金融台州模式在全国小微企业金融服务经验现场交流会上向全国复制推广。 截至 2020 年末，小微企业贷款余额 4289.86 亿元，比 2015 年末增长 85.45％，占全部贷款余额的 43.45％，比 2015 年末提高 1.53 个百分点，高于全国 19.38 个百分点；小微企业贷款户数 43.47 万户，增加 3.58 万户；连续 10 年实现小微企业贷款"三个不低于"或"两增两控"目标。 现将相关情况汇报如下。

一、台州金融业概况

台州市已形成以五大国有商业银行为主体，政策性银行、股份制商业银行、邮储银行、城市商业银行、农村中小合作金融机构、新型农村金融组织等并存的多层次金融服务体系，与保险、证券期货机构以及各类大小金融中介共同构建了台州金融服务的大框架。 截至 2020 年末，全市金融业保持平稳增长，实现增加值 413.99 亿元，占全市地区生产总值比重为 7.87%，占第三产业增加值比重为 15.51%。

台州辖内现有银行业金融机构 44 家，其中地方法人金融机构 20 家。 截至 2020 年 12 月末，全市银行业各项存款余额 10 630.31 亿元，同比增长 12.40%；各项贷款余额 9872.25 亿元，同比增长 15.56%；银行资产质量良好，全市银行业不良贷款余额 67.30 亿元，不良贷款率 0.68%，低于全省平均 0.29 个百分点。 台州银行、浙江泰隆商业银行、浙江民泰商业银行在全国 23 个省市设立 795 家分支机构（含村镇银行）。

全市辖内共有证券机构 113 家，期货机构 16 家；保险业金融机构 57 家，其中财险公司 27 家，寿险公司 30 家。 2020 年 12 月末，全市证券经营机构代理交易额 4.5 万亿元，同比增长 60.39%；全市期货经营机构代理交易额 2.32 万亿元，同比增长 49.81%；全市保费收入 219.25 亿元，同比增长 13.87%。

台州辖内目前共有上市公司 64 家，其中 A 股 59 家，数量居全国地级市第四，台州上市公司以民营制造业企业为主，制造业占比 92.19%，民营企业占比 90.63%。 2020 年 12 月末，全市上市公司总市值 6053.15 亿元，占 2020 年度台州市 GDP 的 115%。

二、台州小微金融特色

台州是中国民营经济发祥地，民营经济发达，小微企业众多。 截至 2020

年末，全市市场主体累计 69.52 万家，其中企业 21.89 万家，个体户 46.58 万家，农民专业合作社为 1.05 万家。作为全国唯一拥有 3 家地方城市商业银行的地级市，20 多年来，我们立足自身独特优势和良好基础，充分发挥"有效市场"和"有为政府"作用，逐步构建起与台州实体经济相匹配的金融服务体系，小微金融服务水平全国领先，小微金融服务格局差异多元，小微金融服务模式特色鲜明，创出了具有全国广泛影响的台州小微金融品牌。

（一）小微金融服务方式独特。以 3 家城商行为代表的台州小微金融服务机构，坚持定位小微群体，以"小客户"挖掘"大市场"，做实做精小微金融，创造性地探寻出了一套适合自身发展、易推广、可复制的小微金融商业发展模式和微贷技术。如台州银行"下户调查、眼见为实、自编报表、交叉检验"十六字信贷调查技术和"三看三不看"风险识别技术，浙江泰隆商业银行"三三制"服务和"三品三表"信贷技术，浙江民泰商业银行"看品行、算实账、同商量"九字诀信用风险防控方法，有效提高了信贷风险防控能力和信贷服务效率，且近年来各行利用金融科技赋能传统小微服务模式，极大提升了服务效率，降低了服务成本。

（二）小微金融服务体系健全。台州小法人金融机构众多，形成了多元化、多层次、差异化的小微金融服务格局。辖内各国有、股份制商业银行组建了形式多样、灵活有效的小微企业金融服务专营机构 300 多家；3 家城商行已发展成为小微企业金融服务的专营银行；各农合机构发挥网点优势，助推农村经济和小微企业发展；8 家村镇银行、28 家小额贷款公司和 2 家资金互助社等新型金融组织也专注服务"三农"、个体工商户和小微企业。

（三）小微金融服务立足普惠。台州市银行业金融机构网点部局普遍"更接地气"，服务重心不断下沉、融资门槛逐年降低，小微金融普惠性得到有效体现。辖内各国有、股份制银行几乎都是系统内小微金融服务试点行；以近百档利率实施差异化利率定价机制，保证担保方式占比超 60%，满足了小微群体差异化的贷款需求。各金融机构量身定制出多类别、个性化的小微金融产品 200 多个。如台州银行"小本贷款"、泰隆银行"SG 泰融易"、民泰银行"民泰随意行"、台州农信"丰收小额贷款卡"等，金融产品创新走在前列。

（四）小微金融服务理念超前。 台州市银行业金融机构坚持"客户至上"的服务理念，为客户提供高质量的金融服务。 工行台州分行在全国工行系统率先出台中小企业贷款管理办法，相关经验推广至全国。 3 家城商行较早推行"客户经理制"，客户经理占员工总数 40％左右，将客户经理的服务半径划定在半小时以内；在国内率先推出"金融夜市"，柜面业务实行错时当班弹性工作制，满足了小微企业服务需求。

三、小微金改主要工作和成效

为保障小微金改各项工作任务稳步推进，2016 年 3 月，省、市两级相继成立小微企业金融服务改革创新试验区工作领导小组，市委书记、市长任台州市领导小组双组长，市长同时兼任省领导小组副组长，统筹协调、上下联动、协作推进。 对照《浙江省台州市小微企业金融服务改革创新试验区总体方案》（银发〔 2015 〕 375 号）8 方面主要任务、4 项保障措施，分年度制定重点工作任务清单 90 项、工作要点 40 项，逐一明确牵头单位和责任单位，扎实推进金融改革创新工作。 2020 年，金融业实现增加值 413.99 亿元，比 2015 年增长 44.54％。 2020 年末，金融机构本外币各项存款余额 10630.31 亿元，比 2015 年末增长 68.58％；各项贷款余额 9872.25 亿元，比 2015 年末增长 78.9％；民营经济贷款余额 5492.39 亿元，比 2015 年末增长 67.17％；制造业贷款余额 2661.19 亿元，比 2015 年末增长 43.93％。 2020 年，银行业人民币加权平均贷款利率 6.33％，比 2015 年下降 2.06 个百分点，其中小微企业贷款利率 5.57％，比同期人民币加权平均贷款利率低 0.76 个百分点。信贷资金明显向实体经济倾斜，小微企业、民营经济、制造业贷款增速明显提升。 银行业不良贷款率为 0.68％，比 2015 年末下降 0.9 个百分点，资产质量位列全省前茅。 保险深度 4.17％，比 2015 年提高 0.67 个百分点；保险密度 3433.1 元/人，比 2015 年提高 66.31％，显著提高了小微企业融资覆盖率，有效降低了融资成本，扩大了融资规模，提升了金融服务质量，优化了金融生态环境，已圆满完成《总体方案》中的主要目标和各项任务。

（一）首创金融服务信用信息共享平台，构建数字化征信体系，破解银企信息不对称问题

平台汇集市场监管、税务、法院、社保、电力、水务等 30 个部门 118 大类 4000 多细项，72 万家市场主体 4.14 亿条信用信息。并与省级金融综合服务平台、台州市公共信用信息平台等协同互补，免费提供银行使用，使贷前调查成本从户均 20 小时、400 元左右降低至几乎为零，被央行副行长陈雨露称为小微征信服务的"台州模式"。2020 年 9 月，成为全国首个接入"长三角征信链"的地方平台。开设"掌上数字金融平台""融资通"线上融资对接系统，发布信贷产品 595 个，线上融资总额 377.8 亿元。利用平台数据建立无贷户名录库 12.6 万家，绘制企业五色融资需求图，有针对性地推进首贷户拓展工作。2020 年 10 月黄岩区借助信用信息共享平台，黄岩农商银行和第三方信用评估机构合作，开展"信用评级＋银行贷款"创新金融服务模式，在全国率先开展小微企业信用贷款评级试点，拓展首贷户 2081 家，发放贷款 23.62 亿元。截至 2021 年 5 月末，平台已开设查询用户 2614 个，累计查询量 1171 万次，已接受全国各地 350 多批次考察团的学习考察，已成功复制推广到浙江部分地市以及四川、福建等地。

（二）首创小微企业信用保证基金，构建地方政府融资担保体系，破解企业增信难问题

2014 年采取"政府出资为主、银行捐资为辅"的方式，设立中国大陆首个小微企业信用保证基金。基金年担保费率不超过 0.75％，且不附加收取额外费用或增加第三方担保。一般客户由银行推荐并分担 20％风险，基金 80％担保风险与省再担保集团分摊，即省再担保集团分享基金 40％收益并承担 50％风险，形成了省、市、县高效协同机制，有效提升担保规模放大效应和风控能力。2020 年 11 月，国家融资担保基金首批投资入股的地级市基金综合考评第一，获国、省两级财政 1.6 亿元增资。截至 2020 年 12 月末，基金规模为 11.7 亿元，在保余额 105.06 亿元，放大倍数 9 倍。累计服务企业 2.46 万家（在保 1.26 万家），承保 448.82 亿元，平均担保费率仅 0.68％，累计代偿率 0.53%，服务规模居全国地级市首位。 台州信保基金被国内多地复制推广，其实践经验也被国家担保基金多次借鉴。

(三)"深耕小微、精准供给"有机结合,形成小法人银行"伙伴式"金融服务体系。

20 家地方法人银行不断创新微贷技术，形成"小法人银行"服务"小微企业"的"两小"特色金融服务。 3 家城商行实行社区化、模型化、便利化经营策略，实施"两有一无"（有劳动意愿，有劳动能力，没有不良嗜好）低门槛信贷准入模式，以"产品贴近需求、服务贴近客户、机构贴近市场"的"三贴近"服务形式，满足小微企业多元化、特色化、差异化融资需求。 目前，3 家城商行小微金融商业发展模式和微贷技术已在全国 23 个省市成功复制，在台州辖外设有 572 家分支机构、223 家村镇银行总行及分支机构。 小微企业（含个人经营性）信用和保证贷款占比均超过 75%，贷款客户数 105万户，户均贷款仅 36.2 万元，500 万元以下贷款户数占 99%以上。 台州银行等地方法人银行通过建立以大数据为支撑的批量授信"信贷工厂"，移动办贷（Pad 终端），以"数据驱动、线上流程、行业专家、现场交叉"改造提升"三看三不看"（即不看报表看原始、不看抵押看技能、不看公司治理看家庭治理）传统风险识别技术，形成"跑街"和"跑数"有机结合的审贷授信新机制。

(四)"有为政府、有效市场"同步发力,形成政银联动、持续向好的地方金融生态体系

在 3 家城商行的管理上，做到"参股不控股、放手不撒手"，充分发挥市场机制作用。 在全国率先开展商标专用权质押融资试点，2020 年全市商标质押登记 534 件，办理量占全国 30%，连续 6 年居全国首位。 截至 2020 年末，全市共发放商标权、专利权、排污权、应收账款等四类无形资产抵押贷款9697 笔、1094.83 亿元，其中，知识产权质押金额达 155.7 亿元，超过深圳位列全国各设区市第一。 实施"政银联通"工程，将涉及工商企业登记、社保就业登记、不动产抵押登记等领域 173 个事项接入全市 398 家银行窗口一站式代办，实现"政府少投入、银行增客源、群众得实惠"三方共赢。 截至目前，全市"政银联通"经办网点累计办件超200万笔。 创建全国第二批社会信用体系建设示范区，去年7月1日实施全国首部信用促进地方性法规《台州市企业信用促进条例》。 设立台州小微金融学院、浙江（台州）小微金融研究院，编制全国首个小微金融指数，注重小微金融服务人才培养培训，为政府服务企业决策、金融机构精准服务小微企业、监测防范小微企业运行风险提供指导和参考。 推进"小微金融标准化"建设，"信用保证基金业务规范""小微金融指数规范""泰隆银行小微金融标准"等多项标准已发布，7项重点标准正在筹备发布。

（五）扎实推进"融资畅通工程"，持续推动小微企业降本减负

探索地方财政与银行让利联动直达惠企新机制。 2020年12月，省内首发总规模1亿元的"抵息券"，市、县两级财政与12家地方法人银行按1∶1出资，用于受困小微企业抵扣贷款利息，惠及企业超2万家。 推进"零门槛、零周期、零费用"无还本续贷，推出还款方式创新信贷产品99个，解决续贷转贷难、续贷转贷贵问题。 截至2020年末，全市累计办理贷款延期或展期722亿元，无还本续贷余额780亿元，为9.95万户小微企业节约续贷成本超5亿元，余额和户数全省占比分别达19.68%和28.49%。 从2019年起，引入全国规模最大的政策性银行转贷资金（3年总规模1000亿元）。 目前授信规模372.62亿元，用信余额275.47亿元，惠及企业3.78万户。 用足货币政策，共向上争取疫情防控专项贷款、复工复产再贷款再贴现资金等共计353.51亿元，放贷6.92万余笔。 利用以上3种货币工具累计为企业节约利息、罚息、居间担保费用超31亿元。 充分利用两项"直达"工具惠及小微企业，截至2020年末，全市共办理普惠小微企业贷款延期721.95亿元，发放普惠小微企业信用贷款847.68亿元，两项金额均居全省地市第一，惠及20多万家（次）市场主体。

（六）深入实施"凤凰行动计划"，推动企业对接多层次资本市场

在浙江股交中心创新设立"台州小微板"，挂牌企业1018家。 大力推动企业"小升规、规改股、股上市、市做强",为小微企业成长提供全周期金融服务。 着力培育科创型企业,使之成为引领区域经济高质量发展的重要引擎。 试验区获批至今,全市新增上市公司29家,总数达64家,其中A股上市59家,居全国大中城市第18位,地级市第4位,在会在辅导企业数37家,后备梯队充足。 2016—2020年末,累计从资本市场融资892.33亿元。2020年实现直接融资724.21亿元,同比2019年增长逾2倍。 支持地方法人银行拓展主动性负债和资产证券化渠道,2016—2020年末,发行同业存单、大额存单、永续债、专项金融债、二级资本债等主动性负债产品、开展资产证券化业务6119亿元,为同期新增存款的1.4倍。 台州银行成为全国首家发行永续债的城商行,泰隆银行成为全国首家发行小微绿色金融债的银行。

四、争创小微金改示范区工作思路

下阶段,我们将坚持政府统筹、市场主导、监管协同、上下联动,围绕高质量发展,对接基层所需、企业所盼,继续深化金融创新,争创台州国家级小微企业金融服务改革创新示范区。 这一计划也得到了易纲行长等领导的支持,易行长指出"很有必要继续探索,支持台州小微金改试验区升格为示范区"。 初步设想从以下九方面做进一步探索创新。

(一)推进金融数字化改革

一是整合各融资平台与政府部门平台中的金融服务模块,打造互联互通、共建共用、多跨协同的台州数字金融综合服务平台。 二是深入开发平台数据资源,拓展数字应用场景,参与长三角征信链标准研究和制定,提升信用信息数据应用价值。 三是建设台州"信易贷"平台,推广小微企业信用贷款评级试点经验,提升信用贷款比重,推进"信用有价"工作。

(二)继续实施融资畅通工程

一是加大小微企业首贷、续贷、信用贷款投放力度,提升中长期融资比重,持续增强小微企业信贷供给。 二是拓宽中长期稳定资金来源,努力降低小微企业融资成本。 三是深入开展金融"三服务"、金融"党建+服务"行动，巩固提升"政银联通"工程，持续提升小微服务质效。

（三）探索科技和绿色金融创新

一是建立科技企业信贷识别标准，搭建金融支持创新发展服务联盟，探索科技金融发展。　二是建立绿色信贷、绿色保险标志、监测和风险补偿机制，设立小微绿色信贷专项再贷款再贴现额度，探索绿色金融发展。

（四）助推乡村振兴和共同富裕

一是推动金融网点社区化，提升中低收入群体融资获得性。　二是探索中低收入群体理财创新，提升居民财产收入。　三是开展金融助力"乡村振兴"，提升金融服务覆盖面，推动金融促进共同富裕。

（五）推广小微金融服务"台州模式"

一是完善小微金融标准化体系建设。　二是支持地方法人银行通过战略参股、异地设立村镇银行等方式实现跨区域发展。　三是创办小微金融"台州模式"服务、数字金融公司，通过市场化方式、数字化手段输出经验。

（六）深化资本市场对接

一是支持更多优质企业上市、融资，对接多层次资本市场。　利用各类债务融资工具，提高直接融资比例。　二是充分发挥政府引导基金作用，优化各类投资机构招引培育政策，促进各类股权投资基金健康发展。　三是设立小微金融创新引导基金和科技担保公司，建立股债贷保担联动的融资机制。

（七）构建和谐稳定的金融环境

一是在全市各乡镇（街道）建立乡村振兴金融服务基地、投资者风险教育基地、金融先锋服务基地，完善金融顾问、金融指导员、金融网格员管理和考评机制。　二是加强绿色保险改革创新，搭建多层次巨灾风险保障体系，推进保险参与社会治理。　三是建立金融监管协同机制，做好非法金融专项整治，加强地方金融风险防控。

（八）发挥小微金融学院的教育研究作用

一是与合作银行联合创新小微金融本科专业人才培养方式，开展小微金融人才培养。 二是对市内外金融从业人员开展培训，提升小微服务水平。 三是开展上市公司融资辅导与拟上市企业培育。 四是开展小微金融研究，打造国内小微金融有影响力的研究平台。 五是开展小微企业融资辅导，以精准融资专业化服务为切入点，提升企业融资能力和规范化水平。

（九）推动小微金融领域地方立法

以提升小微企业融资便利化程度、降低融资成本为主线，对小微金融数字化改革、信用体系建设、金融科技创新、金融环境与服务优化、政策支持与风险管控等方面开展探索研究，开展小微金融普惠服务专项立法，助推提升小微金融服务能力和水平。

第二节　台州市金融办小微企业金融服务改革
创新试验区工作总结报告

台州在深入推进小微金改过程中，发挥"政府有为、市场有效、联动有力"作用，用好用活货币政策、信贷政策、财政政策，统筹推进区域性金融基础设施建设、信用体系建设和政银企协同机制建设，基本形成了保障有力、办事高效、结构合理、成本降低、风险可控"多、快、好、省、稳"的地方金融生态环境。

一、构建政府性融资担保体系，破解企业增信难问题

以"政府出资为主、银行捐资为辅"，在大陆地区首创小微企业信用保证基金。 基金年担保费率不超过 0.75％，且不收取额外费用或增加第三方担保。 一般客户由银行推荐并分担 20％风险，基金与省再担保集团分摊 80％风险。 在国家融担基金首批入股的地级市基金考评中获第一名，获国、省两级财政 1.6 亿元增资。 截至目前，基金规模为 11.7 亿元，在保余额 133.75 亿元，放大倍数超 11 倍。 累计承保笔数 5.55 万笔，金额超 516.5 亿元，在保企业 1.6 万余家，规模居全国地级市首位。 平均担保费率仅 0.68％，远低于 1.5％的国家标准；自成立以来，已累计为企业节约保费支出 4.29 亿元。

二、打造地方金融生态体系，破解政银联动不协同问题

台州始终坚持大胆创新，充分发挥地方政府在提升小微企业金融服务水平中的引导和推动作用。 坚持有所为有所不为，实现"有为政府、有效市场"同步发力，对地方城商行、农商行"参股不控股，放手不撒手"，在充分发辉银行主动性、积极性和创造性的同时，及时帮助解决影响稳定的问题。充分发挥"最多跑一次"改革的牵引作用，将小微金改与跑改有机结合，将涉及工商企业登记、社保就业登记、不动产抵押登记等领域 173 个事项纳入"政银联通"工程，可在 398 家银行窗口一站式代办，实现"政府少投入、银行增

客源、群众得实惠"三方共赢，被评为"浙江省民生获得感示范工程"。 探索地方财政与银行让利联动直达惠企新机制，2020 年底，在全省首发 1 亿元的"抵息券"，市县财政与 12 家地方法人银行按 1：1 出资，用于受困小微企业抵扣贷款利息，惠及企业超 2 万家。

三、优化地方信用体系建设，破解信用信息应用难问题

创立全国首个金融服务信用信息共享平台，汇集市场监管、税务、法院等 30 个部门 118 大类，69 万家市场主体的 4 亿多条信用信息，免费提供给银行使用。 创建全国第二批社会信用体系建设示范城市，2020 年 7 月 1 日，实施全国首部信用促进地方性法规——《台州市企业信用促进条例》。 深化守信"红名单"、失信"黑名单"及信用修复机制建设，完善行政性、市场性、行业性和社会性联合奖惩。 通过多部门信用上云、约谈限贷等模式，推进涉金融领域失信联合惩戒工作，打击恶意逃废债。 积极推进金融安全示范区建设，探索建立市、县两级金融风险预防、处置、管控全过程治理体系。 率先在全省成立"金融仲裁院"，在路桥区成立全省首家县级金融纠纷人民调解委员会。 在全省率先建立"职业放贷人名录"，对全市 671 名频繁利用诉讼程序谋求非法利益合法化的职业放贷人进行依法处置，严防套路贷，打造"台州人最讲信用、在台州必须讲信用"的金融生态环境。

第三节 中国人民银行台州市中心支行小微企业金融服务改革 创新试验区工作总结报告

一、用信息搭平台,用数字去赋能,为缓解小微金融信息不对称提供"台州经验"

一是问题导向归集数据,联通部门信息孤岛。 平台明确金融服务定位,将原本散落在各个部门的金融信用信息归集、关联整合起来,并根据实际不断调整、拓展。 截至 2020 年 12 月末,已归集发改、经信、科技、税务、公安、法院等 30 个部门 118 大类 4000 多细项 4.09 亿条信用信息,实现对全市 69 万多家市场主体信用建档的全覆盖。 截至 2020 年 12 月末,平台共开设查询用户 2541 个,累计查询量突破 1099 万次,月均查询超 10 万次。

二是需求导向迭代升级,架构功能日臻完善。 搭建"融资通"融资对接平台,为小微企业提供智能化融资对接服务。 2020 年 12 月末,平台累计发布各类融资产品 282 个,促成融资对接 12101 笔、金额 194.33 亿元,服务企业 9935 家。 平台成为全国首个纳入"长三角征信链"的地方政府性平台,实现更大范围、更深层次的共享,为辖内银行"走出去"和市外资金"引进来"提供极大便利;平台与蚂蚁信用评估公司合作,以"中心+公司"模式迅速推进"浙江省以小微企业信用评级推进信用贷款试点"工作成效显著,受到 8 位省部级领导批示肯定;基于平台大数据构建的小微金融指数,成为小微金融服务的风向标。 台州数字金融服务平台接受了全国各地 350 多批次考察团的学习,已成功复制推广到浙江部分地市以及四川、福建等地。

二、给开户免许可,给企业盘资产,为小微企业优化营商环境提供"台州样本"

一是积极推动台州在全国范围内率先开展取消企业银行账户开户许可试点。 2018 年 6 月,台州作为全国两个试点城市之一,启动取消企业银行账户开户许可证核发试点工作,台州市中支在制度建设、系统改造、事后监管等方面为全国推广该项改革提供了经验，助推国务院在试点基础上向全国推广。

二是积极盘活企业无形资产，权利质押融资形成全国影响力。 2016—2020 年累计发放商标权、专利权、股权、应收账款、排污权、土地承包经营权六类资产抵质押贷款 26 490 笔、1405.32 亿元。 台州市商标质押融资改革经验被国家工商总局发文推广，商标权质押贷款累计业务量占全国的 1/3。2020 年专利质押登记金额居全国设区市第一；2020 年应收账款融资对接核心企业数量跃居全省地市第一。

三是大力推进跨境金融区块链服务平台运用，助力小微企业融入"双循环"发展格局。 利用区块链技术，实现实物流、信息流、资金流"三流合一"，解决企业融资背景审核难问题，大幅提升出口企业融资效率。 自 2019年以来，通过区块链平台共为 336 家企业办理出口贸易融资 6.76 亿美元；推进"服务贸易税务备案信息银行网上核验"功能上线，企业网上提交电子税务备案表，无需税务、银行两边跑，已为 97 家企业办理了 302 笔网上核验并对外支付业务，金额 4898 万美元，单笔办理耗时不到 10 分钟。 支持企业利用跨境信贷解决融资难题，借用外债登记规模 39.5 亿美元，平均利率仅为2.03%，利率下降幅度达 25.82%；支持跨国公司集团在台州成立跨境资金运营中心，累计通过跨境资金池收支金额达 30.2 亿美元。 支持路桥市场采购贸易方式试点改革，积极推进市场采购贸易联网信息平台测试，推动 9 家银行已完成联调联试并正式上线。

四是积极引导银行机构提升小微服务水平。 截至 2020 年末，推动银行机构成立 69 家特色支行；推动台州小微企业金融服务标准化试点荣获"浙江省金融标准创新建设试点优秀项目"称号，浙江泰隆商业银行发布全国首个小微金融服务标准。

三、向一线落政策，向市场要资金，为小微企业融资保总量、优结构提供"台州方案"

一是落实、落早各项货币政策工具，惠及 24 万余家小微主体。 创新建立政银担"几家抬"的合力机制，牵头建立 14 个政府部门共同参与的稳企业保就业工作机制，实施贷款情况动态跟踪及监测，确保货币政策工具直达基层；推动实施再贷款"三专管理"（专项产品、专项额度、专项考核），指导辖内法人银行设立"惠农贷""小微暖心贷"等 20 个专项信贷产品,建立专项考核激励办法,充分调动一线的积极性和主观能动性;建立"线上＋线下"的融资对接机制,在"台州融资通"平台设立央行政策支持贷款专区,提高对接效率;组织开展首贷户拓展专项行动,制定民营和小微企业金融服务"三张清单"(授权清单、授信清单、尽职免责清单),推广"贷款码"线上融资方式,推动银行对小微市场主体愿贷、敢贷、能贷、会贷。 2016 年以来,全市银行依托央行再贷款再贴现累计向小微主体发放优惠资金 903.4 亿元,其中1 万亿元专项再贷款再贴现金额居全省地级市第一。 疫情发生以后,台州市中支更是抢抓政策窗口期,2020 年以来全市银行机构依托央行创新货币政策工具,办理普惠小微企业贷款延期 1016.13 亿元,发放普惠小微企业信用贷款 1164.34 亿元,两项金额均居全省地市第一,惠及 24 万家(次)市场主体;全市新增小微企业首贷户 8814 户、191.15 亿元,分别占 2020 年末全市小微企业贷款的 28.44％和 8.60％。

二是构建领先的多元化主动性负债体系,不断提升地方金融机构放贷能力。 覆盖永续债、二级资本债、小微金融债、绿色金融债和微小企业资产证券化等各类产品,打造台州金融债品牌。 泰隆银行成为全国第一家注册并成功发行微小企业资产证券化产品的金融机构,台州银行成为全国第一家发行永续债的城商行,台州成为全国首个两家中小银行发行永续债的地区。 泰隆银行、临海农商银行分别在全省银行机构、农信机构中最早发行绿色金融债。2016—2020 年,台州法人银行主动性负债总额达 6119.65 亿元。

三是推动企业债务融资工具发行不断增量扩面,拓宽企业融资渠道。2020 年,全市共发行债务融资 128 亿元,同比增速为 58.1％,高于全省近 20个百分点,全省排名持续上升,疫情期间充分利用债务融资工具注册发行"绿色通道",推动疫情防控企业发行债务融资工具 15 亿元,位居全省第四。

第四节　台州银保监分局小微企业金融服务改革创新试验区工作总结报告

根据刘鹤副总理复制推广小微金融"台州模式"的重要指示和全国小微企业金融服务经验现场交流会精神，[①]一年多来，台州银保监分局联合有关部门积极贯彻落实会议精神，构建"4＋3＋1"[②]普惠金融服务体系，"三低一高一好一可"[③]的小微金融"台州模式"取得新发展。截至 2021 年 4 月末，台州市小微企业贷款余额 4592.75 亿元，同比增长 20.51％；小微企业贷款占比 44.04％，高于全省平均水平 10.29 个百分点；2020 年普惠型小微企业贷款综合融资成本下降 1.37 个百分点，向各类企业减费让利约 33 亿元。

一、坚守定位重心低，"做小微就是做未来"的初心持续巩固

在银行准入上，严格把握 80％新设机构为小微专营机构、80％新设机构必须设在乡镇的要求，全市设立遍布乡镇村居的小微企业专营机构已达 387 家，率先设立 30 家专注于科技金融、绿色金融、金融支持乡村振兴的专营机构。在服务体系上，细分园区型、供应链型、科创型和吸纳就业型小微企业，建立 70 余支特色团队，提供差异化服务。全市银行机构小微金融产品 1000 余款，主打产品超过 200 款；全市普惠型贷款户均仅 69.05 万元，100 万元以下贷款客户占比 83％。在考核激励上，强化户数特别是无贷户在考核中的作用，2020 年发掘首贷户 2.4 万户；建立分档小微贷款尽职免责机制，对

---

① 全国小微企业金融服务经验现场交流会：2019 年 6 月 25 日，由中国银保监会主办的"不忘初心、牢记使命"小微企业金融服务经验现场交流会在台州召开。

② "4＋3＋1"："4"即形成小微园区型、供应链型、科技创新型和吸纳就业型四类小微企业针对性服务方案，实施差异化金融服务；"3"即推广政策性银行与中小法人机构转贷款合作、银行机构与保险机构的银保合作、银行机构与政策性担保公司的银担合作；"1"即创新开发台州市掌上数字金融平台。

③ 三低一高一好一可：重心低、门槛低、成本低、效率高、风控好、可复制。

贷款额度低的小微贷款适用更宽免责条件，台州法人银行已累计免责 10 557 人次，免责金额达 13.1 亿元。

二、精准对接门槛低，"两有一无"①的金融服务均等性更为彰显

坚持"伙伴银行""伙伴保险"的定位，组织开展面向全市 62.8 万户市场主体"融资监测、对接、服务"全覆盖工作，解决融资问题 1.4 万个，对接融资需求 872 亿元。 大力推广"信易贷"模式，全市信用贷款 1258.21 亿元，较年初增长 10.92%；完善信用增信机制，创新农户家庭资产池融资模式，向农户新增授信 3.16 万户、金额 26.4 亿元；联合市市场监督管理局深化知识产权质押融资试点，知识产权质押融资余额占全省 60%；全国率先试点"双保"应急融资机制，余额占全省 35% 以上，居全省首位。 充分发挥保险惠企作用，联合市农业农村局大力推动政策性农险增品提标扩面，组建特色农险共保体，创新开发 67 种农产品贷款、12 个地方农产品险种，新增地方特色农险险种个数、总数、保费增速均居全省首位。 引入 3 家特色人身险公司，推进惠民保、长护险等产品试点，老年人、孤残儿童保险等弱势群体保险覆盖面超 30 万人。

三、综合减负成本低，"可持续"的创造性张力不断激发

连续 3 年出台"降成本"10 条措施，全省率先将受疫情影响企业减息期从 1 个月扩大到 2 个月，2020 年末全市普惠型小微企业贷款利率较年初下降 1.1 个百分点。 全国率先落地 300 亿元政策性转贷款，降低企业融资成本约 2 个百分点。 全国率先创新"线上续贷中心"＋"线下体验区"模式，"零门槛、零周期、零费用"无还本续贷余额达 885.3 亿元，占全省 19.22%，居全省首位。 主动在建设工程、关税支付等领域引入保险产品代替保证金，已累计释放各类保证金 56 亿元。 2020 年，台州银行保险机构累计为企业减免综合成本超 33 亿元。

---

① 两有一无:有劳动能力、有劳动意愿、无不良嗜好。

四、科技赋能效率高,"掌上办贷、掌上办保"的数字化品牌逐步打响

紧扣"减时间、减材料、减环节",持续提高小微企业融资效率。 紧抓数字经济一号工程建设契机,开发全省首个掌上数字金融平台,上线 48 家银行保险机构 417 款精选产品,实现申贷、办贷、续贷全流程线上贯通。 2019年 6 月上线以来,已累计办理 7.37 万笔、544 亿元贷款,平均办贷时长 3 天内。 融入"无证明城市建设",推出 38 项证明取消事项,最大限度减少企业办贷、办保材料,不动产"总对总"抵押登记线上办理数量居全省前列。 试运行"金融码"项目,以"数据跑"代替"企业跑",实现小微企业客户办贷"纸质资料—电子资料—免提交自动获取"的时代转变。 创新推出"务工无忧"保险码,对全市百万务工人员实施动态监测和安全管理。

五、多措并举风控好,"三升三降三不"①的金融生态更为优化

持续推进信用风险防控工作,成立重点机构"防风险、优服务"工作专班,全年化解处置不良贷款 75 亿元。 截至 2021 年 4 月末,全市贷款不良贷款率仅 0.54%,较年初下降 0.14 个百分点,不良率＋关注率合计 1.02%,继续保持全省前列。 联合司法部门全国率先开展个人债务清理和信用修复创新试点,严厉打击保险欺诈、新型电信网络诈骗等违法犯罪活动,有力营造"鼓励创新、宽容失败"金融生态。 同时,推进八大高危行业安全责任保险,全国率先开展工程车云智慧监管;迅速应对"利奇马""黑格比"台风、"6·13 沈海高速"槽罐车爆炸等灾害事故,获得省、市党委政府主要领导高度肯定;2020 年保费收入突破 200 亿元大关,保费增速位居全省第一,为全市经济社会发展提供风险保障 459 万亿元。

六、服务模式可复制,"花开满园"的品牌效应更加明显

按照共享共建理念,建设台州银行业保险业小微金改实验室,为小微金

---

① "三升三降三不":乱象治理力度提升、合规建设力度提升、平安创建力度提升,违法违规行为下降、风险隐患下降、信访投诉举报下降,不发生重大金融案件、不发生法人机构重大风险、不发生侵害金融消费者重大利益的风险事件。

融创新提供孵化培育、试错容错平台，首批确定 44 家银行保险机构 62 个创新项目。 3 家法人城商行通过在外新设分支机构和村镇银行、争取全国首批投资管理型和"一行多县"村镇银行试点，将小微金融服务台州经验输送至全国各地，通过自办特色培训学院，培养小微金融服务人才 3 万人次。 通过技术输出、高管挂职等方式，小微金融"台州模式"已复制推广至新疆、安徽、云南、内蒙古、西藏等 15 个省市。

第五节　台州市发展改革委小微企业金融服务改革创新试验区终期评估会上的汇报

近年来，在台州市委、市政府正确领导下，台州市认真贯彻落实国家各项关于信用建设决策部署，在探索地方信用立法、推动解决市场信用问题、打造公平公正市场环境等方面取得了积极成效。

一、颁布实施《台州市企业信用促进条例》

台州市是全国最早启动地方信用立法的城市之一。 2020 年 4 月，全国第一部企业信用发展领域的地方性法规——《台州市企业信用促进条例》（以下简称《条例》）正式公布，同年 7 月 1 日正式施行。 《条例》从制度层面破解民营企业发展的信用难题，要求在政策制定、财政支持、政府采购、招标投标、信用承诺制等 9 个方面对守信企业开展一系列惠企激励，推动"政策惠企"向"制度惠企"转化，为民营企业提供了一个稳定的政策预期，也为全国企业信用立法提供了地方经验和实践样板。 根据《条例》要求，台州市还在全国率先研究出台了《台州市企业市场信用信息目录》及配套管理办法。 信息稿《台州市首立〈企业信用促进条例〉助力民营经济再创新辉煌》获浙江省人大常委会副主任李学忠批示，并上报全国人大和国家发改委。

二、构建信用平台，为信用信息共享提供服务

目前台州市公共信用信息平台已完成三期建设，归集 49 个市级部门 2.6 亿条信用数据。 完成台州市个人信用评价（个人信用分）系统开发，形成台州市 18 岁以上 495 万常住人口个人信用评价结果，重点在台州市"先诊疗后付费""台州人免费游台州"、图书借阅、科技馆免费游等社会服务领域开展应用场景落地工作，为市民提供信用便利服务。 同时，台州市进一步完善企业信用评价，形成了 21 万家台州企业的综合信用分，为信用应用工作打好基础。

三、深化信用联合奖惩，引导企业诚信经营

2020 年以来，全市 35 个业务系统通过自动信用核查开展联合奖惩。目前台州市联合惩戒信用核查总次数 67 万次，失信惩戒总次数 8000 余次，守信激励总次数 7.5 万次。人工核查企业 2 万家次，核查个人 3000 余人次。同时，台州市出台《关于全面加强企业信用监管的实施意见》，在市场监管全过程全面应用信用元素，开展"信用＋市场主体退出"试点，注销各类市场主体 1.2 万家，吊销各类失信市场主体 453 家。市发改委会同市中院督促多家严重失信企业（失信被执行人）主动履行法院判决义务，帮助符合条件的 500 余家次一般失信企业修复各级信用门户网站公示的行政处罚记录。

四、推进信用承诺监管，完善告知承诺机制

根据《台州市企业信用促进条例》，台州市配套出台《深化政务服务和公共服务领域告知承诺制实施方案》，允许守信企业在行政审批中适用告知承诺，在全省率先对企业承诺履行情况进行监管，监管结果纳入企业信用评价。目前通过在临海试点，对信用等级良好并自愿做出承诺的 11027 家市场主体当场做出审批决定；对 902 家信用良好、无不良企业信用状况的投资主体采取容缺受理。此外，台州市将行政服务中心的一窗受理云平台和权力运行系统与信用平台进行对接开展信用核查，累计核查 4 万余次，提供审批绿色通道等信用激励服务 1300 次。

第六节　台州市财政局小微企业金融服务改革
创新试验区工作总结报告

一、支持台州小微金改创新试验区建设主要举措

(一)强化财政政策支持和资金保障

近年来，台州市结合地方实际，先后出台了一系列小微金融支持政策，涉及多层次资本市场奖励、基金创新园区扶持、支持地方发展业绩考核奖励、促进民间投资、商标专用权质押贷款、创业担保贷款贴息、融资担保公司风险补助等多个方面。 台州市还积极发挥财政资金（公款）竞争性存放导向性作用，鼓励各银行机构对有融资需求的民营和小微企业优先安排信贷规模，为小微企业可持续发展和实体经济转型升级提供有力的支持。

在资金安排方面，除每年安排金融发展专项资金 2000 万元外，我们还积极统筹各类已争取的资金，做好政策兑现和资金保障工作，并大力支持普惠金融"三大基础平台"建设。 在 2020 年，台州市还为受疫情影响较大的小微企业发放"抵息券"，使用 2020 年中央财政试点城市资金 3000 万元与各县（市、区）财政安排的 2000 万元，以及各县（市、区）农商行和 3 家城商行按 1：1 出资比例，共 1 亿元，联动推出"抵息券"，用以抵扣企业实际支付贷款利息 10%（每家不超过 3 万元），为受疫情影响较大的小微企业降低融资成本。

(二)做大做强台州信保基金

台州市信保基金起步较早，2014 年采取"政府出资为主、银行捐资为辅"的方式，设立了中国大陆首个小微企业信用保证基金（原则上按政府出资及银行捐资 8：2 的比例设置，初创设立规模为 5 亿元，政府主导出资 4 亿元，当地 7 家银行捐资 1 亿元）。 经过多年的发展，信保基金规模从 5 亿元

扩至 10 亿元，业务实现台州市域全覆盖，走在全国地级市前列。 2019 年台州市将 3000 万元财政奖励资金充实到台州信保基金，作为资本金；2020 年，台州市又以综合得分全国第一，获得国担基金 8000 万元和省再担保公司 8000 万元的注资。

截至 2020 年底，台州信保基金在保户数 12 978 户，在保余额 105.06 亿元，净资产 12.5 亿元。 累计服务小微企业、个体工商户、农户共计 24 591 户。

(三)积极推进台州融资担保体系建设

台州市高度重视融资担保机构建设，整合优化资源，以台州信保基金为龙头、其他政策性和民营担保公司为辅，着力构建为小微企业和"三农"提供融资担保服务的政策性融资担保体系，为全国提供可供借鉴的"台州模式"。 截至 2020 年末，台州市融资担保机构 36 家，在保余额 177.75 亿元，其中小微和"三农"在保余额 129.93 亿元，担保代偿率 0.69%。

(四)打造知识产权运营服务体系

积极深化开展商标权、知识产权等各类权利质押融资，降低小微企业融资难度。 一是开展商标专用权质押融资改革试点。 2016 年，台州市开通全国唯一直通国家商标局的商标数据专线，设立全国首个京外商标专用权质押登记受理点。 截至 2020 年底，累计办理商标专用权质押登记 2524 件，质押金额 194.45 亿元，累计发放贷款 172.06 亿元。 目前，台州市正在积极探索动产质押等融资业务。 二是建立风险补偿制度。 出台《关于进一步推进商标专用权质押贷款工作的若干意见》，率先建立风险补偿制度，推进商标权质押融资。 三是加大知识产权补助力度。 着眼于进一步提高台州市企业竞争力，减轻企业负担。 2019 年，台州市争取到国家知识产权运营服务体系建设资金 2 亿元；2020 年台州市共使用该专项资金 6202.6 万元，其中发放融资类知识产权、核准类知识产权等补助 2377.6 万元。

二、下阶段财政支持台州小微金改工作安排

下一步，我们将根据市委、市政府的决策部署，进一步增强大局意识、服务意识、创新意识，继续做好财政支持金融服务综合改革工作，充分发挥财政资金的引导和支持作用，引导辖内金融机构提升服务，扶持台州市小微企业提档升级。 一是继续发挥财政资金的引导和激励作用。 深入探索民营和小微企业金融服务改革有效模式，更好引导金融资源"支小助微"，进一步降低小微企业融资成本。 二是支持健全金融服务组织体系。 大力培育和引进各类金融机构，加快建设普惠金融小镇，满足小微企业多样化的金融需求。 三是完善政府性融资担保运行机制。 通过财政增资对市信保基金进行资本补充，继续做好增量扩面工作。 截至 2023 年，资本金将增至 20 亿元；健全台州市融资担保体系和风险补偿机制，积极开展融担降费奖补工作，引导台州市融资担保机构为小微企业提供可持续的融资担保服务。

第七节 台州市市场监管局小微企业金融服务 改革创新试验区工作总结报告

习近平总书记强调,要打通知识产权创造、运用、保护、管理、服务全链条,健全知识产权综合管理体制,增强系统保护能力。 近年来,台州在全国率先开展知识产权质押融资改革试点,深入探索知识产权融资综合创新,围绕"政府＋银行＋企业"三大主体,打通信息不对称、产权价值低、客户体验差、续航动力弱等四方面堵点,有效缓解了民营企业融资难、融资贵等问题,为经济高质量发展注入了创新活力。 2020 年,全市共办理知识产权质押登记 864 件,质押金额 155.7 亿元,其中专利质押登记金额 105.3 亿元,居全国第一,商标质押登记 544 件,办件量连续 6 年均居全国首位。

一、线上、线下联动,畅通对接渠道

一是建设线上"知识产权集市",实现供需双方精准对接。 在掌上数字金融平台设置知识产权专区,收录全市知识产权详细信息,内容涵盖所有权人联系方式、质押信息、产权简介、质押状态等,便于银行机构主动为产权所有人提供服务。 上线知识产权质押融资专项产品,提供知识产权信息展示、融资对接、产权流转对接等功能,便于企业挑选合适的产品。 目前,平台已收录发明专利、驰名商标等知识产权约 12 000 件,上线知识产权质押融资专项产品 10 余个。 二是设立线下"知识产权融资服务站",实现业务办理高效对接。 结合知识产权服务万里行活动,在各县(市、区)及科创园区等高新企业集中区域的 60 多个银行网点成立知识产权质押贷金融服务基地,并在 200 余家企业现场设立 PAD 金融服务站,实现知识产权质押融资业务咨询、贷款办理、扶持政策申领、知识产权代跑代办等业务的一站办、驻点办。 截至 2020 年底,累计提供各类服务超 2 万次,召开各类银企对接会、推介会 110 余场。 三是建立三方联络员制度,实现信息交流系统对接。 整合市场监管、人民银行、银保监等部门和金融机构力量,建立知识产权质押融资联络员

制度，按月交流工作推进情况，研究解决遇到的难点问题，商讨下一步工作重点。搭建各金融机构共同参与的信息互通共享平台，深化知识产权融资领域的政银合作。

二、产品、押品组合创新，提高产权价值

一是将产品"打包"，提升质押比例。针对部分企业单一质押金额过小无法满足资金需求的情况，坚持"政府引导＋民营主导"，在全省首创"专利＋商标""二合一"和"专利＋商标＋版权""三合一"混合质押融资模式，推动全市27家银行共同创新"标贷通""专利贷"，进一步拓宽企业融资渠道。在全国首创地理标志质押融资模式，大陈黄鱼地理标志通过质押获批集体授信3000万元，帮助涉农企业解决资金短缺难题，不断加强纾困能力。2020年，全市共办理混合质押30件，质押金额7.5亿元。二是给担保"松绑"，减轻增信负担。针对知识产权质押融资普遍采取追加抵押或担保方式，实际增信效用差等情况，要求各银行机构优化信贷管理理念，逐步提高知识产权质押作为主要担保方式的贷款占比。明确采用知识产权质押的贷款不再组合采用抵质押、保证等其他担保方式。2020年以来，在新发放知识产权质押贷款中，有42.3％的贷款将知识产权质押作为唯一担保方式，较上年提高19.5个百分点。三是为创新"赋能"，提升价值转化。充分发挥金融支持作用，通过质押融资"反哺"，配合财政补助扶持，鼓励企业加大投入，开展专利布局和品牌建设，推动科技成果向知识产权转化，引导鼓励企业开展专利导航和高价值专利组合培育，推进知识产权高质量创造，以高价值专利为知识产权融资赋能。2020年，全市共有27件知识产权质押融资金额超1亿元。

三、降本、减费双管齐下，优化客户体验

一是推广自评估，减少评估费用。针对评估机构评估知识产权价值时间长、费用高、手续烦琐等情况，全面推行金融机构自评模式，探索形成"三品三表"调查技术，结合商标、专利产品产值、许可费等，交叉验证知识产权财产价值，既契合小微企业用资"短、频、快"特点，又能有效释放制度红利、

降低企业融资成本。 二是开辟绿色通道,提升融资便利度。 严格落实"减环节、减时间、增便利"要求,开辟商标质押融资绿色通道,推动专利质押登记服务"落户",实现专利和商标"同窗受理、一窗通办"。 目前,商标权质押融资全流程办理最短只需 1 个工作日,专利权质押融资全流程办理时间缩短至 3 个工作日内。 三是实施科学定价,减少利息支出。 指导各银行机构对知识产权质押贷款较其他担保方式贷款框定差异化利率档次,并实行"一户一价、一笔一价、一期一价",鼓励给予优惠利率。 2020 年,全市新发放知识产权质押融资平均利率水平 6.55%,低于全市普惠型小微企业贷款平均利率 0.74 个百分点。

四、内部、外部共同激励,增强续航动力

一是加大财政激励。 将贷款贴息、保险贴费纳入全市知识产权运营服务体系建设专项资金应用范围,对各银行机构知识产权质押贷款,按实收利息的 20% 进行补助;对各保险机构知识产权质押融资保证保险,按年度保费的 25% 进行补助。 截至 2020 年底,全市已累计发放各类补助 994 万元。 二是创新补偿方式。 出台推进知识产权质押贷款 10 条工作意见,建立补偿资金池、专利综合保险等多种风险分担机制。 设立首期金额 3500 万元的知识产权质押融资专项资金池,用于知识产权质押贷款坏账风险补偿,对每笔质押贷款给予本金坏账损失的 50% 补偿,并将知识产权质押融资保证保险的代偿同步纳入补偿范围,享受同比例补助。 三是完善考核机制。 正向激励推动各银行机构拓展知识产权质押融资,全市 4 家科技支行均将知识产权质押融资作为专项指标纳入全面业务考核范围,且相对其他业务给予更高单户奖励和考核权重。 比如,浙江泰隆商业银行对知识产权质押融资业务团队设立薪酬保护值,并按保护薪酬和考核薪酬孰高原则发放薪酬;浙江民泰商业银行则对知识产权质押贷款给予 135 个基点的内部转移定价政策倾斜。

18

第十八章 从试验区迈向示范区

经过对过去 5 年小微企业金融服务改革宏观效果及微观影响的分析，总结出台州金改 7 条经验，这些经验成功的关键在于处理好政府与市场、金融市场中机构与机构、经济与金融以及传统服务模式与数字化 4 对关系，台州金改的诸多举措，在改善金融服务助力小微企业成长方面均取得了较为显著的成效，但也存在着进一步深化改革、加强创新的空间。因此，为进一步深化改革，争取从试验区迈向示范区，提出了相关具体可行的建议。

一、主要经验

台州市小微金融服务取得的成效，政府、市场、金融系统和小微企业等，都在金改过程中发挥重要作用，具体可以归纳为以下 7 个方面经验。

第一，有为政府。台州市政府在推动小微金融服务过程中"有所为有所不为"。首先，通过"两平台、一基金"、小微金融指数等搭建与完善金融基础设施和服务环境，打通融资瓶颈，引导金融机构服务小微企业，为小微企业成长营造出良好的金融服务氛围；其次，"体制不足机制补"，台州市培育了良好的地方金融生态环境，社会信用体系建设成绩突出，一定程度上减小了经济周期对地方金融业的影响；第三，通过制定一系列的金融政策，培育地方法人银行，引入大中型银行设立分支机构，形成竞争充分的小微金融服务市场；第四，充分发挥金融机构的能动性，针对金融机构"自下而上"的创新给予高度重视并有针对性地进行支持，"顺势而为"使得市场机制的作用发挥更加充分。

第二，有效市场。金融机构通过有序竞争，按照市场机制，自主进行市场定位，根据自身优势，瞄准小微金融服务的细分市场。金融机构能够处理好相互的竞争关系，是有序竞争的关键。大中小型银行服务于对贷款规模、价格、服务有不同需求和敏感度的客户，且通过竞争，小微金融服务不断"下沉""精准"，小微企业融资成本逐步降低。法人银行形成有效的小微金融服务模式以后，在政策允许的条件下，逐步向全国其他地区输出成功经验，对改善其他地区的地方小微金融生态体系起到积极作用。

第三，银行专精。台州市金融机构尤其是地方法人银行，在服务小微的金融实践中，坚持专注服务小微企业的主业，针对小微企业金融需求小而散的特点，"自下而上"开展创新，勇于开拓，探索出技术领先、服务精准、风控有效的小微企业"综合"金融服务模式。专注"小微金融服务"的地方法人银行的经营业绩、风险控制水平在全国银行业机构中名列前茅，这充分证明了小微企业金融服务的商业可持续性，也成为小微金融服务的全国榜样。未来如果对模式进行深入总结，有可能成为行业标准。

第四，数据先锋。数据是数字经济的重要生产要素，对于金融服务来说更是如此。台州市通过搭建信用信息服务平台，基本覆盖了本地所有的小微经济群体，各类型金融机构通过将自身积累数据与政府信息平台数据相结合，可以更加精准、高效地识别客户，提升服务效率，控制风险。

第五，能力开路。服务小微企业，需要有与服务大企业不一样的专业能力，而且从课本或者其他的大型金融机构那里，不存在现成可以直接使用的服务小微企业的技术和知识，这需要金融机构从实际出发，从实践中学习和强化能力。台州市地方法人银行通过设置内置金融学院，为员工及小微客户提供技能培训、知识分享，促成了小微金融服务的标准化，强化了小微客户的发展能力，对金融服务供需双方的可持续发展提供了动力。

第六，服务前置。以3家城商行为代表的小微金融服务机构，通过在产品设计中贯彻"跑街与跑数相结合""负面清单"理念，在授信、续贷、风险识别等环节实现了精准的服务前置，提高了服务效率，提升了小微客户覆盖率。

第七，网格覆盖。 台州金改处于传统金融模式向数字模式转型的大背景下，数字鸿沟不同程度地存在，当地金融机构结合社会网格化治理的需要，借助信息平台大数据优势，实现线上线下共同发力，解决信息不对称的难题，实现了金融服务的精细化和全面化。 除了金融服务以外，网格化覆盖还可将服务扩展到政务、民生、社会信用、社会稳定等方面。 这种扩展服务，反过来也有助于提高金融风险预警和反应能力。

二、理论启示

通过以上对台州金改的措施、成果、推动因素分析，在理论上我们可以得出以下的启示，即小微金融服务的改善、金融与产业的良性互动，必须要处理好"4 对关系"。

第一，政府与市场的关系。 台州市在处理政府与市场的关系中，采取了"有为政府＋有效市场"的结合，政府解决市场失灵问题，市场解决资源配置的基础性作用，只有充分协调政府与市场的作用，才能建立良好的小微金融服务生态体系。

第二，金融市场中机构与机构的关系。 台州通过培育有序竞争的市场，使得金融市场中大、中、小型银行形成了明显的细分市场，而且在较长时间内形成了较为稳定的客户群体，同时提升了服务覆盖率、服务效率，降低了融资成本，还形成了"异地复制"的成功经验，存在较强的外部溢出效应。

第三，经济与金融的关系。 小微企业的良性发展是小微金融服务需求的根源，而金融服务的支持又可以对小微经济的发展起到支撑作用，只有经济与金融的"良性互动"，才能形成二者的"共生共长"。 当然台州小微金融服务的发展，从实践过程来看也有可能直接作用于小微金融服务技术与模式不太成熟、竞争不太充分的地区，但当达到一定水平时，必须仍然与经济发展相适应。

第四，传统服务模式与数字化的关系。 数字技术在各种产业中的运用提升了产业的生产力，在金融服务中更是如此。 小微金融服务尤其需要数字技术的支撑，通过大数据、云计算、人工智能、区块链等技术，可大幅提升对客户的识别、授信额度的计算、风险的识别与监测与处置的效率。当然传统服务模式中的小微金融技术、社会资本约束也必不可少，在相当长时间内仍将发挥不可替代的作用，台州市地方法人银行正是结合了"跑街与跑数"，才取得小微金融服务的提升。

三、进一步深化改革的建议

小微金改的"台州模式"取得了较大成功，获得了国务院领导的高度肯定，但台州从小微金改试验区向示范区迈进还需进一步深化改革。由上分析，提出如下建议。

1. 深化研究与积极推广"台州模式"，建设全国示范区

台州金改主要在于"有为政府"和"有效市场"的共同推动，而政府的做法与商业模式的总结需要深入研究，在具体实践模式上需要进一步精准，同时在理论总结与研究上、小微金融服务标准制定上进行深化，使之具有一定的普遍意义、复制上具有可操作性，以指导不同发展水平与情况的地区改善其普惠金融服务。在此基础上，通过积极争取建设小微金融服务改革与创新示范区，进一步在其他地区推广运用"台州模式"，扩大金改的效果。

2. 升级融资服务平台的应用深度和广度

台州市构建与完善小微金融服务所需的金融基础设施，如用以解决信息不对称问题的"两平台、一基金"、监测小微企业发展和金融服务水平的"小微金融指数"等。这些平台目前在全国均处于领先水平，但进一步挖掘其潜力是重中之重。

第一，利用金融服务信用信息服务平台进行数字化创新，推动金融产品和服务创新，提升服务金融机构的附加值。

第二，深化信保基金的引导作用。除提供融资增信外，结合产业发展方向，采用市场化方式，利用信保基金引导金融机构的服务对象和方向。如重点支持符合"绿色、科创、普惠"发展理念的小微企业和行业。

第三，进一步扩大权利质押的融资方式与规模。台州市在权利资产质押融资方面已走在了全国的前列，但仍然需要在资产评估、流转市场完善、企业

准入与筛选等方面进行完善与突破。

第四，加强小微金融指数的监测应用。"小微金融指数（台州样本）"是台州市用于监测小微企业发展、金融服务、信用环境的重要数据依据，经过多年的编制，已经具备了较高的实用价值。未来的应用中，要研究其用于指导货币、财政、产业政策的可行性，提升政府行为的精准性与专业性。

第五，扩大各种基础设施平台的应用范围。如随着信用信息数据的积累，金融信用信息服务平台，不仅可以为金融机构提供服务，还可以为经信、市场监管、税务、外贸等部门进行服务，提升其服务范围和应用价值，由此促进部门之间"信息整合"的力度，形成良性循环。

3.加强保险服务

从台州市金融业态来看，银行、证券、保险机构仍占主导地位，但其中的保险服务呈现发展较缓、创新不足的态势。首先，尚需引入更多有"创新"意识的保险公司分支机构；其次，鼓励保险机构对中小企业开展贷款保证保险和信用保险业务，开发适应中小微企业分散风险、补偿损失需求的保险产品；最后，深入推进保险服务与银行、期货、担保的合作，以起到更大的社会、经济风险保障的作用。

具体来讲，可以在以下方面进一步深化改革创新。第一，推动更多绿色保险、保险科技、银保合作等改革创新项目在台州落地，使台州市成为全省保险产品和服务创新的试验基地。加大保险改革创新的政策支持力度，鼓励有特色的保险公司在台州市新设分支机构，并给予更多的改革创新权限，指导台州市形成更多可复制可推广的保险改革创新经验。第二，在深化民营、小微金改过程中，坚持双轮驱动，将保险业改革发展作为重要支柱，争取设立全省保险综合改革试点城市，加大改革力度，特别是在重点领域内的小微企业贷款保证保险、水污染指数综合保险等保险创新列入全市重点项目，探索出台重大保险创新保护机制，为保险改革提供必要的政策支持和资金保障。

4.继续专注"微弱经济",助力"乡村振兴"和"共同富裕示范区"建设

台州市各类银行的服务中心呈现了持续下沉趋势，其中3家城商行、农商行的户均贷款规模均在10万－20万元之间，可以说地方法人银行的服务对

象已经由"小微"向"微小"群体扩散，普惠金融服务"微弱经济"的趋势越发明显。在"乡村振兴"过程中，"微弱经济"正是其目标实现的中流砥柱，未来在创建示范区过程中，要继续引导金融机构服务下沉，创新金融产品和服务方式，助力"乡村振兴"和浙江省"共同富裕示范区"的建设。

在具体措施上，积极推动银行线下网点，尤其是乡镇一级的网点进行转型，由单一的金融服务向"社区化、综合服务"转变，将网点成为农产品经由电商上行、社区治理、金融教育、党建等工作的结合地，在服务多元化的同时，也可提高网点的服务附加值，从而提升用户的体验满意度，最终助力乡村振兴目标的实现。

5.利用金融服务经济、社会、环境全面"高质量发展"

"高质量发展"是决定我国社会和经济转型升级成功的关键，其发展理念主要是"创新、协调、绿色、开放、共享"，而比"小微经济体"更加广义的"微弱经济体"的发展是实现这些发展理念的基本社会与经济单位，小微金融服务将在推动这些群体发展中发挥重要作用。台州市未来在处理"经济与金融"发展关系上，可更加积极地利用金融服务产业"高质量发展"。

台州市小微企业、制造业发展优势较为突出。一方面，这种发展路径具有较强的包容性或普惠性质；另一方面，这也导致了台州市的产业必须进行"转型升级"，向着"绿色""科创"方向进行发展。这是由于制造业小微企业受规模所限，环保投入、社区责任投资、治理上（事实上就是目前在国际上已经成为主流发展观念的"ESG"投资的几个方面）一般会存在较大的约束，只有顺应这些发展理念，积极进行转型升级，才可获得持续性的经济、社会、环境的效益。

一方面，间接融资服务需要升级。首先，银行应当通过推动供应链金融的发展，继续扩大产业链上下游小微企业的发展；其次，通过贷（款）、投（资）、保（险）、担（保）联动，为小微企业提供综合性金融服务；最后，助力更多小微企业"走出去"，实现"开放"发展，助力国家"一带一路"战略的实施，以"外循环"助力打通"内循环"。

另一方面，相比于间接融资，直接融资在配置不同的投资风险偏好时有着显著优势。 我国正在朝着"绿色、科创、普惠（共享）"方向发展，直接融资可发挥更多的作用。 首先，台州市小微企业众多，且在制造业的很多细分领域存在着 200 余家龙头企业，这些细分龙头行业的"转型升级"，符合"绿色、科创、普惠"的发展理念，积极鼓励和引导社会资本投资于这些领域的小微企业，培育其在多层次的资本市场融资，将是台州市进一步推动经济高质量发展、产业升级的重要抓手之一。

6. 推动金融服务与产业的数字化转型升级

一方面，随着台州市小微金融服务模式的不断成熟，作为关系型风控的"跑街"模式所带来的边际收益已明显降低，而金融服务的数字化转型升级，即在"跑街与跑数"的"双跑"模式中，加强"跑数"，可以较大程度上降低运营成本，提升服务效率，使得需求方的综合融资成本得以降低，同时也会增加金融机构的服务规模和经济收益，地方法人银行的全面数字化转型势在必行；另一方面，产业的数字化不但可提升其生产和营销效率，而且可通过信息的数字化降低银企间的信息不对称性，从而提高其可获得的金融服务质量。金融与产业的数字化，也必将推动经济与金融在更高层面的良性互动。

7. 超越"金融服务"，全面进行能力建设提升

台州金改取得的明显成效，与金融机构、小微群体、政府能力的加强息息相关，互为因果，但在进一步推动发展的过程中，能力强化仍然是重中之重。首先，台州金改在培育小微企业强化发展能力方面起到了积极作用，但这种小微培育机制设立时间不长，仍然需要进一步改善与提升；此外政府也面临着提升经济治理、数据治理、监管能力等多方面的问题。 其次，金融机构的能力需要加强，主要表现在其数字金融技术能力、小微金融研究能力、市场精准定位、公司治理等方面；最后，小微经济群体的能力尤其需要加强，如在公司运营、数字能力、金融素养等方面。 总之，只有全面的能力提升，才能推动经济、金融、社会的可持续"高质量发展"。

附录　台州小微金融发展大事记

1986 年

1 月，《中华人民共和国银行管理暂行条例》明确了城市信用社的地位。

6 月，颁布《城市信用合作社管理暂行规定》。

8 月，颁布《城市信用合作社管理规定》，对城市信用社的性质、服务范围和设立条件等做了规定。

1988 年

5 月，温岭城市信用社成立。

1988 年

人民银行在台州地区批准成立了 18 家金融服务社、城市信用社。

6 月 6 日，陈小军等人合伙创办"黄岩路桥银座金融服务社"。这是改革开放以来国内首家民营金融机构。

1989 年

国家开始对城市信用社进行第一轮清理整顿（1992 年清理整顿结束）。

1992 年

黄岩路桥银座金融服务社更名为黄岩市路桥城市信用社。

1993 年

6 月，王钧等人组建台州市泰隆城市信用社。

下半年，中国人民银行大力清理整顿金融秩序，一律停止审批新的城市信用社。

1995 年

在城市信用社的基础上组建城市商业银行。

1998 年

黄岩市路桥城市信用社更名为台州市银座城市信用社。

2002 年

银座城市信用社与台州市龙翔等 7 家城市信用社，组建成立台州市商业银行。

泰隆城市信用社、温岭城市信用社成为浙江保留的 4 家城市信用社中的 2 家。

2004 年

11 月，中国银监会发布了《城市商业银行监管与发展纲要》，确立了今后一个时期城市商业银行监管工作和改革发展的思路、重点和目标。

2005 年

3 月，台州首家农村合作银行（路桥农村合作银行）开业。

温岭城市信用社更名为浙江民泰城市信用社股份有限公司。

2006 年

泰隆城市信用社改制为泰隆城市商业银行；浙江民泰城市信用社更名为浙江民泰商业银行。

台州银行与国家开发银行、德国国家项目咨询公司（IPC）合作开发的"小本贷款"产品诞生。

2007 年

城市商业银行跨区域经营开始。

2008 年

台州市商业银行引进战略投资者——中国平安银行招商银行。

2010 年

台州市商业银行更名为台州银行。

2013 年

10 月，浙江省人民政府批准了浙江省小微企业金融服务改革创新试验区的实施方案。

2014 年

7 月，台州金融服务信用信息共享平台启动。

11 月，台州市小微企业信用保证基金运行中心正式开业。

2015 年

7 月，台州成为全国首个商标质押贷款地方试点地区。

11 月，发布小微金融指数（台州样本）。

12 月，国务院决定设立浙江省台州市小微企业金融服务改革创新实验区。

12 月，中国人民银行、发展改革委员会、财政部、银监会、证监会、保监会、国家外汇管理局 7 部委联合发布《浙江省台州市小微企业金融服务改革创新实验区总体方案》。

12 月，浙江省台州市小微企业金融服务改革创新试验区在杭州召开新闻发布会。

2016 年

3 月，浙江省政府发布《浙江省人民政府办公厅关于印发〈浙江省台州市小微企业金融服务改革创新实验区实施方案〉的通知》，台州被作为小微金融改革国家级试点地区。

3 月，浙江省台州市小微企业金融服务改革创新试验区召开推进大会。

3 月，中央电视台《对话》栏目播出《金融助力实体之台州样本》。

7 月，《人民日报》头版头条刊登台州破解小微企业融资难的经验和做法。

2017 年

5 月，《关于浙江省台州市小微企业金融服务改革创新试验区建设推进情况》获得李克强总理、张高丽副总理圈阅，马凯副总理批示：浙江省小微企业金融服务改革创新试验区取得了一些积极成果，请中国人民银行会同有关部门认真总结经验，研究提出金融服务小微企业发展的可复制可推广的政策措施。

9 月，省金融办发文在全省推广台州小微金改经验。

9 月，《金融时报》头版刊登《小微企业金融服务改革创新的"台州密码"》。

11 月，在全国小微企业金融服务电视电话会议上，台州作为唯一地级市做经验介绍。

2018 年

4 月，台州小微金融服务创新做法在中改办《改革情况交流》第 17 期上做全面推广，并获时任浙江省委书记车俊批示肯定。

4 月，举行台州市证券期货基金业协会成立大会。

5 月，中央电视台《走遍中国》栏目播出《台州小微金融上高速》。

7 月，路桥农商银行全省首开"政银联通"模式获《台州日报》头版报道。

9 月，李克强总理在浙江调研时，充分肯定了台州小微金融改革工作。

10 月，浙江泰隆商业银行在国务院新闻发布会上介绍金融服务小微企业"泰隆模式"。

12 月，台州小微金改获省公共管理创新案例评选"十佳创新奖"。

12 月，路桥"社银联通"工程被评为"浙江省民生获得感示范工程"。

2019 年

3 月，在全省率先上线"台州融资通"银企融资对接平台。

6 月，国务院副总理刘鹤在浙江调研中小银行服务实体经济情况时，充分肯定小微企业金融服务"台州模式"。

6 月，中国银保监会在台州召开小微企业金融服务经验现场交流会。

8 月，浙江省·台湾地区合作周系列活动——2019 第四届海峡两岸小微金融发展论坛在台州市路桥区举办，推进两岸金融新发展，共话民营经济新篇章。

10 月，台州市被列为全国第一批财政支持深化民营和小微企业金融服务综合改革试点城市。

2020 年

4 月，时任浙江省委书记车俊在台州调研。

5 月，台州出台"36 条"落实举措，贯彻落实省"助企八条"，全力促进经济工作争先创优。

6月，台州市启动金融"三员三基地"建设，台州市"三员三基地"启动仪式暨金融顾问工作对接会在路桥召开

6月，台州市地方金融联合会成立。

9月，浙江泰隆商业银行在杭发布全国首个小微金融服务标准。

11月，中国人民银行副行长陈雨露在进博会期点赞小微征信服务创新"台州模式"。

11月，综合考评全国第一，台州市信保基金获得国家融资担保基金注资。

编后语

　　《小微企业金融服务改革在台州》是在浙江省台州市小微企业金融服务改革创新试验区工作推进领导小组办公室倡导下，由台州市人民政府金融办公室、浙江（台州）小微金融研究院、浙江工商大学金融学院等单位共同编写的，旨在揭示近5年来台州市小微金融服务改革取得的成绩和值得推广的改革经验。

　　本书不仅收录了台州小微企业金融改革创新试验区建设的实施方案、典型案例和小微金融服务标准，也收录了近年来台州市政府、金融管理部门出台的支持小微企业金融服务改革的政策文件和有关部门的改革总结报告。台州的小微企业金融改革成功经验为全国小微企业金融服务，探索了新途径、积累了新经验。在5年改革取得的成果的基础上，台州市将积极创建全国小微企业金融服务改革示范区，为推动小微企业高质量发展、再创民营经济新辉煌而不懈努力。

　　在《小微企业金融服务改革在台州》编制过程中，得到了台州市发展改革委、台州市财政局、台州市市场监督管理局、中国人民银行台州市中心支行、中国银保监会台州监管分局等部门的大力支持，也感谢台州银行、浙江泰隆商业银行、浙江民泰商业银行和台州农信系统等金融机构的积极配合。在此，对上述单位表示衷心的感谢。《小微企业金融服务改革在台州》出版时间紧、任务重，浙江工商大学出版社副总编辑郑建为本书的出版提出了非常宝贵的建议，并对本书的出版给予了全力支持。在此，我们感谢郑建副总编辑和出版社其他编辑的辛劳付出。

最后，还要特别感谢中国人民大学中国普惠金融研究院院长贝多广教授为本书作序。 感谢贝院长及其研究团队对台州小微企业金融服务改革事业的指导和支持。